Technisches Deutsch für Ausbildung und Beruf

Lehr- und Arbeitsbuch

Anneliese Fearns
Rosemarie Buhlmann

VERLAG EUROPA-LEHRMITTEL · Nourney, Vollmer GmbH & Co. KG
Düsselberger Str. 23 · D-42781 Haan-Gruiten

Europa-Nr.: 73099

Projektidee:
Monika Veldenz

Verantwortliche im Goethe-Institut:

Monika Veldenz und Dr. Werner Schmitz

1. Auflage 2013

Druck 5 4 3

Alle Drucke derselben Auflage sind parallel einsetzbar, da sie bis auf die Behebung von Druckfehlern untereinander unverändert sind.

ISBN 978-3-8085-7309-9

Umschlaggestaltung: Andreas Sonnhüter, 40625 Düsseldorf (© ehrenberg-bilder-Fotolia.com)

Satz: Ruhrstadt Medien AG, 44579 Castrop-Rauxel
Druck: M. P. Media-Print Informationstechnologie GmbH, 33100 Paderborn

VORWORT

Die deutsche Wirtschaft hat zu wenige Nachwuchskräfte, insbesondere im Bereich qualifizierter Arbeitskräfte. Betroffen ist vor allem die industrielle Schlüsselbranche der Metall- und Elektroindustrie mit ihren ca. 70 Metall- und Elektroberufen. Deutschland ist deshalb auf den Zuzug qualifizierter Arbeitskräfte mit den erforderlichen Deutschkenntnissen aus der EU ebenso angewiesen wie auf eine verstärkte Qualifizierung von Jugendlichen mit Migrationshintergrund und die Integration und Qualifizierung von Flüchtlingen.

Angesichts der immer schneller aufeinander folgenden Innovationen in der Wirtschaft benötigt der Nachwuchs nicht nur solide fachliche und sprachliche Kenntnisse und Fertigkeiten, sondern in verstärktem Maße auch Schlüsselqualifikationen, wie z. B. die Fähigkeit, selbständig zu denken und zu handeln, Kommunikations-, Kooperations- und Problemlösungsfähigkeit. Ein Sprachunterricht und damit auch ein Lehrwerk, das Lernende auf einen Berufseinstieg, ein Praktikum, eine Ausbildung, ja selbst auf einen Ferienjob vorbereiten will, der oft sehr gut als Sprungbrett für eine spätere Tätigkeit in Deutschland dienen kann, muss diesen Anforderungen Rechnung tragen. Verstärkt gilt das für einen Unterricht für Jugendliche mit Migrationshintergrund und Flüchtlinge in Bezug auf Integration und Vorbereitung auf oder Förderung während der Ausbildung oder des Berufseinstiegs.

Diesen Anforderungen kommt das vorliegende Lehrwerk mit der Entwicklung der fachlichen und sprachlichen Kompetenzen (Lesen, Hören, Sprechen, Schreiben, kombinierte Fertigkeiten) im Bereich ausbildungsbezogener, landeskundlicher und interkultureller Themen nach und legt dabei besonderen Wert auf die Entwicklung entsprechender Strategien. Die Lernzielprogression ist fachlich (insbesondere Lektion 3–6), sprachlich, fertigkeitsbezogen und strategisch angelegt. Das Textangebot ist authentisch. Das Übungsangebot ist fertigkeitsspezifisch, medienspezifisch, teilnehmerzentriert, handlungs- und projektorientiert. Es bietet unter Nutzung medialer Vielfalt, spielerischer Lernformen und sämtlicher Sozialformen Übungen und Aufgaben zu den Fertigkeiten, zu Strategien, zum Lernen Lernen, zum autonomen Lernen, zum interkulturellen Lernen und zur Reflexion und trainiert das Arbeiten im Team.

Lehrerhandreichungen finden sich unter www.europa-lehrmittel.de. Sie wenden sich sowohl an Kursplaner und Lehrende im Bereich DAF, DAZ und CLIL (Content and Language Integrated Learning) als auch an Ausbilder in Berufsschulen und Betrieben, die ihre Lerner mit zusätzlichen, spezifischen Lehr-/Lernmaterialien unterstützen wollen. Sie bieten sowohl Hinweise zur Gestaltung des Unterrichts als auch zur Rolle von Lerner, Lehrer und Lehrwerk sowie grundlegende Informationen ***für den fach- und berufsbezogenen DAF- und DAZ-Unterricht.***

Das Lehrwerk geht auf ein Projekt des Goethe-Instituts zurück. Es basiert auf einer von Dorothea Lévy-Hillerich entwickelten Idee, deren Umsetzung sich im Lauf der Zeit angesichts der oben erwähnten Anforderungen an die Berufsausbildung und ihre sprachliche Vorbereitung stark verändert hat.

Wir danken allen KollegInnen, die uns bei der Erstellung des Lehrwerks unterstützt haben, insbesondere Monika Veldenz und Dr. Werner Schmitz, Goethe-Institut, München. In diesem Zusammenhang möchten wir auch dem Verlag Europa-Lehrmittel unseren Dank dafür aussprechen, dass er uns einen derart großzügigen Zugriff auf seine Texte und sein mehrfarbiges Bildmaterial gewährt hat. Das Layout der Inhaltsverzeichnisse und andere Layout-Ideen verdanken wir Vera Gebhardt.

Konstanz und München, Mai 2013 **Anneliese Fearns und Rosemarie Buhlmann**

LIEBE LESERIN, LIEBER LESER!

DIE IDEE ZU DEM VORLIEGENDEN LEHRWERK WAR FOLGENDE:

- Sie wollen sich schnell und sicher auf die Kommunikation in einem Ferienjob, einem Praktikum oder der Ausbildung in einem Metall- oder Elektroberuf in Deutschland bzw. in deutschsprachigen Ländern vorbereiten.
- Sie haben gute Grundkenntnisse in Deutsch.
- Sie wollen Ihre Fachkompetenz erweitern.
- Sie wollen lernen, wie man mit möglichst geringem Arbeitseinsatz Strategien erwirbt, die helfen, unbekannte Wörter zu verstehen, Texten die wichtigen Informationen zu entnehmen, mit Ausbildern, Vorgesetzten und Kollegen angemessen mündlich zu kommunizieren, Filmen gezielt Informationen zu entnehmen und selbst Texte, wie z. B. Arbeitsberichte oder Bewerbungen, korrekt zu verfassen.
- Sie wollen lernen, wie Sie sich selbständig neues Wissen erarbeiten.
- Sie wollen wissen, was im Arbeitsumfeld in Deutschland vielleicht anders ist als bei Ihnen zu Hause.
- Sie wollen wissen, welche Unterstützung es beim lebenslangen Lernen gibt.

DESHALB HABEN WIR DAS BUCH FOLGENDERMASSEN GESTALTET:

- „Technisches Deutsch für Ausbildung und Beruf" vermittelt Ihnen die wichtigsten Fachbegriffe zu den für Metall- und Elektroberufe grundlegenden Themen

Fertigungstechnik
Werkstofftechnik
Elektrotechnik

Das Buch präsentiert die Fachbegriffe u. a. mit vielen Bildern so, dass sie für Sie ohne Lexikon verständlich werden, wenn Sie das Buch der Reihe nach durcharbeiten. Das Register hilft Ihnen, wenn Sie etwas vergessen haben oder nachschlagen wollen.

- „Technisches Deutsch für Ausbildung und Beruf" bietet Ihnen Links zu Filmen, die Ihnen Einblick in die Wirklichkeit der Ausbildung geben.
- „Technisches Deutsch für Ausbildung und Beruf" bietet zahlreiche praxisbezogene Übungen und Aufgaben zu informativen Lesetexten, zum Schreiben von Texten, die für Sie wichtig sind, und zur Kommunikation in Ausbildungssituationen. Es informiert Sie auch über besonders wichtige fachsprachliche Charakteristika.
- „Technisches Deutsch für Ausbildung und Beruf" bietet Ihnen zahlreiche Informationen zu Ausbildung und Praktika, zur Dokumentation Ihrer Deutschkenntnisse und der Gestaltung von Bewerbungsmappen.
- „Technisches Deutsch für Ausbildung und Beruf" ist so konzipiert, dass Sie es allein durcharbeiten können. Besser suchen Sie sich jedoch Lernpartner, wenn Sie keinen Kurs mit dem Buch besuchen. So haben Sie eine realistischere Lernsituation und einen größeren Lernerfolg bei den Übungen zur mündlichen Kommunikation. Denn die Teamarbeit mit KollegInnen macht das Lernen interessanter und effektiver.
- „Technisches Deutsch für Ausbildung und Beruf" bietet Ihnen zur Überprüfung Ihrer Arbeitsergebnisse bei den meisten Übungen Lösungen. Schreiben Sie beim Durcharbeiten des Buches die Lösungen jeweils auf, am besten auf ein extra Blatt. Sie können dann Ihre Lösungen anschließend mit den Lösungen im Buch vergleichen.
- „Technisches Deutsch für Ausbildung und Beruf" bietet Ihnen eine Fülle der verschiedensten Übungsformen. Auch spielerische! Lassen Sie sich darauf ein, auch wenn sie Ihnen vielleicht nicht vertraut sind oder Ihnen auf den ersten Blick nicht gefallen. Sie sind jeweils ganz eng auf das Lernziel bezogen!

Wir sind sicher, dass Sie Spaß an der Arbeit mit Buch haben und wünschen Ihnen viel Erfolg! Schauen Sie doch mal in die Handreichungen zum Unterricht mit dem Buch auf www.europa-lehrmittel.de herein! Da gibt es auch für Sie jede Menge interessante Informationen!

Ihre Anneliese Fearns und Rosemarie Buhlmann

INHALTSVERZEICHNIS

ÜBERSICHT LEKTION 1

ZUR ARBEIT MIT DIESEM BUCH

Film zum Berufsbild Fluggerätemechaniker, Fachrichtung Triebwerkstechnik:
http://www.berufe.tv/BA/ausbildung?filmID=1000151

A Wie arbeite ich mit dem Buch?

Meine Ziele und Erwartungen

Aufgabe 1a

Welche Ziele wollen Sie mit dem technisch orientierten Deutschunterricht erreichen? Schneiden Sie sich Kärtchen und schreiben Sie auf jedes Kärtchen eines Ihrer Ziele mit Druckbuchstaben, z. B. eine mündliche Fachprüfung in Deutsch bestehen. Heften Sie Ihre Kärtchen an eine Pinnwand und stellen Sie Ihre Ziele im Plenum vor.

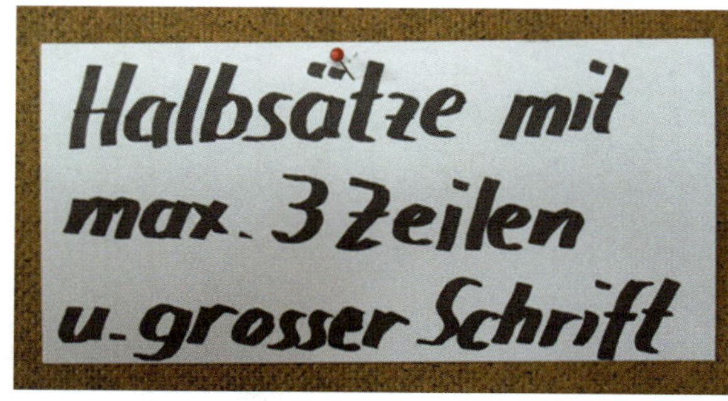

http://de.wikipedia.org/wiki/Pinnwandmoderation

Sie können dabei folgende **Redemittel** nutzen:

- Ich möchte ...
- Ich will ...
- Meine Ziele ...

Aufgabe 1b

Ordnen Sie die Kärtchen – hängen Sie gleiche oder ähnliche Stichpunkte zusammen. Überlegen Sie gemeinsam, nach welchen Gesichtspunkten Sie die Ziele geordnet haben.

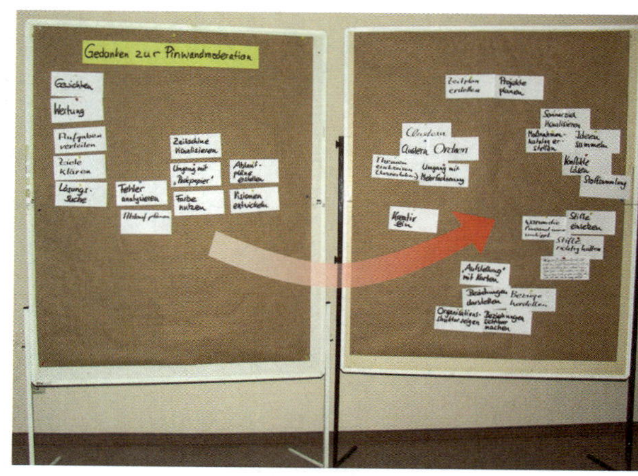

http://de.wikipedia.org/wiki/Pinnwandmoderation

Information

Gedanken sammeln, auf Kärtchen schreiben und anschließend unter bestimmten Gesichtspunkten ordnen, ist eine im Management viel genutzte Methode. Sie hilft Ihnen, Ihrem Team, Ihrem Kurs z. B. beim Einstieg in ein Thema oder ein Projekt.

Was bietet mir das Lehrwerk?

Empfehlung

Beim Arbeiten mit einem neuen Buch oder einem neuen Programm sollte man sich zunächst einen Überblick verschaffen und sich fragen, welche der eigenen Ziele im Lehrbuch berücksichtigt sind. Wir schlagen Ihnen dazu folgendes Vorgehen vor.

Aufgabe 2a

Orientieren Sie sich gemeinsam mit Ihrem Nachbarn in diesem Buch. Vergleichen Sie Ihre Ergebnisse im Plenum.

1. Wie viele Lektionen gibt es und wie lauten ihre Titel?
2. Welche Themen behandelt die Lektion 3?
3. Wie ist die Lektion 4 aufgebaut?
4. Wo und wie finden Sie Erklärungen zu einzelnen Fachbegriffen?
5. Welche Informationen finden Sie am Schluss des Buches?
6. Welche Lektion ist für Sie von besonderem Interesse und warum?

Aufgabe 2b

Entsprechen die Ziele und Inhalte des Lehrwerks Ihren persönlichen Zielen?
Haben Sie Ihre persönlichen Ziele möglicherweise ergänzt?
Arbeiten Sie mit Ihrem Nachbarn zusammen und vergleichen Sie Ihre Ergebnisse im Plenum, d. h. vor der gesamten Klasse.

Information

Sie haben beim Durchblättern des Buches sicher festgestellt, dass das Buch nicht nur sprachliche Inhalte und „Grammatik" vermittelt, also Sprachkompetenz aufbaut. Es vermittelt auch interkulturelle Kompetenz.
Darüber hinaus bietet das Buch zahlreiche Informationen über fachliche und berufliche Inhalte zum Aufbau von Fachkompetenz. Es vermittelt noch weitere Kompetenzen, nämlich

- Methodenkompetenz, z. B. die Fähigkeit, sich neue Informationsquellen selbst zu erschließen
- Sozialkompetenz, z. B. die Fähigkeit, in unterschiedlichen Gruppen angemessen zu kommunizieren und zu handeln.

Diese Kompetenzen sind im heutigen Berufsleben unerlässlich. Deshalb werden sie in allen beruflichen Ausbildungsgängen in Deutschland aufgebaut. Auf diese Weise wird Handlungsfähigkeit (Handlungskompetenz) im Beruf entwickelt.
Um diese Handlungskompetenz bei Nichtmuttersprachlern zu erreichen, muss zusätzlich interkulturelle Kompetenz aufgebaut werden.

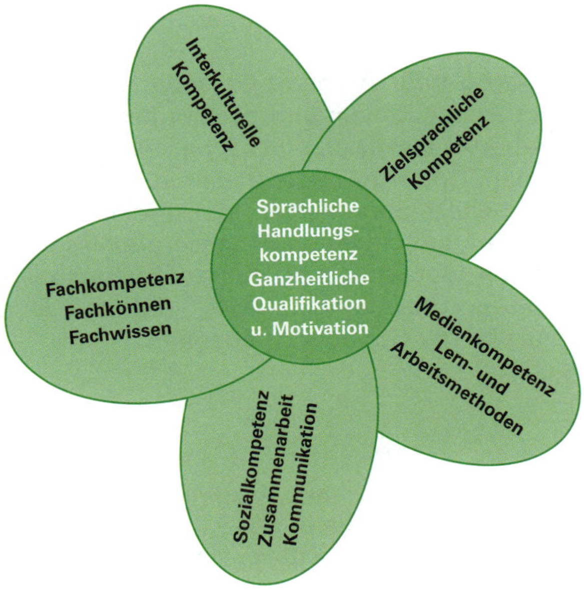

Aufgabe 2c

Wofür stehen die folgenden Beispiele:
*für **Methodenkompetenz, Sozialkompetenz, Fachkompetenz** oder **interkulturelle Kompetenz?***
Arbeiten Sie mit Ihrem Nachbarn zusammen und vergleichen Sie Ihre Ergebnisse im Plenum.

Beispiel	**Art der Kompetenz**
Kompromissfähigkeit bei Konflikten	
Kenntnis der Vorgänge beim Löten	
Korrekte Anrede des Vorgesetzten	
Passende Auswahl einer geeigneten Software	
Toleranz gegenüber deutschen Kollegen	
Problemlösungsfähigkeit	
Kenntnis von Sicherheitsvorschriften	
Erklärung eines Projektablaufs mithilfe einer Skizze	
Teilnahme an einem Beurteilungsgespräch	

Aufgabe 2d

Im Folgenden finden Sie Informationen des Bundesinstituts für Berufsbildung (bibb) über berufliche Fähigkeiten von Zweiradmechanikern. Über welche Kompetenzen müssen Zweiradmechaniker verfügen?
Nennen Sie für jede der verlangten Kompetenzen ein Beispiel aus dem Text.
Arbeiten Sie mit Ihrem Nachbarn zusammen und vergleichen Sie Ihre Ergebnisse im Plenum.

1. Sprachliche Kompetenz: ____________________
2. Fachkompetenz: ____________________
3. Methodenkompetenz: ____________________
4. Sozialkompetenz: ____________________
5. Interkulturelle Kompetenz: ____________________

Zweiradmechaniker/Zweiradmechanikerin
Berufliche Fähigkeiten

- Zweiradmechaniker/Zweiradmechanikerinnen arbeiten selbstständig und in Verantwortung für die vollständige Ausführung ihrer Arbeitsaufträge.
- Sie halten Zwei-, Mehrrad- sowie Spezialfahrzeuge instand, bauen sie um oder stellen sie her.
- Sie halten deren Anlagen, Bauteile, Baugruppen und Systeme instand; sie ändern Rahmen und rüsten die Fahrzeuge mit Zubehör- oder Zusatzeinrichtungen aus.
- Sie warten und prüfen Motoren.
- Bei der Planung und Durchführung ihrer Arbeiten beachten sie wirtschaftliche, umweltbezogene sowie arbeits- und sicherheitsrelevante Regeln und Vorschriften.
- Bei ihren Arbeiten wenden sie berufsspezifische fachliche Techniken, wie Prüfen, Messen, Montieren, Demontieren, Fügen, Trennen, Umformen sowie manuelles und maschinelles Bearbeiten an.
- Sie planen und kontrollieren Arbeitsabläufe, nutzen Informations- und Kommunikationstechniken sowie Prüf- und Messeinrichtungen und bewerten Arbeitsergebnisse.
- Sie kommunizieren innerhalb des Betriebes und führen Kundengespräche; sie reflektieren die Ergebnisse und Wirkungen dieser Gespräche im Blick auf den Fluss der Arbeitsabläufe, die Wirtschaftlichkeit des Betriebes und der Kundenzufriedenheit.

www.bibb.de/de/ausbildungsprofil 24253.htm

Aufgabe 2e

Blättern Sie durch das Buch und notieren Sie je eine Aufgabe zur Entwicklung der Sozial-, Sach-, Methodenkompetenz und zur interkulturellen Kompetenz.
Arbeiten Sie mit Ihrem Nachbarn zusammen und stellen Sie Ihre Ergebnisse im Plenum vor.

Information

Dieses Buch baut auf Ihren Kompetenzen auf. Dies betrifft
- Ihre sprachlichen Kompetenzen
- Ihr Fachwissen
- Ihre Lern- und Arbeitsstrategien in der Muttersprache.

Der Erfolg Ihrer Arbeit mit dem Buch beruht darauf, dass Sie Ihren Wissensspeicher und Ihre Kompetenzen immer wieder aktivieren und zum Lernen nutzen. Dies garantiert, dass Sie die Texte im Buch problemlos knacken und die Aufgaben im Buch ohne Schwierigkeiten bearbeiten können.

Welche Elemente finde ich in allen Lektionen?

Es gibt Elemente, die sich in allen Lektionen wiederholen:

- **Redemittel**, die Sie zur Lösung von Aufgaben nutzen können,
- **Empfehlungen,** die Hinweise zum methodischen und strategischen Vorgehen enthalten,
- **Informationen,** die Sie in neue Inhalte einführen und begründen, warum es für Sie wichtig ist, die darauf folgenden Aufgaben zu bearbeiten.

Was bringt mir die erste und zweite Lektion?

Aufgabe 3a

Orientieren Sie sich gemeinsam mit Ihrem Nachbarn.
Vergleichen Sie Ihre Ergebnisse im Plenum.

1. Wie viele Teile hat die Lektion 1?
2. Wo finden Sie etwas über Sozialkompetenz?
3. Gibt es originale Fachtexte in Lektion 2?
4. Wo finden Sie etwas über Lesekompetenz?
5. Finden Sie etwas über Grammatik?
6. Gibt es Tests in den beiden Lektionen?

Aufgabe 3b

Welche der folgenden Aussagen sind im Text „Zu den ersten beiden Lektionen" enthalten? Kreuzen Sie an.
Arbeiten Sie mit Ihrem Nachbarn zusammen und vergleichen Sie Ihre Ergebnisse im Plenum.

1. In der ersten Lektion wird beschrieben, wie man mit dem Lehrbuch lernt.
2. Die erste und zweite Lektion bilden die Grundlage für die Arbeit mit dem Buch.
3. Hauptziel der zweiten Lektion ist der Ausbau von Strategien.
4. Die Fachtexte in „Technisches Deutsch für Ausbildung und Beruf" stammen aus Fachbüchern, die in der Ausbildung in Deutschland genutzt werden.

Die Aussagen ________________________________ sind im Text enthalten.

Zu den ersten beiden Lektionen

Lektion 1 und Lektion 2 sind für die Arbeit mit dem Buch grundlegend.
Lektion 1 enthält Informationen über Arbeitsmethoden und Unterrichtsabläufe.
In Lektion 2 bauen Sie Ihre Strategien zum Deutschlernen aus. Damit legen Sie eine Grundlage für die Kommunikation im Beruf. Da es in Lektion 2 um den Ausbau von Strategien geht und nicht um eine zusammenhängende Darstellung eines Fachgebietes wie in den Lektionen 3 – 6, finden Sie Texte aus unterschiedlichen Bereichen wie beispielsweise Fertigungstechnik, Werkstofftechnik, Solartechnik etc. Lassen Sie sich davon nicht irritieren. Diese Texte sind ausgewählt worden, weil sie sich für die Erklärung und Anwendung von Strategien besonders eignen.
Es geht also nicht darum, dass Sie sich mit den fachlichen Inhalten dieser Texte auseinandersetzen. Sie sollten vielmehr erkennen, wie Sie bestimmte Aufgaben aus der Praxis schnell und eigenverantwortlich lösen können.
Nehmen Sie sich deshalb Zeit, die beiden Lektionen sorgfältig durchzuarbeiten. Dies kommt Ihnen später bei der Arbeit mit anderen Kapiteln zugute.

Wie sprechen wir uns an? Du oder Sie?

Aufgabe 4a
Was wissen Sie über „Duzen" und „Siezen" in Deutschland?
Machen Sie sich zusammen mit Ihrem Nachbarn Notizen und berichten Sie im Plenum.

Sie können dazu folgende **Redemittel** verwenden:
- Die Unterscheidung von „Du" und „Sie" finde ich ...
- Manchmal ist es schwierig ...
- Bei Behörden in Deutschland beispielsweise sage ich immer ...

Aufgabe 4b
Unterstreichen Sie im Text „Formen der Anrede" die Informationen, die für Sie neu oder ungewöhnlich sind.
Arbeiten Sie mit Ihrer/Ihrem Nachbarn zusammen und vergleichen Sie Ihre Ergebnisse im Plenum.

Formen der Anrede
Wir sprechen Sie mit „Sie" an, wie es vielleicht auch Ihr Lehrer tut. In der Ausbildung werden Sie möglicherweise mit „Du" angesprochen. Das bedeutet jedoch nicht, dass Sie Ihren Ausbilder oder Lehrer auch duzen können. Hier bleiben Sie am besten beim „Sie" und bei der Anrede „Herr Meyer" bzw. „Frau Müller". Ihre Kolleginnen und Kollegen in der Klasse oder in der Ausbildung im Betrieb sprechen sich sicher untereinander mit „Du" und mit Vornamen an.
Wenn Sie beispielsweise ein Referat im Kurs halten, empfehlen wir Ihnen jedoch, zur Übung und Betonung des offiziellen Charakters die „Sie"-Form zu nutzen. Gleiches gilt bei Rollenspielen. Sicher wissen Sie, dass man in Deutschland bei Anreden in der Regel die weibliche und männliche Form nutzt, also z. B. liebe Kollegin und lieber Kollege. Bei allen Ansprachen wie Kurzreferaten und Präsentationen sollten Sie das beachten.
Schriftliche Texte werden durch die Nennung der männlichen und weiblichen Form jedoch lang und lesen sich umständlich. Deshalb haben wir uns in diesem Lehrbuch für eine Form, nämlich die männliche Form, entschieden und sprechen damit Leserinnen und Leser, Nachbarinnen und Nachbarn an.
In Zeitungen findet man bei Stellenanzeigen die Form „Mechaniker/in" oder „Mechaniker m/w" oder die Form „MitarbeiterIn".

Empfehlung
Wenn Sie unsicher sind, ob in einer Situation „Sie" oder „Du" richtig ist, ist „Sie" immer eine gute Lösung. Ihr Gesprächspartner hat dann die Möglichkeit, Ihnen das Du anzubieten und zu erklären, was in der Firma üblich ist.

Aufgabe 4c
Welche sprachlichen Formen der Höflichkeit benutzen Sie in Ihrer Muttersprache beispielsweise in der Familie, im Unterricht, im Betrieb, bei Behörden usw.?
Arbeiten Sie mit Ihrem Nachbarn zusammen und stellen Sie Ihr Ergebnis im Plenum vor.

Sie können dazu folgende **Redemittel** verwenden:
- Bei uns zu Hause ist es üblich ...
- In den Schulen bei uns ...
- Bei Behörden in meinem Heimatland benutzt man normalerweise ...

Information
Die Redemittel in diesem Buch stellen ein Angebot dar, um bestimmte Situationen sprachlich einfach und angemessen zu bewältigen. Wichtig ist: Sie können sie ohne Probleme wiederholt nutzen, denn in technischen Fachsprachen ist es wichtiger, sich einfach und klar als sprachlich „elegant" auszudrücken. Wiederholungen desselben Verbs oder Nomens sind in der Kommunikation im Bereich der Technik absolut normal und akzeptabel.

B Wie lerne und handle ich im Team?

Was bedeutet Teamarbeit für mich?

Information

Das Lehrbuch **„Technisches Deutsch für Ausbildung und Beruf"** ist als Grundlage für einen Sprachkurs geschaffen. Falls Sie keine Möglichkeit haben, einen entsprechenden Kurs zu besuchen, empfehlen wir Ihnen, mit Freunden oder Bekannten eine Arbeitsgruppe zu bilden und das Lehrbuch gemeinsam, also im Team, durchzuarbeiten.

Aufgabe 5a

Wann und wo haben Sie im Team gearbeitet?

Machen Sie sich zusammen mit Ihrem Nachbarn Notizen und berichten Sie im Plenum.

Wann: ____________________

Wo: ____________________

Aufgabe 5b

Welche Erfahrungen haben Sie bisher mit Teamarbeit gemacht?

1. Notieren Sie in der folgenden Tabelle Punkte, die für und die gegen Teamarbeit sprechen.

Für/Pro	Gegen/Contra
	Es gibt lange Diskussionen
...	...

2. Einigen Sie sich mit Ihrem Nachbarn auf eine gemeinsame Tabelle.

3. Schreiben Sie Ihre gemeinsamen Arbeitsergebnisse auf Folie oder Kärtchen.

Aufgabe 5c

Vergleichen Sie Ihre Ergebnisse mit Ihren Kollegen im Plenum und ergänzen Sie Ihre Liste gegebenenfalls auf Zuruf.

Sie können dazu folgende **Redemittel** verwenden:

- Unserer Meinung nach spricht/sprechen ... für/gegen Teamarbeit ...
- Positiv/negativ an Teamarbeit ist/sind für uns ...
- Vorteil/Nachteil der Teamarbeit ist ...
- Ich möchte bei Pro/Contra ... ergänzen.
- Seid Ihr mit unserer Liste einverstanden?
- Welche Punkte möchtet Ihr ergänzen?

Empfehlung

Nutzen Sie die Chancen im Kurs, an der Tafel vorne oder am Tageslichtprojektor zu sprechen, auch wenn es für Sie ungewohnt ist. Sie gewöhnen sich schnell daran und erwerben sich gleichzeitig eine zunehmende Sicherheit, vor einem Plenum zu präsentieren. Dies ist nicht nur in der Ausbildung, sondern auch im Beruf eine wichtige Kompetenz.

Wie läuft Teamarbeit im Unterricht ab?

Aufgabe 6

Welche der folgenden Aussagen über den Unterricht mit dem Lehrbuch sind im Text „Zum Unterricht mit dem Buch" enthalten?
Arbeiten Sie mit Ihrem Nachbarn zusammen und vergleichen Sie Ihre Ergebnisse im Plenum.

1. Die Aufgaben in diesem Buch sind meistens in Partner- und Gruppenarbeit zu lösen.
2. Die Arbeit mit einem Partner oder in der Kleingruppe gibt sprachliche Sicherheit.
3. In der Kleingruppe muss man sich gemeinsam für eine Lösung entscheiden.
4. Die Kleingruppe wählt einen Sprecher, der ihre Lösung im Plenum vorstellt.
5. Für die Korrektheit der Lösung ist das Plenum verantwortlich.
6. Der Lehrer kann auf Wunsch der Lernenden bei der Arbeit beraten.

Die Aussagen ____ sind im Text enthalten.

Zum Unterricht mit dem Buch

Da gemeinsames Lernen bzw. Lernen im Team zu den wichtigsten Bedingungen für ein erfolgreiches Arbeiten mit dem Buch „Technisches Deutsch in Ausbildung und Beruf" gehört, finden Sie bei fast allen Aufgaben zunächst die Aufforderung: „Arbeiten Sie mit Ihrem Nachbarn zusammen.".
Einzelarbeit ist in der Arbeit mit diesem Buch nämlich die Ausnahme. Sie dient in der Regel nur der Vorbereitung, wie z. B. dem Lesen oder Hören eines Textes.
Partnerarbeit (Arbeit zu zweit) oder Gruppenarbeit (zu dritt oder zu mehreren) sind die Regel. Im Umfeld der kleinen Gruppe können Sie angstfrei die Aufgabe und den möglichen Lösungsweg besprechen und sich wechselseitig korrigieren. Wichtig ist, dass Sie sich auf eine Lösung einigen, die Sie oder der Sprecher Ihrer Gruppe im Plenum vorstellt. Die Einigung auf eine gemeinsame Lösung in der Kleingruppe mag für Sie ungewohnt sein, ist jedoch ein wichtiges Element der Teamarbeit. Ihre gemeinsame Entscheidung für eine Lösung ist kein leichter, jedoch ein entscheidender Schritt zu einem selbstbestimmten Lernen.
Die Überprüfung Ihrer Lösung erfolgt abschließend in der gesamten Klasse, man sagt auch im „Plenum". Zu fast jeder Aufgabe gehört deshalb die Bitte: „... und vergleichen Sie Ihre Ergebnisse im Plenum". Denn auch Ihre Kolleginnen und Kollegen haben eine eigene Lösung erarbeitet, die vielleicht mit Ihrer übereinstimmt. Dann tauschen Sie sich nur aus und bestätigen sich wechselseitig. Vielleicht haben Ihre Kollegen aber eine andere Lösung und einen anderen Lösungsweg. Dann gilt es, in der Diskussion gemeinsam herauszufinden, ob beide Lösungen möglich sind oder was „für" und was „gegen" die eine oder andere Lösung spricht.
Die Vorstellung der Ergebnisse im Plenum fällt Ihnen nach der Partner- oder Gruppenarbeit nicht mehr schwer. In der anschließenden Diskussion tauschen Sie die Argumente aus – ähnlich wie Sie später die Argumente z. B. in einem Kundengespräch oder in Ihrem Team im Betrieb austauschen.
Im Laufe dieses Kurses werden Sie sich so als eine Lerngemeinschaft – als Team – auf dem gemeinsamen Weg zum Erfolg erfahren.

Information

In der Gemeinschaft lernen und arbeiten heißt auch, Verantwortung für die Entscheidungen des Teams übernehmen.

Teamarbeit in Unternehmen

Aufgabe 7a

Unterstreichen Sie in den folgenden Ausschnitten aus Stellenangeboten die Aussagen der Unternehmen zur Teamarbeit.
Arbeiten Sie mit Ihrem Nachbarn zusammen und vergleichen Sie Ihre Ergebnisse im Plenum.

Beispiel 1: Aus einem Stellenangebot für eine/n Fahrradmechaniker/in:

Schätzen Sie es, selbstständig und initiativ in einem sportlichen und begeisterten Team zu arbeiten? Dann freuen wir uns auf Ihre Bewerbung.

Beispiel 2: Aus einem Stellenangebot für eine/n Chirurgiemechaniker/in:

Ihr Profil:

- Eine abgeschlossene technische Bildung, idealerweise zum Chirurgiemechaniker, ist die Voraussetzung.
- Sie arbeiten gerne im Team, haben Freude am Gestalten und an einem positiven Miteinander.

Aufgabe 7b

Unterstreichen Sie im folgenden Text die Informationen, die neu für Sie sind.
Arbeiten Sie mit Ihrem Nachbarn zusammen und vergleichen Sie Ihre Ergebnisse im Plenum.

Teamarbeit

Der Erfolg eines Unternehmens hängt nicht nur davon ab, wie Mitarbeiter mit Kunden umgehen, sondern wie die Mitarbeiter untereinander zusammen arbeiten und kommunizieren.
In vielen Unternehmen hat sich die Teamarbeit, d. h. die Zusammenarbeit mehrerer Mitarbeiter zur Lösung des Problems durchgesetzt. Dabei ist zu beachten, dass je nach Betrieb die Teamarbeit unterschiedlich organisiert sein kann. Die Mitarbeiter kleiner Autohäuser bzw. Werkstätten können sich genauso als Team verstehen, wie die Arbeitsgruppen in einem größeren Autohaus, welches teamorientiert strukturiert ist.
Die technische Weiterentwicklung erfordert eine Spezialisierung der Mitarbeiter. Der technische Fortschritt erfordert, dass komplexe Arbeiten, z. B. Diagnosearbeiten an elektronischen Systemen mit mehreren Mitarbeitern gemeinsam gelöst werden können. Das Problemlösungsvermögen zweier Mitarbeiter kann sich mehr als verdoppeln.

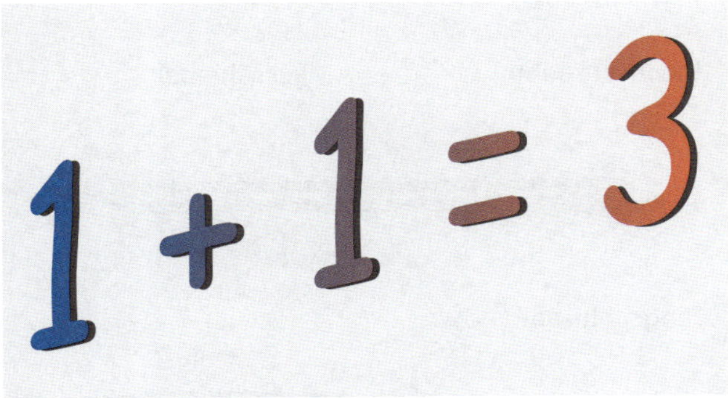

Bild 1: Formel für Gruppendynamik
Fachkunde Kraftfahrzeugtechnik, S. 58

Aufgabe 7c

Welche der folgenden Punkte fördern die Teamarbeit im Betrieb? Kreuzen Sie an.
Arbeiten Sie mit Ihrem Nachbarn zusammen und vergleichen Sie Ihr Ergebnis im Plenum.

1. Klare Festlegung der Ziele des Teams
2. Kollegen für sich arbeiten lassen
3. Fähigkeit, Kritik anzunehmen
4. Probleme rechtzeitig nennen
5. Verantwortung für die eigene Arbeit übernehmen
6. Angst, die eigene Meinung zu äußern
7. Konkurrenzdenken
8. Probleme gemeinsam mit allen diskutieren

Aufgabe 7d

Sie sehen jetzt einen Film, im dem ein Ausbildungsleiter bei Lufthansa, Veit Krabbe, die Ausbildung zum Fluggerätmechaniker (Fachrichtung Triebwerkstechnik) vorstellt. Uns interessieren in diesem Zusammenhang nur die Eigenschaften, die für einen Fluggerätmechaniker absolut notwendig sind.

http://www.berufe.tv/BA/ausbildung?filmID=1000151

Welche Eigenschaften sind das?

Konzentrieren Sie sich nur auf die entsprechenden Informationen.

Bild 2: Falsches Verständnis von Teamarbeit
Fachkunde Kraftfahrzeugtechnik, S. 58

Im Team handeln

Aufgabe 8a
Ihr bester Freund hat eine Lehrstelle als Zweiradmechaniker bekommen. Sie und Ihre Freunde wollen ihm Werkzeuge für seine persönliche, kleine Werkstatt schenken.
Wählen Sie 10 Geschenke aus der untenstehenden Liste aus und notieren Sie sich die Gründe für Ihre Wahl.

Sie können dabei folgende **Redemittel** verwenden:
- … ist zu teuer
- … braucht er nicht
- … hat er schon.

Mögliche Geschenke
- Schweizer Taschenmesser
- Feile
- Schrauben in allen Größen
- Zollstock
- Messschieber
- Bügelsäge
- Flachzange
- Hammer
- Flachfeile
- Kneifzange
- Schutzhelm und Schutzbrille
- Lötkolben
- Ringschlüssel

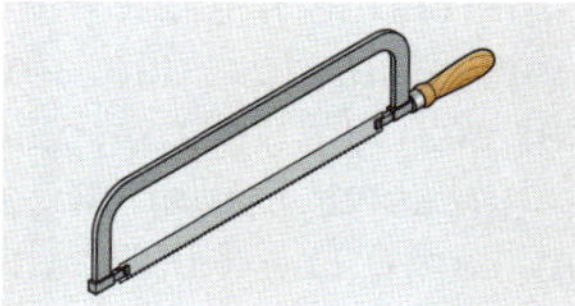
Bügelsäge

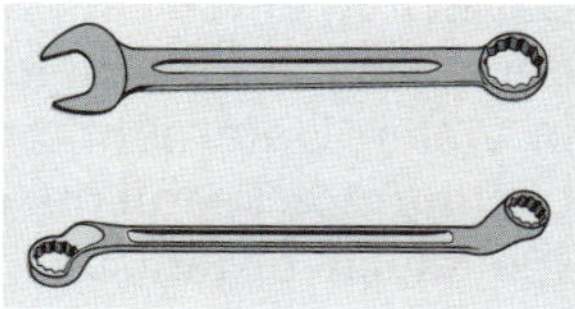
Maul-Ring-Schlüssel (oben)
gekröpfter Ringschlüssel

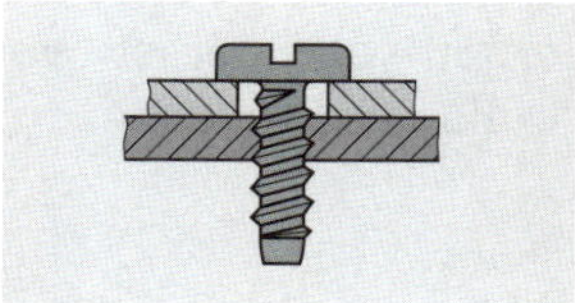
Blechschraube

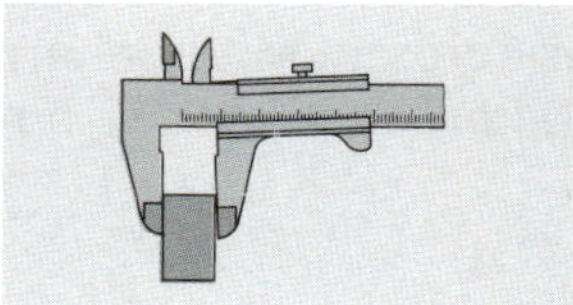
Messschieber

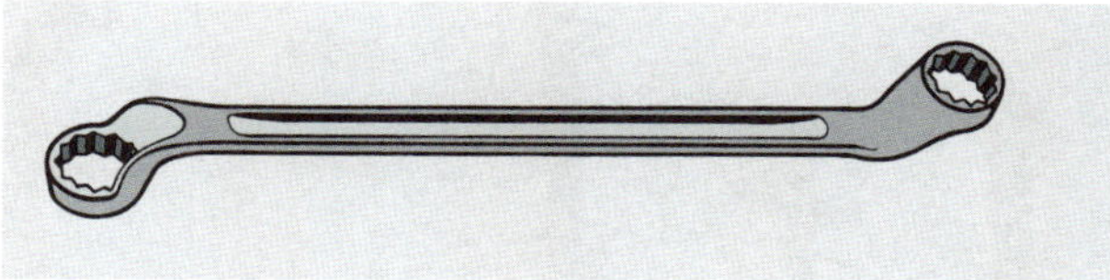
Ringschlüssel

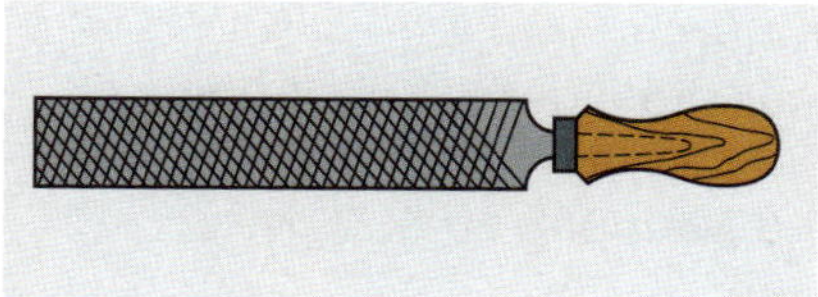
Flachfeile

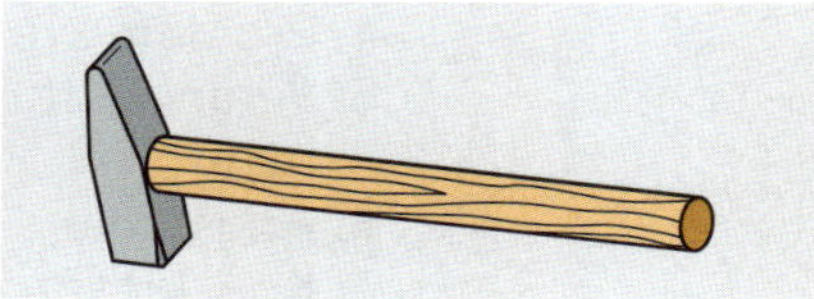
Hammer

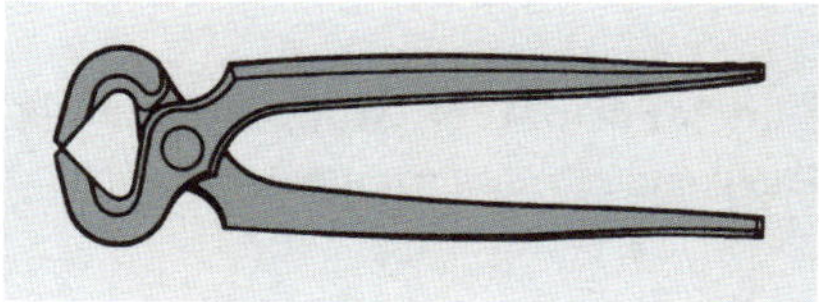
Kneifzange

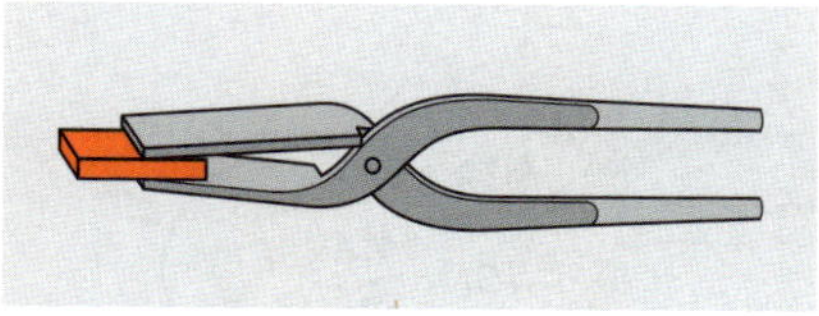
Flachzange

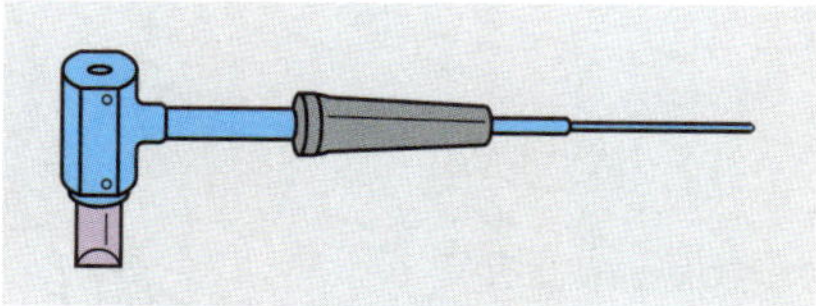
Elektrischer Lötkolben

Aufgabe 8b
Sie haben 10 Gegenstände ausgewählt. Einigen Sie sich mit drei Kollegen auf 8 Geschenke.

Sie können dabei folgende **Redemittel** verwenden:
- Was hältst Du von …?
- Das finde ich auch.
- Das finde ich nicht.
- Ich glaube, er braucht …/Was glaubst Du?
- Auf jeden Fall braucht er …, weil …
- Nein, ich glaube, das braucht er nicht.
- Auf keinen Fall braucht er …
- Ich denke, er freut sich besonders über …
- … halte ich für wichtiger als …
- … halte ich für passender als …
- Ich an deiner/eurer/Ihrer Stelle würde …
- Findest Du nicht auch …?
- Was schlägst Du dann vor?
- Wir haben uns darauf geeinigt, dass …

Was hat Ihnen dieses Vorgehen gebracht?

Aufgabe 9a

1. *Machen Sie sich zusammen mit Ihrem Nachbarn Notizen zu den Ergebnissen des Vorgehens, das Sie bei Aufgabe 8a und 8b praktiziert haben. Schreiben Sie je ein Ergebnis in Stichpunkten auf je ein Kärtchen (Druckbuchstaben, dicker Stift), sodass alle sie lesen können.*
2. *Kleben Sie die Kärtchen an die Tafel (oder pinnen Sie sie an eine Pinnwand).*
3. *Ordnen Sie die Kärtchen – hängen Sie gleiche oder ähnliche Stichpunkte zusammen.*
4. *Moderieren Sie die Kärtchen (Sie stehen dabei mit dem Rücken zur Tafel (Pinnwand), Sie zeigen auf die Kärtchen, über die Sie gerade etwas sagen, und sehen Ihr Publikum an.*

Sie können dabei folgende **Redemittel** verwenden:

- Der Punkt X wird zehn Mal genannt. Er ist also für alle sehr wichtig.
- Der Punkt Y ist nur einmal genannt worden. Er scheint weniger wichtig zu sein.
- Ich kann dieses Kärtchen nicht lesen. Wer kann mir helfen?
- Ich verstehe den Punkt auf diesem Kärtchen nicht. Kann der/die ihn erklären, der/die das Kärtchen geschrieben hat?
- Wir haben viele Nennungen zu Z. Daraus können wir schließen, dass ...

Information

Moderieren ist eine Technik, die sich besonders gut zur Auswertung von Arbeitsprozessen und -ergebnissen eignet, die z. B. auf Kärtchen an der Pinnwand oder der Tafel hängen. Sie eignet sich aber auch sehr gut zur Auswertung von mündlich vorgetragenen Arbeitsergebnissen.
Wichtig beim Moderieren ist, dass der Moderator keine Wertung der Kärtchen bzw. Äußerungen vornimmt. Hat er z. B. bei den Kärtchen einander widersprechende Aussagen, so sollte er nicht selbst Stellung beziehen. Er sollte vielmehr die Teilnehmer dazu bringen, die Widersprüche zu erklären und gegebenenfalls zu diskutieren oder aufzulösen.

Aufgabe 9b

Welchen der folgenden Ziele sind Sie durch die Übungen 8a und 8b näher gekommen?
Notieren Sie passende Redemittel dazu.
Arbeiten Sie mit Ihrem Nachbarn zusammen und stellen Sie Ihr Ergebnis im Plenum vor.

Ziele	**Redemittel**
einen Vorschlag ablehnen/annehmen können	
Vorschläge machen, vergleichen können	
eine Auswahl begründen können	
Kompromisse schließen können	

Information

Zu überlegen, was man durch die Bearbeitung einer Aufgabe eigentlich gelernt hat und besser kann, macht Spaß und stärkt das Selbstbewusstsein. Es hilft auch dabei zu erkennen, was man noch besser beherrschen will. Damit kann man sich leichter neue konkrete Ziele setzen.

C Mein persönliches Glossar

Aufgabe 10a

Sie haben sicher eine persönliche Methode entwickelt, wie Sie beim Erlernen einer Sprache z. B. „Vokabeln" lernen. Vielleicht haben Sie:

- *mithilfe des Glossars zu Ihrem Deutschlehrwerk gelernt*
- *zweisprachige Vokabellisten erstellt, z. B.*
  - *alphabetisch geordnet*
  - *in der Reihenfolge der Lektion geordnet*
  - *nach Themen geordnet*
- *Karteikarten benutzt z. B.*
  - *mit einer Erklärung des Wortes*
  - *mit einem Beispiel für die Anwendung*
  - *mit einer Übersetzung des Wortes*
- *ein Computerprogramm genutzt?*

1. *Schreiben Sie auf ein Kärtchen, welche Methode Sie benutzt haben. Und zwar so (Druckbuchstaben, dicker Stift), dass alle sie lesen können.*
2. *Kleben Sie die Kärtchen an die Tafel (oder pinnen Sie sie an eine Pinnwand).*
3. *Ordnen Sie die Kärtchen – hängen Sie gleiche oder ähnliche Stichpunkte zusammen.*
4. *Moderieren Sie die Kärtchen (Sie stehen dabei mit dem Rücken zur Tafel (Pinnwand), Sie zeigen auf die Kärtchen, über die Sie gerade etwas sagen, und sehen Ihr Publikum an.)*

Aufgabe 10b

Bilden Sie Gruppen mit drei Teilnehmern. Informieren Sie sich gegenseitig über folgende Punkte:

1. Warum haben Sie „Ihre" Methode benutzt?
2. Waren Sie damit zufrieden?

Berichten Sie anschließend im Plenum.

Aufgabe 10c

1. *Welche der in den folgenden Eintragungen enthaltenen Informationen würden Sie in Ihr persönliches Glossar aufnehmen?*
2. *Wie würden Sie die Einträge in Ihrem Glossar anordnen?*
3. *Würden Sie Ihr Glossar einsprachig (deutsch – deutsch) oder zweisprachig anlegen?*

Informieren Sie das Plenum und begründen Sie Ihre Meinung.

Information

Eine grundlegende Frage beim Erstellen persönlicher Glossare ist, in welcher Form Einträge erfolgen.

In deutschen Wörterbüchern finden sich z. B. zum Substantiv folgende Angaben:

a) **Fei·le** *die; -, -n*
b) **Hammer** *m*
c) **Ter·mi·nus** *der; -, Ter·mi·ni*
d) **Kin|der|sitz** ‹der; -es, -e›

In deutschen Wörterbüchern findet sich z. B. zum Verb Folgendes:

a) lau·fen, *läuft, lief, ist/hat gelaufen*
b) **kom-men;** kam, ist gekommen
c) **statt-fin-den;** findet statt, fand statt, hat stattgefunden
d) **kip|pen** ‹V› I ‹V. intr.; kippt, kipp|te, ist ge|kippt› **II** ‹V. trans.; kippt, kipp|te, hat ge|kippt›

D Wie kann ich mich selbst einschätzen?

Information

In Bewerbungsgesprächen wird in deutschen Firmen oft die Frage gestellt: „Wie schätzen Sie Ihre Fremdsprachenkenntnisse ein?" Die Antwort: „Ich bin gut in Deutsch" ist nicht optimal, denn sie sagt nicht genau aus, was Sie in Deutsch wirklich können.

Um eine genaue Einschätzung zu ermöglichen, formuliert man heutzutage konkret, was man kann, z. B.:

- „Ich kann anderen Leuten Fragen zu ihrer Person stellen, z. B. wo sie wohnen, was für Leute sie kennen oder was für Dinge sie haben, und kann auf Fragen dieser Art Antwort geben."
- „Ich kann mich in einfachen Situationen verständigen, in denen es um einen einfachen und direkten Austausch von Informationen über vertraute und geläufige Dinge geht."
- „Ich kann mit einfachen Mitteln meine Herkunft und Ausbildung und meine direkte Umgebung beschreiben."
- „Ich kann z. B. Mitschüler oder Freunde in einer E-Mail zu einer Feier oder gemeinsamen Aktivität einladen."
- „Ich kann die Hauptinhalte komplexer Texte zu konkreten und abstrakten Themen verstehen, und in meinem Spezialgebiet auch Fachdiskussionen."

Vgl. Rahmencurriculum für Integrationskurse Deutsch als Zweitsprache, S. 40 ff.

Beim Vergleich dieser Aussagen (auch „Kann-Beschreibungen" genannt) wird deutlich:

- Die ersten vier Aussagen treffen auf Sie sicher zu.
- Die vierte Aussage können Sie möglicherweise über Ihr eigenes Können in Deutsch im Augenblick noch nicht machen (bestimmt aber nach der Arbeit mit diesem Buch).

Aufgabe 11a

Im Folgenden finden Sie eine Auswahl von Kann-Beschreibungen.
Schätzen Sie Ihre Kenntnisse ein, indem Sie ankreuzen: Das kann ich/Da will ich besser werden/Das ist mein Ziel.

Kann-Beschreibungen	**Das kann ich**	**Da will ich besser werden**	**Das ist mein Ziel**
Ich kann einfache Anleitungen verstehen, wenn sie schrittweise aufgebaut sind und durch Illustrationen unterstützt werden.			
Ich kann unkomplizierte Texte meines Fachgebietes in den wichtigsten Punkten verstehen.			
Ich kann über Tätigkeiten in meiner Firma mündlich Auskunft geben.			
Ich kann in einer Diskussion meine Meinung begründen.			
Ich kann im Gespräch Fragen zu einem Produkt oder zu einer Vorgehensweise beantworten.			

Aufgabe 11b

Lassen Sie Ihre Ergebnisse von Ihrem Nachbarn gegenlesen. Vielleicht haben Sie sich ja zu streng beurteilt?

Aufgabe 11c

1. Machen Sie sich zusammen mit Ihrem Nachbarn Notizen zu der Frage, welche Vorteile Kann-Beschreibungen gegenüber einer Gesamtnote wie „Deutsch: Gut" haben.
2. Notieren Sie stichpunktartig auf Kärtchen, welche Vorteile es hat, die eigene Leistung selbst präzise einschätzen zu können.
3. Kleben Sie die Kärtchen an die Tafel (oder pinnen Sie sie an eine Pinnwand).
4. Ordnen Sie die Kärtchen – hängen Sie gleiche oder ähnliche Stichpunkte zusammen.
5. Moderieren Sie die Kärtchen (Sie stehen dabei mit dem Rücken zur Tafel (Pinnwand), Sie zeigen auf die Kärtchen, über die Sie gerade etwas sagen, und sehen Ihr Publikum an.)

Aufgabe 11d

Schauen Sie sich die Selbstbeurteilung von Michaela Meyer über ihre Englischkenntnisse an.
1. Was kann sie in Englisch am besten?
2. Könnte man sie in einem Callcenter für englischsprachige Kunden einsetzen?

Arbeiten Sie mit Ihrem Nachbarn zusammen und vergleichen Sie Ihre Arbeitsergebnisse im Plenum.

Michaela Meyer:

- Ich kann praktisch alles, was ich lese oder höre, mühelos verstehen.
- Ich kann mich spontan, sehr flüssig und genau ausdrücken und auch bei komplexeren Sachverhalten Bedeutungsnuancen deutlich machen.
- Ich kann mich schriftlich einfach und zusammenhängend über vertraute Themen und persönliche Interessengebiete äußern.
- Ich kann einfache Texte über Erfahrungen und Ereignisse schreiben.

E Reflexion*

1. Was haben wir bisher gemacht?

2. Was war mir besonders wichtig?

3. Was hat mir besonders Spaß gemacht?

*Wir empfehlen Ihnen, diese Seite zu kopieren und nach jeder Lektion zu bearbeiten. Das hat folgende Vorteile:
- Sie erinnern sich besser an das, was Sie gelernt haben.
- Sie überprüfen Ihre Lernergebnisse und die Strategien, die Sie beim Lernen angewendet haben.
- Sie dokumentieren Ihre Fortschritte.
- Sie werden sich bewusst, was und wie Sie lernen.
- Sie können leicht feststellen, an welchen Inhalten Sie noch arbeiten wollen.
- Sie werden sich bewusst, welche Ziele und Inhalte für Ihre persönliche Situation besonders wichtig sind.

Wenn Sie möchten, ergänzen Sie diese Seite mit Punkten, die für Sie persönlich wichtig sind. Tauschen Sie sich im Plenum darüber aus.

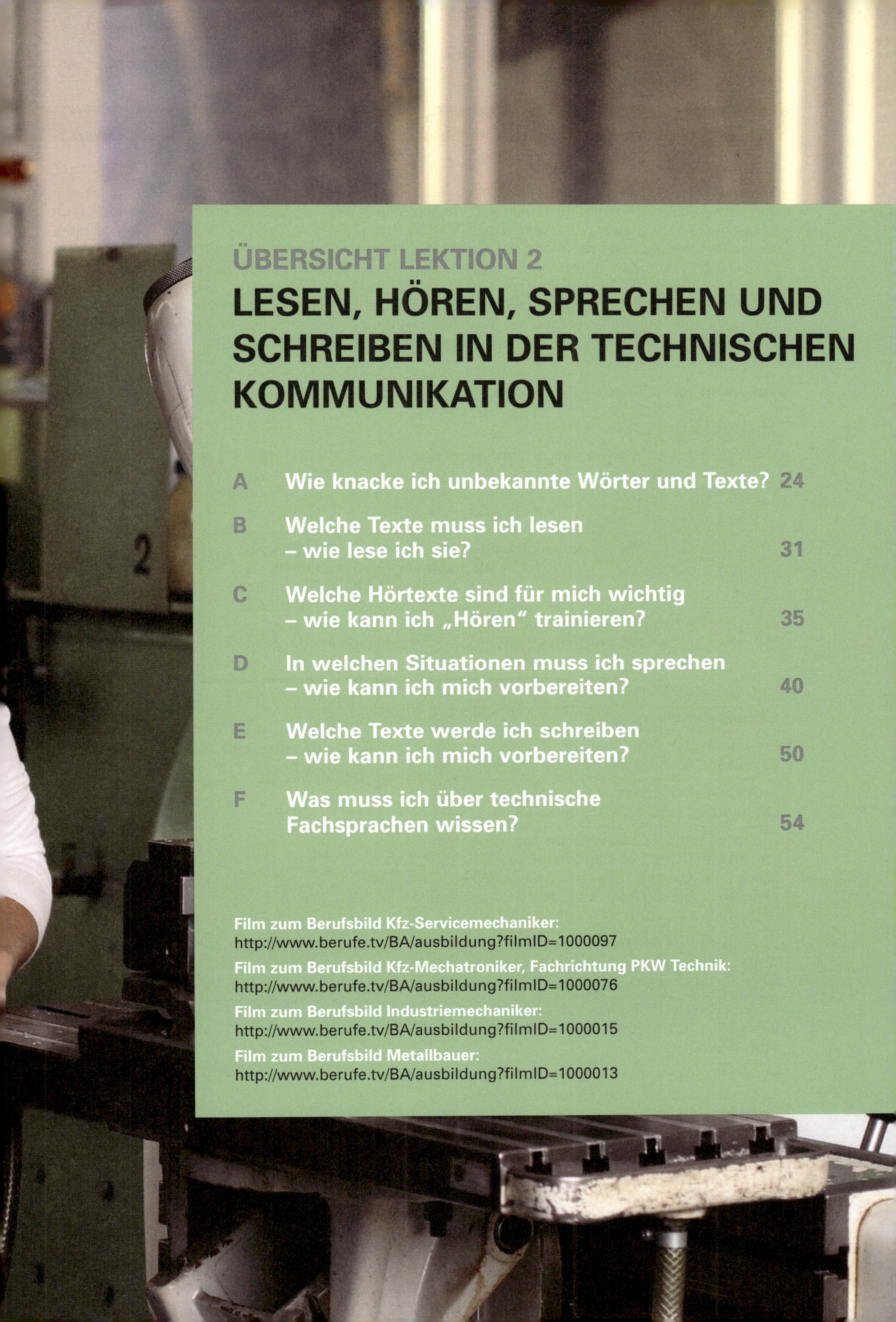

ÜBERSICHT LEKTION 2

LESEN, HÖREN, SPRECHEN UND SCHREIBEN IN DER TECHNISCHEN KOMMUNIKATION

Film zum Berufsbild Kfz-Servicemechaniker:
http://www.berufe.tv/BA/ausbildung?filmID=1000097

Film zum Berufsbild Kfz-Mechatroniker, Fachrichtung PKW Technik:
http://www.berufe.tv/BA/ausbildung?filmID=1000076

Film zum Berufsbild Industriemechaniker:
http://www.berufe.tv/BA/ausbildung?filmID=1000015

Film zum Berufsbild Metallbauer:
http://www.berufe.tv/BA/ausbildung?filmID=1000013

A Wie knacke ich unbekannte Wörter und Texte?

Information

Wenn Sie Texte in der Muttersprache lesen oder hören, wenden Sie zahlreiche Strategien an. Beispielsweise bauen Sie mithilfe der Überschrift eine Erwartung auf, was der Text enthalten wird. Beim Lesen nutzen Sie dazu z. B. Illustrationen. Oder Sie erschließen Wörter, die Sie nicht kennen, mithilfe von Definitionen. Das tun Sie in der Muttersprache normalerweise unbewusst.
Sie verfügen also über zahlreiche Strategien, die bei der Bedeutungserschließung helfen.
Beim Fremdsprachenlernen gilt es, diese Strategien bewusst einzusetzen. Diese Kompetenz wird z. B. bei der Erschließung fach- und berufssprachlicher Begriffe und Texte von Ihrem Fachwissen getragen. Im Folgenden möchten wir diese Fähigkeiten aktivieren und sie benennen, damit Sie sich ihrer bewusst werden und sich darüber austauschen können.

Was kann ich schon?

Aufgabe 1a

Im Folgenden finden Sie einige Erschließungsstrategien, die Sie sicher kennen und anwenden. Ordnen Sie die Namen der Strategien den Beispielen in der Tabelle zu.
Arbeiten Sie mit Ihrem Nachbarn zusammen und vergleichen Sie Ihre Arbeitsergebnisse im Plenum.

Nutzung von Gegenständen und Abbildungen
Erschließung mithilfe von Synonymen
Erschließung mithilfe der Angabe der Bestandteile
Erschließung mithilfe der Nennung von Beispielen
Erschließung mithilfe des Kontextes im Satz
Nutzung von Symbolen, Messeinheiten oder Formeln
Erschließung mithilfe einer Definition

Beispiele für die Strategie	Strategie
Sie erschließen mithilfe einer Abbildung des dargestellten Fachbegriffes (Bild **Bügelsäge,** S. 16)	*Nutzung von Gegenständen und Abbildungen*
Sie erschließen über das Symbol U, was das Wort „**Spannung**“ (Bild 2, S. 25) bedeutet.	
Sie schließen bei Gleichsetzung der beiden Wörter „malnehmen“ und „multiplizieren“ im Text (z. B. durch eine Klammer oder den Kontext), dass „**malnehmen**“ dieselbe Bedeutung hat wie „multiplizieren“.	
Sie erschließen den Inhalt eines Fachbegriffs über seine Definition, z. B.: Eine **Strecke** ist eine gerade Linie, die auf beiden Seiten begrenzt ist.	
Sie erschließen den Inhalt eines Fachbegriffs über Beispiele, z. B. „**Metall**“ über die Beispiele Kupfer, Aluminium, Titan, Gold.	
Sie erschließen einen Fachbegriff über die Angabe seiner Bestandteile, z. B. Ein **unverzweigter Stromkreis** besteht aus Spannungsquelle, Leitung und Verbraucher.	
Sie erschließen einen Fachbegriff über den Kontext im Satz, z. B. Wasser besteht aus **Wasserstoff und Sauerstoff.**	

Aufgabe 1b
Sie kennen sicher noch weitere Strategien.
Tauschen Sie sich im Plenum aus. Sie können mit Kärtchen arbeiten, wenn Sie wollen.

Aufgabe 1c
1. Was sind Kohäsionskräfte und Adhäsionskräfte beim Kleben? Ergänzen Sie die beiden Definitionen mithilfe des folgenden Textes und der Abbildung.

Kohäsionskräfte sind Kräfte, die ...
Adhäsionskräfte sind Kräfte, die ...

2. Was sind poröse Stoffe?
Arbeiten Sie mit Ihrem Nachbarn zusammen und vergleichen Sie Ihre Ergebnisse im Plenum.

Wirkweise der Klebeverbindung

Bei einer Klebeverbindung wirken Kohäsionskräfte zwischen den Klebstoffteilchen sowie Adhäsionskräfte zwischen den Klebstoff- und Werkstoffteilchen. Bei porösen Stoffen wie Holz, Papier, Textilien u.a. dringt der Klebstoff in die Poren ein und es kommt zu einer zusätzlichen mechanischen Verzahnung (Bild 1). Dadurch wird eine hohe Festigkeit der Verbindung erreicht. Bei Klebern für glatte Oberflächen wie bei Stahl wird die Festigkeit der Verbindung nur durch die Adhäsions- und Kohäsionskräfte bewirkt.

Metallbau und Fertigungstechnik, S. 238

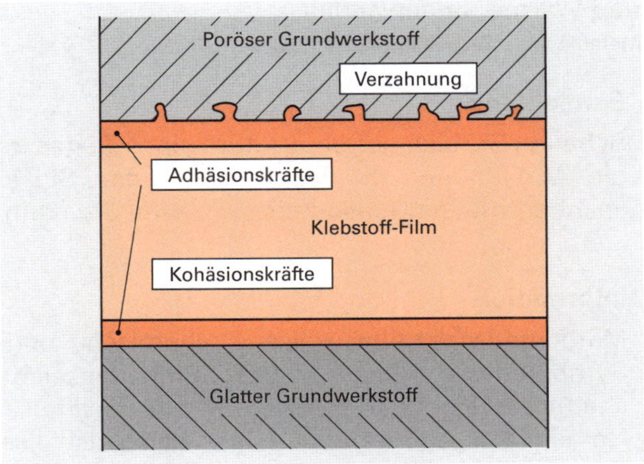

Bild 1: Kräfte in der Klebeverbindung (Schema)

Aufgabe 1d
Welche Strategien haben Sie bei der Bedeutungserschließung angewendet?
Arbeiten Sie mit Ihrem Nachbarn zusammen und vergleichen Sie Ihre Ergebnisse im Plenum.

Kennen Sie die folgenden Strategien schon?

Aufgabe 2a
Welche Informationen erwarten Sie von einem Text mit folgender Abbildung? Machen Sie sich möglichst genaue Notizen.
Arbeiten Sie mit Ihrem Nachbarn zusammen und vergleichen Sie Ihre Ergebnisse im Plenum.

Wir erwarten Informationen über folgende Punkte:
- *Elektrischer Stromkreis*
- ...

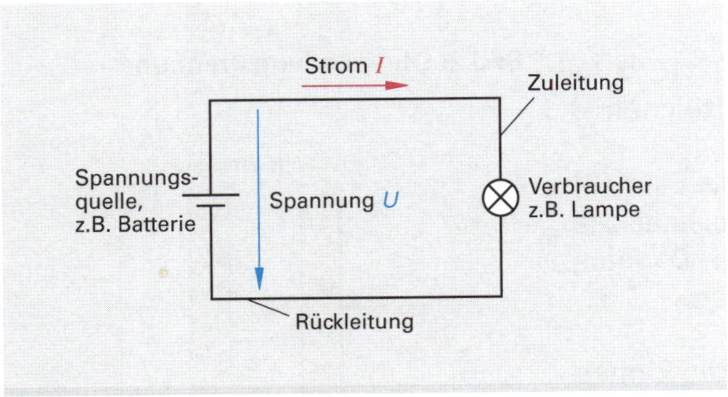

Bild 2: Elektrischer Stromkreis
Metalltechnik Grundbildung, S. 253

Aufgabe 2b

Unterstreichen Sie im Text die Informationen, die Sie nicht erwartet haben.
Was schließen Sie aus dem Ergebnis?
Arbeiten Sie mit Ihrem Nachbarn zusammen und vergleichen Sie Ihre Ergebnisse im Plenum.

Der elektrische Stromkreis

Elektrischer Strom fließt nur im geschlossenen Stromkreis. Dieser besteht mindestens aus einer Spannungsquelle, einem Verbraucher sowie einer Hin- und Rückleitung. Die getrennten positiven und negativen Ladungen versuchen sich auszugleichen. Dieser Ausgleich erfolgt über die Leitungen und den Verbraucher. Dabei wird elektrische Energie von der Spannungsquelle zum Verbraucher, z. B. zu einer Leuchte, transportiert und dort in Licht und Wärme umgewandelt.

Metalltechnik Grundbildung, S. 253

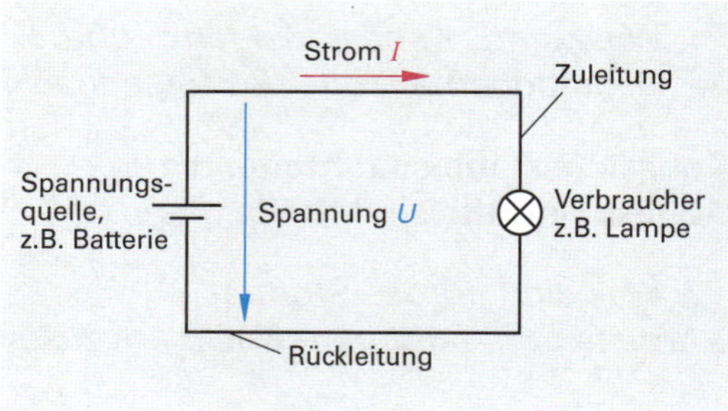

Bild 1: Elektrischer Stromkreis

Empfehlung

Schauen Sie sich vor der Lektüre eines Textes immer zuerst die Abbildungen an. Aktivieren Sie über die Abbildungen Ihr Fachwissen, rufen Sie sich die entsprechenden Inhalte, Gesetze, Regeln, Fachbegriffe ins Gedächtnis und lesen Sie dann erst den Text.

Information

Mathematische, physikalische, chemische und technische Texte enthalten eine große Zahl von Symbolen wie z. B. I für Strom, Einheitenzeichen wie z. B. m, cm, mm oder Formeln. Sie entsprechen internationalen Normen. Mit ihrer Hilfe kann man den Inhalt von Texten entschlüsseln. Auch Namen wie „Ohmsches Gesetz" beispielsweise rufen gespeichertes Wissen ab und helfen, einen Text zu diesem Thema zu verstehen. Ebenso können Angaben von Jahreszahlen Hinweise liefern, welches Thema der Text behandelt.

Aufgabe 2c

1. Unterstreichen Sie im folgenden Text alle Formeln, Symbole und Namen und machen Sie Vorhersagen über den Inhalt.
2. Suchen Sie eine passende Überschrift für den Text. Aus welchem Fach stammt der Text?
Arbeiten Sie mit Ihrem Nachbarn zusammen und vergleichen Sie Ihre Ergebnisse im Plenum.

Die elektrische Ladung ist ein Maß für die Ladungstrennungsarbeit je Ladung.

Spannung = Potenzialunterschied
Durch das Einsetzen der Formelzeichen erhält man:

$$U = W/Q$$

U = elektrische Spannung
W = Ladungstrennungsarbeit
Q = elektrische Ladung (für den Spezialfall Q = -1,602 10^{-19} As (man liest Amperesekunde) setzt man das Formelzeichen e ein.)
Die elektrische Ladung Q repräsentiert in diesem Fall die Elementarladung eines Elektrons (e = -1,602 10^{-19} As). Die mechanische Arbeit ($[W]$ = Nm = kg m^2/s^2 (man liest Newtonmeter)). Dadurch ergibt sich für die elektrische Spannung folgende Einheit:

$$[U] = kg \cdot m^2/As^3$$

Zu Ehren des italienischen Physikers Volta wurde für die Einheit der elektrischen Spannung der Buchstabe V eingeführt.

$$[U] = V \text{ (sprich: Volt)}$$

Fachkunde Mechatronik, S. 277

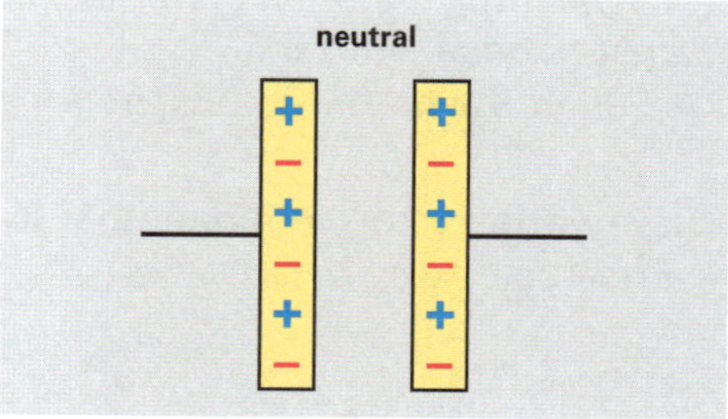

Bild 2: Ohne Ladungstrennung

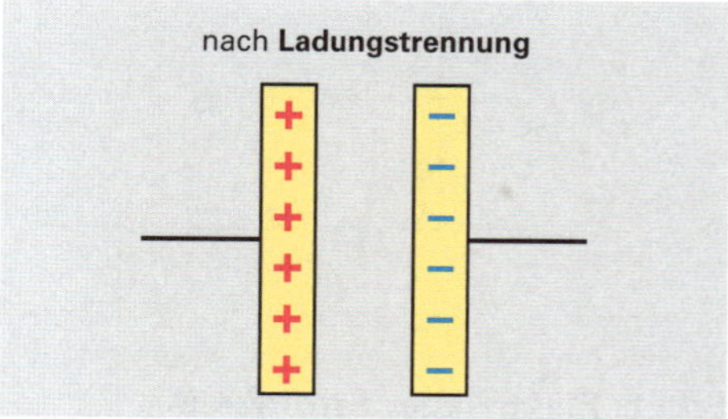

Bild 3: Ladungstrennung

Aufgabe 2d

1. Unterstreichen Sie im folgenden Text alle Namen und Zahlen. Machen Sie Vorhersagen über den Inhalt.
2. Suchen Sie eine passende Überschrift für den Text. Aus welchem Fach stammt der Text?
Arbeiten Sie mit Ihrem Nachbarn zusammen und vergleichen Sie Ihre Ergebnisse im Plenum.

____

1860 Der Franzose **Lenoir** baut den ersten lauffähigen, mit Leuchtgas betriebenen Verbrennungsmotor. Wirkungsgrad etwa 3%.

1867 **Otto** und **Langen** zeigen auf der Pariser Weltausstellung einen verbesserten Verbrennungsmotor. Wirkungsgrad etwa 9%.

1876 **Otto** baut den ersten Gasmotor mit Verdichtung in **Viertakt-Arbeitsweise**. Fast gleichzeitig baut der Engländer **Clerk** den ersten **Zweitaktmotor** mit Gasbetrieb.

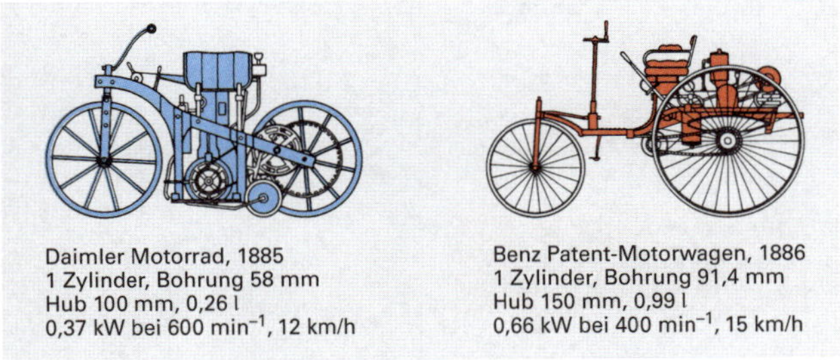

Bild 1: Daimler Motorrad und Benz Motorwagen

1883 **Daimler** und **Maybach** entwickeln den ersten schnelllaufenden **Viertakt-Benzinmotor** mit **Glührohrzündung**.

1885 Erstes **motorgetriebenes Zweirad** von **Daimler**. Erster **Dreiradkraftwagen** von **Benz** (1886 patentiert (Bild 1)).

1886 Erste **Vierradkutsche** mit **Benzinmotor** von **Daimler** (Bild 2).

1887 **Bosch** erfindet die **Abreißzündung**.

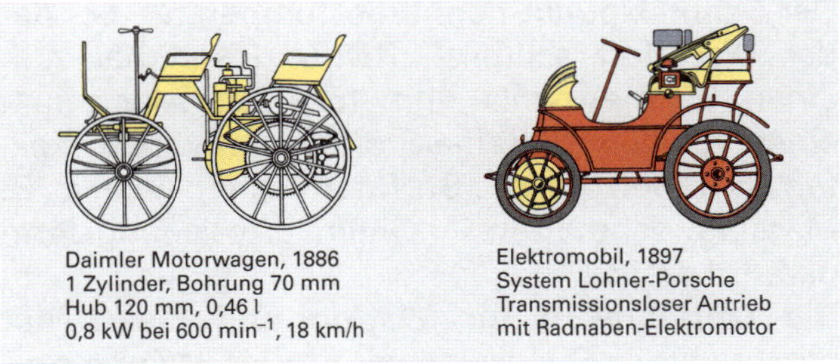

Bild 2: Daimler Motorwagen und 1. Elektromobil

1889 Der Engländer **Dunlop** stellt erstmals **pneumatische Reifen** her.

1893 **Maybach** erfindet den **Spritzdüsenvergaser.**

1893 **Diesel** patentiert das Arbeitsverfahren für Schwerölmotoren mit Selbstzündung.

Bild 3: Ford T-Modell und VW-Käfer

Empfehlung

Nehmen Sie vor dem Lesen eines Textes die Zahlen, Symbole, Formeln, Abbildungen und Namen zur Kenntnis. Gehen Sie von den Wörtern und Fachbegriffen aus, die Sie kennen. Verschaffen Sie sich so einen Überblick über die Inhalte, die Sie dann anhand Ihres Fachwissens einordnen können. Mit diesem Wissen lesen Sie nun den Text.

Information

Naturwissenschaftliche und technische Texte sind optisch deutlich gestaltet. Die optische Gestaltung (Layout) spiegelt den inneren Aufbau des Textes wider. Gestaltungsmittel sind:

- Überschriften, Zwischenüberschriften
- Abschnitte, Zeilenabstände
- Schriftart (**Fettdruck,** *Kursivdruck*) und Schriftgröße
- Rasterung

Die Berücksichtigung dieser Gestaltungsmittel ist eine Strategie, die den Verstehensprozess unterstützt.

Aufgabe 2e

1. Unterstreichen Sie im folgenden Text und den Abbildungen alles Fett- und Kursivgedruckte und alles Gerasterte.
2. In wie viele Abschnitte ist der Text gegliedert?
3. Worüber informiert der Text? Machen Sie Vorhersagen.
Arbeiten Sie mit Ihrem Nachbarn zusammen und vergleichen Sie Ihre Ergebnisse im Plenum.

Physikalische Eigenschaften

Die physikalischen Eigenschaften beschreiben den Zustand bzw. eine Zustandsänderung (Bild 1). Die **Dichte** ϱ gibt an, welche Masse m ein Werkstoff pro Volumeneinheit V besitzt. Sie errechnet sich mit der Formel $\boldsymbol{\varrho = m/V}$.
Die Einheit der Dichte ist kg/dm^3 oder g/cm^3. Eisen hat z. B. eine Dichte von 7,84 kg/dm^3, Aluminium 2,7 kg/dm^3.
Der **Schmelzpunkt** nennt die Temperatur, bei der der Werkstoff schmilzt. Reines Eisen hat z. B. einen Schmelzpunkt von 1536 °C, Aluminium einen von 659 °C. Reine Stoffe haben einen exakten Schmelzpunkt. Stoffgemische, wie z. B. Messing, schmelzen in einem Erweichungstemperaturbereich.
Die **Leitfähigkeit für Wärme und Elektrizität** beschreibt die Fähigkeit eines Stoffes, Wärme bzw. Elektrizität in sich weiterzuleiten. Gute Leiter sowohl für Wärme als auch für den elektrischen Strom sind z. B. die Metalle Kupfer, Aluminium und Eisen. Schlechte Wärme- und elektrische Leiter, d. h. Isolatoren, sind die Kunststoffe und Glas.
Die **thermische Längenausdehnung** gibt die Längenänderung eines Bauteils durch Temperaturänderung an. Berücksichtigt werden muss die Wärmeausdehnung z. B. bei Messzeugen und Einbau-Passteilen.
Magnetisierbarkeit liegt bei den meisten Eisenwerkstoffen sowie bei Nickel und Cobalt vor.
Metallbau und Fertigungstechnik. Grundbildung. S. 52

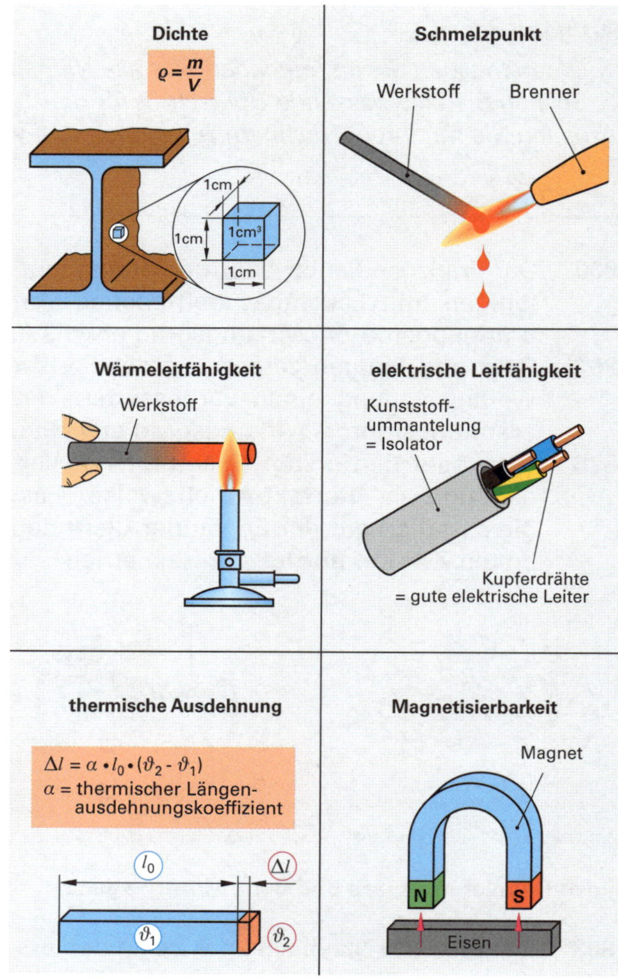

Bild 1: Physikalische Eigenschaften

Empfehlung

Nehmen Sie vor dem Lesen eines Textes die Gestaltungsmittel zur Kenntnis. Verschaffen Sie sich so einen Überblick über den Aufbau des Texts. Mit diesem Wissen lesen Sie nun den Text.

Information

Fachtexte weisen in der Regel je nach Fach einen charakteristischen Aufbau auf, der sich je nach Art und Thema des Textes wiederholt.

- Lexikontexte beispielsweise beginnen immer mit einer *Definition*, z. B. des Fachbegriffs „Schweißen". Es folgen *Klassifikation* (Arten des Schweißens), *Anwendung in der Praxis, Vor- und Nachteile.*
- Lehrbuchtexte enthalten oft die Teiltexte *Definition, Beschreibung, Beurteilung.*
- In Lehrbuchtexten finden Sie auch häufig *Beschreibung, Klassifikation mit Beschreibung.*

Einen solchen Aufbau bezeichnet man als Textbauplan. Der Textbauplan legt fest, an welcher Stelle im Text welche Informationen auftreten (im gesprochenen Fachtext: wann welche Informationen auftreten). Er sagt Ihnen also, wo bzw. wann Sie welche Informationen zu erwarten haben und erleichtert damit das Verständnis ganzer Abschnitte. Wie Sie bereits wissen (s. o. S. 27), wird der Textbauplan in der Regel durch das Layout optisch sichtbar gemacht.
Verschaffen Sie sich also vor dem Lesen eines Fachtextes einen Überblick über seinen Textbauplan, dann wissen Sie, wo welche Informationen stehen.

Aufgabe 2f

Sicher erinnern Sie sich aus Ihrer Schulzeit an Texte aus Ihrem Physikbuch, die einen Versuch schildern. Wie waren diese Texte aufgebaut?
Bringen Sie die folgenden Textteile in eine sinnvolle Reihenfolge.
Arbeiten Sie mit Ihrem Nachbarn zusammen und vergleichen Sie Ihre Ergebnisse im Plenum.

Messergebnis – Versuchsaufbau – Gesetz – Versuchsdurchführung

1. ______________________ 3. ______________________

2. ______________________ 4. ______________________

Aufgabe 2g

Ordnen Sie die folgenden Textteile in der Reihenfolge des Texts „Löten".
Arbeiten Sie mit Ihrem Nachbarn zusammen und stellen Sie Ihr Ergebnis im Plenum vor.

Textteile ungeordnet

A Vorteile des Lötens

B Anwendungsbereich des Lötverfahrens

C Beschreibung des Vorgangs

E Funktion des Lötens

Textteile geordnet: Textbauplan

1. ______________________

2. ______________________

3. ______________________

4. ______________________

Löten

Durch das Löten lassen sich Metalle mittels Stoffschluss unlösbar miteinander verbinden.

Die Grundwerkstoffe und ein leicht schmelzender Zusatzstoff, das Lot, werden auf die Arbeitstemperatur des Lötens erwärmt. Dabei bleibt der Werkstoff der zu verbindenden Teile im festen Zustand und das Lot wird flüssig. Beim Abkühlen erstarrt das Lot und verbindet die zusammengelegten Bauteile.

Der Einsatzbereich des Lötens reicht von der handwerklichen Reparatur bis zur Massenfertigung. Löten hat folgende Vorzüge:

- Durch Löten können problemlos auch verschiedenartige Metalle miteinander verbunden werden.
- Infolge der geringen Arbeitstemperaturen ergeben sich große Vorteile beim Fügen von Teilen mit geringen oder unterschiedlichen Wanddicken.
- Auch die Gefahr der Zerstörung der Teile durch Gefügeveränderung, Wärmespannung und Verwerfung wird vermindert (Bild 1 und Bild 2).
- Lötverbindungen sind weitgehend dicht gegenüber Dämpfen und Flüssigkeiten. Anwendungsbeispiele: Behälter, Rohr-Installationen, Kfz-Kühler, Regenrinnen (Bild 2).
- Lötverbindungen besitzen im Allgemeinen eine gute elektrische Leitfähigkeit. Anwendungsbeispiele: Elektromotorenbau, Verlöten von Stromverbindern und gedruckten Schaltungen (Platinen).
- Das Lötverfahren lässt sich oft leicht mechanisieren (Bild 3).

Metallbau und Fertigungstechnik Grundbildung, S. 232

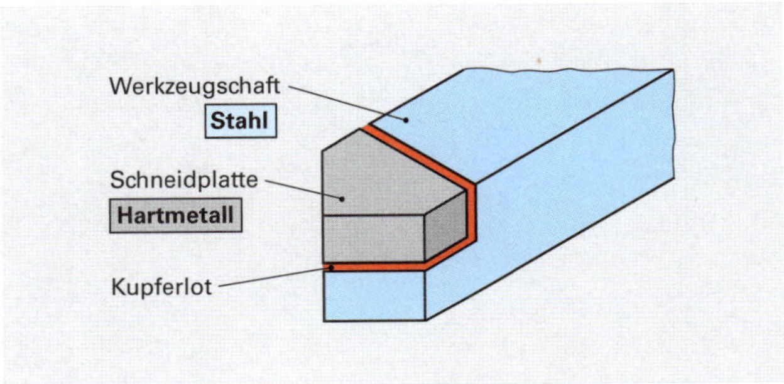

Bild 1: Löten von verschiedenartigen Metallen

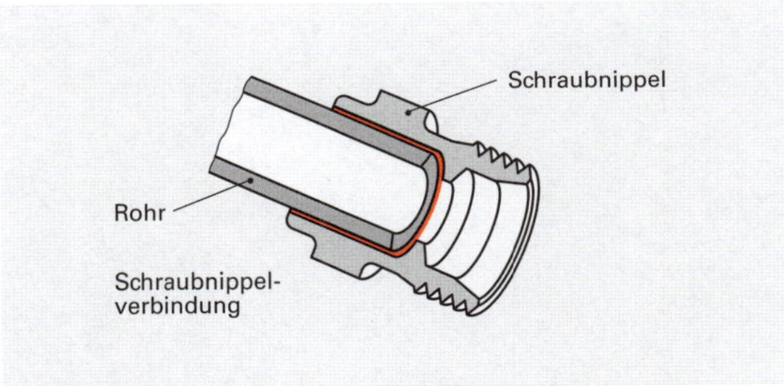

Bild 2: Löten von dichten Teilen mit unterschiedlicher Wanddicke

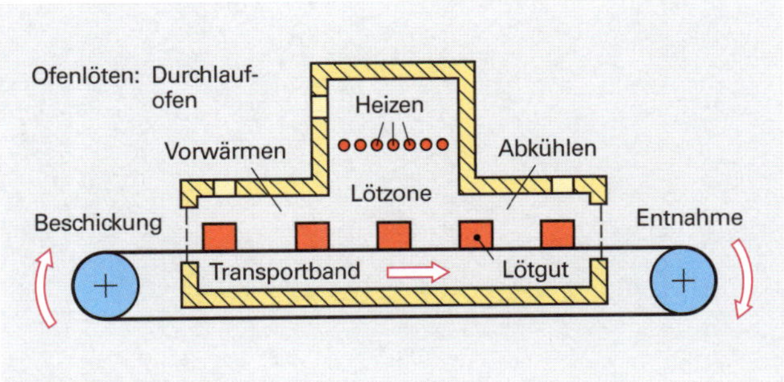

Bild 3: Mechanisiertes Lötverfahren

Was hat Ihnen dieses Vorgehen gebracht?

Aufgabe 3

1. *Einigen Sie sich mit Ihrem Nachbarn auf mindestens sieben Entschlüsselungsstrategien, die Sie für besonders hilfreich beim Knacken eines Textes oder unbekannter Wörter halten. Schreiben Sie je eine Strategie auf ein Kärtchen (Druckbuchstaben, dicker Stift, sodass alle es lesen können).*
2. *Kleben Sie die Kärtchen an die Tafel (oder pinnen Sie sie an eine Pinnwand).*
3. *Ordnen Sie die Kärtchen – hängen Sie gleiche oder ähnliche Strategien zusammen.*
4. *Werten Sie die Ergebnisse aus.*

Sie können dabei folgende **Redemittel** benutzen:

- Wir haben viele Nennungen zu Z. Daraus können wir schließen, dass ...
- Ich kann dieses Kärtchen nicht lesen. Wer kann mir helfen?
- Ich verstehe den Punkt auf diesem Kärtchen nicht. Kann der/die ihn erklären, der/die das Kärtchen geschrieben hat?
- Es hat sich gezeigt, dass ...

B Welche Texte muss ich lesen – wie lese ich sie?

Information

Die Fachtexte in diesem Buch sind Originaltexte. Sie stammen zum großen Teil aus Büchern, die Ihre Kollegen im Rahmen ihrer Ausbildung in Deutschland benutzen. Außerdem finden Sie aktuelle Texte aus Zeitungen, Zeitschriften, dem Internet etc.

Welche Texte sind für mich in der Ausbildung und im Beruf wichtig?

Aufgabe 4

Im Folgenden finden Sie eine Liste von Textsorten. Mit welchen Textsorten werden Sie sich in der Ausbildung (A) und/oder im Beruf (B) beschäftigen?
Kennzeichnen Sie die entsprechenden Textsorten mit A und/oder B.
Arbeiten Sie mit Ihrem Nachbarn zusammen und vergleichen Sie Ihre Ergebnisse im Plenum.

Lebenslauf
Zeugnis
Checkliste
Arbeitssicherheitsbestimmungen
Inhaltsverzeichnis eines Fachbuches
Lehrbuchtexte
Prüfungsaufgaben
Tabellen
Formulare
Lexikonartikel
Gedichte
Gebrauchsanweisung
Comic
Zeitungsartikel
Umweltschutzgesetze
Rechnungen
Internettexte

Wie lese ich Texte? Welche Lesestile wende ich an?

Information

Die oben aufgeführten Textsorten lesen Sie in der Muttersprache normalerweise auf unterschiedliche Art. Bei Prüfungsaufgaben beispielsweise nehmen Sie alle Informationen zur Kenntnis – Sie lesen die Prüfungsaufgaben total. Bei Arbeitssicherheitsbestimmungen suchen Sie aus gegebenem Anlass vielleicht nur eine oder zwei. Dann suchen Sie im Inhaltsverzeichnis, bis Sie die entsprechenden Arbeitssicherheitsbestimmungen gefunden haben – Sie lesen selegierend. Wenn Sie die entsprechenden Seitenangaben gefunden haben, lesen Sie die Arbeitssicherheitsbestimmungen total. Diese verschiedenen Lesestile wenden Sie in der Muttersprache möglicherweise unbewusst an.
Die folgenden Aufgaben geben Ihnen die Möglichkeit, diese Strategien auf deutsche Texte zu übertragen.

Aufgabe 5a

Sie müssen sich auf eine Prüfung vorbereiten. Eines der Themen der Prüfung lautet „Qualitätsprüfung". Sie haben wenig Zeit.
Stellen Sie mithilfe des unten abgedruckten Teiles des Inhaltsverzeichnisses fest, auf welcher Seite das Buch „Metalltechnik Grundbildung" für Ihre Prüfung wichtige Informationen enthält.
Arbeiten Sie mit Ihrem Nachbarn zusammen und vergleichen Sie Ihre Ergebnisse im Plenum.

Auszug aus dem Inhaltsverzeichnis

1.1	Größen und Einheiten	6	1.4	Toleranzen und Fassungen	30
1.2	Grundlagen der Messtechnik	10	1.4.1	Toleranzen	30
1.2.1	Grundbegriffe	10	1.4.2	Fassungen	34
1.2.2	Messabweichungen	12		Arbeitsbeispiel zu den Toleranzen und Fassungen	36
1.2.3	Messmittelfähigkeit, Prüfmittelüberwachung	15	1.5	Qualitätsmanagement	37
1.3	Längenprüfmittel	16		Qualitätsanforderungen	37
1.3.1	Maßstäbe, Lehren, Erdmaß	16		Qualitätsmerkmale und Fehler	38
1.3.2	Messgeräte	19		Qualitätsprüfung	39
	Arbeitsbeispiel zum Messen	28		Qualitätslenkung	40

Metalltechnik Grundbildung, S. 5

Aufgabe 5b
Welchen Lesestil haben Sie angewendet?
Vergleichen Sie Ihre Ergebnisse im Plenum.

Aufgabe 5c
Sie müssen sich auf eine Prüfung vorbereiten. Sie wissen, dass Löten eins der Themen der Prüfung ist. Wie gehen Sie mit dem folgenden Text über Löten um?
Arbeiten Sie mit Ihrem Nachbarn zusammen und vergleichen Sie Ihre Ergebnisse im Plenum.

Löten

Löten ist ein stoffschlüssiges Fügen und Beschichten von Werkstoffen mithilfe eines geschmolzenen Zusatzmetalls, dem **Lot**. Die Schmelztemperatur des Lotes liegt unterhalb der Schmelztemperatur der zu verbindenden Grundwerkstoffe. Die Grundwerkstoffe werden vom Lot benetzt, ohne geschmolzen zu werden. Das Löten erfolgt vielfach unter Anwendung von Flussmitteln, Schutzgasen oder im Vakuum.
Durch das Löten entstehen unlösbare, stoffschlüssige Verbindungen, die fest, dicht und leitfähig für Wärme und elektrischen Strom sind. Die zu verbindenden Grundwerkstoffe können sehr unterschiedliche Eigenschaften und Zusammensetzung haben, sofern das Lot sich mit beiden Stoffen verbindet. So können z. B. Hartmetall-Schneidplatten auf Drehmeißelschäfte aus Baustahl gelötet werden.

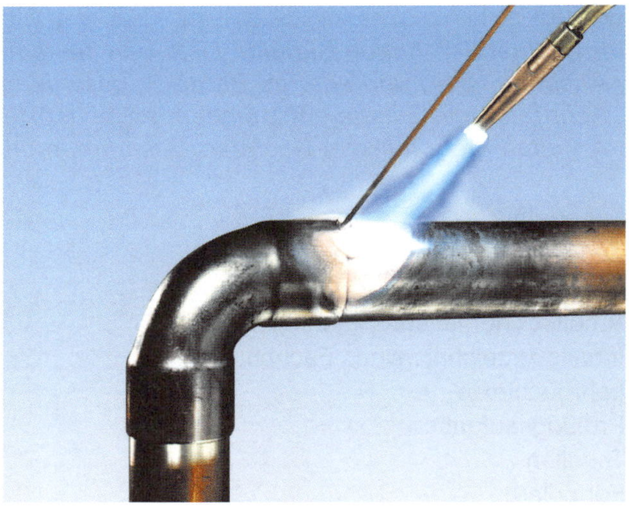
Bild 1: Löten eines Kupferrohres

Durch Löten lassen sich gleiche oder verschiedenartige metallische Werkstoffe fest, dicht und leitfähig verbinden.

Metalltechnik Grundbildung, S. 117

Aufgabe 5d
In Vorbereitung auf eine Prüfung im Bereich Fertigungstechnik haben Sie sich folgende Erklärungen/Definitionen von „Schweißen" herausgeschrieben. Welche wollen Sie für die Prüfung auswendig lernen?
Arbeiten Sie mit Ihrem Nachbarn zusammen und stellen Sie Ihre Ergebnisse im Plenum vor.

1. Unter Schweißen versteht man das Verbinden von Werkteilen unter Anwendung von Wärme und/oder Druck.
2. Schweißen ist das Verbinden von Metallen oder Kunststoffen unter Anwendung von Wärme und/oder Druck mit oder ohne artgleiche Zusatzstoffe.
3. Schweißen ist ein unlösbares stoffschlüssiges Verbinden von meist gleichartigen Werkstoffen.

Aufgabe 5e
Welchen Lesestil haben Sie angewendet?
Vergleichen Sie Ihre Ergebnisse im Plenum.

Aufgabe 5f

Was versteht man in der Messtechnik unter A_s, Meb und Az?
Markieren Sie die gesuchten Informationen in der Tabelle.
Arbeiten Sie mit Ihrem Nachbarn zusammen und vergleichen Sie Ihre Ergebnisse im Plenum.

Tabelle 1: Messtechnische Begriffe

Begriff	Kurzzeichen	Definition, Erklärung	Beispiel, Formeln
Messgröße	*M*	Die zu messende Länge bzw. der zu messende Winkel, z. B. ein Bohrungsabstand oder ein Durchmesser.	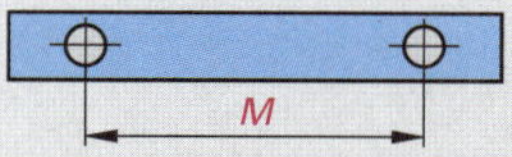
Anzeige	–	Der angezeigte Zahlenwert des Messwertes ohne Einheit (vom Messbereich abhängig). Bei Maßverkörperungen entspricht die Aufschrift der Anzeige.	
Skalenanzeige	–	Kontinuierliche Anzeige auf einer Strichskale	
Ziffernanzeige	–	Digitale Anzeige auf einer Ziffernskale	
Skalenteilungswert	*Skw*	Differenz zwischen den Messwerten, die zwei aufeinander folgenden Teilstrichen entsprechen. Der Skalenteilungswert Skw wird in der auf Skale stehenden Einheit angegeben.	Skalenanzeige *Skw* = 0,01 mm
Ziffernschrittwert	*Zw*	Der Ziffernschrittwert ist die Änderung der Anzeige um einen Ziffernwert.	
Angezeigter Messwert	x_a x_1, x_2 ...	Einzelne Messwerte oder Mittelwerte setzen sich aus dem richtigen Wert und den zufälligen sowie systematischen Messabweichungen zusammen.	Ziffernanzeige *Zw* = 0,01 mm
Systematische Messabweichung	A_s	Die Messabweichung ergibt sich durch Vergleich des angezeigten Messwertes x_a mit dem richtigen Wert x_r (Seite 14).	$A_s = x_a - x_r$
Korrektionswert	*K*	Ausgleich von bekannten systematischen Abweichungen, z. B. Abweichung von der Bezugstemperatur	$K = A_s$ *(K – Korrektion)*
Berichtigtes Messergebnis	*y*	Messwert, korrigiert um bekannte systematische Messabweichungen	$y = x + K$
Messunsicherheit	*u*	Die Messunsicherheit beinhaltet alle zufälligen Abweichungen sowie die unbekannten und nicht korrigierten Messabweichungen.	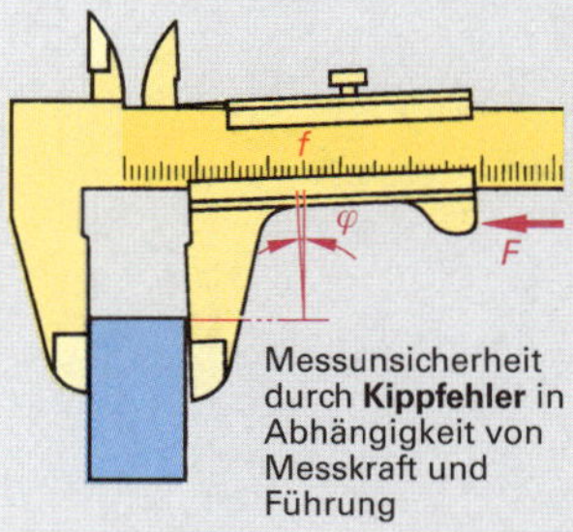
Erweiterte Messunsicherheit	*U*	Die erweiterte Messunsicherheit gibt den Bereich um das Messergebnis an, in dem der „wahre Wert" einer Messgröße erwartet wird. (Die zulässige Messunsicherheit soll 1/10 der Toleranz möglichst nicht überschreiten)	
Messbereich	*Meb*	Der Messbereich ist der Bereich von Messwerten, in dem die Fehlergrenzen des Messgerätes nicht überschritten werden.	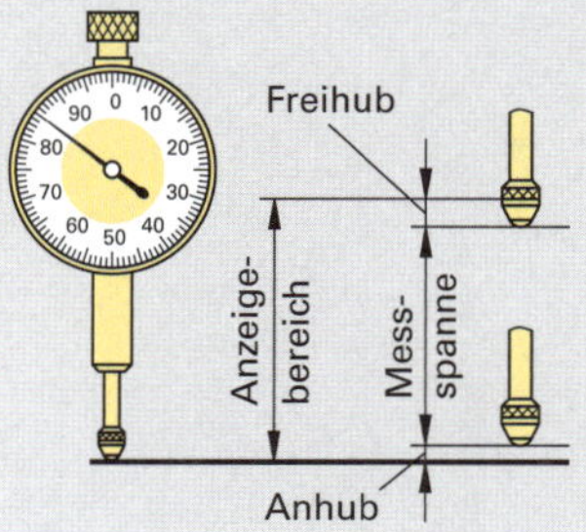
Messspanne	*Mes*	Die Messspanne ist die Differenz zwischen Endwert und Anfangswert des Messbereiches.	
Anzeigebereich	*Az*	Der Anzeigebereich ist der Bereich zwischen der größten und der kleinsten Anzeige eines Messgerätes.	

Metalltechnik Grundbildung, S.11

Aufgabe 5g
Welchen Lesestil haben Sie bei Aufgabe 5f angewendet?
Vergleichen Sie Ihre Ergebnisse im Plenum.

Information
Bei der Anwendung der unterschiedlichen Lesestile haben Sie gesehen, dass es nicht erforderlich ist, alle Wörter im Text zu verstehen, um den Sinn des Textes zu erfassen.

Aufgabe 5h
Müssen Sie das Wort „Erben" kennen, um die folgende Textaufgabe lösen zu können?
Arbeiten Sie mit Ihrem Nachbarn zusammen und vergleichen Sie Ihre Ergebnisse im Plenum.

Textaufgabe
Ein Betrag von 25.000 Euro soll so an drei Erben A, B und C verteilt werden, dass B 2.500 Euro weniger erhält als A und C 4.000 Euro weniger als A und B zusammen.

Information
In den meisten Fällen brauchen Sie bei der Lektüre von Texten nicht alle Wörter zu verstehen. Sie können ruhig über Textteile hinweglesen, die keinen unmittelbaren Bezug zur Aufgabenstellung haben. Die Aufgabenstellung führt Sie durch den Text, und zwar, wie es Ihr Ziel beim Lesen in der Muttersprache tut.
Blockieren Sie sich also nicht dadurch, dass Sie sich an unverstandenen Wörtern, Sätzen oder Textteilen festbeißen und frustriert aufgeben, wenn Sie keine Hilfe bekommen.
Lesen Sie aber die Textteile, die für Sie wichtig sind, kritisch! Die Definitionen von „Schweißen" (Aufgabe 5d auf S. 32) haben gezeigt, welch unterschiedliche Qualität Texte haben können.

C Welche Hörtexte sind für mich wichtig – wie kann ich „Hören“ trainieren?

Information

Für Sie ist das Hören und Verstehen deutscher Texte in Ausbildung und Beruf eine besonders wichtige Fertigkeit. Für das Verstehen gibt es hier sehr oft eine Unterstützung, z. B. durch Demonstration an Gegenständen, Abbildungen etc. sowie die Vorführung von Prozessen. In vielen Fällen handelt es sich also um Hör-/Sehtexte, mit denen Sie konfrontiert werden.
Die Situation, in der die mündliche Kommunikation stattfindet, gibt immer Hilfestellung für das Verstehen: sie legt den Kommunikationsrahmen fest und erzeugt damit eine Erwartung bezüglich Inhalt, Form und Rollen in der Kommunikation.

Welche Hörtexte sind für mich wichtig?

Aufgabe 6a

Im Folgenden finden Sie eine Liste mit Hörtextsorten. Mit welchen dieser Textsorten werden Sie sich vermutlich in der Ausbildung (A) und/oder im Beruf (B) beschäftigen?
Kennzeichnen Sie die entsprechenden Textsorten mit A und/oder B.
Arbeiten Sie mit Ihrem Nachbarn zusammen und vergleichen Sie Ihre Ergebnisse im Plenum.

Vortrag eines Kollegen über ein neues Projekt
Gespräch mit dem Berufsberater
Vortrag über Arbeitssicherheit
Präsentation Ihrer Firma auf der Messe
Aufgaben in der mündlichen Prüfung
Gespräch von Kollegen in der Kantine über das Betriebsklima
Telefonische Terminabsprache
Produktpräsentation im Rahmen eines Kundengesprächs
Festrede zum 100-jährigen Bestehen der Firma
Smalltalk am Tag der offenen Tür
Erklärung beim Bedienen einer Maschine
Nachrichten im Radio

Information

Wenn Sie sich die unterschiedlichen Textsorten anschauen, stellen Sie fest: Sie hören die einzelnen Textsorten nicht auf dieselbe Weise. Bei der Festrede zum 100-jährigen Bestehen der Firma beispielsweise achten Sie sicher nicht auf jeden Satz und jedes Wort, sondern Sie konzentrieren sich auf für Sie wichtige und interessante Punkte – Sie hören den Text kursorisch. Wenn Ihr Ausbilder Ihnen aber die Bedienung einer Maschine erklärt, konzentrieren Sie sich sicher auf jeden Satz und jedes Wort – Sie hören den Text total. Wenn Sie wissen wollen, wie das Wetter wird, werden Sie die Nachrichten weitgehend überhören und warten, bis der Wetterbericht kommt. Dann hören Sie genau zu – Sie hören selegierend. Beim Hören wenden Sie also genau wie beim Lesen unterschiedliche Stile an.

Aufgabe 6b

Welchen Hörstil würden Sie anwenden, wenn Ihnen Ihr Ausbilder
- *eine Aufgabe stellt, die Sie anschließend eigenverantwortlich durchführen müssen?*
- *von seinem letzten Urlaub berichtet?*
- *in einer Arbeitsbesprechung an Sie und Ihre Kollegen Aufgaben verteilt?*
- *mithilfe einer Powerpointpräsentation über die Geschichte des Unternehmens berichtet?*
- *Sie über die Umgangsformen in Ihrer Abteilung unterrichtet?*

Arbeiten Sie mit Ihrem Nachbarn zusammen und vergleichen Sie Ihre Ergebnisse im Plenum.

Wie kann ich „Hören" trainieren?

Information

Um im Unterricht Ihr Hörverstehen zu trainieren, gibt es grundsätzlich zwei Möglichkeiten:

- die mündliche Kommunikation im Unterricht
- die Hörtexte und die Hör-/Sehtexte, die Ihr Lehrer im Unterricht einsetzt.

Gespräche im Unterricht verstehen

Aufgabe 7

Können Sie sich daran erinnern, was Ihre Kollegen gesagt haben

- *zu ihren Zielen im technisch orientierten Deutschunterricht (Lektion 1, S. 8)*
  oder
- *zu ihrer Haltung zur Teamarbeit (Lektion 1, S. 13)*
  oder
- *zu etwas anderem, das Sie sehr beeindruckt hat?*

Tauschen Sie Ihre Eindrücke im Plenum aus.

Information

Ihre Rückbesinnung macht deutlich, dass Ihre Kollegen Wichtiges zu sagen haben. Es ist also genauso wichtig, ihnen zuzuhören wie Ihrem Lehrer. Dieses „aktive" Zuhören ist der wichtigste Teil beim Trainieren Ihres Hörverstehens im Unterricht. Nehmen Sie also die Chance wahr, nicht nur Ihrem Lehrer oder Ihrer Lehrerin zuzuhören, sondern auch Ihren Kollegen im Plenum oder bei der Gruppenarbeit.

Insbesondere das Diskutieren von Lösungsergebnissen und die Entscheidung für eine akzeptable Lösung ist ohne „aktives" Zuhören nicht möglich. Auch ist aufmerksames Zuhören erforderlich, wenn Ihre Kollegen z. B. ein kurzes Referat halten. Wenn Sie in diesem Fall Notizen machen, erhalten Sie Ihre eigene Aufmerksamkeit und unterstützen Ihr Gedächtnis für eine spätere Rückmeldung oder Diskussion.

Wenn Sie einmal im Gespräch in der Klasse etwas nicht verstanden haben sollten, so sollten Sie unbedingt

- den Lehrer oder die Kollegen nach einem unbekannten Wort fragen
- den Lehrer oder die Kollegen um Wiederholung bitten
- den Lehrer oder die Kollegen um langsameres Sprechen bitten.

Hör-/Sehtexte verstehen

Aufgabe 8a

Das Video http://www.berufe.tv/BA/ausbildung?filmID=1000097 will deutsche Jugendliche/junge Erwachsene über einen Beruf informieren.
Sehen Sie sich das Video zunächst ohne Ton an.

1. Wie viele Personen treten im Film auf?
2. Wo ist der Film gedreht?
3. Welche Situationen sind abgebildet?
4. Was erwarten Sie aufgrund der gefilmten Situationen?
5. Nennen Sie möglichst viele der gezeigten Objekte auf Deutsch.

Arbeiten Sie mit Ihrem Nachbarn zusammen und vergleichen Sie Ihre Ergebnisse im Plenum.

Aufgabe 8b

Sehen Sie sich das Video http://www.berufe.tv/BA/ausbildung?filmID=1000097 mit Ton an.

1. Hatten Sie mit Ihren Erwartungen Recht?
2. Was wechselt der Auszubildende Adam S. aus?
3. Welche Kompetenzen erwartet Meister H. Maier von auszubildenden Kfz-Servicemechanikern?
4. Welche Fachbegriffe können Sie mithilfe der gezeigten Gegenstände ohne weiteres verstehen? Machen Sie eine Liste.

5. Schauen Sie sich den Film gegebenenfalls mehrmals an.

Arbeiten Sie mit Ihrem Nachbarn zusammen und vergleichen Sie Ihre Arbeitsergebnisse im Plenum.

Aufgabe 8c

Der Film http://www.berufe.tv/BA/ausbildung?filmID=1000076 will deutsche Jugendliche/junge Erwachsene über einen Beruf informieren. Lesen Sie zuerst die folgenden Fragen durch, bevor Sie sich den Film anschauen.
Sehen Sie sich den Film zunächst ohne Ton an.

1. Über welchen Beruf informiert das Video?
2. Wo ist der Film gedreht?
3. Welche Personen treten im Film auf?
4. Welche Geräte können Sie erkennen?
5. Welche Situationen sind abgebildet?
6. Was erwarten Sie aufgrund der gefilmten Situationen?

Arbeiten Sie mit Ihrem Nachbarn zusammen und vergleichen Sie Ihre Ergebnisse im Plenum.

Aufgabe 8d

Sie sehen sich jetzt den Film http://www.berufe.tv/BA/ausbildung?filmID=1000076 mit Ton an.
Hatten Sie mit Ihren Erwartungen Recht?
Arbeiten Sie mit Ihrem Nachbarn zusammen und vergleichen Sie Ihre Ergebnisse im Plenum.

Aufgabe 8e

Im Film http://www.berufe.tv/BA/ausbildung?filmID=1000076 wird in einer Szene gezeigt, wie bei einem Auto ein Fehler diagnostiziert und repariert wird: Der Motor läuft nicht rund – es gibt Aussetzer bei den Zündkerzen. Zündkerzen haben die Aufgabe, das Kraftstoff-Luft-Gemisch im Zylinder zu entzünden.

Sehen Sie sich diese Szene jetzt mit Ton an. Lesen Sie zuerst die folgenden Fragen durch, bevor Sie sich den Film anschauen.

1. Was macht Stanislav M. zuerst?
2. Was macht er dann?
3. Wie behebt er den Fehler?
4. Was macht er dann?
5. Womit schließt er seine Arbeit ab?

Arbeiten Sie mit Ihrem Nachbarn zusammen und vergleichen Sie Ihre Ergebnisse im Plenum.

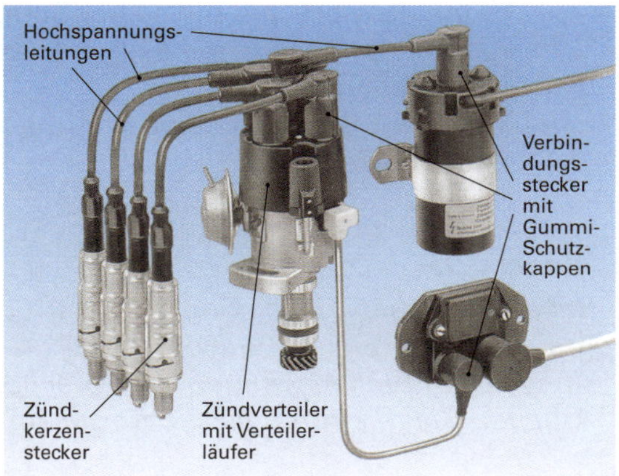

Bild 1: Zündverteilung

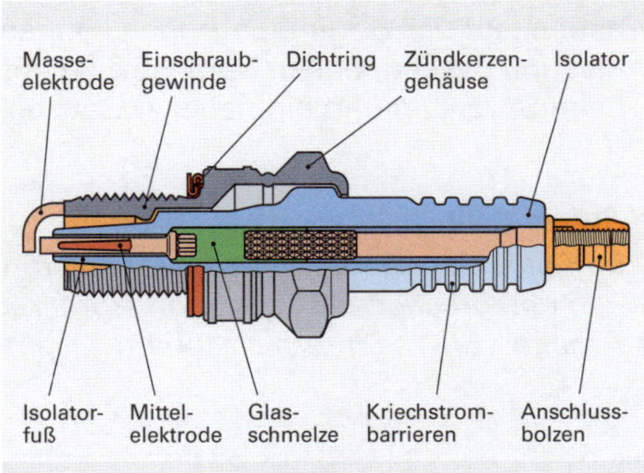

Bild 2: Aufbau einer Zündkerze

Fachkunde Kraftfahrzeugtechnik, S. 592, 595

Aufgabe 8f

Welche Strategien haben Sie bei der Beschäftigung mit dem Hör-/Sehtext angewendet?

Nutzung von Abbildungen	
Nutzung von Zahlen	
Erschließung mithilfe des Kontextes	
Erschließung mithilfe von Signalen (Fragen) eines Gesprächspartners	
Erschließung mithilfe des Textbauplans	
Erschließung mithilfe der Angabe von Bestandteilen	
Erschließung mithilfe der Angabe von Beispielen	
Erschließung mithilfe der Angabe von Gründen	
Erschließung mithilfe von Wortbildung	

Arbeiten Sie mit Ihrem Nachbarn zusammen und vergleichen Sie Ihre Ergebnisse im Plenum.

Empfehlung

Aktivieren Sie beim Hören wie beim Lesen Ihr Vorwissen. Schreiben Sie deutsche Wörter auf, die Sie mit dem Thema verbinden. Versuchen Sie, sich vor dem Hören des Textes mögliche Zusammenhänge klar zu machen.

Information

Sie haben bei der Bearbeitung der letzten beiden Übungen zum Hör-/Sehverstehen die wesentlichen Informationen der Texte verstanden. Einen großen Teil des Textes haben Sie – gesteuert durch die Aufgabenstellung – bewusst überhört. Es gibt also beim Hören Inseln des Verstehens.
Sie sind dann von Verstehensinsel zu Verstehensinsel gesprungen. Dabei haben Sie die verbindende Information konstruiert. Sie haben neben den oben genannten Strategien unbewusst auch die folgenden Mittel genutzt, die u. a. das Verstehen von Hörtexten ermöglichen:

- Satzakzent: Der Sprecher betont das, was ihm im Satz wichtig ist.
- Pausen: Der Sprecher gliedert seine Aussage durch längere und kürzere Pausen.
- Geschwindigkeit: Wenn der Sprecher schneller wird, ist die entsprechende Information meist weniger wichtig.
- Lautstärke: Wenn der Sprecher lauter wird, ist die entsprechende Information ihm meist besonders wichtig. Wenn er leiser wird, ist die entsprechende Information ihm meist weniger wichtig.
- Finale Tonmuster im Deutschen:
  - ➢ Wenn der Sprecher seine Stimme am Ende einer Aussage senkt, so signalisiert er, dass er mit seiner Aussage fertig ist.
  - ➢ Wenn der Sprecher mit seiner Stimme am Ende einer Aussage auf gleicher Höhe bleibt, so signalisiert er, dass er mit seiner Aussage nicht fertig ist, sondern nach einer (kurzen) Pause weitersprechen will.
  - ➢ Wenn der Sprecher seine Stimme am Ende einer Aussage hebt, so signalisiert er, dass er eine Frage gestellt hat.

Aufgabe 9a

Schauen Sie sich die beiden Videos (ttp://www.berufe.tv/BA/ausbildung?filmID=1000097 und http://www.berufe.tv/BA/ausbildung?filmID=1000076) noch ein Mal an.
An welchen Stellen wenden die Sprecher die oben genannten Mittel an? Notieren Sie Beispiele.
Arbeiten Sie mit Ihrem Nachbarn zusammen und vergleichen Sie Ihre Ergebnisse im Plenum.

Information

Sie haben gesehen, dass Sie die meisten Strategien und Stile, die Sie beim Lesen angewendet haben, auf das Hören übertragen können. Es gibt verständnisfördernde Mittel, die in der gesprochenen und geschriebenen Sprache eine Entsprechung haben: Z. B. signalisieren sie eine längere Pause beim Sprechen und ein neuer Absatz beim Schreiben, dass im Text etwas Neues kommt.

Aufgabe 9b

Im Folgenden finden Sie verständnisfördernde Mittel aus geschriebenen Texten. Ordnen Sie diese den entsprechenden verständnisfördernden Mitteln aus gesprochenen Texten zu.
Arbeiten Sie mit Ihrem Nachbarn zusammen und vergleichen Sie Ihre Ergebnisse im Plenum.

Längere Pausen
Kürzere Pausen
Geschwindigkeit und Lautstärke: Der Sprecher wird schneller und leiser
Final sinkendes Tonmuster
Final steigendes Tonmuster

Verständnisfördernde Mittel in der geschriebenen Sprache	Verständnisfördernde Mittel in der gesprochenen Sprache
Punkt	
Textteil mit kleinerer Schrift	
Fragezeichen	
Doppelpunkt oder kleinerer Absatz	
Großer Absatz	

Aufgabe 9c

Es ist deutlich geworden, dass die Berücksichtigung der oben genannten Mittel das Textverständnis beim Lesen und Hören sehr stark unterstützt. Welche Rolle spielen sie beim Sprechen und beim Schreiben?
Arbeiten Sie mit Ihrem Nachbarn zusammen und vergleichen Sie Ihre Ergebnisse im Plenum.

Was hat Ihnen dieses Vorgehen gebracht?

Aufgabe 10

1. *Einigen Sie sich mit Ihrem Nachbarn auf mindestens sieben Entschlüsselungsstrategien, die Sie für besonders hilfreich beim Verstehen geschriebener und gesprochener Texte halten.*
2. *Schreiben Sie je eine Strategie auf ein Kärtchen (Druckbuchstaben, dicker Stift, sodass alle es lesen können).*
3. *Kleben Sie die Kärtchen an die Tafel (oder pinnen Sie sie an eine Pinnwand).*
4. *Ordnen Sie die Kärtchen – hängen Sie gleiche oder ähnliche Strategien zusammen.*
5. *Werten Sie die Ergebnisse aus.*

Sie können dabei folgende **Redemittel** benutzen:

- Wir haben viele Nennungen zu Z. Daraus können wir schließen, dass ...
- Ich kann dieses Kärtchen nicht lesen. Wer kann mir helfen?
- Ich verstehe den Punkt auf diesem Kärtchen nicht. Kann der/die ihn erklären, der/die das Kärtchen geschrieben hat.
- Es hat sich gezeigt, dass ...

D In welchen Situationen muss ich sprechen – wie kann ich mich vorbereiten?

Information

Beim Sprechen unterscheidet man zwischen
- „an Gesprächen teilnehmen" (dialogisches Sprechen)
- „zusammenhängend sprechen" (monologisches Sprechen).

Welche Gesprächssituationen sind für mich wichtig?

Aufgabe 11

Im Folgenden finden Sie eine Liste mit verschiedenen gesprochenen Textsorten.

1. Mit welchen dieser Textsorten werden Sie sich vermutlich in der Ausbildung (A) und/oder im Beruf (B) beschäftigen?
Kennzeichnen Sie die entsprechenden Textsorten mit A und/oder B.

Unterrichtsgespräch
Referat im Unterricht
Gespräch mit Kollegen in der Pause
Bewerbungsgespräch
Gespräch mit dem Ausbilder am Ende des ersten Monats
Gespräch zur Arbeitsplanung
Gespräch über den letzten Urlaub
Telefongespräch mit einem Kunden
Gespräch über den eigenen Fortschritt in der Ausbildung mit den Ausbildern
Prüfungsgespräch
Vortrag in der Prüfung

2. Nennen Sie je ein Beispiel für
- *dialogisches Sprechen* ______________________
- *monologisches Sprechen* ______________________

Arbeiten Sie mit Ihrem Nachbarn zusammen und vergleichen Sie Ihre Ergebnisse im Plenum.

An Gesprächen im Unterricht teilnehmen

Information

Sie haben beim Sprachenlernen in den unterschiedlichsten Situationen mündlich kommuniziert. Dabei haben Sie verschiedene sprachliche Tätigkeiten ausgeübt, z. B. Fragen stellen und beantworten, Dialoge und Rollenspiele spielen. Sie haben dabei auch – vielleicht unbewusst – Strategien angewendet: Sie haben z. B. auswendig gelernte Wendungen benutzt oder einsprachige deutsche Wörterbücher genutzt.

Was kann ich schon?

Aufgabe 12a

Im Folgenden finden Sie einige sprachliche Tätigkeiten, die Sie sicher ausführen.
Notieren Sie zu den sprachlichen Tätigkeiten Redemittel, die Sie dabei anwenden würden.
Arbeiten Sie mit Ihrem Nachbarn zusammen und vergleichen Sie Ihre Arbeitsergebnisse im Plenum.

Sprachliche Tätigkeit	Redemittel
Sich bei Benutzung eines unpassenden Wortes korrigieren	Lesestrategie – nee, ich meine Lesestil Lesestrategie – ähm Lesestil
Nach einem Wort fragen	

Dem Lehrer Fragen stellen	
Den Lehrer um Wiederholung bitten	
Den Lehrer um langsameres Sprechen bitten	
Kollegen um Wiederholung bitten	
Fragen, ob etwas richtig ist	
Um Auskunft zur Prüfung bitten	
Kollegen beim Suchen eines Wortes helfen	
Den Lehrer um eine Grammatikerklärung bitten	

Aufgabe 12b

Was halten Sie von
- *Dialogübungen*
- *Rollenspielen?*

Tauschen Sie sich im Plenum aus und begründen Sie dabei Ihre Meinung.

Aufgabe 12c

Sie und Ihre Kollegen haben bei der Arbeit mit dem Lehrbuch öfter Arbeitsergebnisse vorgestellt und diskutiert. Dabei haben Sie zahlreiche Redemittel benutzt, die für Diskussionen charakteristisch sind. Ordnen Sie die folgenden Redemittel den sprachlichen Tätigkeiten in der Tabelle zu. Arbeiten Sie mit Ihrem Nachbarn zusammen und vergleichen Sie Ihre Arbeitsergebnisse im Plenum.

Unser/mein Ergebnis ist: ...
Warum hast du dieses Ergebnis?
Ich finde aber, dass ...
Haben wir alle Punkte geklärt?
Welche Ergebnisse habt Ihr?
Können wir die Diskussion jetzt abschließen?
Seid Ihr alle einverstanden?
Ich meine, dass ..., weil ...

Redemittel	**Benutze ich, wenn ich ...**
	..., wenn ich ein Arbeitsergebnis vorstelle
	..., wenn ich ein Ergebnis begründe
	..., wenn ich frage, ob alle mit dem Ergebnis einverstanden sind
	..., wenn ich um Begründung bitte
Schauen wir doch nochmal in den Text. Da steht im zweiten Abschnitt ...	..., wenn ich mich auf eine Autorität berufe, z. B. auf eine Information im Text oder eine Abbildung
	..., wenn ich weitere Meinungen einhole
	..., wenn ich mit einem Ergebnis nicht einverstanden bin
	..., wenn ich die Diskussion abschließen will

Kennen Sie die folgenden Strategien schon?

Information

Sie haben sicher schon einmal in einem Gespräch ein deutsches Wort nicht gewusst. Wahrscheinlich haben Sie versucht, es zu umschreiben. Vielleicht haben Sie aber auch das entsprechende englische Wort oder ein Wort aus Ihrer Muttersprache benutzt, in der Hoffnung, dass Ihr Gesprächspartner es versteht (und Ihnen das deutsche Wort dafür sagt). Möglicherweise haben Sie auch eine Pause ge-

gemacht und Ihr Gesprächspartner hat das passende deutsche Wort ergänzt. Oder Sie haben auf den entsprechenden Gegenstand gezeigt, ihn gezeichnet oder den Begriff durch eine Pantomime verdeutlicht. Möglicherweise haben Sie auch Füllwörter wie z. B. „ähm", „also" benutzt, um Zeit zu gewinnen. Oder Sie haben zum Zeitgewinn ganze Sätze benutzt. Das machen Muttersprachler genauso.
Diese Sprechstrategien bezeichnet man als Kompensationsstrategien. Kompensationsstrategien lassen sich insbesondere in informellen Gesprächen wie z. B. bei einem „Gespräch zur Arbeitsplanung", bei einem „Gespräch über den letzten Urlaub" einsetzen. Das gilt auch für Gespräche über den eigenen Fortschritt in der Ausbildung mit den Ausbildern und für Referate im Unterricht. Je formeller eine Situation ist (z. B. Vortrag in einer Prüfung), desto weniger sollte man ohne Not von diesen Strategien Gebrauch machen.

Aufgabe 13

Bei welchen von den folgenden Textsorten ist der Einsatz dieser Kompensationsstrategien angemessen? Arbeiten Sie mit Ihrem Nachbarn zusammen und vergleichen Sie Ihre Arbeitsergebnisse im Plenum.

Textsorten	**Kompensationsstrategien angemessen**	**Kompensationsstrategien weniger angemessen**
Unterrichtsgespräch		
Bewerbungsgespräch		
Gespräch mit dem Ausbilder am Ende des ersten Monats		
Prüfungsgespräch		

An Fachgesprächen in der Ausbildung teilnehmen

Information

In Ihrer Ausbildung werden Sie zahlreiche Fachgespräche führen, mit Ihrem Ausbilder, Ihren Kollegen und – in der Zwischenprüfung und der Abschlussprüfung – mit Ihrem Prüfer.
In mündlichen Prüfungen werden im Fachgespräch Fachfragen und fachliche Sachverhalte erörtert. Es handelt sich um die Diskussion von Problemen, Lösungen und Vorgehensweisen.
Eine Möglichkeit, sich darauf vorzubereiten, besteht in folgendem Verfahren (das Sie in der nächsten Übung anwenden werden):

- Sie erstellen ein Dialogschema:
  - ➢ Sie notieren mögliche Fragen des Prüfers zu den wichtigsten Punkten des Verfahrens.
  - ➢ Sie notieren die entsprechenden Antworten.
- Sie holen sich die entsprechenden Informationen für das Dialogschema aus einem passenden Text (hier aus dem untenstehenden Text über die Vorbereitung von Klebflächen beim Kleben von Metallen).
- Sie üben mithilfe dieses Gerüstes den Dialog zwischen Prüfer und Prüfling mit einem Kollegen.
- Nach einem oder mehreren Durchgängen wechseln Sie mit Ihrem Kollegen die Rolle.

Aufgabe 14a

Im Folgenden finden Sie ein Beispiel dafür, wie Sie mit einem Dialogschema arbeiten können.

1. *Wenn Sie sich auf eine Prüfung zum Thema „Pickling-Verfahren" vorbereiten, so könnten Sie das mithilfe des untenstehenden Textes „Vorbereitung von Klebflächen bei Aluminium" tun. Sie überlegen sich, was die wichtigsten Punkte beim Pickling-Verfahren sind und wie der Prüfer danach fragen könnte.*
   Das Dialogschema bildet den möglichen Verlauf einer kurzen Prüfung zum Pickling-Verfahren ab. Ordnen Sie die Fragen des Prüfers in das Dialogschema ein.
   Arbeiten Sie mit Ihrem Nachbarn zusammen und vergleichen Sie Ihre Arbeitsergebnisse im Plenum.

Vorbereitung von Klebflächen bei Aluminium

Um eine einwandfreie Klebverbindung bei Metallen zu erhalten, ist eine sorgfältige Vorbereitung erforderlich. Dazu gehört zunächst das gründliche Säubern der Klebflächen von Schmutz, Oxidschichten etc. durch Bürsten, Abschleifen mit Sandpapier und dergleichen und eine sorgfältige Entfettung der Oberflächen.
Dies erfolgt bei Aluminium und Aluminium-Legierungen durch ein fünfminütiges Eintauchen oder Abwaschen in bzw. mit Tetrachlorkohlenstoff oder ein gleichlanges Reinigen mittels Trichloräthylendampf. Eine zweite chemische Behandlung erfolgt durch Eintauchen in eine Pickling-Lösung (verdünnte Schwefelsäure H_2SO_4 mit Natriumbichromat $Na_2Cr_2O_7$ x H_2O) von 60 Grad über 20 – 30 Minuten. Die chemischen Behandlungen werden durch eine Kaltwasserspülung von 25 bzw. 5 Minuten abgeschlossen. Die derartig behandelten Teile werden anschließend 30 Minuten lang mit Warmluft getrocknet. Diese Art der Vorbereitung wird als Pickling-Verfahren bezeichnet.

NTF Teil 2: Maschinenbau, S. 88

Ausgezeichnet, danke!

Worin besteht das Pickling-Verfahren?

Was ist das Pickling-Verfahren?

Wir kommen dann zur nächsten Frage ...

Guten Tag, Herr ... .

Sie haben sich mit dem Kleben von Metallen beschäftigt? Dann können Sie sicher folgende Frage beantworten:

Prüfer	Prüfling
	Guten Tag, Herr Meyer!
	Ein Verfahren zur Vorbereitung von Klebflächen bei Aluminum.
	Das Pickling-Verfahren umfasst fünf Schritte: • 5-minütiges Eintauchen oder Abwaschen in Tetrachlorkohlenstoff oder ein fünfminütiges Reinigen mit Trichloräthylendampf • Kaltwasserspülung von 25 Minuten • 20 – 30-minütiges Eintauchen in eine Pickling-Lösung von 60 Grad • Kaltwasserspülung von 5 Minuten • Warmlufttrocknen von 30 Minuten.

2. Lesen Sie zusammen mit einem Kollegen den Dialog mit verteilten Rollen.
3. Spielen Sie mit diesem Kollegen den Dialog.
4. Wechseln Sie in einem zweiten Durchgang die Rollen.

Aufgabe 14b

Im Folgenden finden Sie ein weiteres Beispiel dafür, wie Sie mit einem Dialogschema arbeiten können.

1. *Ordnen Sie die folgenden Antworten in das Dialogschema ein. Holen Sie sich dazu die erforderlichen Informationen aus dem Text „Kleben mit Reaktionsklebstoffen".*

Kleben mit Reaktionsklebstoffen

Bei den Reaktionsklebstoffen sind zunächst die zugehörigen Komponenten im vorgeschriebenen Verhältnis zu mischen. Mit dem nun verarbeitungsfähigen Klebstoff wird normalerweise nur eine der vorbereiteten Klebflächen versehen. Das Auftragen erfolgt durch Aufstreichen, Aufstreuen, Aufschmelzen etc. Die Klebschichtdicke soll allgemein etwa 0,1 ... 0,3 mm betragen, was einer Menge von 100 ... 300 g/m^2 entspricht. Die Teile können sofort zusammengefügt werden. Die Aushärtung läuft je nach Art des Klebstoffs unter Wärme oder bei Raumtemperatur mit oder ohne Anpressdruck ab. Das Aushärten kann in wenigen Minuten erfolgen oder bis zu mehreren Tagen dauern. Es erfolgt allgemein bei höherer Temperatur schneller und bei tieferer Temperatur langsamer. Die zugeordneten Härtetemperaturen und –zeiten dürfen nicht überschritten werden, damit eine Versprödung des Klebstoffs vermieden wird.

NTF Teil 2: Maschinenbau, S. 93

Natürlich.

Sechs, wenn man das Vorbereiten der Klebflächen mitzählt.

Unter Wärme oder bei Raumtemperatur, mit oder ohne Anpressdruck.

Ja.

Guten Tag, Herr Meyer.

Die Mischung der Komponenten im vorgeschriebenen Verhältnis.

Aushärten kann wenige Minuten oder mehrere Tage dauern. Bei höherer Temperatur geht es schneller, bei tieferer Temperatur dauert es länger. Man darf die vorgeschriebene Temperatur und Dauer nicht überschreiten, weil sonst der Klebstoff versprödet.

Wird der Klebstoff auf die vorbereitete Klebfläche aufgetragen.

Dass die Klebschicht zwischen 0,1 ... 0,3 mm beträgt.

Prüfer	Prüfling
Guten Tag, Herr ...!	
Das Thema unseres heutigen Gesprächs ist das Kleben. Da haben Sie sich sicher auch mit der Verwendung bestimmter Klebstoffe beschäftigt.	
Uns geht es heute um das Kleben mit Reaktionsklebstoffen. Wie viele Schritte gibt es denn dabei?	
O. k. Was ist denn der erste Schritt, wenn die Klebflächen vorbereitet sind?	

Und dann?	
Was muss dabei beachtet werden?	
Kann man dann die Klebflächen sofort zusammenfügen?	
Unter welchen Bedingungen härten Reaktionsklebstoffe denn aus?	
Was können Sie noch über die Aushärtung sagen?	
O. k.! Vielen Dank!	

2. Lesen Sie zusammen mit einem Kollegen den Dialog mit verteilten Rollen.
3. Spielen Sie mit diesem Kollegen den Dialog.
4. Wechseln Sie in einem zweiten Durchgang die Rollen.

In der Ausbildung länger zusammenhängend sprechen oder ein Referat halten

Information

In Gesprächen können längere monologische Teile enthalten sein. Das haben Sie beim Dialog in Übung 14a und in den Videos (Übung 8a – 8d) gesehen. In Prüfungen können aber auch kürzere Referate verlangt werden. Dabei werden nicht nur die inhaltliche und sprachliche Form bewertet, sondern auch die Präsentation.
Es wird also auch bewertet, ob dem Sprecher Folgendes gelingt:

- möglichst frei zu sprechen
- langsam, laut und deutlich zu reden
- Pausen einzubauen
- auf Körperhaltung zu achten
- Blickkontakt zu Zuhörern zu halten
- nicht gegen die Tafel zu sprechen.

Fachkunde Mechatronik, S. 78

Aufgabe 15a

Sie sehen jetzt das Video http://www.berufe.tv/BA/ausbildung?filmID=1000015 über die Ausbildung zum Industriemechaniker. Lesen Sie zuerst die folgenden Fragen durch, bevor Sie sich den Film anschauen.

1. In einer Szene stellt sich Janina Malessa vor, Auszubildende im 1. Lehrjahr.
   Welche der oben genannten Punkte beachtet Janina Malessa in ihrer Vorstellung?
2. In zwei anderen Szenen äußert sich Ausbildungsleiter Roland Lingen über die Voraussetzungen für den Beruf des Industriemechanikers und die Weiterbildungsmöglichkeiten.
   Welche der oben genannten Punkte beachtet Roland Lingen?

Arbeiten Sie mit Ihrem Nachbarn zusammen und vergleichen Sie Ihre Arbeitsergebnisse im Plenum. Schauen Sie sich das Video mehrfach an, wenn ein einmaliges Anschauen nicht ausreicht.

Aufgabe15b

Im folgenden Film http://www.berufe.tv/BA/ausbildung?filmID=1000013 wird über den Beruf des Metallbauers informiert.

1. Oliver Knies, Azubi im 3. Lehrjahr, stellt eine Toranlage mit Elektroantrieb her und informiert über die einzelnen Arbeitsschritte. Welche der auf S. 45 genannten Punkte beachtet er?
2. Volker Gawron informiert über die Möglichkeiten der Weiterbildung. Welche der auf S. 45 genannten Punkte beachtet er?

Arbeiten Sie mit Ihrem Nachbarn zusammen und vergleichen Sie Ihre Arbeitsergebnisse im Plenum. Schauen Sie sich das Video mehrfach an, wenn ein einmaliges Anschauen nicht ausreicht.

Aufgabe15c

Welche der oben genannten Merkmale gelten auch für Präsentationen oder Referate in Ihrem Heimatland bzw. in Ihrer Kultur? Welche nicht? Warum nicht?
Informieren Sie das Plenum.

Aufgabe15d

Sie haben in der Schule oder in Ihrer Ausbildung sich sicher schon über Themen zusammenhängend geäußert oder Referate gehalten.

1. Notieren Sie auf Kärtchen, wie Sie diese Referate vorbereitet haben.
2. Kleben Sie die Kärtchen an die Tafel (oder pinnen Sie sie an eine Pinnwand).
3. Ordnen Sie die Kärtchen – hängen Sie gleiche oder ähnliche Nennungen zusammen.
4. Werten Sie die Ergebnisse aus. Gibt es Strategien für die Vorbereitung von Referaten dabei?

Strategien zur Vorbereitung von Referaten

Aufgabe 16a

Im Folgenden finden Sie Stichpunkte zu den wichtigsten Informationen zum Internettext „Das Solarboot Korona". Stellen Sie sich vor: Sie wollen ein kurzes Referat zu diesem Thema vorbereiten.

1. Wählen Sie aus den folgenden Stichpunkten die aus, die die zehn wichtigsten Informationen des Textes wiedergeben.
Arbeiten Sie mit Ihrem Nachbarn zusammen und vergleichen Sie Ihre Arbeitsergebnisse im Plenum.

Solarboot Korona – Ergebnis eines Projekts der Fachhochschule Konstanz aus dem Jahr 1987
Gewinner der ersten Solarbootregatta auf dem Neuenburger See
Antrieb durch Elektromotor: 2,2 kW
Reichweite bei bedecktem Himmel: 70 km
Höchstgeschwindigkeit: 12 km/h
Länge des Bootes: 7,2 m
Kapazität der Personenbeförderung: bis 6
Fläche der Solarzellen: 10 m^2
Preis pro Stück bei Kleinserienfertigung: 100.000 DM
Reichweite bei Sonnenschein: unbegrenzt
Störungsfreier Einsatz der Korona bis heute
Energiequelle – durch Solarzellen gespeiste Batterien

Das Solarboot Korona

Das erste Solarboot als Forschungsschiff der FH Konstanz, die **Korona,** wurde seit 1987 von Christian Schaffrin und seinem damaligen Team entwickelt. Seit dieser Zeit fährt die Korona störungsfrei und zuverlässig über den Bodensee. Die Korona ist ein Solarboot mit 7,2 m Länge, das bis zu sechs Personen befördert und deren knapp 10 m^2 Solarzellen einen 2,2 kW (3 PS) Elektromotor versorgen, der das Boot bis zu einer Geschwindigkeit von 12 km/h antreiben kann. Die Batterien erlauben eine

Reichweite bis 70 km. Bei Sonnenschein ist die Reichweite prinzipiell unbegrenzt, wenn auch mit verminderter Beschleunigung und Reisegeschwindigkeit bei leeren Batterien. Die Korona gewann 1988 die erste Solarboot-Regatta auf dem Neuenburger See in der Schweiz. Das Entwicklerteam nannte damals einen Preis von 100.000 DM für die Kleinserienfertigung der Solaryacht.
http://de.wikipedia.org/wiki/Solgenia

2. Bringen Sie die 10 ausgewählten Stichpunkte in eine sinnvolle Reihenfolge.
Arbeiten Sie mit Ihrem Nachbarn zusammen und vergleichen Sie Ihre Arbeitsergebnisse im Plenum.
3. Formulieren Sie in einer Gruppe mit drei Teilnehmern mithilfe der geordneten Stichpunkte einen zusammenhängenden Text. Dabei formuliert jeder den Text. Die anderen helfen gegebenenfalls.

Sie können dabei folgende **Redemittel** verwenden:

- Das Boot hat ...
- Das Boot ist ...
- Die Länge beträgt ...
- Der Antrieb erfolgt ...

Aufgabe 16b

Eine weitere Strategie bei der Vorbereitung eines Referats ist es, mithilfe der gesammelten und geordneten Stichpunkte eine Gliederung zu erstellen.
1. Im Folgenden finden Sie Hauptpunkte für eine Gliederung zum Text „Das Solarboot Korona“.
Bringen Sie diese Hauptpunkte in eine sinnvolle Reihenfolge.
Arbeiten Sie mit Ihrem Nachbarn zusammen und vergleichen Sie Ihre Arbeitsergebnisse im Plenum.

Technische Daten
Praxisbetrieb
Entwicklung des Bootes
Antriebsart

2. Ordnen Sie die Stichpunkte (S. 46) in das Gliederungsschema ein.
Arbeiten Sie mit Ihrem Nachbarn zusammen und vergleichen Sie Ihre Arbeitsergebnisse im Plenum.

Das Solarboot Korona

1. ______________________________

2. ______________________________

3. ______________________________

4. ______________________________

- ....
- ....
- ....
- ....
- ....
- ....

3. Formulieren Sie in einer Gruppe mit drei Teilnehmern mithilfe von Gliederung und Stichpunkten ein Referat. Dabei formuliert jeder den Text. Die anderen helfen gegebenenfalls. Vergessen Sie dabei nicht, die in der folgenden Tabelle genannten Kriterien zu berücksichtigen. Die anderen Teilnehmer werden Ihnen nach Ihrem Referat zu den einzelnen Punkten eine Rückmeldung geben.

Verhalten während des Vortrags	**++/+/0/-/– –**
Gliedert Referat durch Pausen	
Hält Blickkontakt zu den Zuhörern	
Spricht, ohne den Blick permanent auf die Gliederung zu richten	
Spricht langsam, laut und deutlich genug	
Achtet auf Körperhaltung	

4. Warum ist die Erstellung einer Gliederung bei der Vorbereitung auf ein Referat sinnvoll? Arbeiten Sie mit Ihrem Nachbarn zusammen und vergleichen Sie Ihre Arbeitsergebnisse im Plenum.

Aufgabe 16c

Halten Sie Ihr Referat zum Solarboot mithilfe von Gliederung und Stichpunkten im Plenum. Schreiben Sie die Gliederung auf Folie, die Tafel oder auf Kärtchen, sodass Ihre Zuhörer Ihre Gliederung die ganze Zeit vor Augen haben. Dies ist eine Hilfe für Sie und für Ihre Zuhörer. Sie können sich jederzeit wieder orientieren und für Ihre Zuhörer wird Ihr Referat transparent. Zeigen Sie bei Ihrem Vortrag jeweils auf die Punkte in der Gliederung, mit denen Sie als nächstes beginnen. Kündigen Sie möglichst an, wenn Sie zum Ende des Referats kommen.

Sie können dabei folgende **Redemittel** verwenden:

- Das Thema meines Referats ist …
- Ich referiere heute über …
- Ich beginne mit …
- Als nächstes komme ich zu … (auf Punkt in der Gliederung zeigen)
- Jetzt komme ich zu … (auf Punkt in der Gliederung zeigen)
- Ich möchte schließen mit …
- Ich komme zu meinem letzten Punkt …

Information

Sprecher bereiten sich auf Referate in unterschiedlicher Weise vor:

- Manche Referenten formulieren ihr Referat (nach der Erstellung einer Gliederung) komplett schriftlich aus. Sie können es dann vor dem Publikum ablesen, wenn sie sich einem freien Vortrag nicht gewachsen fühlen. Diese Referenten haben es schwer, die Regeln eines guten Vortrags zu beachten.
- Andere Referenten formulieren ihr Referat (nach der Erstellung einer Gliederung) komplett schriftlich aus und lernen es auswendig.
- Wieder andere Referenten formulieren Teile oder einzelne Wendungen ihres Referates vor und schreiben sie sich an die passende Stelle in ihrer Gliederung.
- Es gibt Referenten, die ihr Referat komplett ausformulieren und mithilfe des Textes und der Gliederung vor dem Spiegel oder vor Freunden solange üben, bis das Referat „sitzt". Bei dieser Art der Vorbereitung ist es am leichtesten, die „Regeln für den Vortrag" mit in die Vorbereitung einzubeziehen.
- Es gibt auch Referenten, die ihr Referat anhand einer Gliederung mit detaillierten Stichpunkten einüben.

Aufgabe 16d

Welche Art der Vorbereitung würden Sie für sich wählen? Informieren Sie das Plenum und begründen Sie Ihre Wahl.

Was hat Ihnen dieses Vorgehen gebracht?

Aufgabe 17

1. *Notieren Sie mindestens sieben Strategien, die Sie für besonders hilfreich für die Steigerung Ihrer Sprechfertigkeit halten. Schreiben Sie je eine Strategie auf ein Kärtchen (Druckbuchstaben, dicker Stift, sodass alle es lesen können).*
2. *Kleben Sie die Kärtchen an die Tafel (oder pinnen Sie sie an eine Pinnwand).*
3. *Ordnen Sie die Kärtchen – hängen Sie gleiche oder ähnliche Strategien zusammen.*
4. *Werten Sie die Ergebnisse aus.*

E Welche Texte werde ich schreiben – wie kann ich mich vorbereiten?

Welche Texte werde ich schreiben?

Information

Sie müssen in Ausbildung oder Praktikum nur ganz bestimmte Texte schreiben. Die meisten dieser Texte sind sehr stark formalisiert. Oft bestehen sie aus Formblättern, die ausgefüllt werden müssen (z. B. Prüfprotokolle, Arbeitsberichte). Bei Prüfprotokollen müssen Sie nur Häkchen machen, etwas ankreuzen oder Zahlen eintragen. Sie müssen aber auch Berichte schreiben. Diese sind durch die Aufgabenstellung sehr stark vorstrukturiert. Teilweise werden sie nur im Telegerammstil geschrieben. In jeder dieser Textsorten werden gehäuft bestimmte sprachliche Mittel verwendet: beim Arbeitsbericht z. B. das Partizip II (Welle eingebaut), beim Fachbericht z. B. der Infinitv (Schlacke entfernen). Wichtig ist vor allem, dass der Sachverhalt präzise, eindeutig und unter allen Umständen richtig ausgedrückt ist.
Schreiben dient einerseits dem Verfassen von Texten für andere Leser. Andererseits ist es eine Hilfe für einen selbst, zum Beispiel zur Vorbereitung von Referaten.

Aufgabe 18a

Welche Textsorten müssen Sie im Rahmen Ihrer Ausbildung, Ihres Praktikums oder Berufs schreiben? Kreuzen Sie die entsprechenden Aktivitäten an.
Arbeiten Sie mit Ihrem Nachbarn zusammen und stellen Sie Ihre Ergebnisse im Plenum vor.

Prüfungsaufgaben bearbeiten
Bewerbungsschreiben formulieren
Berichtshefte führen
Formulare ausfüllen
Checklisten bearbeiten
Lebenslauf schreiben
Fachbericht schreiben
einen Aufsatz über Ihre Ferienerlebnisse schreiben
Wartungs- und Reparaturarbeiten dokumentieren

Aufgabe 18b

Im Folgenden finden Sie einen Wartungsplan für ein bestimmtes Kettengetriebe.
Was müssen und was können Sie nach der Wartung in das Formular eintragen?
Arbeiten Sie mit Ihrem Nachbarn zusammen und vergleichen Sie Ihre Ergebnisse im Plenum.

Wartungsplan- für Kettengetriebe der Montagezelle XYZ

Datum: *24.09.02* Ausstellender: *Obermeier*

Auszuführende Arbeiten	Verant-wortlicher	i.O	n.i.O	Zyklus	Datum Hand-zeichen
Äußeren Zustand prüfen	Teamleiter	☒	☐	1/4 jährlich	
Zustand der Schmierung prüfen	Teamleiter	☒	☐	1/4 jährlich	
Zustand der Kette auf Abnutzung prüfen	Teamleiter	☒	☐	1/4 jährlich	
Kettenlänge prüfen	Teamleiter	☒	☐	1/2 jährlich	
Kettenspannung prüfen	Teamleiter	☐	☒	1/2 jährlich	
Zustand der Kettenräder	Teamleiter	☒	☐	1/2 jährlich	
Lage der Kettenräder zueinander	Teamleiter	☒	☐	1/2 jährlich	
Zustand der Schutz-einrichtung	Sicherheits-beauftragter	☒	☐	monatlich	

Anmerkungen:
1. *Kettenspannung bei nächster Inspektion nachstellen*
2.
3.

Fachkunde Mechatronik, S. 633

Bild 1: Auszug einer Wartungsliste

Aufgabe 18c

Im Folgenden finden Sie ein Blatt aus dem Berichtsheft des Auszubildenden Thomas Sommer. Das Berichtsheft dient dem Ausbildungsnachweis – es wird vom Ausbilder regelmäßig kontrolliert und unterschrieben.

Thomas Sommer berichtet darin über

- seine Arbeiten in der Werkstatt
- ______
- ______

Arbeiten Sie mit Ihrem Nachbarn zusammen und vergleichen Sie Ihre Ergebnisse im Plenum.

Thomas Sommer

Ausbildungsabteilung Kundendienst/Werkstatt

	Ausgeführte Arbeiten, Unterricht, Unterweisungen usw.	Einzelstunde	Gesamtstunden
Montag	Kupplung an einer Synchronhebeanlage neu eingestellt. Drei Laufkräne geerdet. Stromschiene bei einer Spedition abgeholt und beim Auftraggeber in die Anlage eingebaut.	2 2 4	8
Dienstag	Fahrwerk eines Elektrokettenzuges zerlegt. Defekte Laufrollen gewechselt und Fahrwerk wieder montiert. Hakensicherungen und Sicherungsfedern an den Lasthaken für Kettenzüge ausgewechselt. Arbeitsplatz aufgeräumt und sauber gemacht	3.5 0,5	8
Mittwoch	Übungsarbeiten: E-Schweißen: An Schrottteilen das Heften geübt. I-Nahte geübt mit 3mm-Material. Arbeitsplatz aufgeräumt. Werkstatt sauber gemacht	4 ... 1	8
Donnerstag	Berufsschule: Fertigungstechnik: Gewindedrehen Mathematik Berechnung: Gewicht, Volumen, spezifisches Gewicht Technische Kommunikation: Test, Zuordnen von Ansichten Politik: Probleme der Rentenversicherung	6,5	6,5
Freitag	Fortsetzung der Übungsarbeiten: Einfache und verstärkte Kehlnähte mit 3mm-Material geübt. Biege- und Bruchproben an Übungsstücken ausgeführt. Fehler beim Schweißen besprochen. Teile für das Üben der V-Naht am Schleifblock angeschrägt.	3,5 1,5 2	7
Samstag			

Besondere Bemerkungen		37,5
Auszubildender	Ausbildender bzw. Ausbilder	

Für die Richtigkeit

Datum ______ Unterschrift des Auszubildenden	Datum ______ Unterschrift des Ausbildenden bzw. Ausbilders

Handwerkskammer Freiburg

Aufgabe 18d

Stellen Sie sich vor: Sie haben in Ihrer Ausbildung in der Ausbildungsabteilung Kundendienst/Werkstatt Dienstag und Mittwoch gearbeitet und sind am Donnerstag in die Berufsschule gegangen. Sie haben sich mit den folgenden Punkten beschäftigt, die Sie in Ihr Berichtsheft eintragen müssen. Verfahren Sie so wie Thomas Sommer!
Überprüfen Sie die Form Ihres Berichts mithilfe des Arbeitsnachweises von Thomas Sommer.
Arbeiten Sie mit Ihrem Nachbarn zusammen und vergleichen Sie Ihre Ergebnisse im Plenum.

Arbeitsplatz aufräumen und sauber machen
Fahrwerk wieder montieren
E-Schweißen: das Heften an Schrottteilen üben
Berufsschule:
Defekte Laufrollen wechseln.
Technische Kommunikation: Test
Fertigungstechnik: Gewindedrehen
I-Nähte mit 3-mm-Material üben
Arbeitsplatz aufräumen und Werkstatt sauber machen
Fahrwerk eines Elektrokettenzuges zerlegen
Übungsarbeiten:
Mathematik/Berechnung: Gewicht, Volumen

Ausbildungsabteilung Kundendienst/Werkstatt

	Ausgeführte Arbeiten, Unterricht, Unterweisungen usw.	Einzelstunde	Gesamtstunden
Dienstag			8
Mittwoch			8
Donnerstag	Berufsschule	6,5	6,5

Empfehlung

Tätigkeitsnachweise sollen kurz und übersichtlich sein. Deshalb werden im Bericht keine ganzen Sätze formuliert, sondern die geleistete Arbeit wird im Partizip II ohne konjugiertes Verb ausgedrückt.

Information

Tätigkeitsnachweise müssen auch präzise sein.
Die Handelskammer Stuttgart gibt deshalb für das Führen von Berichtsheften folgende Empfehlungen:
Kurze Angabe der ausgeübten Tätigkeit einschließlich der Werkstoffangabe, der eingesetzten Maschinen, der Werkzeuge und Hilfsmittel.
Die Eintragung für den Berufsschultag soll auch den Lehrstoff erfassen.

Beispiele:

nicht „Fräsen"
sondern „Fräsen eines Zahnrades aus Resitex an der Universalfräsmaschine mithilfe eines Teilkopfes"
nicht „Kontrolle von Messschablonen"
sondern „Kontrolle von Messschablonen mit Messschraube"

Am Berufsschultag:
nicht „Hartlöten"
sondern „Hartlöten: Lote, Temperaturen, Lötfehler"
nicht „Fachrechnen"
sondern „Fachrechnen: Anwendung des Pythagoras"

Ausbildungsnachweis (Berichtsheft für Berufsausbildung): S.1, Ausbildungsberufe des Metallhandwerks

Aufgabe 18e

Befolgt Thomas Sommer die sprachlichen Tipps zur Präzision, die in den „Erläuterungen zum Ausbildungsnachweis“ genannt werden?
Schreiben Sie je zwei entsprechende Beispiele für die Tätigkeit bei Übungsarbeiten und in der Berufsschule heraus.
Arbeiten Sie mit Ihrem Nachbarn zusammen und vergleichen Sie Ihre Ergebnisse im Plenum.

Wie kann ich mich vorbereiten?

Aufgabe 19a

Sie erinnern sich sicher an die Strategien, die Sie bei Fachgesprächen und Referaten angewendet haben:

Strategie	Beschreibung auf Seite
Informationen sammeln	43, 44, 46
Stichpunkte formulieren	
Stichpunkte auswählen	
Stichpunkte ordnen	
eine Gliederung erstellen	

Notieren Sie die Strategien, die Sie auf das Schreiben der Texte übertragen können, die Sie in der Ausbildung schreiben müssen.
Arbeiten Sie mit Ihrem Nachbarn zusammen und vergleichen Sie Ihre Ergebnisse im Plenum.

Aufgabe 19b

Welche Strategien sollten Sie zusätzlich anwenden, um einen möglichst kurzen, eindeutigen und übersichtlichen Text zu erhalten?
Arbeiten Sie mit Ihrem Nachbarn zusammen und vergleichen Sie Ihre Ergebnisse im Plenum.

F Was muss ich über technische Fachsprachen wissen?

Information

Bei der Arbeit mit dieser Lektion ist Ihnen sicher aufgefallen, dass die Aussagen in den Texten sehr präzise sind. Denken Sie an das Beispiel „Fräsen" (S. 52). In den Hinweisen der Handelskammer Stuttgart zur Gestaltung von Berichtsheften heißt es, dass man nicht einfach „Fräsen" eintragen soll, sondern genau angeben soll, was man gefräst hat, woraus das Werkstück bestand, an welcher Maschine man wie gearbeitet hat. Das Beispiel lautet dann so:
„Fräsen eines Zahnrades aus Resitex an der Universalfräsmaschine mithilfe eines Teilkopfes."
Also:

Fräsen	*was*	: eines Zahnrades
	woraus	: aus Resitex
	womit	: an der Universalfräsmaschine
	womit genau	: mithilfe eines Teilkopfes

Die Elemente, die die Nomina spezifizieren bzw. die Aussage präzisieren, stehen alle rechts vom entsprechenden Element. Sie werden mittels Genitiv (*eines Zahnrades*) oder mithilfe von Präpositionen (*aus* Resitex, *an der* Universalfräsmaschine etc.) angeschlossen.
Diese Form der Attribuierung im Deutschen bezeichnet man auch als Rechtserweiterung: Die präzisierenden Komponenten stehen rechts vom Nomen. Im obigen Beispiel wird das Nomen durch vier Komponenten präzisiert. In technischen Texten finden sich oft bis zu zwölf Komponenten rechts vom Nomen.

Aufgabe 20a

Präzisieren Sie die untenstehenden Begriffe mit den passenden Komponenten.
(Wenn Sie sich die Arbeit erleichtern wollen, schreiben Sie die Komponenten auf ein Kärtchen und schieben Sie solange, bis Sie die passende Präzisierung gefunden haben.)
Arbeiten Sie mit Ihrem Nachbarn zusammen und vergleichen Sie Ihre Ergebnisse im Plenum.

von Klebeflächen
im vorgeschriebenen Verhältnis
bei Aluminium
der Klebeflächen
durch Überschreitung
von Schmutz, Oxydschichten etc.
der Härtetemperaturen und Zeiten
durch Bürsten, Abschleifen
des Klebstoffs
mit Sandpapier und dergl.
der zugehörigen Komponenten

- **Beispiel:** Kleben mit Reaktionsklebstoffen
- die Vorbereitung
- die Mischung
- das Säubern
- die Versprödung

Aufgabe 20b

Zum Ausbildungsnachweis gehören auch noch Textsorten wie z. B. die Beschreibung von Arbeitsfolgen. Auch diese Texte müssen eindeutig, präzise, kurz und übersichtlich sein.
1. Ist der Text zur Arbeitsfolge eindeutig, präzise, kurz und übersichtlich?
2. Welche Ähnlichkeiten weist er mit dem Arbeitsbericht auf S. 51 auf?
Arbeiten Sie mit Ihrem Nachbarn zusammen und vergleichen Sie Ihre Ergebnisse im Plenum.

Zusätzlicher Fachbericht (Beschreibung, Skizze)

Arbeitsfolge beim Schweißen mit Stabelektroden

Die I-Naht

1. Heften der zu schweißenden Teile.
2. Schlacke entfernen und Schweißspalt zwischen den Werkstücken kontrollieren, eventuell nacharbeiten.
3. Auf der Unterseite der Werkstücke von links nach rechts eine gleichmäßige Naht ziehen. Stromstärke 65A. Elektrode 2,5 mm.
4. Abschließend abkühlen und die Schlacke entfernen.

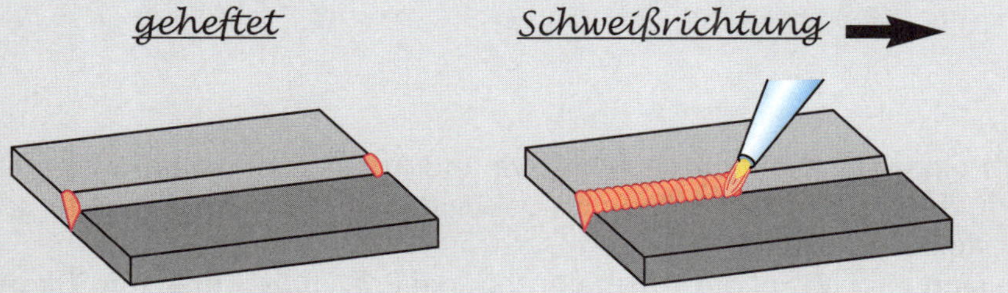

Handwerkskammer Freiburg

3. Folgende Mittel im Text zur Arbeitsfolge tragen zu Präzision, Kürze und Übersichtlichkeit bei:

- **Präzision**
  - ➢ Attribuierung
  - ➢ Nummerierung
  - ➢ Skizzen anstelle von Beschreibungen
- **Kürze**
  - ➢ ______
  - ➢ Attribuierung
  - ➢ Skizzen anstelle von Beschreibungen
  - ➢ Nummerierung
- **Übersichtlichkeit**
  - ➢ ______
  - ➢ ______
  - ➢ Unterstreichungen
  - ➢ Skizzen anstelle von Beschreibungen

Arbeiten Sie mit Ihrem Nachbarn zusammen und vergleichen Sie Ihre Ergebnisse im Plenum.

Aufgabe 20c

Unterstreichen Sie im folgenden Text die sprachlichen Mittel, die die Nomina präzisieren. Arbeiten Sie mit Ihrem Nachbarn zusammen und vergleichen Sie Ihr Ergebnis im Plenum.

Kleben mit Reaktionsklebstoffen

Bei den Reaktionsklebstoffen sind zunächst die zugehörigen Komponenten im vorgeschriebenen Verhältnis zu mischen. Mit dem nun verarbeitungsfähigen Klebstoff wird normalerweise nur eine der vorbereiteten Klebflächen versehen. Das Auftragen erfolgt durch Aufstreichen, Aufstreuen, Aufschmelzen etc. Die Klebschichtdicke soll allgemein etwa 0,1 ... 0,3 mm betragen, was einer Menge von 100 ... 300 g/m^2 entspricht. Die Teile können sofort zusammengefügt werden. Die Aushärtung läuft je nach Art des Klebstoffs unter Wärme oder bei Raumtemperatur mit oder ohne Anpressdruck ab. Das Aushärten kann in wenigen Minuten erfolgen oder bis zu mehreren Tagen dauern. Es erfolgt allgemein bei höherer Temperatur schneller und bei tieferer Temperatur langsamer. Die zugeordneten Härtetemperaturen und -zeiten dürfen nicht überschritten werden, damit eine Versprödung des Klebstoffs vermieden wird.

Information

In diesem Text erfolgt Präzisierung in erster Linie durch Adjektive und Adverbien, die links vom Nomen stehen. Diese Form der Attribuierung bezeichnet man im Deutschen auch als Linkserweiterung, da die Präzisierung des Nomens links vom Nomen steht.
Rechts- und Linkserweiterungen sind also Mittel der Attribuierung, die Präzision, Kürze und Ökonomie eines Textes bewirken. Gleichzeitig erzeugen sie Dichte – es werden also möglichst viele und genaue Informationen mit möglichst wenigen Worten übermittelt.

ÜBERSICHT LEKTION 3

FERTIGUNGSTECHNIK

Film zum Berufsbild Zerspanungsmechaniker
http://www.berufe.tv/BA/ausbildung?filmID=1000017

Film zum Berufsbild Konstruktionsmechaniker
http://www.berufe.tv/BA/ausbildung?filmID=1000014

Film zum Berufsbild Werkzeugmechaniker
http://www.berufe.tv/BA/ausbildung?filmID=1000016

Film zum Berufsbild der industriellen Metallberufe
http://www.berufe.tv/BA/ausbildung?filmID=1000034

A Was sind Fertigungsverfahren?

Information

2011 gab es in Deutschland 345 Ausbildungsberufe. 1950 gab es noch ca. 900 Ausbildungsberufe, 1971 noch 606. Viele Ausbildungsberufe sind seitdem ganz verschwunden, andere wurden zusammengefasst. Neue kamen hinzu. Die Liste der Ausbildungsberufe wird dauernd aktualisiert. Alle Ausbildungsberufe werden ständig modernisiert. So gibt es z. B. 2011 für Mechatronik eine neue Ausbildungsordnung. In der Europäischen Union (EU) wird an der Harmonisierung der beruflichen Ausbildung und an der Feststellung von Äquivalenzen gearbeitet.
Viele Ausbildungsberufe – die sogenannten Metallberufe – haben mit Metall zu tun, z. B.

- Feinmechaniker
- Gießereimechaniker
- Karosserie- und Fahrzeugbaumechaniker
- Kraftfahrzeugmechaniker
- Mechatroniker
- Werkzeugmechaniker
- Zerspanungsmechaniker
- Zweiradmechaniker

Viele der Ausbildungsgänge für Metallberufe vermitteln im 1. Teil der Ausbildungszeit, der Grundbildung, Inhalte aus der Fertigungstechnik, der Werkstofftechnik und der Elektrotechnik. Denn diese Inhalte sind für die meisten Metallberufe grundlegend. Sie finden sich in den folgenden vier Kapiteln.

Aufgabe 1

1. Ordnen Sie die folgenden Abbildungen von Fertigungsverfahren in der Reihenfolge ihres Auftretens im Text.
2. Ergänzen Sie die Bildunterschriften mit dem Namen des dargestellten Verfahrens.

Arbeiten Sie mit Ihrem Nachbarn zusammen und vergleichen Sie Ihre Arbeitsergebnisse im Plenum.

Grundlagen der Fertigungstechnik

Die Fertigungstechnik stellt Methoden und Einrichtungen für die Herstellung von Produkten zur Verfügung. Sie werden genutzt, wenn ein Handwerker per Hand ein Einzelstück herstellt oder wenn ein Industrieunternehmen auf Maschinen Hunderttausende von gleichen Erzeugnissen produziert.
Fertigungsverfahren sind alle Verfahren, mit denen Einzelteile und Baugruppen während des Fertigungsablaufs hergestellt und bearbeitet werden wie z. B. Schneiden, Kleben oder Löten. Man unterscheidet für gewöhnlich sechs Hauptgruppen:

- Urformen: Das Werkstück wird aus flüssigem Stoff geschaffen, z. B. durch Gießen.
- Umformen: Die Form eines festen Werkstückes wird z. B. durch Druck dauerhaft geändert, z. B. durch Biegen oder Walzen.
- Trennen: Werkstücke werden aus Rohteilen hergestellt, z. B. durch Schneiden oder Fräsen.

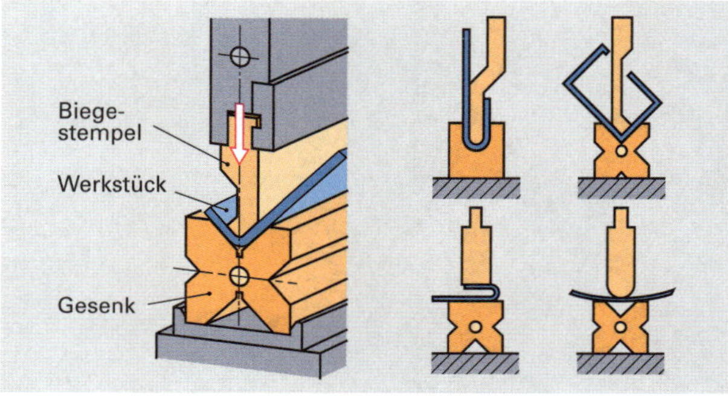

Bild 1: Umformen durch Biegen (Abkanten)

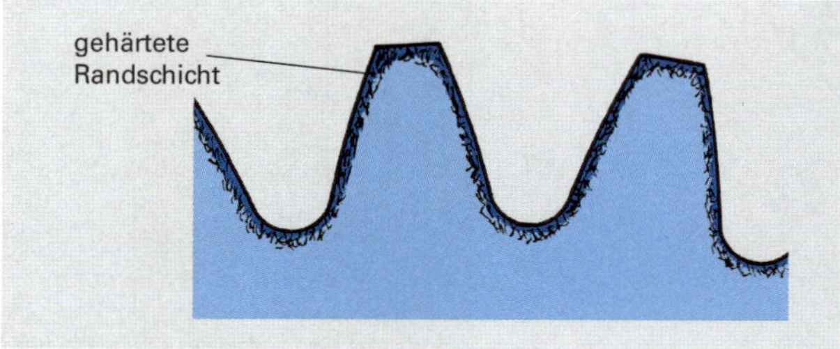

Bild 2: ____________________

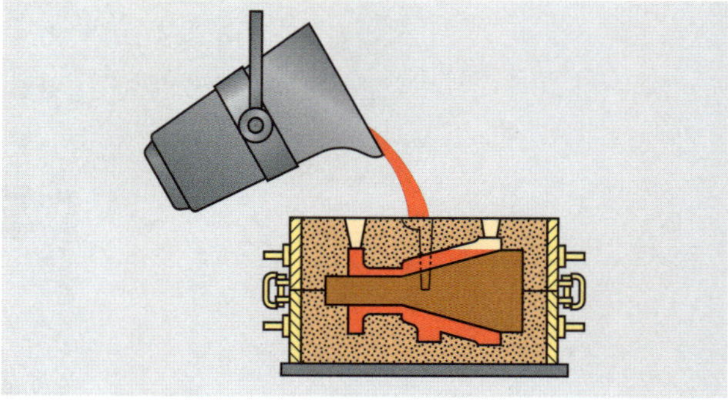

Bild 3: ____________________

- Fügen: zwei oder mehr Teile werden lösbar oder unlösbar verbunden, z. B. durch Schrauben oder Kleben.
- Beschichten: Auf einen Werkstoff wird z. B. ein flüssiger Stoff aufgebracht wie beim Lackieren eines Autos.
- Ändern der Stoffeigenschaft: Ein Werkstück wird z. B. an der Oberfläche gehärtet.

Metalltechnik Grundbildung, S. 44–45

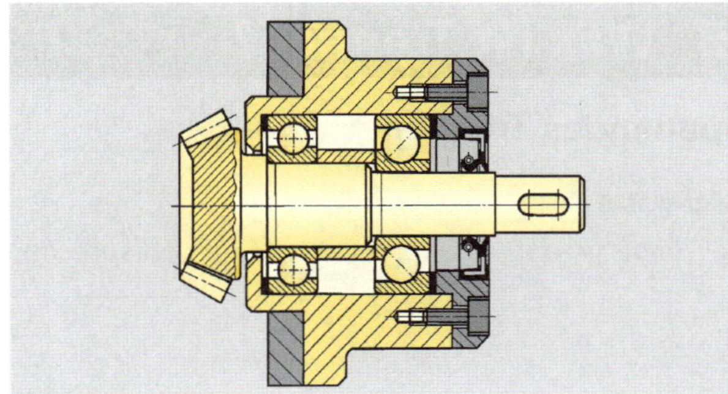

Bild 4: ____________________

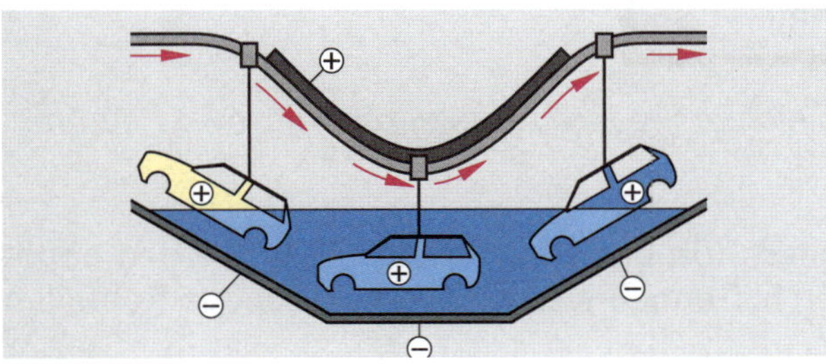

Bild 5: ____________________

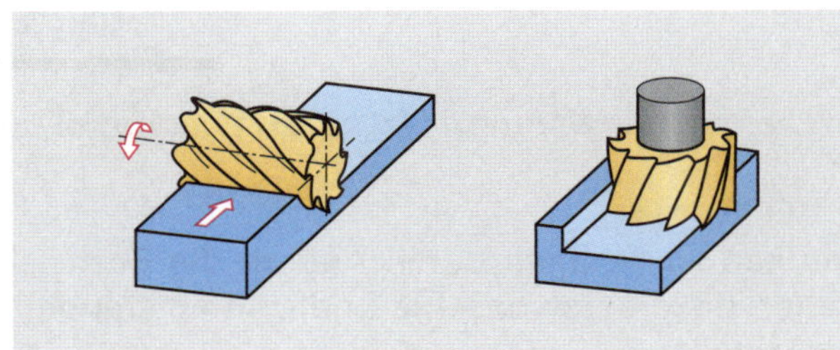

Bild 6: Trennen durch Spanen (Fräsen)

Werkzeuge und Tätigkeiten

Die unten abgebildeten Werkzeuge, die man bei der Fertigung benutzt, kennen Sie aus dem beruflichen Alltag.

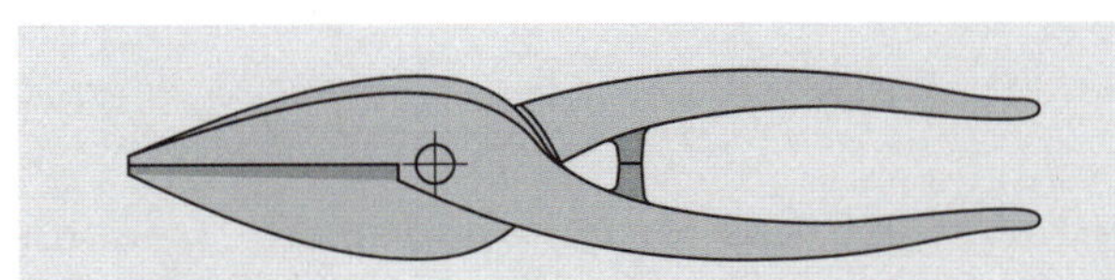

Handblechschere

Metallbau und Fertigungstechnik Grundbildung, S. 165

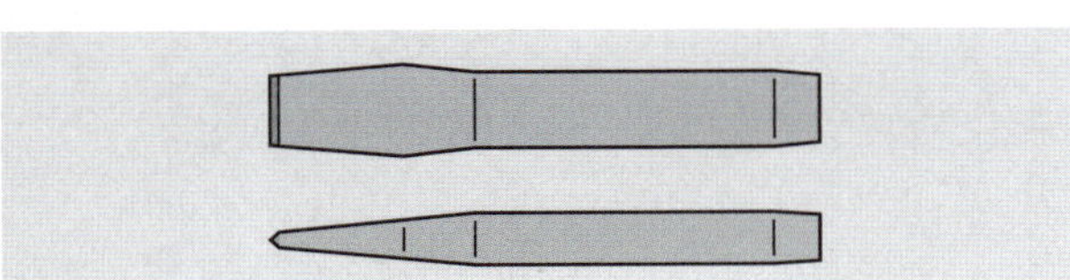

Meißel

Metallbau und Fertigungstechnik Grundbildung, S. 171

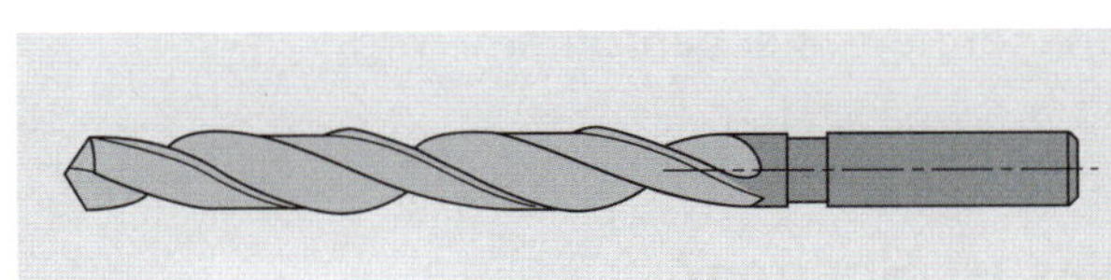

Bohrer

Metallbau und Fertigungstechnik Grundbildung, S. 178

Aufgabe 2

Ergänzen Sie die Tabelle.

Arbeiten Sie mit Ihrem Nachbarn zusammen und vergleichen Sie Ihre Arbeitsergebnisse im Plenum.

Werkzeuge	**Tätigkeiten**
Handblechschere	schneiden
Bohrmaschine/Bohrer	
Lötkolben	
Feile	
Fräser	
Meißel	
Säge	

B Was ist Trennen?

Spanendes Trennen

Aufgabe 3

Ordnen Sie die folgenden Begriffe den entsprechenden Zeichnungen im untenstehenden Text „Trennen" zu:

Zerteilen
Fertigteil
Spanen
Halbfertigteil
Halbzeug/Rohteil

Arbeiten Sie mit Ihrem Nachbarn zusammen und vergleichen Sie Ihre Arbeitsergebnisse im Plenum.

Trennen

Trennen ist Fertigen durch Ändern der Form eines festen Körpers. Überflüssige Teile werden abgetrennt, bis die gewünschte Endform entstanden ist. Durch Trennen werden Werkstücke aus Rohteilen hergestellt.

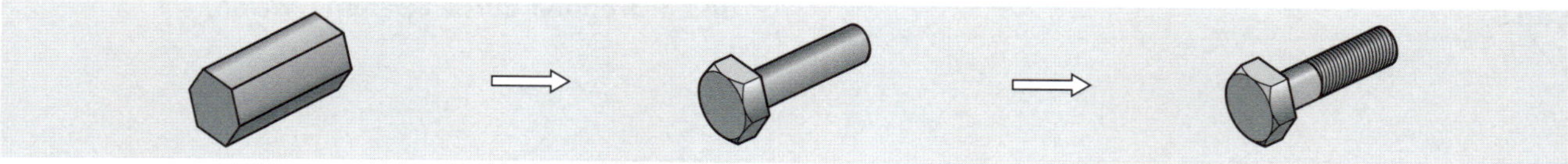

Bild 1: ____________ **Bild 2:** ____________ **Bild 3:** ____________

Zerteilen ist das örtlich begrenzte Trennen benachbarter Teile eines Werkstückes oder das Trennen ganzer Werkstücke, ohne dass formloser Stoff entsteht.
Spanen ist das Abtrennen von Werkstoffteilchen (Spänen) auf mechanischem Weg.

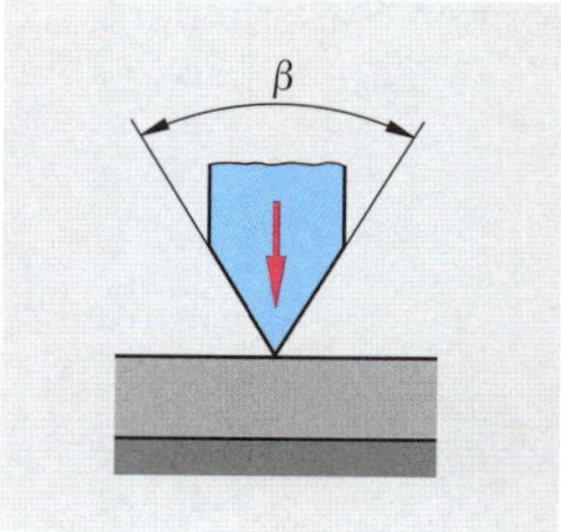

Bild 4: ____________

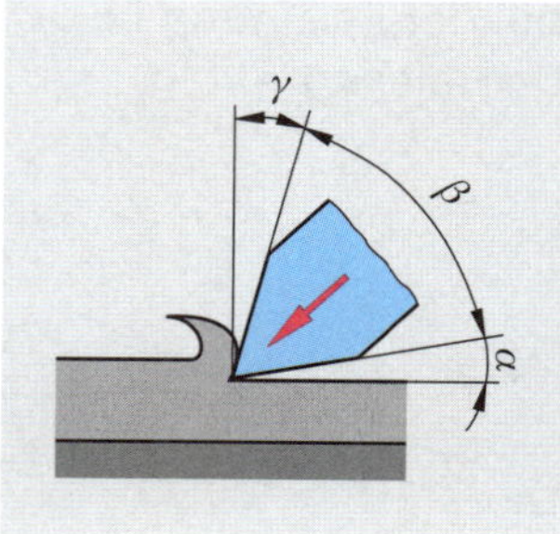

Bild 5: ____________

Was ist Spanen?

Aufgabe 4a

Übertragen Sie die passenden Bezeichnungen aus dem Text in die untenstehende Abbildung (Bild 7). Arbeiten Sie mit Ihrem Nachbarn zusammen und vergleichen Sie Ihre Arbeitsergebnisse im Plenum

Spanende Fertigung

Bei allen spanenden Fertigungsverfahren sind besonders wichtig:
- die Form der Werkzeugschneide und damit die Spanbildung an der Werkzeugschneide
- die auftretenden Kräfte und Temperaturen
- die Verschleißfestigkeit der Schneidstoffe.

Die Werkzeugschneide

Die Grundform aller Werkzeugschneiden ist ein **Keil** (Bild 7, S. 61).

Flächen und Winkel am Schneidkeil

Der in das weichere Werkstück eindringende Keil ist an zwei Seiten von der Spanfläche und der Freifläche begrenzt.
- Der Winkel zwischen der Freifläche und der bearbeiteten Fläche wird als Freiwinkel α (alpha) bezeichnet.

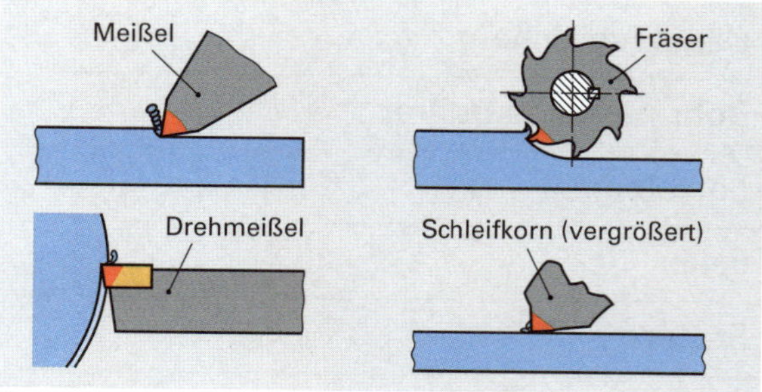

Bild 6: Keilform der Werkzeugschneide

Er muss so groß sein, dass das Werkzeug genügend frei schneidet.

- Der Winkel zwischen Spanfläche und Freifläche wird als Keilwinkel β (beta) bezeichnet. Seine Größe richtet sich im Wesentlichen nach dem zu zerspanenden Werkstoff.
- Der Spanwinkel γ (gamma) ist der Winkel zwischen der Spanfläche und einer Senkrechten zur Schnittfläche (Bild 7). Dieser Winkel soll möglichst groß sein, um die auftretenden Kräfte klein zu halten. Bei der Bearbeitung härterer Werkstoffe muss der Spanwinkel jedoch klein sein, damit die Schneide nicht ausbricht.

nach: Metalltechnik Grundbildung, S. 63

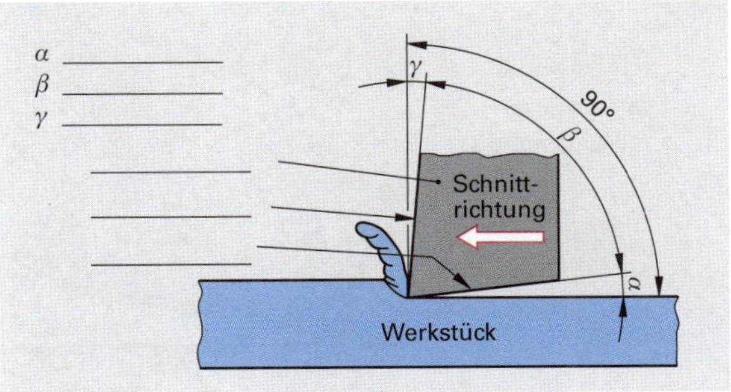

Bild 7: Flächen und Winkel am Schneidkeil

Metalltechnik Grundbildung, S. 63

Information

Beim Zerspanen nutzen sich die Schneiden der Werkzeuge durch Reibung, Ausbrüche und Diffusion bei hohen Temperaturen ab (**Verschleiß**). Dadurch wird die Schneidengeometrie verändert; Oberflächengüte und Maßhaltigkeit des Werkstückes nehmen ab. Nach einer gewissen Zeit – der Standzeit – ist die Werkzeugschneide nicht mehr zu nutzen, man muss sie nachschleifen.

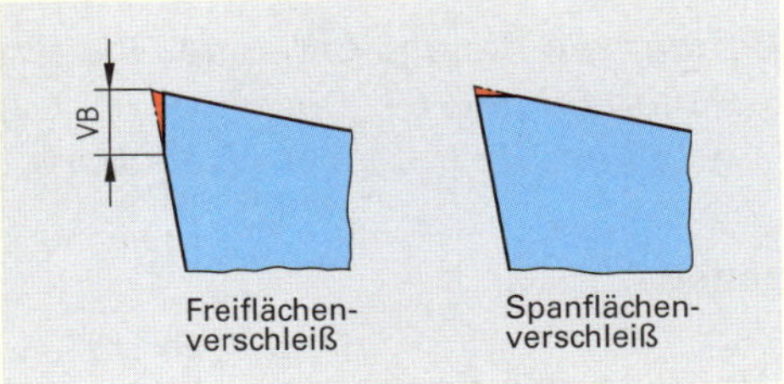

Aufgabe 4b

Ergänzen Sie den folgenden Text.
Arbeiten Sie mit Ihrem Nachbarn zusammen und vergleichen Sie Ihre Arbeitsergebnisse im Plenum.

Spanen

Das im Arbeitsbereich des Mechatronikers am häufigsten benötigte Verfahren des ________________ ist das Spanen.
Beim Spanen werden Werkstoffteilchen mit einer Schneide vom ________________ abgetragen.

Winkel und Flächen an der Werkzeugschneide

Die Grundform jeder Werkzeugschneide ist der ________________.
Der ________________ β bestimmt das Eindringverhalten in den Werkstoff und die Stabilität der Schneide. Ein großer ________________ dringt schlecht in das Werkstück ein, ermöglicht dafür aber eine große Standzeit. Werkzeuge mit großem ________________ eignen sich für harte Werkstoffe.
Durch die Stellung der keilförmigen Schneide zum Werkstück ergeben sich noch weitere Winkel.
Der Winkel zwischen Keil und Schnittfläche (neu bearbeitete Fläche) ist der ________________ α.
Er vermindert die Reibung zwischen Werkzeug und Werkstück. Bei harten Werkstoffen ist die Reibung geringer, der ________________ kann hier klein gehalten werden. Die Fläche am Schneidkeil, die den ________________ begrenzt, wird als ________________ bezeichnet.
Die Fläche am Werkzeugteil, an der der Span entlang gleitet, nennt man ________________.
Zwischen Spanfläche und einer gedachten Ebene senkrecht zur Schnittfläche liegt der ________________ γ.
Er beeinflusst die Spanbildung und die Spanabfuhr. Für weiche Werkstoffe wählt man einen großen ________________. Dadurch wird die Spanabfuhr verbessert.
Alle drei Winkel an der Schneide sind voneinander abhängig. So ergibt ein großer ________________ einen entsprechend kleineren ________________. Die Summe aller drei Winkel am Werkzeugteil ist immer 90 Grad.

Fachkunde Mechatronik, S. 164

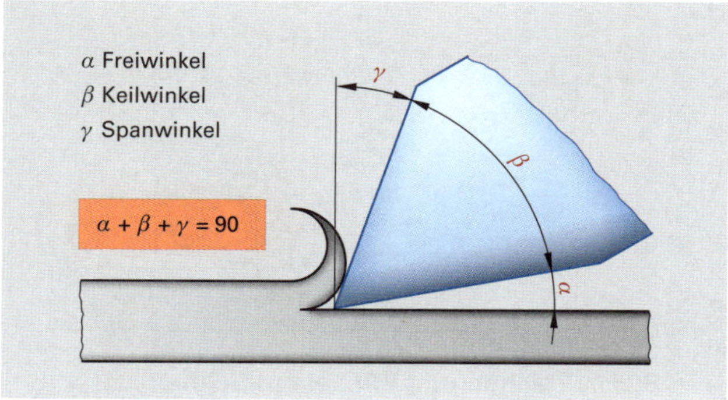

Bild 1: Winkel an der Werkzeugschneide

Fachkunde Mechatronik, S. 164

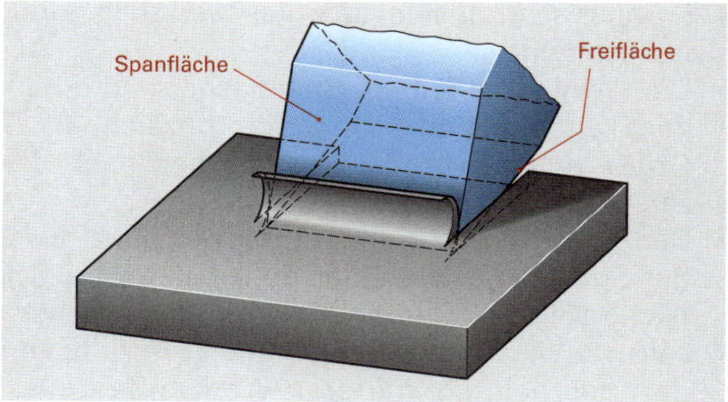

Bild 2: Flächen an der Werkzeugschneide

Aufgabe 4c

1. Ergänzen Sie das folgende Gliederungsschema mithilfe der Informationen zum „Spanen" auf den Seiten 60 und 61.
Arbeiten Sie mit Ihrem Nachbarn zusammen und vergleichen Sie Ihre Ergebnisse im Plenum.

Spanen

- **Vorgang des Spanens**

  ____

Winkel und Flächen an der Werkzeugschneide

- **Grundform der Schneide**

  ____

- **Keilwinkel β**

  ➢ ______________________________

  ➢ ______________________________

  ➢ ______________________________

- **Freiwinkel α**

  ➢ ______________________________

  ➢ ______________________________

  ➢ ______________________________

- **Spanwinkel γ**

  ➢ ______________________________

  ➢ ______________________________

2. Referieren Sie in einer Gruppe mit drei Teilnehmern mithilfe von Gliederung und Stichpunkten über Winkel und Flächen an der Werkzeugschneide. Legen Sie sich dabei eine Abbildung der Flächen und Winkel am Schneidkeil neben Ihre Gliederung. Dabei formuliert jeder den Text. Die anderen helfen gegebenenfalls.

Sie können dabei folgende **Redemittel** verwenden:
- Spanen ist ...
- Der Spanwinkel ist ...
- Den Winkel zwischen ... nennt man ...
- Den Winkel zwischen ... bezeichnet man als ...
- Der Spanwinkel γ beeinflusst ...
- Spanbildung und Spanabfuhr sind abhängig von ...

Vergessen Sie dabei nicht, die in der folgenden Tabelle genannten Kriterien zu berücksichtigen. Die anderen Teilnehmer werden Ihnen nach Ihrem Referat zu den einzelnen Punkten eine Rückmeldung geben.

Verhalten während des Vortrags	++/+/0/-/– –
Gliedert Beitrag durch Pausen	
Hält Blickkontakt zu den Zuhörern	
Spricht, ohne den Blick permanent auf die Gliederung zu richten	
Spricht langsam, laut und deutlich genug	
Achtet auf Körperhaltung	

Was ist Bohren?

Information

Für die Beschreibung von Bohrvorgängen benötigt man ein paar physikalische Größen, die Sie wahrscheinlich schon kennen.

Physikalische Größe	Formelzeichen	mathematischer Zusammenhang: Formel	Einheitenzeichen/ Einheitenname
Länge Strecke Radius	l s r		m Meter mm Millimeter
Zeit	t		s Sekunde min Minute
Geschwindigkeit	v	$v = s/t$	m/s Meter pro Sekunde
Arbeit	W	$W = s \cdot F$	Nm Newtonmeter
Drehzahl (Umdrehungsfrequenz)	n	n = *Umdrehungen/min*	

Aufgabe 5a

Übertragen Sie mithilfe des Textes „Bohrvorgang" die passenden Bezeichnungen in die untenstehende Abbildung.
Arbeiten Sie mit Ihrem Nachbarn zusammen und vergleichen Sie Ihre Arbeitsergebnisse im Plenum.

Bohrvorgang

Durch Bohren werden spanend zylindrische Löcher (Bohrungen) hergestellt oder erweitert. Der Bohrer führt eine kreisförmige Schnittbewegung aus. Dabei erfolgt die Vorschubbewegung geradlinig in Richtung Rotationsachse (Bild 1). Durch die Vorschubkraft dringen die Werkzeugschneiden in den

Werkstoff ein. Die kreisförmige Schnittbewegung erzeugt die Schnittkraft.
Die Schnittgeschwindigkeit v_c richtet sich u. a. nach dem Bohrertyp, dem Werkstoff und der geforderten Arbeitsqualität. Sie hat den größten Einfluss auf die Standzeit. Wegen der Vielzahl von Bohrertypen, Schneidstoffen und Beschichtungen sind die Richtwerte der Hersteller zu beachten.
Die Drehzahl n kann aus Drehzahldiagrammen abgelesen werden oder aus der Schnittgeschwindigkeit v_c und dem Bohrdurchmesser d berechnet werden.

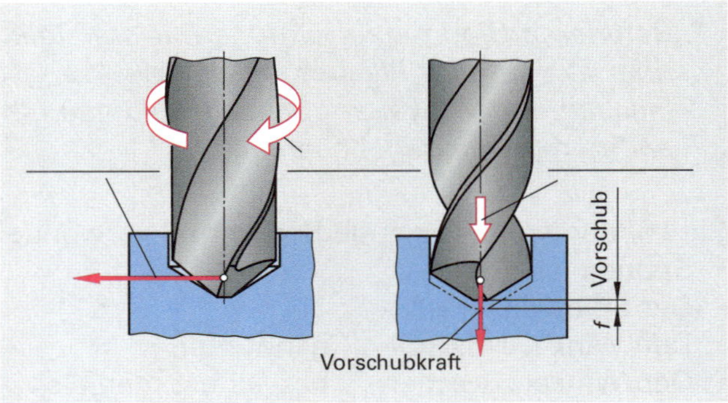

Bild 1: Kräfte und Bewegungen beim Bohren

Drehzahl $n = \frac{v_c}{\pi \cdot d}$

Der Vorschub f in mm je Umdrehung hängt vor allem vom Werkstoff, vom Schneidstoff, vom Bohrverfahren und von der Bohrtiefe ab.
Die Vorschubgeschwindigkeit v_f in mm/min wird aus der Drehzahl n und dem Vorschub f berechnet.

Vorschubgeschwindigkeit $v_f = n \cdot f$

Aus der gewählten Schnittgeschwindigkeit und dem Bohrdurchmesser erhält man die Drehzahl und aus der Drehzahl und dem Vorschub die Vorschubgeschwindigkeit.
Beim Bohrvorgang entsteht Wärme, die durch den Kühlschmierstoff, das Werkzeug und die Späne abgeführt wird. Der Kühlschmierstoff vermindert außerdem die Reibung und damit den Verschleiß.
Nach: Metalltechnik Grundbildung, S. 71-72

Aufgabe 5b
Alle folgenden Aussagen sind richtig. Gehen sie aus dem Text „Bohren, Senken, Reiben“ und der dazugehörenden Abbildung hervor?
Arbeiten Sie mit Ihrem Nachbarn zusammen und vergleichen Sie Ihre Arbeitsergebnisse im Plenum.

	gehen hervor
1. Die Werkzeuge zum Bohren, Gewindebohren, Reiben und Senken haben in der Regel mehrere Schneiden.	
2. Der Zerspanungsvorgang erfolgt bei diesen Verfahren durch eine kreisförmige Schnittkraft und eine gleichzeitige geradlinige Vorschubkraft in Richtung Drehachse.	
3. Reiben entspricht einem Bohrvorgang mit Spänen von sehr geringer Spandicke. Es dient zur Erhöhung der Oberflächengüte.	
4. Bohrungen erhalten durch Reiben eine Feinbearbeitung.	
5. Bei spanenden Fertigungsverfahren unterscheidet man Eingangs- und Ausgangsgrößen, die die Qualität des Arbeitsergebnisses bestimmen.	
6. Die Schnittgeschwindigkeit des Bohrers ist im Wesentlichen vom Schneidstoff der Bohrerschneide und vom Werkstoff des zu bearbeitenden Werkstückes abhängig.	
7. Die Auswahl eines geeigneten Kühlschmierstoffes beim Bohren ist von vielen Faktoren, wie z. B. der Wärmeempfindlichkeit des Schneidstoffes, abhängig.	
8. Reibahlen gibt es in verschiedenen Formen.	
9. Senken entspricht einem Bohrvorgang zur Erzeugung von Zylinder- und Kegelflächen in Richtung der Bohrungsachse.	
10. Beim Senken können gleiche Kühlmittel verwendet werden wie beim Bohren.	
11. Der Kühlschmierstoff verhindert die Reibung und den Verschleiß des Bohrers.	
12. Der Kühlschmierstoff erhöht die Standzeit des Bohrers.	

Bohren, Senken, Reiben

Bohren, Gewindebohren, Senken und Reiben sind Fertigungsverfahren mit meist mehrschneidigen Werkzeugen und mit ähnlichem Zerspanungsvorgang (Bild 1):

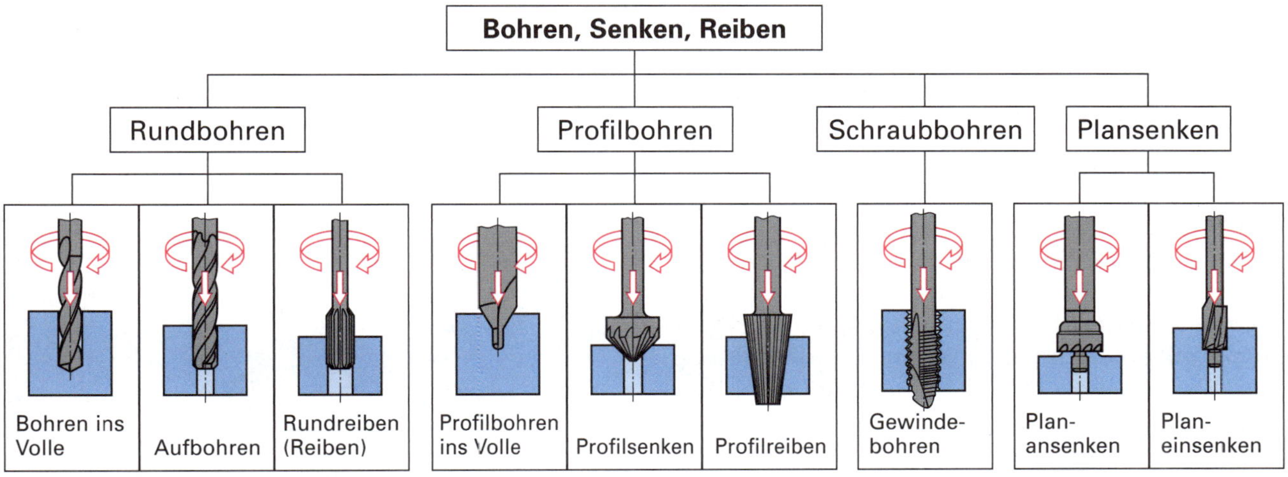

Bild 1: Fertigungsverfahren Bohren, Senken, Reiben

Bohren

Beim Bohren unterscheidet man insbesondere Bohren ins Volle, Aufbohren und Profilbohren (s. Bild). Für das Bohren im Durchmesserbereich bis 20 mm und bei Bohrtiefen ist der Spiralbohrer das am häufigsten verwendete Werkzeug. Für normale Bohrbedingungen sind die Richtwerte der Werkzeughersteller anzuwenden.

Senken

Senken ist ein Bohrverfahren zur Erzeugung von Profil- oder Kegelflächen in vorhandenen Bohrungen (s. Bild 1).
Man unterscheidet:
- **Planansenken** z. B. der Auflagefläche für den Kopf einer Sechskantschraube (s. S. 75)
- **Planeinsenken** z. B. einer zylindrischen Einsenkung für den Kopf einer Zylinderschraube (s. S. 77)
- **Profilsenken** z. B. einer kegeligen Senkung für Profilschrauben

Die Senker haben im Vergleich zu den Bohrern einen kleinen Freiwinkel und eine größere Freifläche. Beim Senken soll die Schnittgeschwindigkeit gleich oder kleiner als beim Bohren gewählt werden. Der Vorschub kann bis zu 50% größer sein.

Reiben

Reiben ist ein Aufbohren mit geringer Spandicke zur Erhöhung der Oberflächenform und -güte mittels Reibahlen (s. Bild 1). Die Erzeugung einer hohen Oberflächengüte erfordert niedrige Schnittgeschwindigkeiten und kleine Vorschübe (etwa ¼ des Wertes vom Bohren). Durch die Verwendung von Schmiermitteln, z. B. Schneidöl, lassen sich die Oberflächen weiter verbessern und der Werkzeugverschleiß vermindern.

Metalltechnik Grundbildung, S. 71, 76, 77

Aufgabe 5c

Bilden Sie Gruppen mit drei Mitgliedern. Notieren Sie in der Gruppe mithilfe der Informationen auf S. 63ff. und 65 sowie der Abbildung gemeinsam Stichpunkte zu folgenden Fragen beim Bohren, Senken und Reiben:
- *Welche Formen gibt es?*
- *Welche Werkzeuge werden benutzt?*

Wählen Sie eins der Verfahren und informieren Sie die anderen Mitglieder kurz jeweils über Bohren, Senken und Reiben.

Sie können dabei folgende **Redemittel** verwenden:

- Bohren ist …
- Senken ist ein Bohrverfahren zu …/mit dem …
- Reiben dient zu …
- Man unterscheidet beim …
- Die beim Reiben benutzten Werkzeuge bezeichnet man als …
- Die beim Reiben benutzten Werkzeuge nennt man …

Was ist Drehen?

Drehen

Durch Drehen können Wellen, Scheiben, Gewinde etc. hergestellt werden. Drehen ist die spanende Bearbeitung der Umdrehungsflächen eines Werkstücks mit einem meist einschneidigen Werkzeug, dem Drehmeißel. In der Regel führt das Werkstück die Drehbewegung aus.
Beim Drehen erfolgt die Spanabnahme durch die Schnittbewegung und die Vorschubbewegung (Bild 1).
Der **Vorschub** *f* ist der Weg des Werkzeugs bei einer Umdrehung des Werkstücks. Beim Schruppen arbeitet man mit großem Vorschub (Ziel: schnelle Annäherung an die Werkstückform), beim Schlichten arbeitet man mit kleinem Vorschub (Ziel: maßgenaues Herstellen der Werkstückform).
Die Größe der Schnittgeschwindigkeit v_c richtet sich u. a. nach der Festigkeit des Werkstoffstückes und der Verschleißfestigkeit des Schneidstoffes.
Durch die Zustellbewegung wird die Schnitttiefe a_p eingestellt.
Nach: Metalltechnik Grundbildung, S. 80, 81

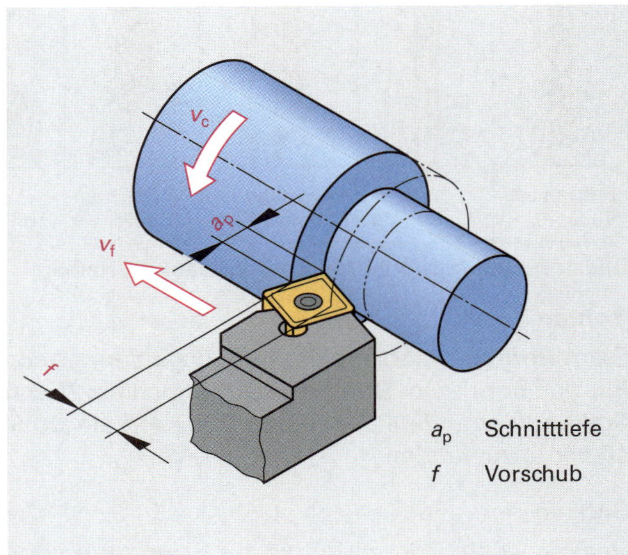

Bild 1: Drehen
Metalltechnik Grundbildung, S. 81

Aufgabe 6
Ergänzen Sie mithilfe des obigen Textes. Arbeiten Sie mit Ihrem Nachbarn zusammen und vergleichen Sie Ihre Arbeitsergebnisse im Plenum.

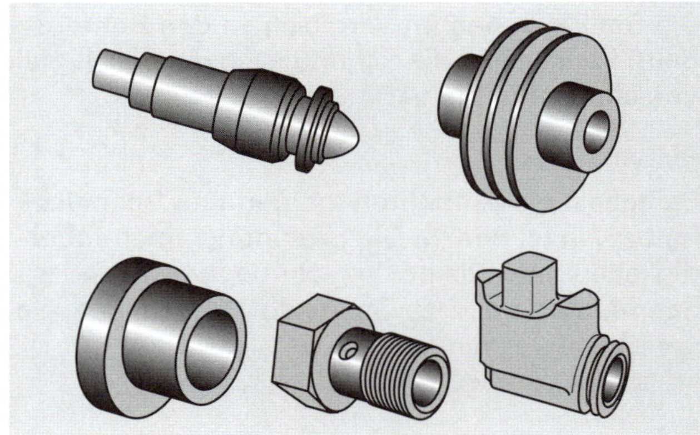
Bild 2: Durch Drehen gefertigte Werkstücke
Metallbau und Fertigungstechnik Grundbildung, S. 80

Drehvorgang

__________ ist Spanen mit kreisförmiger Schnittbewegung und quer zur Schnittrichtung liegender Vorschubbewegung.
Dabei wird die Schnittbewegung vom _________ ausgeführt. Die ______________________ wird vom Werkzeug ausgeführt.
Je nach Spanabnahme und Oberflächengüte unterscheidet man das Schruppen und das Schlichten.
Beim Schruppen wird mit größtmöglichem _________________ und hoher Schnittgeschwindigkeit möglichst viel Werkstoff abgespant. Das Ziel ist eine schnelle Annäherung an die _________________.
Beim Schlichten wird bei hoher Drehfrequenz und mit kleinem _________________ nur eine geringe Werkstoffmenge zerspant. Das Ziel ist ein maßgenaues Herstellen der ____________________.

Was ist Fräsen?

Fräsen

Durch Fräsen kann man ebene und gekrümmte Flächen, Profile, Zahnräder etc. herstellen. Fräsen ist Spanen mit einem mehrschneidigen Werkzeug, dem Fräser, und kreisförmiger Schnittbewegung zur Erzeugung beliebiger Oberflächen. Beim Fräsen wird die kreisförmige Schnittbewegung vom Werkzeug ausgeführt. Die Vorschubbewegungen erfolgen durch das Werkstück.
Durch die Zustellung wird die Dicke (Spanungstiefe) und die Breite (Spanungsbreite) der zu zerspanenden Werkstoffschicht gewählt (Bild 1), soweit es die Größe des Werkzeugs zulässt. Es gibt zahlreiche Fräsverfahren.
Fachkunde Mechatronik, S. 189, 190

Bild 1: Trennen (Fräsen)
Metalltechnik Grundbildung, S. 93

Aufgabe 7a
Übertragen Sie die passenden Bezeichnungen in die nebenstehende Abbildung (Bild 2). Arbeiten Sie mit Ihrem Nachbarn zusammen und vergleichen Sie Ihre Arbeitsergebnisse im Plenum.

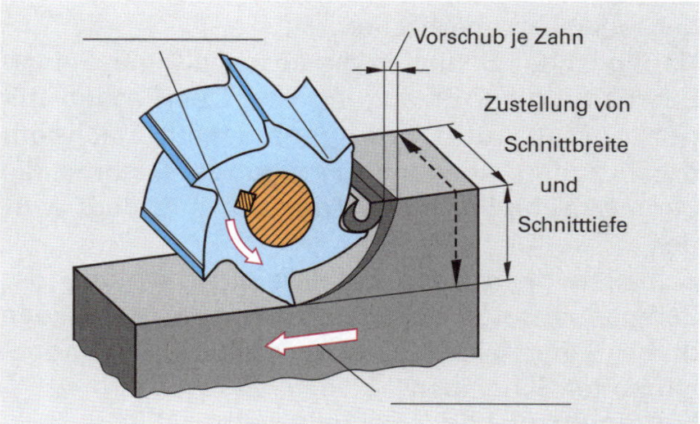

Bild 2: Bewegungen beim Umfangsfräsen (Walzfräsen)
Metallbau und Fertigungstechnik Grundbildung, S. 180

Aufgabe 7b
Ergänzen Sie. Nehmen Sie gegebenenfalls die Informationen auf den Seiten 60–66 zu Hilfe. Arbeiten Sie mit Ihrem Nachbarn zusammen und vergleichen Sie Ihre Arbeitsergebnisse im Plenum.

Spanabhebende Fertigungsverfahren

Bohren, ____________________ und ____________________ sind spanende Fertigungsverfahren.

Durch __________________ werden zylindrische Löcher hergestellt und erweitert.

Bohren ist Zerspanen mit kreisförmiger ______________________. Die _________________________ verläuft geradlinig in Richtung der Bohrungsachse.

Durch __________________ können Wellen, Scheiben, Gewinde etc. hergestellt werden. Drehen ist Zerspanen mit ____________________ ______________________. Dabei wird die Schnittbewegung vom _________________________ ausgeführt; die Vorschubbewegung wird vom _____________________________ ausgeführt.

Durch __________________ kann man ebene und gekrümmte Flächen, Profile, Zahnräder etc. herstellen. Fräsen ist Spanen mit einem mehrschneidigen Werkzeug und _____________________ __________________. Die Schnittbewegung wird durch den ___________________ ausgeführt.

Die Vorschubbewegungen erfolgen durch das ____________________.

Was ist Schleifen?

Aufgabe 8
Ergänzen Sie die untenstehenden Aussagen mithilfe des Textes „Schleifen“ und seinen Abbildungen. Arbeiten Sie mit Ihrem Nachbarn zusammen und vergleichen Sie Ihre Arbeitsergebnisse im Plenum.

Schleifen

Durch die verschiedenen Schleifverfahren lassen sich ebene und gekrümmte Flächen sowie regelmäßige und unregelmäßige Profile herstellen und bearbeiten. Das Schleifwerkzeug besteht aus einer Vielzahl kleiner, sehr harter Schleifkörner. Sie haben eine unregelmäßige Gestalt und werden durch ein Trägermaterial, die Bindung, zusammengehalten.

Schleifen ist ein spanendes Fertigungsverfahren mit vielschneidigen Werkzeugen und geometrisch unbestimmten Schneiden zur Erzeugung vielfältiger Werkstückoberflächen.

Häufig ist das Schleifen die abschließende Feinstbearbeitung zur Erzeugung von Oberflächen mit hoher Maß- und Formgenauigkeit, nachdem durch andere spanende Fertigungsverfahren die geometrische Form des Werkstücks erzeugt wurde.

Schleifen dient auch der Wiederherstellung der Zerspanungseigenschaften trennender Werkzeuge durch Scharfschleifen, dem Nachschleifen abgestumpfter Schneiden.

Für die Auswahl der Schleifscheiben gilt:
Harte Werkstoffe – weiche Schleifscheiben
Weiche Werkstoffe – harte Schleifscheiben

Fachkunde Mechatronik, S. 194, 195

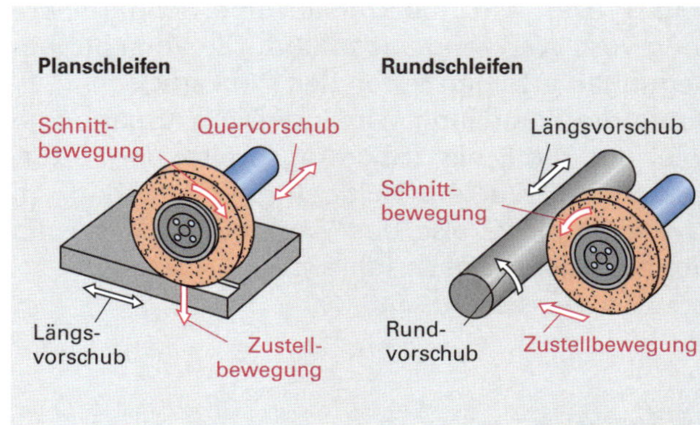

Bild 1: Schleifverfahren

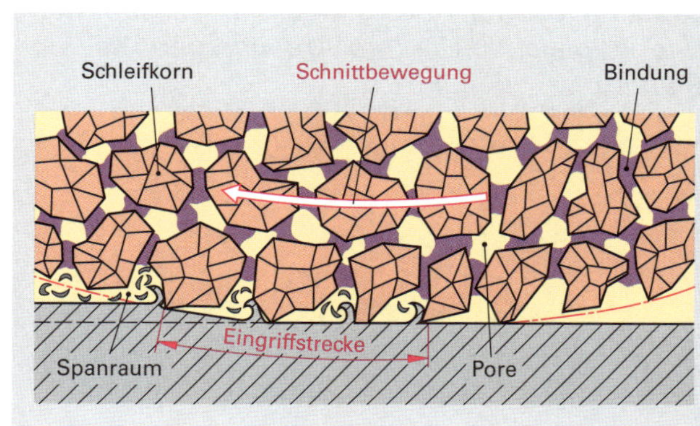

Bild 2: Bestandteile des Gefüges von Schleifkörpern
Metallbautechnik Fachbildung, S. 282

1. Durch ________________ lassen sich in der Fertigungstechnik große Maß- und Formgenauigkeit bei hoher Oberflächengüte erreichen.
2. Schleifwerkzeuge bestehen aus ________ ______________ und Bindung.
3. Abgestumpfte Schneiden werden durch ________________ wieder einsatzfähig gemacht.
4. Bei weichen Werkstoffen bleiben die Körner länger scharf. Man benutzt in diesem Fall ________ ____________________.

Was tun Zerspanungsmechaniker?

Aufgabe 9
Sehen Sie sich jetzt einen Film über Berufsbild und Ausbildung des Zerspanungsmechanikers an http://www.berufe.tv/BA/ausbildung?filmID=1000017.

1. Was lernen die Auszubildenden zuerst?
2. Worum geht es in der 1. Szene zwischen Ausbilder und der Auszubildenden Stefanie?
3. Worum geht es in der 2. Szene zwischen Ausbilder und dem Auszubildenden?
4. Wie geht der Ausbilder mit den Auszubildenden um?
5. Welche Fertigungsverfahren werden gezeigt?

Arbeiten Sie mit Ihrem Nachbarn zusammen und vergleichen Sie Ihre Arbeitsergebnisse im Plenum.

Spanloses Trennen

Mechanisches Zerteilen

Das spanlose Trennen von Rohteilen geschieht durch die Verfahren des Zerteilens, Keilschneidens und Scherschneidens, sowie durch die Verfahren des thermischen Abtragens (s. u. S. 70).

Metallbautechnik Fachbildung, S. 263

Keilschneiden	Scherschneiden
Einschneidig Messerschneiden z. B. Meißel	z. B. Blechschere
Zweischneidig Beißschneiden z. B. Kneifzange	z. B. Locheisen

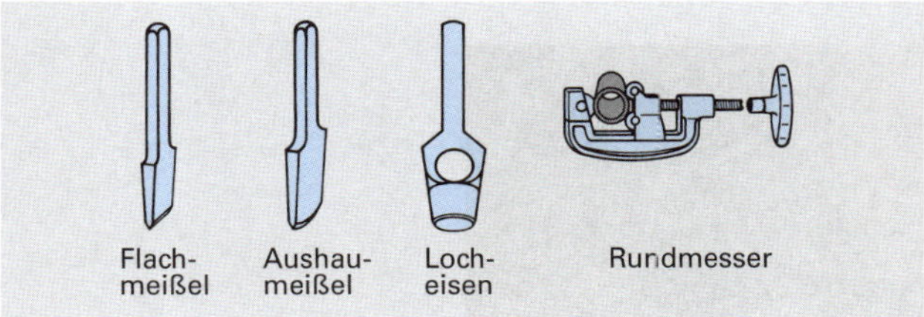

Bild 1: Einschneidige Keilschneidwerkzeuge

Metallbautechnik Fachbildung, S. 263

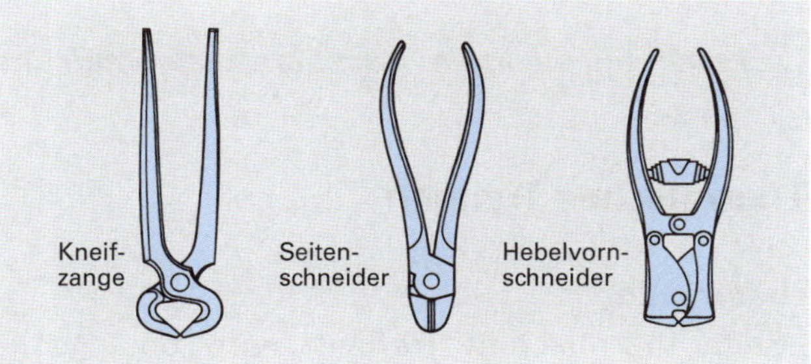

Bild 2: Beißschneidwerkzeuge

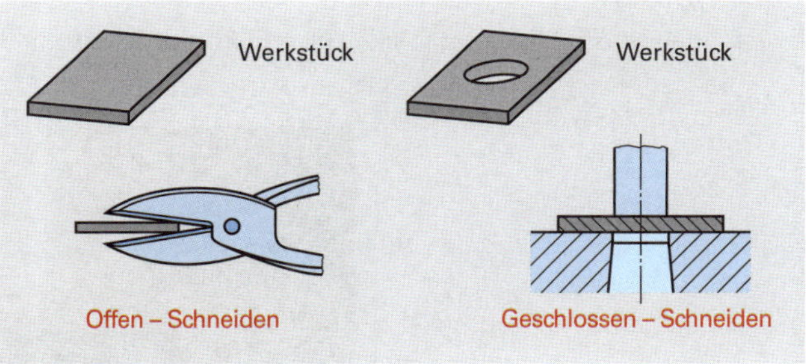

Bild 3: Scherschneiden

Metallbautechnik Fachbildung, S. 263

Aufgabe 10
Ergänzen Sie Diagramm und Text mithilfe des Textes „Mechanisches Zerteilen".
Arbeiten Sie mit Ihrem Nachbarn zusammen und vergleichen Sie Ihre Arbeitsergebnisse im Plenum.

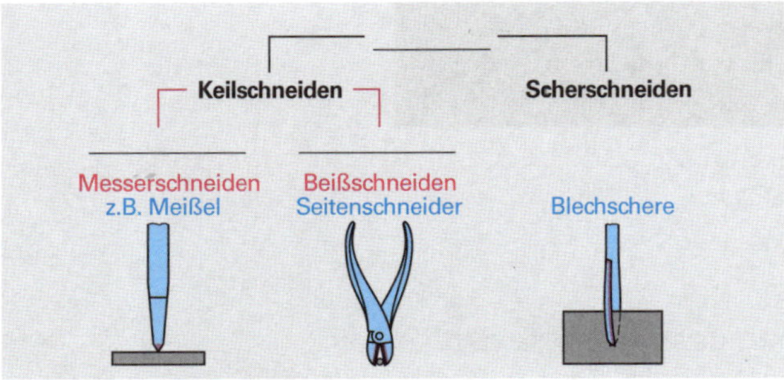

Bild 4: Zerteilverfahren

Metallbau und Fertigungstechnik Grundbildung, S. 138

Trennen durch Zerteilen

Zerteilen ist ein mechanisches ______________.
Es entsteht dabei ein Werkstückrest in vorher festgelegter Form, ohne dass dabei _________ entstehen.
Man unterscheidet ____________- und ________________________.

Keilschneiden ist ein mechanisches, ______________ ______________ von Werkstücken mit einer keilförmigen Schneide oder mit zwei keilförmigen Schneiden.

Das ______________ lässt sich in Offen-Schneiden und Geschlossen-Schneiden unterteilen. Beim Offen-Schneiden erfolgt das ______________ zwischen zwei Schneiden, die sich aneinander vorbei bewegen.

Fachkunde Kraftfahrzeugtechnik, S. 135, 136

Was tun Konstruktionsmechaniker?

Aufgabe 11

Sehen Sie sich jetzt einen Film über Berufsbild und Ausbildung des Konstruktionsmechanikers an http://www.berufe.tv/BA/ausbildung?filmID=1000014. Lesen Sie zuerst die folgenden Fragen durch, bevor Sie sich den Film anschauen.

1. Was arbeiten die Azubis im Film?
2. Welche Fertigungsverfahren wenden sie an?
3. Welche Fertigungsverfahren werden gezeigt?
4. Welche Voraussetzungen sollte man für den Beruf des Konstruktionsmechanikers mitbringen?

Arbeiten Sie mit Ihrem Nachbarn zusammen und vergleichen Sie Ihre Arbeitsergebnisse im Plenum.

Thermisches Trennen

Information

Beim thermischen Trennen wird das Werkstück durch Wärmeeinbringung getrennt. Beim Schmelzschneiden wird der Werkstoff durch eine Schnittfuge getrennt, indem er geschmolzen oder so stark erwärmt wird, dass er sofort verdampft. Als Wärmequelle kann z. B. ein Laserstrahl verwendet werden.

Metallbau und Fertigungstechnik Grundbildung, S. 138

Schmelzschneiden mit Laserstrahl

Metallbautechnik Fachbildung, S. 271

Aufgabe 12

1. Ordnen Sie die Abbildungen im folgenden Text den passenden Textstellen zu.
2. Die folgenden Informationen sind alle richtig. Gehen sie im Text „Laserstrahlschneiden" hervor?
Arbeiten Sie mit Ihrem Nachbarn zusammen und vergleichen Sie Ihre Arbeitsergebnisse im Plenum.

	gehen hervor
1. Laserstrahlschneiden ist ein wichtiges Verfahren zum spanlosen Trennen.	
2. Das Laserstrahlschneiden ist ein Schneidverfahren, mit dem ähnliche Maßtoleranzen erzielt werden wie mit mechanischen Bearbeitungsverfahren.	
3. Man kann Laserstrahlen sowohl zum Schneiden als auch zum Schweißen verwenden.	
4. Mit zunehmender Materialdicke steigt die für das Trennen notwendige Laserleistung.	
5. Beim Laserschneiden nimmt die Schneidgeschwindigkeit allgemein mit der Materialdicke ab.	
6. Das Laserstrahlschneiden erlaubt sehr genaue Schnitte.	

Metallbautechnik Fachbildung, S. 274, 276

Laserstrahlschneiden

Der Laserstrahl kann örtlich eine sehr große Leistung konzentrieren, die hohe Temperaturen auf kleiner Fläche ergibt. Dies ermöglicht eine Werkstofftrennung durch Schmelzen in sehr schmalen Schnittfugen.
Die Laseranlage zum Schweißen und Schneiden unterscheidet sich in der Steuerung des Laserstrahls und in der Steuerung der Werkstückbewegung. Die hohe Leistungsdichte $10^6 \cdot W/cm^2$ wird zum Schmelzen des Werkstoffs in einer schmalen Fuge angewendet (Bild __). Die genaue Lage des Laserstrahls wird durch Fokussierung bestimmt. Die Fokussieroptik bündelt den aus dem Resonator austretenden und über ein Spiegelsystem zum Schneidkopf geführten Laserstrahl.
Die Geometrie des Fokus ist dabei entscheidend für die Intensität des Strahls an der Bearbeitungsstelle. Der Brennfleck ist umso kleiner, je kleiner die Brennweite der Linse ist (Bild __). Die Leistung eines Lasers ist ausreichend, um alle bekannten Materialien zu schmelzen und zu verdampfen. Durch die Bündelung der Energie ist es möglich, eine sehr genau begrenzte Erwärmung zu erzielen mit Schnittfugen von 0,1 mm bis 0,5 mm. Durch entsprechende Steuerung des Laserstrahls können genaue Schnitte und Beschriftungen ausgeführt werden (Bild __ und __).

Metallbautechnik Fachbildung, S. 275, 276

Bild 1: Werkstück durch Laserstrahlschneiden hergestellt, bei einer Schnittbreite von 0,2 mm, mit Beschriftung

Bild 2: Fahrradsymbol aus Edelstahl Rostfrei, 0,3 mm Werkstoffschnittbreite, durch Laserstrahlschneiden hergestellt

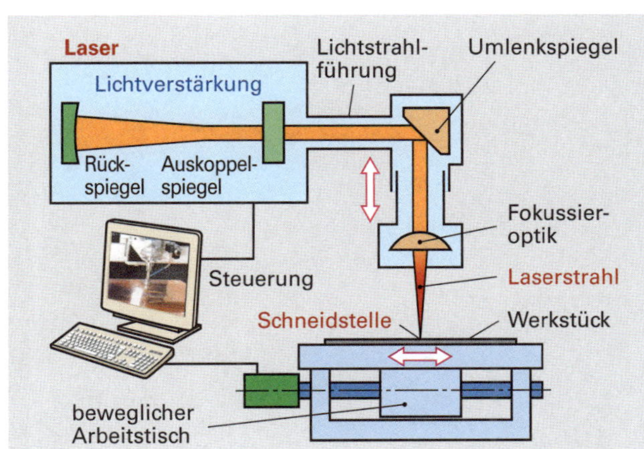

Bild 3: Schematischer Aufbau einer Laserstrahlschneidanlage

Metallbautechnik Fachbildung, S. 275, 276

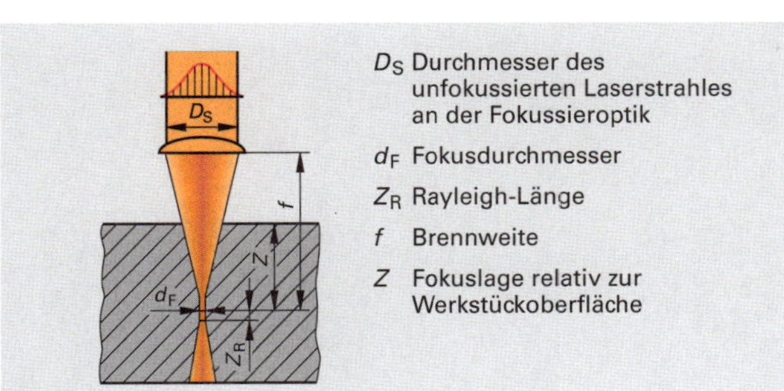

Bild 4: Kenngrößen fokussierter Laserstrahlung

Aufgabe 13a

Bilden Sie Gruppen mit vier Mitgliedern. Stellen Sie mithilfe von weißen Kärtchen ein Memory-Spiel her.

1. *Wählen Sie gemeinsam fünfzehn wichtige Begriffe aus den Seiten 58–71 aus, die sich gut zeichnen oder darstellen lassen. Schreiben Sie die Begriffe gut lesbar mit dickem Stift auf ein Kärtchen. Zeichnen Sie den Begriff auf ein anderes Kärtchen oder kleben Sie eine Kopie der entsprechenden Abbildung aus Ihrem Buch auf ein anderes Kärtchen (Arbeitsteilung!).*
2. *Mischen Sie die Memory-Kärtchen gut durch und geben Sie den Packen (natürlich mit der weißen Seite nach oben) einer anderen Gruppe. Sie erhalten von einer anderen Gruppe deren Kärtchen.*
3. *Alle Gruppen beginnen gleichzeitig mit den Kärtchen einer anderen Gruppe zu spielen.*
   Die Gruppe, die ihr Memory-Spiel zuerst beendet hat, hat gewonnen. Innerhalb der Gruppe hat der Spieler gewonnen, der die meisten Paare erzielt hat.

Was hat Ihnen dieses Vorgehen gebracht?

Aufgabe 13b

1. *Machen Sie sich zusammen mit Ihrem Nachbarn Notizen zu den Ergebnissen dieses Vorgehens. Schreiben Sie je ein Ergebnis in Stichpunkten auf je ein Kärtchen (Druckbuchstaben, dicker Stift), sodass alle sie lesen können.*
2. *Kleben Sie die Kärtchen an die Tafel (oder pinnen Sie sie an eine Pinnwand).*
3. *Ordnen Sie die Kärtchen – hängen Sie gleiche oder ähnliche Stichpunkte zusammen.*
4. *Moderieren Sie die Kärtchen (Sie stehen dabei mit dem Rücken zur Tafel (Pinnwand), Sie zeigen auf die Kärtchen, über die Sie gerade etwas sagen, und sehen Ihr Publikum an.)*

Sie können dabei folgende **Redemittel** verwenden:

- Der Punkt X wird zehn Mal genannt. Er ist also für alle sehr wichtig.
- Der Punkt Y ist nur einmal genannt worden. Er scheint weniger wichtig zu sein.
- Ich kann dieses Kärtchen nicht lesen. Wer kann mir helfen?
- Ich verstehe den Punkt auf diesem Kärtchen nicht. Kann der/die ihn erklären, der/die das Kärtchen geschrieben hat?
- Wir haben viele Nennungen zu Z. Daraus können wir schließen, dass …

C Was ist Fügen?

Information

Für die Beschreibung von Fügeverbindungen benötigt man ein paar physikalische Größen, die Sie wahrscheinlich schon kennen.

Physikalische Größe	Formelzeichen	mathematischer Zusammenhang: Formel	Einheitenzeichen/ Einheitenname
Kraft	F		N Newton
Flächeninhalt	A	$A = l^2$ *(Quadrat)*	m^2 Quadratmeter
Druck	p	$P = F/A$	Pa Pascal
Reibung	F_R		N Newton
Drehmoment	M	$M = F\,l$	Nm Newtonmeter

Fügen

Maschinen, Vorrichtungen und Geräte bestehen aus verschiedenen Einzelteilen. Bei der Herstellung bzw. bei der Montage werden die einzelnen Teile so miteinander verbunden, dass sich die geforderte Funktion ergibt. Das Verbinden von Einzelteilen zu Funktionseinheiten bezeichnet man als Fügen. Gefügte Teile können Kräfte oder Drehmomente übertragen.

Metalltechnik Grundbildung, S. 110

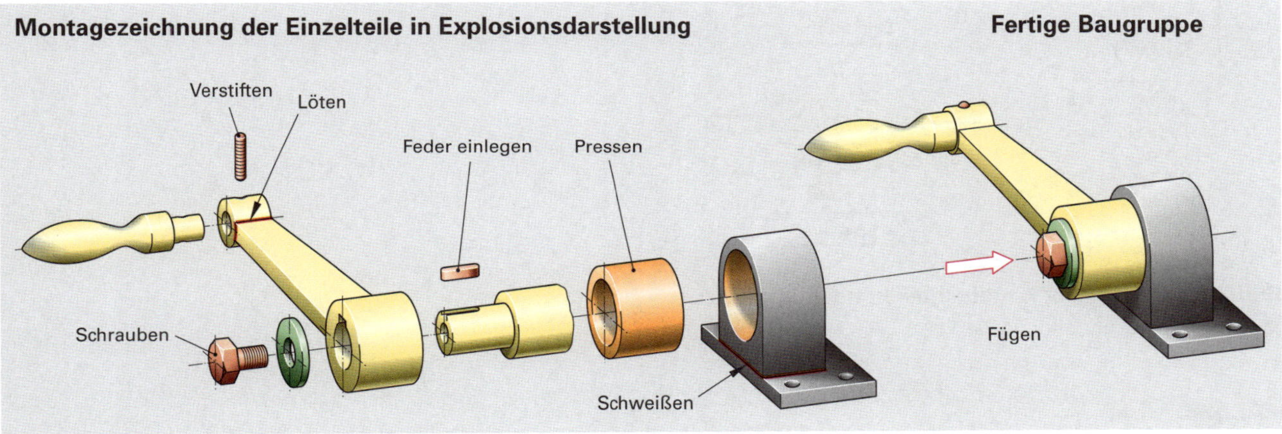

Zusammenwirken einzelner Fügeverfahren bei der Herstellung einer Baugruppe

Fachkunde Mechatronik, S. 197

Aufgabe 14a

Die Abbildung zum Text „Fügen" zeigt die Herstellung einer Baugruppe durch eine Reihe von Fügeverfahren.

1. Schreiben Sie die Ihnen bekannten Fügeverfahren heraus!

2. Welche der Fügeverbindungen lassen sich ohne Zerstörung des Verbindungsmittels lösen? Arbeiten Sie mit Ihrem Nachbarn zusammen und vergleichen Sie Ihre Arbeitsergebnisse im Plenum.

Fügeverbindungen	lösbar	unlösbar
Schweißen		x

Aufgabe 14b

Die Bauteile bei Fügeverfahren können beweglich oder fest zusammengehalten werden. Ergänzen Sie das nebenstehende Flussdiagramm. Arbeiten Sie mit Ihrem Nachbarn zusammen und vergleichen Sie Ihre Arbeitsergebnisse im Plenum.

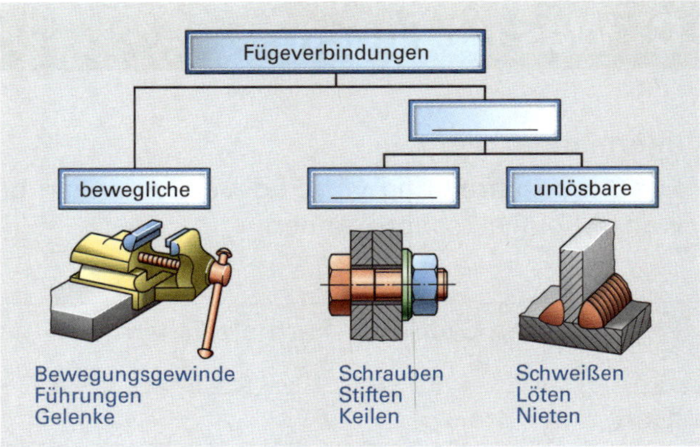

Bild 1: Einteilung der Fügeverbindungen
Fachkunde Mechatronik, S. 197

Fügeverfahren

Fügeverfahren können auch nach der Wirkungsweise eingeteilt werden. Dann unterscheidet man z. B. formschlüssige, kraftschlüssige und stoffschlüssige Fügeverfahren:

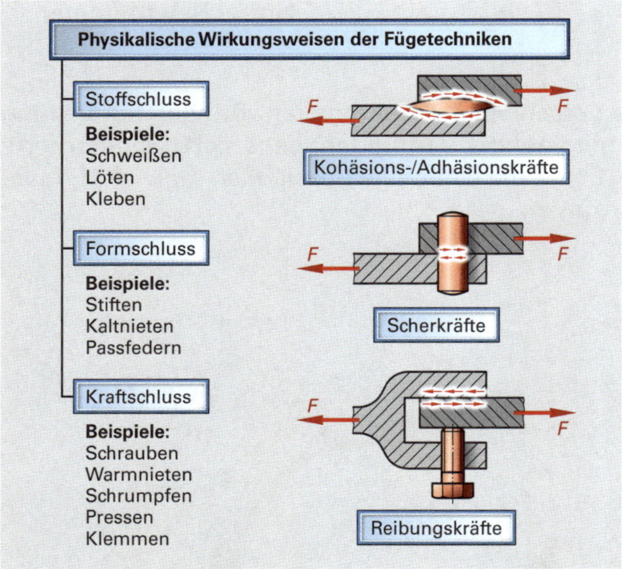

Bild 2: Einteilung der Fügetechniken nach Wirkweise
Metalltechnik Grundbildung, S. 111

Aufgabe 14c

Ergänzen Sie den folgenden Text mithilfe des Textes „Fügeverfahren".
Arbeiten Sie mit Ihrem Nachbarn zusammen und vergleichen Sie Ihre Arbeitsergebnisse im Plenum.

Physikalische Wirkungsweisen der Fügetechniken

Die Kraftübertragung zwischen den einzelnen Teilen einer Fügeverbindung wird möglich, weil der Kraftfluss durch die Fügeverfahren geschlossen wird.

Dabei wird zwischen Stoffschluss, ____________________ und ______________________ unterschieden.

Beim ___________________________ Fügen werden die Werkstücke durch Kohäsions- und Adhäsionskräfte zusammengehalten. Beispiel: _________________.

Beim ______________________ ______________ sind die Werkstücke durch ineinander passende Formen miteinander verbunden. Beispiel: __________________.

Beim ______________________ ___________ werden Kräfte und Drehmomente durch Reibungskräfte übertragen, die durch Aufeinanderpressen von Bauteilen entstehen.

Beispiel: ____________________________-

Fachkunde Mechatronik, S. 197

Lösbare Verbindungen

Was sind Schraubenverbindungen?

Schraubenverbindungen

Eine Schraubenverbindung besteht meistens aus einer Schraube (Außengewinde), den zu fügenden Bauelementen und einer Mutter (Innengewinde). Die Unterlegscheibe soll die Beschädigung der Werkstoffoberfläche verhindern und die Anpresskraft gleichmäßig auf die Unterlage verteilen. Beim Fügen durch Schrauben werden in der Regel kraftschlüssige Verbindungen hergestellt, sodass die Bauelemente durch Reibungskräfte zusammenhalten. Schrauben und Muttern sind Normteile, die in großen Stückzahlen hergestellt werden. Sie werden nach Form, Abmessungen und Werkstoff unterschieden.

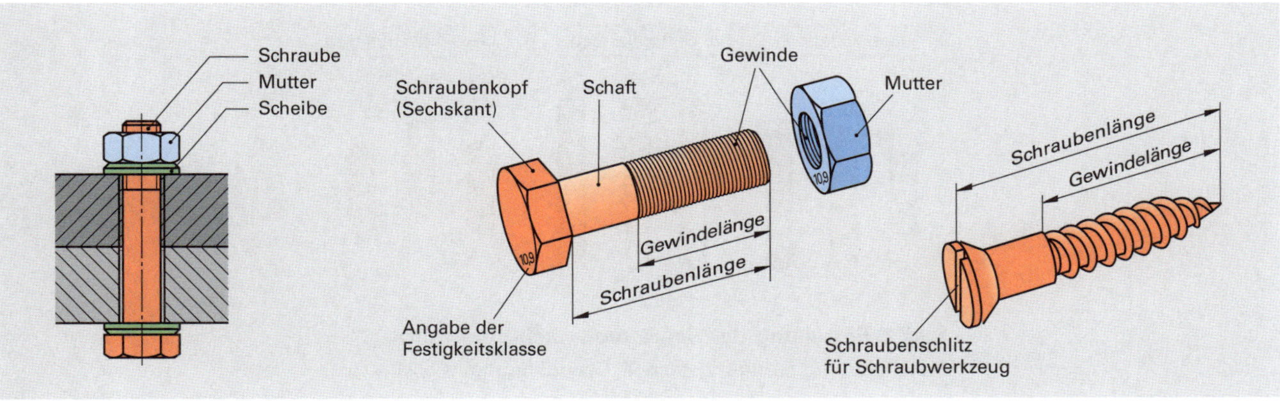

Bild 1: Schrauben

Schrauben gehören zu den vielgestaltigsten Normteilen des Maschinenbaus. Kopfform, Schaft, Gewinde und Werkstoff können nach ihrem Verwendungszweck ausgewählt werden. Technische Daten sind Tabellenbüchern zu entnehmen.

Aufgabe 15a

Übertragen Sie mithilfe des obigen Textes und der Abbildung die passenden Bezeichnungen in die folgende Abbildung.
Arbeiten Sie mit Ihrem Nachbarn zusammen und vergleichen Sie Ihre Arbeitsergebnisse im Plenum.

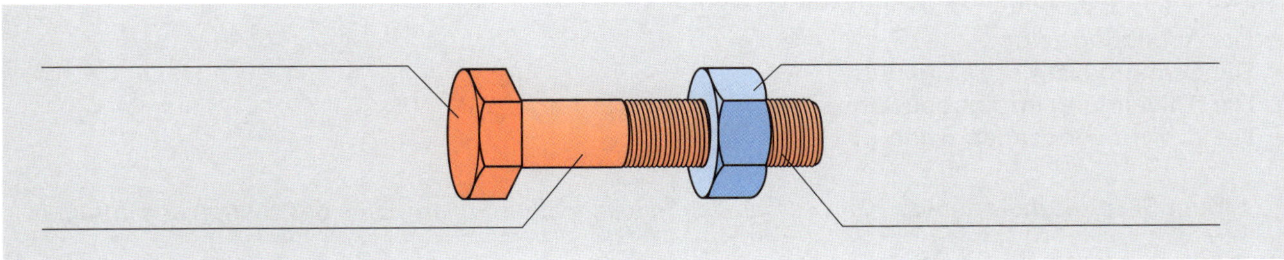

Bild 2: Sechskantschraube mit Mutter

NTF 2, S. 49

Aufgabe 15b

Bilden Sie Gruppen mit drei Mitgliedern. Beschreiben Sie den anderen Mitgliedern zwei der abgebildeten Schraubenformen so, dass diese die Schrauben zeichnen können.

Sie können dabei folgende **Redemittel** verwenden:

- Die Schraube hat ...
- Die Schraube besitzt ...
- Der Kopf weist ... auf.

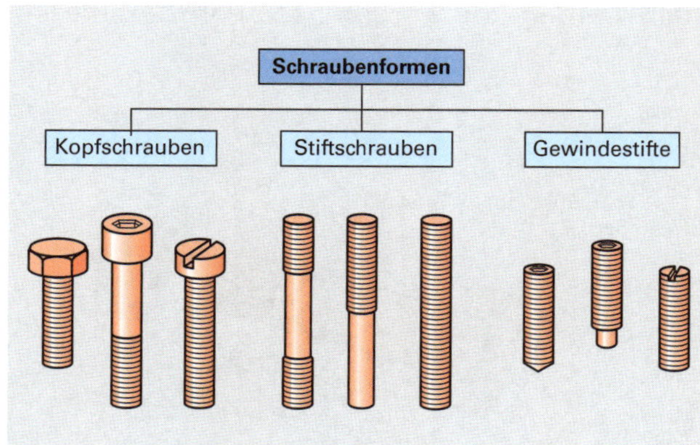

Bild 1: Einteilung der Schrauben nach ihrer Form
Metallbau und Fertigungstechnik Grundbildung, S. 221

Information

DIN: Deutsches Institut für Normung
ISO: International Organzisation for Standardization (deutsch: Internationale Organisation für Normung).

Aufgabe 15c

1. Bilden sie fünf Gruppen in der Klasse. Jede Gruppe wählt eine der 5 unten abgebildeten Schrauben aus und macht sich gegebenenfalls Notizen über Namen, Aussehen, Norm, Anwendung und Erklärung der Besonderheit der Schraube. Ein Sprecher der Gruppen informiert die anderen über die entsprechenden Merkmale der ausgewählten Schraube.

Sie können dabei folgende **Redemittel** verwenden:

- Die Abbildung zeigt ...
- Die Schraube ist nach ... genormt ...
- Die Anwendung erfolgt bei/wenn ...
- Die ... wird verwendet, wenn ...

2. Wenn Sie als Zuhörer etwas nicht verstanden haben, sollten Sie am Ende des Beitrags nachfragen.

Sie können dabei folgende **Redemittel** verwenden:

Ich habe nicht verstanden, was Sie über ... gesagt haben. Könnten Sie das wiederholen?
Ich habe ... nicht verstanden. Wie ist das gemeint?
Mir ist nicht ganz klar, was über ... gesagt wurde. Könnten Sie das erklären?

Beispiel	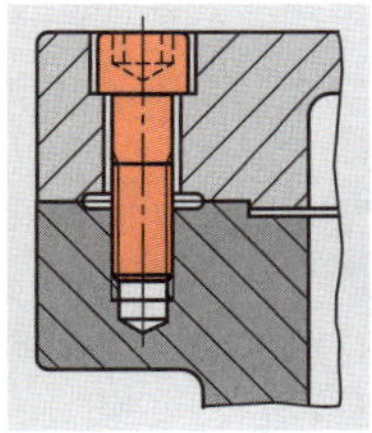 **Zylinderschraube mit Innensechs-kant** z. B. ISO 4762	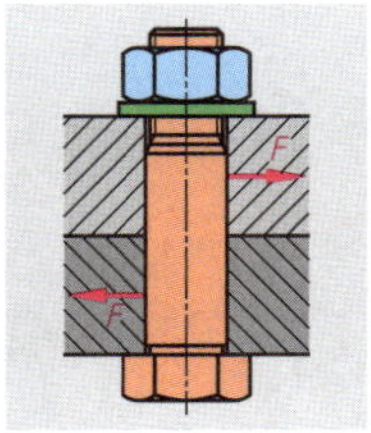 **Passschraube** z. B. DIN 7968	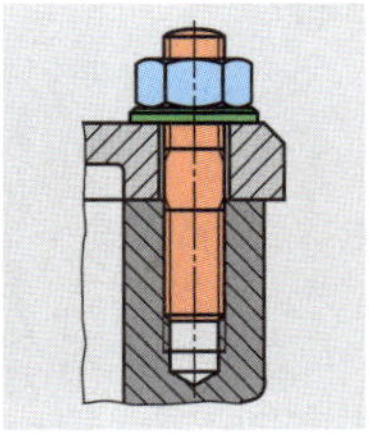 **Stiftschraube** z. B. DIN 835	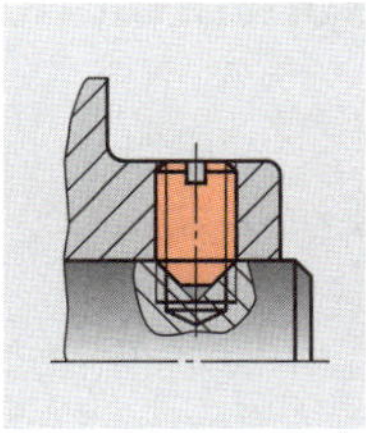 **Gewindestift** z. B. DIN 914	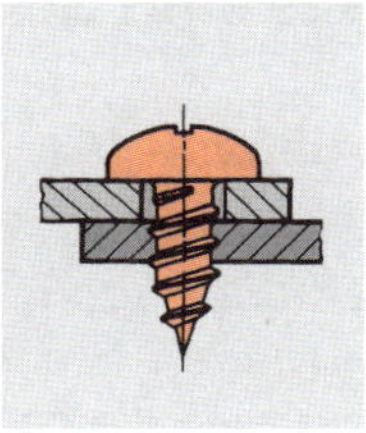 **Blechschraube** z. B. DIN ISO 1481
Anwendung	• Bei geringem Platzangebot für Schraubenkopf • Wenn Schraube versenkt werden soll	• Lagesicherung von Bauteilen • Aufnahme großer Querkräfte	• Bei häufiger Montage	• Sicherung gegen Verdrehen von Maschinenteilen • Positionieren von Bauteilen	• Dünnwandige Blechverbindung

Metallbau und Fertigungstechnik Grundbildung, S. 221

Aufgabe 15d

1. Ordnen Sie die Abbildungen den passenden Abschnitten zu.
2. Ergänzen Sie die Bildunterschriften.
Arbeiten Sie mit Ihrem Nachbarn zusammen und vergleichen Sie Ihre Arbeitsergebnisse im Plenum.

Abschnitt ___: Abb. ____
Abschnitt ___: Abb. ____
Abschnitt ___: Abb. ____

Schraubensicherungen

Durch Erschütterung, Temperaturschwankung und wechselnde Beanspruchung kann sich eine Schraubverbindung selbsttätig lösen. Sie muss bei diesen Belastungen besonders gesichert werden. Nach der Wirkweise der Schraubensicherung werden diese in kraft-, form- und stoffschlüssig eingeteilt.

Kraftschlüssige Schraubensicherungen

Kraftschlüssige Schraubensicherungen wirken durch Vorspannung eines federnden Teils (Federring, Zahnscheibe usw.) oder infolge erhöhter Reibung. Diese wird z. B. durch Einlegen von Kunststoffringen, veränderte Steigungen oder Verspannung mit Gegenmuttern hervorgerufen.

Formschlüssige Schraubensicherungen

Formschlüssige Schraubensicherungen stellen ein Hindernis für das selbsttätige Losdrehen dar. Allerdings wird dadurch ein leichtes Lockern der Verbindungen nicht verhindert.

Stoffschlüssige Schraubensicherungen

Stoffschlüssige Schraubensicherungen werden in der Regel durch Verkleben des Gewindes mit flüssigem, aushärtbarem Kunststoff erreicht.

Metallbau und Fertigungstechnik Grundbildung, S. 223

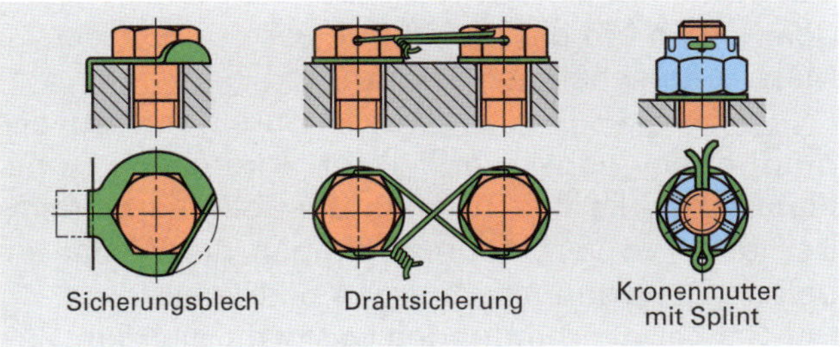

________________ **Schraubensicherungen**

Abb. A

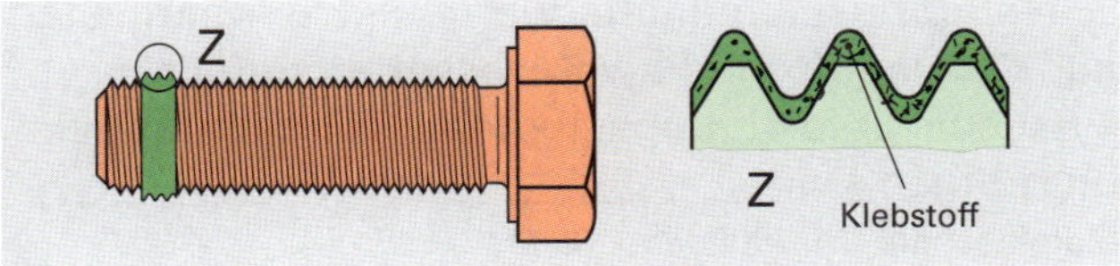

________________ **Schraubensicherung**

Abb. B

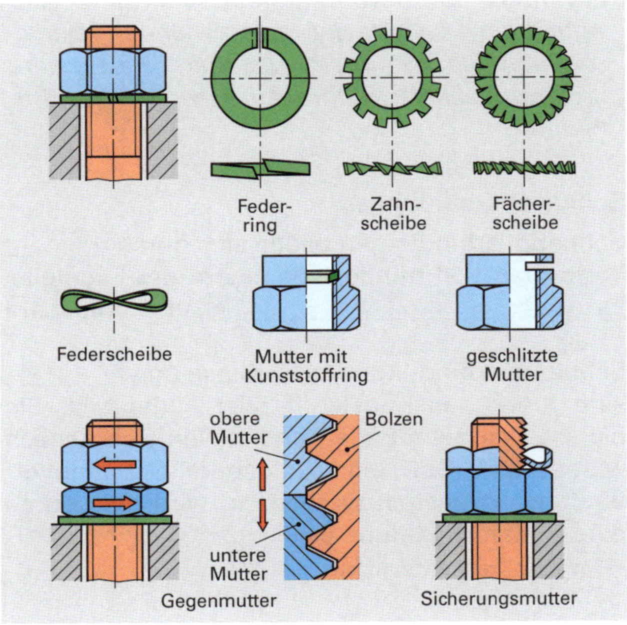

________________ **Schraubensicherungen**

Abb. C

Was sind Schnappverbindungen?

Aufgabe 16a

Ergänzen Sie den folgenden Text mithilfe der Abbildungen.
Arbeiten Sie mit Ihrem Nachbarn zusammen und vergleichen Sie Ihre Arbeitsergebnisse im Plenum.

Schnappverbindungen

Bei den Schnappverbindungen wird die Elastizität der Werkstoffe, meist Kunststoffe oder Federstahl (s. Lektion 4, S. 99, 110ff., 122ff.), für die Verbindung zweier Bauteile ausgenutzt.
Eine Kugel, ein Stirnwulst oder ein Haken greifen in die Hinterschneidung eines anderen Teils ein und bilden eine formschlüssige Verbindung.
Mindestens ein Teil der Verbindung muss aus elastischem Werkstoff sein, der sich beim Fügen oder Lösen um die Wulsthöhe verformen lässt.
Man unterscheidet lösbare und ____________ ____________________. Unlösbare Schnappverbindungen haben auf ihrer Innenseite eine Planfläche, die das Trennen der Teile verhindert. Bei lösbaren Verbindungen haben die Wülste in beiden Bewegungsrichtungen Schrägen.
Bei Schnappverbindungen verformt sich ein Fügeteil elastisch und verhakt anschließend lösbar oder unlösbar.
Durch Schnappverbindungen mit zusätzlichen Befestigungselementen werden z. B. Zierleisten aus Kunststoff mit Pkw-Karosserien gefügt.
Typische Befestigungselemente für Schnappverbindungen sind ____________ und ____________.
Metalltechnik Grundbildung, S. 114

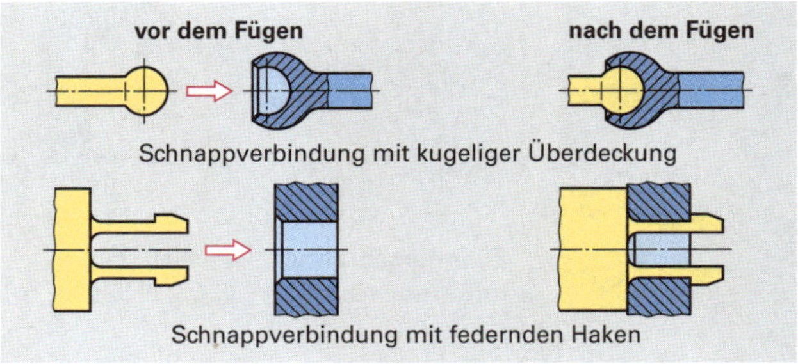

Bild 1: Bauformen von Schnappverbindungen

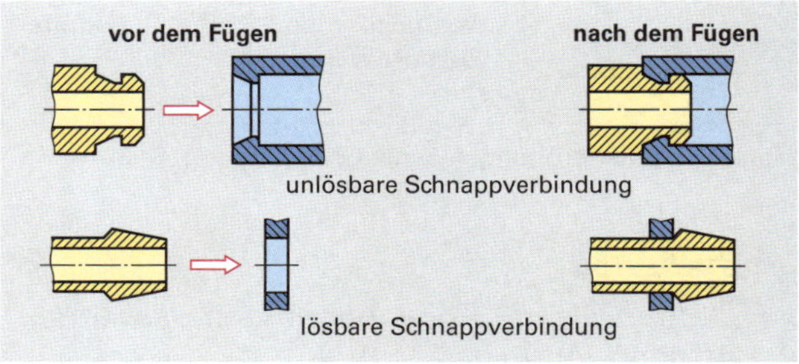

Bild 2: Arten von Schnappverbindungen

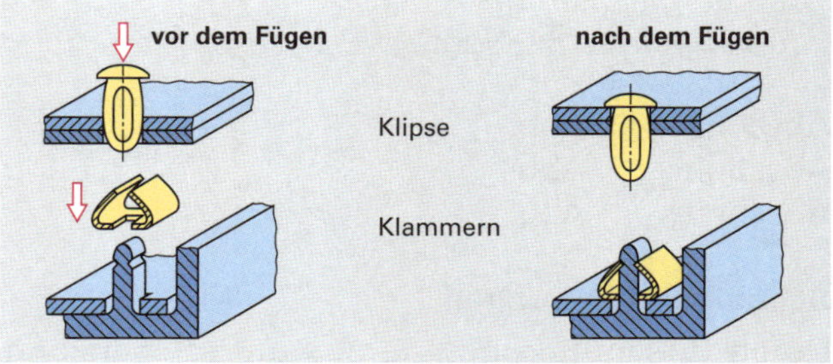

Bild 3: Schnappverbindungen mit Befestigungselementen

Aufgabe 16b

Ergänzen Sie den folgenden Text und die Abbildung 4 mithilfe des obenstehenden Textes.
Arbeiten Sie mit Ihrem Nachbarn zusammen und vergleichen Sie Ihre Arbeitsergebnisse im Plenum.

Schnappverbindungen

Schnappverbindungen bilden sich durch ________ Verformen von mindestens einem der Fügeteile. Es gibt ____________________ und unlösbare ________________.
Schnappverbindungen, z. B. Klipse und ________ sind meist aus Kunststoff oder Federstahl. Sie biegen sich beim Fügen und stellen sich danach wieder auf. Soll eine unlösbare Schnappverbindung hergestellt werden, so wird dies durch eine Hinterschneidung erreicht.
Fachkunde Kraftfahrzeugtechnik, S. 148

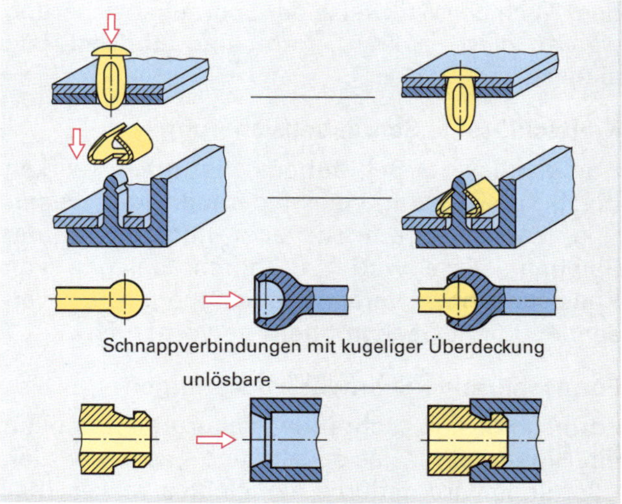

Bild 4: Schnappverbindungen

Unlösbare Verbindungen

Was ist Löten?

Information

Durch das Löten lassen sich Metalle mittels Stoffschluss unlösbar miteinander verbinden.
Die Grundwerkstoffe und ein leicht schmelzender Zusatzstoff, das Lot, werden auf die Arbeitstemperatur des Lotes erwärmt. Dabei bleibt der Werkstoff der zu verbindenden Teile im festen Zustand und das Lot wird flüssig. Beim Abkühlen erstarrt das Lot und verbindet die zusammengelegten Bauteile.

Metallbau und Fertigungstechnik Grundbildung, S. 232

Aufgabe 17a

Ergänzen Sie den folgenden Text.
Arbeiten Sie mit Ihrem Nachbarn zusammen und vergleichen Sie Ihre Arbeitsergebnisse im Plenum.

Löten

Löten ist ein ________________ Fügen und Beschichten von Werkstoffen mithilfe eines geschmolzenen Zusatzmetalls, dem ____________.
Die Schmelztemperatur des ____________ liegt unterhalb der Schmelztemperatur der zu verbindenden Grundwerkstoffe.
Die Grundwerkstoffe werden vom ___________ benetzt, ohne geschmolzen zu werden.

Metalltechnik Grundbildung, S. 117

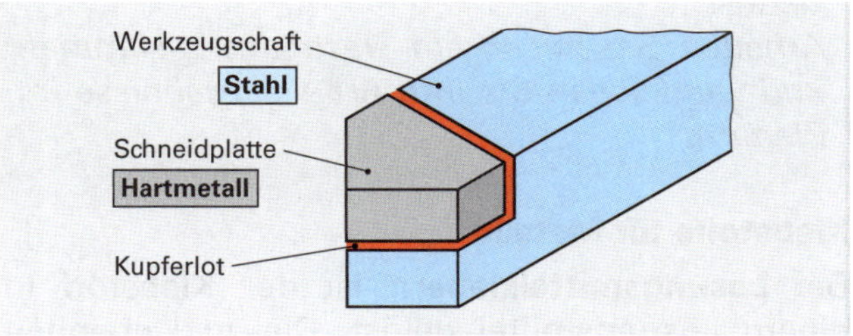

Bild 1: Löten von verschiedenartigen Metallen

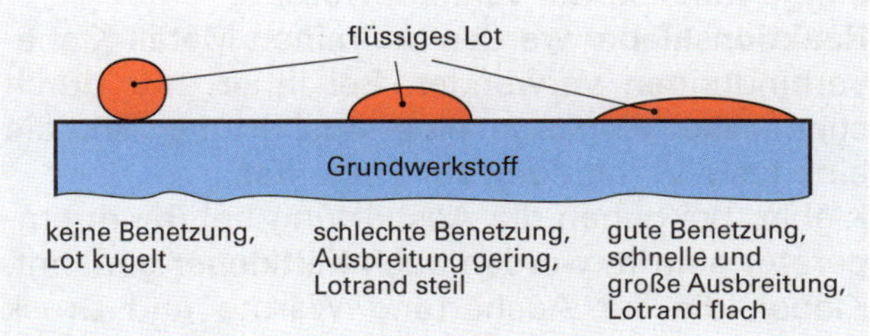

Bild 2: Benetzungsformen beim Löten

Aufgabe 17b

Ergänzen Sie das Flussdiagramm.
Arbeiten Sie mit Ihrem Nachbarn zusammen und vergleichen Sie Ihre Arbeitsergebnisse im Plenum.

Lötverfahren

Die Höhe der Arbeitstemperatur grenzt die beiden Lötverfahren Weichlöten und Hartlöten gegeneinander ab. Die Benennung richtet sich nach der Arbeitstemperatur: Weichlöten erfolgt bei Temperaturen unter 450 Grad Celsius, Hartlöten erfolgt bei Temperaturen über 450 Grad Celsius.

Metallbau und Fertigungstechnik Grundbildung, S. 234, 238

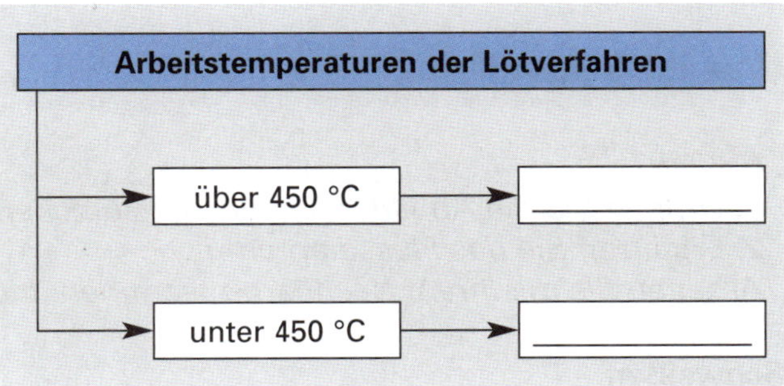

Was ist Kleben?

Aufgabe 18a

Im folgenden Text werden verschiedene Verwendungsmöglichkeiten für Klebverbindungen genannt. Welche sind durch eine Abbildung illustriert?
Arbeiten Sie mit Ihrem Nachbarn zusammen und vergleichen Sie Ihre Arbeitsergebnisse im Plenum.

Kleben

Beim Kleben werden gleiche oder verschiedene Stoffe durch eine aushärtende Zwischenschicht stoffschlüssig miteinander verbunden.
Klebeverbindungen dienen vorwiegend zum

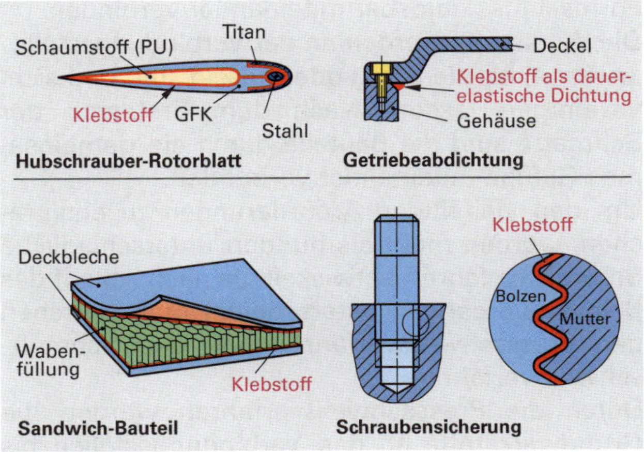

Bild 3: Klebeverbindungen

- Verbinden von Konstruktionsteilen
- Sichern von Schrauben
- Dichten von Fügeflächen

Sie werden im Flug- und Fahrzeugbau verwendet. Im Maschinenbau werden sie u. a. zum Sichern von Schrauben und zum Abdichten von Gehäusen verwendet (Bild 3, S. 79).

Metalltechnik Grundbildung, S. 115

Aufgabe 18b

Ergänzen Sie die Flussdiagramme mithilfe des Textes.
Arbeiten Sie mit Ihrem Nachbarn zusammen und vergleichen Sie Ihre Arbeitsergebnisse im Plenum.

Klebstoffe für Metalle

Bei **Lösungsmittelklebern** ist der Klebstoff in einem Lösungsmittel gelöst. Die zu klebenden Bauteile müssen das Lösungsmittel verdunsten lassen. Mit Lösungsmittelklebern können vorwiegend Metalle mit porösen Stoffen (Holz, Leder, einige Kunststoffe) verklebt werden.
Reaktionskleber werden bei reinen Metall-Klebeverbindungen verwendet. Bei ihnen tritt durch chemische Vorgänge eine Aushärtung ein, die eine feste Verbindung zur Folge hat.
Kleber, bei denen die Aushärtung bei Raumtemperatur eintritt, werden auch **Kaltkleber** genannt. Kleber, die zur Aushärtung Wärme und Druck erfordern, bezeichnet man als **Warmkleber**.

Metallbau und Fertigungstechniktechnik Grundbildung, S. 238

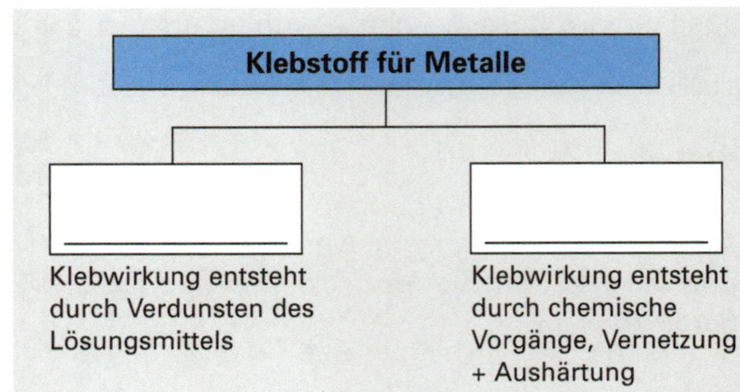

Übersicht 1: Einteilung der Klebstoffe nach ihrer chemischen Wirkung

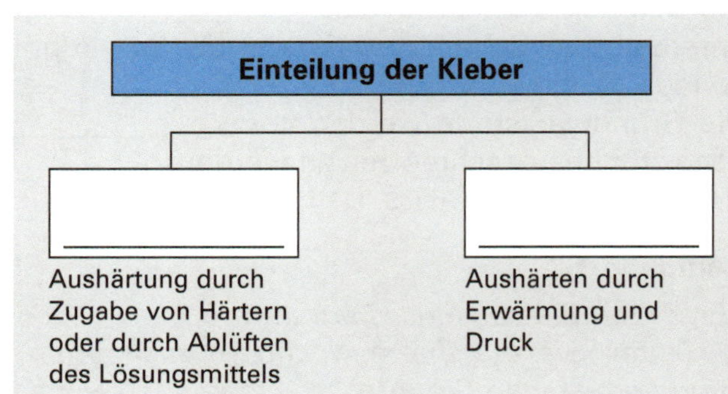

Übersicht 2: Einteilung der Kleber nach der Verarbeitungstemperatur

Was ist Schweißen?

Aufgabe 19

1. Ordnen Sie die Abbildungen den entsprechenden Textstellen zu.
2. Ergänzen Sie das Flussdiagramm.
Arbeiten Sie mit Ihrem Nachbarn zusammen und vergleichen Sie Ihre Arbeitsergebnisse im Plenum.

Schweißen

Durch Schweißen lassen sich Werkstoffe mittels Formschluss unlösbar miteinander verbinden.
Die Werkstoffe werden an der Verbindungsstelle erwärmt, bis sie teigig oder flüssig sind und sich vereinigen lassen. Nach dem Erstarren der Schmelze sind die Bauteile durch ein gemeinsames Gefüge miteinander verbunden.
Um den vielfältigen Anforderungen zu entsprechen, wurden mehr als hundert unterschiedliche Schweißverfahren entwickelt. Je nach Ablauf des Schweißvorganges unterscheidet man zwischen den Pressschweißverfahren und den Schmelzschweißverfahren.
Durch die Pressschweißverfahren werden die Grundwerkstoffe an den Verbindungsstellen bis zum teigigen Zustand erwärmt und zusammenge-

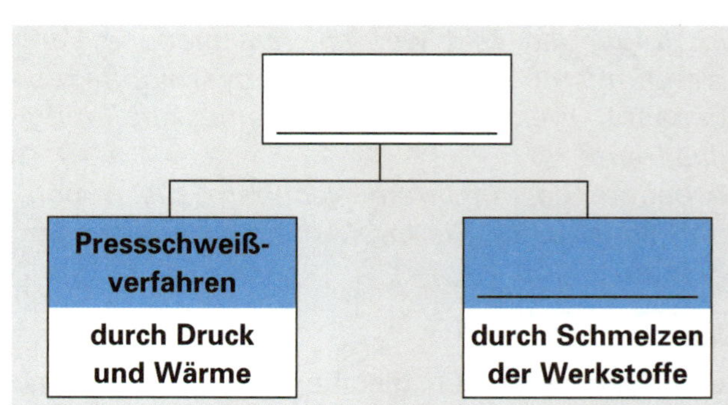

Übersicht 3: Einteilung der Schweißverfahren nach dem Arbeitsablauf

presst. Die Bauteile brauchen an den Berührungsflächen nicht geschmolzen zu werden.
Zusatzstoffe sind nicht erforderlich. Die Vereinigung der Werkstoffe erfolgt also durch Einwirkung von Wärme und Druck (z. B. Punktschweißen).
Beim Schmelzschweißverfahren werden die Grundwerkstoffe an der Verbindungsstelle bis auf Schmelztemperatur erwärmt. Im flüssigen Zustand kommt es dann zu einer Vermischung der Grundwerkstoffe. Zum Auffüllen der Schweißfuge wird meistens noch ein artgleicher Zusatzstoff mit eingeschmolzen. Bei der Erstarrung bilden die Grundwerkstoffe und der Zusatzwerkstoff ein gemeinsames Gefüge (Bild ____).

Metallbau und Fertigungstechnik Grundbildung S. 241/2

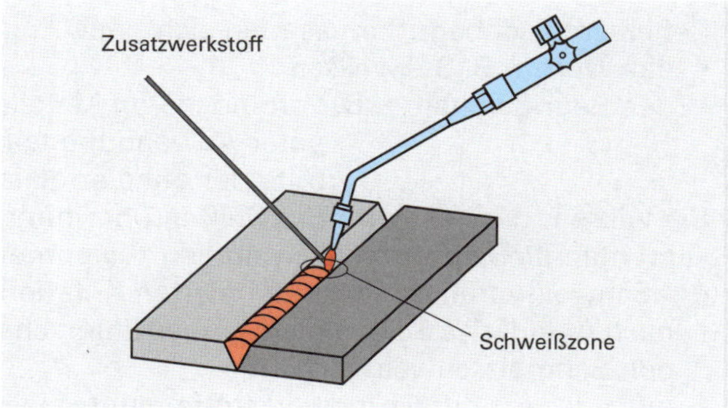

Bild 1: Gasschmelzschweißen

Was tun Werkzeugmechaniker?

Aufgabe 20

Sehen Sie sich jetzt einen Film über Berufsbild und Ausbildung des Werkzeugmechanikers an: http://www.berufe.tv/BA/ausbildung?filmID=1000016. Lesen Sie zuerst die folgenden Fragen durch, bevor Sie sich den Film anschauen.

1. Was stellen Werkzeugmechaniker her?
2. Welche Fertigungsverfahren werden genannt?
3. Was ist bei der Arbeit eines Werkzeugmechanikers besonders wichtig?
4. Welche Arbeitsschritte werden erwähnt, als der Ausbilder die Maschine zum Fräsen von Taschen programmiert:

- Abnehmen der Maße
- ______
- ______
- ______

5. Worin besteht Härten?

Arbeiten Sie mit Ihrem Nachbarn zusammen und vergleichen Sie Ihre Arbeitsergebnisse im Plenum.

Reflexion

Aufgabe 21a

1. Was haben Sie auf den Seiten 58–81 hauptsächlich gemacht?
2. Was haben Sie dabei gelernt?
Arbeiten Sie mit Ihrem Nachbarn zusammen und vergleichen Sie Ihre Arbeitsergebnisse im Plenum.

Aufgabe 21b

Welche Strategien haben Sie bei der Erschließung der Fachwörter angewendet?
Schauen Sie in Lektion 2 nach, wenn Sie die Namen der Strategien vergessen haben sollten.
Arbeiten Sie mit Ihrem Nachbarn zusammen und vergleichen Sie Ihre Arbeitsergebnisse im Plenum.

Information

Fachwörter sind die Grundlagen für die Kommunikation in der Technik. Ohne Fachwörter gibt es keine exakte und kurze Verständigung über Gegenstände, Prozesse und Verfahren.
Wenn man also in seinem Fach kommunizieren will, muss man über die wesentlichen Fachbegriffe verfügen.

Bei einem Fachbegriff muss man sich zwei Dinge merken
- das Wort, z. B. **Schweißen**
- den Begriffsinhalt, z. B. Verbinden von Metallen oder Kunststoffen
  unter Anwendung von Wärme und Druck
  mit oder ohne artgleiche Zusatzstoffe.

Sie wissen, dass es beim Schweißen über hundert Verfahren gibt. Um die Übersicht zu bewahren, kann man die Verfahren in Systemen zusammenfassen. Diese Systeme entstehen durch Einteilung der Schweißverfahren nach definierten Kriterien, z. B.:
- nach Ablauf des Schweißvorganges unterscheidet man zwischen den Pressschweißverfahren und den Schmelzschweißverfahren.
- nach der Art der Grundwerkstoffe unterscheidet man zwischen Metallschweißen und Kunststoffschweißen.

Die bereits klassifizierten Verfahren können weiter unterteilt werden wie z. B. verschiedene Arten von Schmelzweißen:

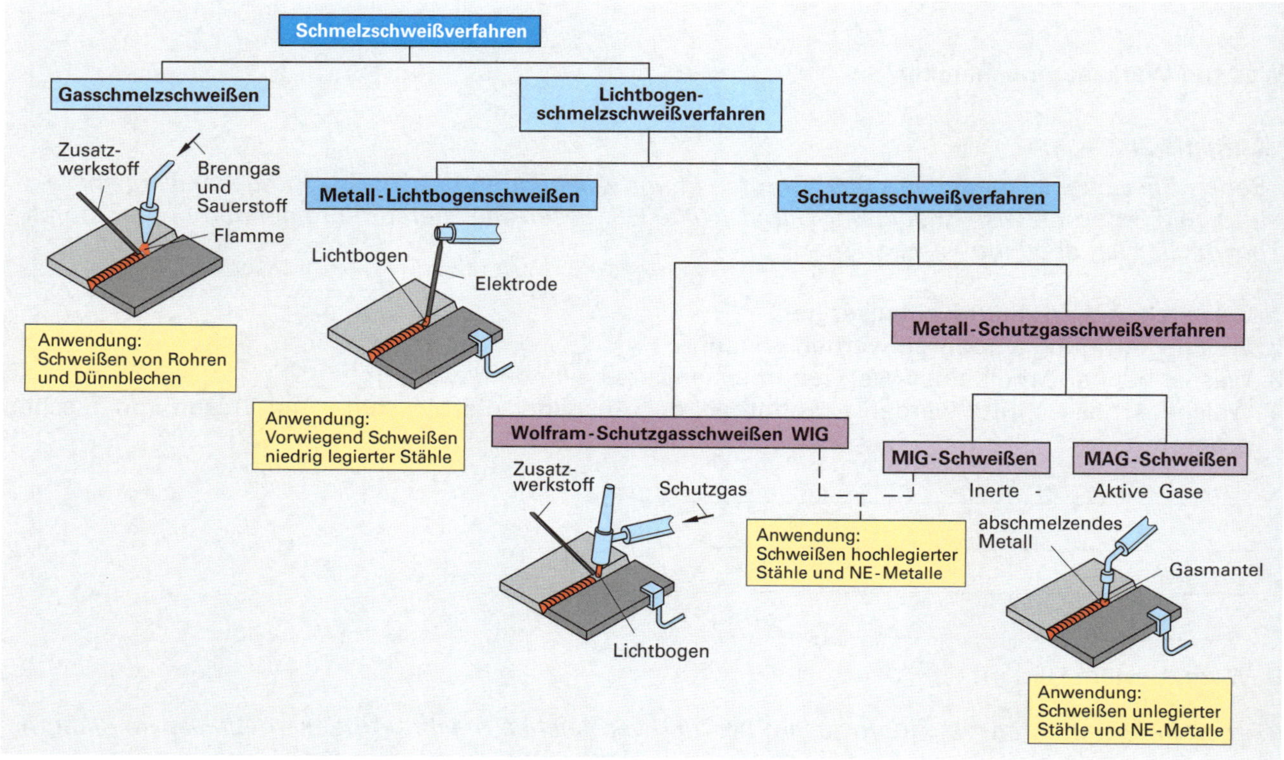

Metallbau und Fertigungstechnik Grundbildung, S. 242

Diese Systeme dienen der Orientierung im Fach. Sie lassen sich aber auch sehr gut für das Lernen von Fachbegriffen im Zusammenhang nutzen.

Aufgabe 21c

1. Wie lernen Sie normalerweise Fachbegriffe?
2. Welche Übungen hat Ihnen das Lehrbuch angeboten, um Fachbegriffe zu lernen?
3. Welche Aktivitäten haben Sie dabei ausgeführt?
Arbeiten Sie mit Ihrem Nachbarn zusammen und vergleichen Sie Ihre Arbeitsergebnisse im Plenum.

Empfehlung

In Lektion 1 (S. 18) haben Sie sich Gedanken darüber gemacht, wie Sie Ihr persönliches Glossar anlegen. Wenn Sie z. B. Karteikarten benutzen und sich eine Lernkartei anlegen, so sollten Sie Abbildungen nutzen, soweit es geht. Notieren Sie auf einer Seite der Karteikarte den Fachbegriff, zeichnen Sie auf die andere Seite den entsprechenden Gegenstand bzw. Sachverhalt oder kleben Sie eine entsprechende Kopie auf die Seite. Sie können dann beim Lernen den entsprechenden Fachbegriff über das Bild abrufen.

Bingo

Aufgabe 22a

Suchen Sie sich aus Lektion 3 neun Begriffe heraus und tragen Sie sie in das untenstehende Blatt ein. Schreiben Sie sich eine Beschreibung des Verfahrens, die Definition oder ein Beispiel dazu auf. Wenn alle ihr Blatt ausgefüllt haben, kann das Spiel beginnen:

- *Alle stehen auf und suchen sich einen Partner, dem sie einen Begriff vorlesen und den sie bitten, den Begriff zu erklären. Wenn Ihr Partner Probleme hat, können Sie ihm helfen, dürfen ihm aber nicht die Lösung zeigen.*
- *Ist die Erklärung Ihres Partners akzeptabel, so machen Sie einen Haken in das entsprechende Kästchen und suchen sich einen neuen Partner.*
- *Ist die Erklärung Ihres Partners nicht akzeptabel, so können Sie kein Häkchen machen. Sie suchen sich einen neuen Partner zur Erklärung des entsprechenden Begriffs.*
- *Wer zuerst alle Kästchen mit einem Häkchen versehen hat, hat gewonnen.*

Sie können dabei folgende **Redemittel** verwenden:

für die Frage	**für die Antwort**
Was ist Fügen? Was versteht man unter ...? (Vorsicht: Diese Frage verlangt eine Definition. Definitionen sind i. d. R. sprachlich einfach, können gedanklich aber schwierig sein.)	Fügen ist ein Fertigungsverfahren, bei dem zwei oder mehr Bauteile lösbar oder unlösbar miteinander verbunden werden.
Was passiert beim Fügen?	Beim Fügen werden zwei oder mehr Bauteile lösbar oder unlösbar miteinander verbunden.
Könnten Sie etwas zum Fügen sagen?	Fügen ist ein Fertigungsverfahren. Dabei werden zwei oder mehr Bauteile lösbar oder unlösbar miteinander verbunden.
Können Sie mir sagen, was beim Fügen passiert?	Beim Fügen werden zwei oder mehr Bauteile lösbar oder unlösbar miteinander verbunden.

Fertigungstechnik

Fügen *Beim Fügen werden zwei oder mehr Bauteile lösbar oder unlösbar miteinander verbunden.*		

Was hat Ihnen dieses Vorgehen gebracht?

Aufgabe 22b

1. *Machen Sie sich zusammen mit Ihrem Nachbarn Notizen zu den Ergebnissen dieses Vorgehens. Schreiben Sie je ein Ergebnis in Stichpunkten auf je ein Kärtchen (Druckbuchstaben, dicker Stift), sodass alle sie lesen können.*
2. *Kleben Sie die Kärtchen an die Tafel (oder pinnen Sie sie an eine Pinnwand).*
3. *Ordnen Sie die Kärtchen – hängen Sie gleiche oder ähnliche Stichpunkte zusammen.*
4. *Moderieren Sie die Kärtchen (Sie stehen dabei mit dem Rücken zur Tafel (Pinnwand), Sie zeigen auf die Kärtchen, über die Sie gerade etwas sagen, und sehen Ihr Publikum an.)*

Sie können dabei folgende **Redemittel** verwenden:

- Der Punkt X wird zehn Mal genannt. Er ist also für alle sehr wichtig.
- Der Punkt Y ist nur einmal genannt worden. Er scheint weniger wichtig zu sein.
- Ich kann dieses Kärtchen nicht lesen. Wer kann mir helfen?
- Ich verstehe den Punkt auf diesem Kärtchen nicht. Kann der/die ihn erklären, der/die das Kärtchen geschrieben hat?
- Wir haben viele Nennungen zu Z. Daraus können wir schließen, dass ...

Was machen Facharbeiter, die in industriellen Metallberufen arbeiten?

Aufgabe 23

Sehen Sie sich den Übersichtsfilm „Industrielle Metallberufe" http://www.berufe.tv/BA/ausbildung?filmID=1000034 an. Lesen Sie zuerst die folgenden Fragen durch, bevor Sie sich den Film anschauen.

1. Wie viele Berufe werden genannt?

Schauen Sie sich den Film ein zweites Mal an.

2. Welche Berufe werden genannt?
3. Was wird in den einzelnen Berufen gemacht? Nennen Sie ein Produkt bzw. eine Tätigkeit.
4. Welche Fertigungsverfahren müssen in den industriellen Metallberufen beherrscht werden?
5. Was sind die Voraussetzungen für diese Berufe?

Schauen Sie sich den Film gegebenenfalls öfter an.
Arbeiten Sie mit Ihrem Nachbarn zusammen und vergleichen Sie Ihre Arbeitsergebnisse im Plenum.

D Arbeitssicherheit

Information

Die Arbeitswelt mit ihren Maschinen, Werkzeugen und Hilfsmitteln ist voller Gefahrenquellen. Pro Jahr werden in Deutschland etwa eine Million Arbeitsunfälle angezeigt. Davon sind ca. 2000 tödlich. Deshalb sind Maßnahmen zur Unfallverhütung am Arbeitsplatz besonders wichtig. Die Berufsgenossenschaften, bei denen jeder Berufstätige in Industrie und Handwerk versichert ist, haben Unfallverhütungsvorschriften (UVV) erlassen, die in jedem Betrieb ausgelegt werden müssen. Jeder Betriebsangehörige muss sie genau beachten.

Allgemeine Sicherheitsmaßnahmen sind:

- **Gefahren müssen beseitigt werden.** Zuerst sind Mängel an Maschinen, Anlagen und Werkzeugen sofort dem Verantwortlichen zu melden.
- **Alle gefährlichen Stellen** müssen abgeschirmt und gekennzeichnet werden. Die dazu angebrachten Sicherheitsvorrichten und Schilder dürfen nicht entfernt werden.
- Eine **Gefährdung des Arbeitenden** ist durch Schutzbrillen, Schutzschilder oder andere Schutzausrüstungen zu verhindern.

Aufgabe 24a

Die genormten, internationalen Sicherheitszeichen helfen, die Arbeitssicherheit zu erhöhen. Sie lassen sich in 4 Gruppen einteilen. Ordnen Sie mithilfe des Textes „Sicherheitszeichen" die folgenden Begriffe den Abbildungen zu:

Warnzeichen
Rettungszeichen
Verbotszeichen
Gebotszeichen

Arbeiten Sie mit Ihrem Nachbarn zusammen und vergleichen Sie Ihre Arbeitsergebnisse im Plenum.

Sicherheitszeichen

Zur Kennzeichnung von Gefährdungen und für die Sicherheit am Arbeitsplatz werden verwendet:

1. **Rettungszeichen** haben eine quadratische oder rechteckige Form, sie sind dunkelgrün und weiß;
2. **Verbotszeichen** signalisieren die verbotene Handlung rot durchgestrichen in einem roten Kreis;
3. **Warnzeichen** sind orange-gelbe schwarzumrandete Dreiecke, im Innenfeld befindet sich ein Symbol der Gefahr;
4. **Gebotszeichen** stellen auf blauer Kreisfläche in weiß die gebotene Schutzmaßnahme dar.

nach Metallbau und Fertigungstechnik, S. 20

____________________	schwarzes Bildzeichen auf weißem Grund + rotfarbene Kennung mit Querstrich

V1 Rauchen verboten

V2 Feuer, offenes Licht und Rauchen verboten

V3 Für Fußgänger verboten

V4 Mit Wasser löschen verboten

V5 Kein Trinkwasser

V7 Für Flurförderzeuge verboten

____________________	schwarzes Bildzeichen auf orange-gelbem Grund; immer dreieckig

W1 Warnung vor feuergefährlichen Stoffen

W3 Warnung vor giftigen Stoffen

W4 Warnung vor ätzenden Stoffen

W6 Warnung vor schwebender Last

W7 Warnung vor Flurförderzeugen

W8 Warnung vor gefährlicher elektrischer Spannung

____________________	weißes Bildzeichen auf blauem Grund; immer rund

G1 Augenschutz tragen

G2 Schutzhelm tragen

G3 Gehörschutz tragen

G4 Atemschutz tragen

G5 Schutzschuhe tragen

G6 Schutzhandschuhe tragen

____________________	weißes Bildzeichen auf grünem Grund; immer viereckig

R1 Richtungsangabe für Erste Hilfe

R2 Hinweis auf Erste Hilfe

R3 Rettungsweg

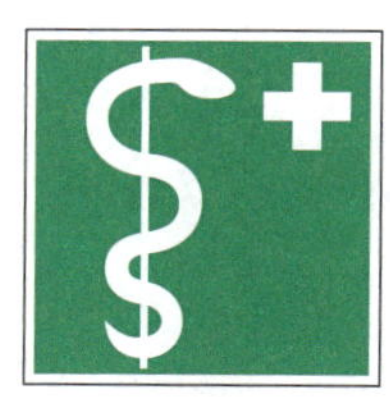
R4 Arzt

R5 Krankentrage

Aufgabe 24b

Ergänzen Sie die Tabelle.
Arbeiten Sie mit Ihrem Nachbarn zusammen und vergleichen Sie Ihre Arbeitsergebnisse im Plenum.

Sicherheitsfarben	**Bedeutung bei den Sicherheitszeichen**
Rot	
Gelb	
Blau	
Grün	Rettung, Hilfe, Sicherheit

Metallbau und Fertigungstechnik Grundbildung, S. 20

Aufgabe 24c

Suchen Sie sich einen Partner aus der Klasse, den Sie nicht gut kennen. Nehmen Sie ein Blatt großes, weißes Papier (DIN-A4 oder DIN-A3) und (möglichst) einen Filzstift. Fassen Sie den Filzstift zusammen mit Ihrem Partner an und zeichnen Sie zusammen mit ihm die Sicherheitszeichen, die Ihnen diktiert werden, auf das Blatt. Dabei dürfen Sie nicht mit Ihrem Partner sprechen!

- *Hat jeder in der Klasse einen Partner gefunden, so diktiert der Lehrer, z. B.:*
  Warnung vor gefährlicher elektrischer Spannung
  Er kann angeben, wohin auf dem Blatt die Zeichnung gemacht werden soll.
- *Bleibt ein Teilnehmer ohne Partner, so diktiert er.*
- *Insgesamt sollten mindestens 10 Zeichnungen nach Diktat ausgeführt werden.*

Am Ende kleben Sie Ihre Zeichnungen an die Wand oder hängen sie mit Wäscheklammern an eine Wäscheleine, die Sie in der Klasse aufspannen. Sie können dann Ihre Zeichnungen mit denen anderer vergleichen und gegebenenfalls Korrekturen vornehmen.

Information

Spanen und Spannen

Die Werkstücke sind in einem Maschinenschraubstock bzw. in einem Bohrprisma mit Spannbügel festgespannt.
Durch das Spannen wird verhindert, dass sich das Werkstück beim Bohren verdreht.

Fachkunde Mechatronik, S. 176

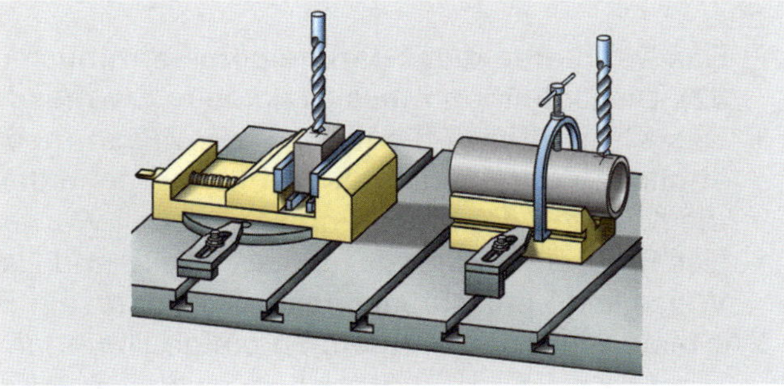

Bild 1: Bohren im Maschinenschraubstock und mit Bohrprisma

Aufgabe 24d

Was hat der Kollege nicht beachtet?

Bild 2: Unfallverhütung beim Bohren

Fachkunde Mechatronik. S. 176

Aufgabe 24e

Stellen Sie sich vor, ein Kollege von Ihnen arbeitet das erste Mal an einer Bohrmaschine. Geben Sie ihm Ratschläge für seine Sicherheit. Nutzen Sie dabei den unten stehenden Text. Tauschen Sie anschließend die Rollen.

Sie können bei Ihren Ratschlägen folgende **Redemittel** verwenden:

- Setz dir eine Mütze auf! Deine Haare sind zu lang.
- Warum hast du dir keine Mütze aufgesetzt? Deine Haare sind viel zu lang.
- Sei nicht so leichtsinnig! Setz dir endlich eine Mütze auf!
- Hast du das Werkstück festgespannt?
- Spann das Werkstück ordentlich fest, so ist das viel zu gefährlich.

Unfallverhütung beim Bohren:

Auch bei den sichersten Bohrmaschinen können durch Unachtsamkeit schwere Unfälle passieren. Darum ist Folgendes zu beachten:

1. Kleidung mit engen Ärmeln tragen. Bei langen Haaren Kopfbedeckung aufsetzen.
2. Flache und kurze Werkstücke gegen Herumreißen sichern. Ab 8 mm Bohrdurchmesser alle Werkstücke festspannen.
3. Bohrspäne mit dem Pinsel entfernen!
4. Beim Bohren spröder Werkstoffe Schutzbrille tragen!
5. Fehler an Teilen der elektrischen Ausrüstung sofort melden (nicht selber reparieren)!

Fachkunde Mechatronik, S. 175

E Was muss ich über technische Fachsprachen wissen?

Definieren, Klassifizieren, Beurteilen

Information

Sie haben sich bisher in Lektion 2 und 3 dieses Buches mit Definitionen beschäftigt und sie als Hilfen zum Verstehen von Fachwörtern genutzt. Sie haben Klassifikationen vielleicht benutzt, um sich Fachwörter im Zusammenhang zu merken.
Definieren, Klassifizieren und Beurteilen tauchen in den Fachtexten aller Disziplinen immer wieder auf.

- Das Definieren dient dazu, einem Terminus einen ganz bestimmten Begriffsinhalt zuzuordnen (S. 82). Die Definition muss exakt sein: Sie muss den Begriff eindeutig gegen andere abgrenzen.
- Das Klassifizieren dient dazu, die Zusammenhänge und Unterschiede zwischen den zahlreichen ähnlichen Gegenständen und Verfahren in der Technik möglichst genau abzubilden. Dabei sollten die Kriterien der Einteilung angegeben werden, wenn es mehrere Einteilungsmöglichkeiten gibt.
- Das Beurteilen dient dazu, die Vorteile und Nachteile, z. B. eines Verfahrens anzugeben. Auf diese Weise kann entschieden werden, wann sein Einsatz sinnvoll ist.

Wir bieten Ihnen im Folgenden einige Übungen zum Definieren, Klassifizieren und Beurteilen an.

Definieren

Aufgabe 25a

Welche der folgenden Definitionen sind genau?
Arbeiten Sie mit Ihrem Nachbarn zusammen und vergleichen Sie Ihre Arbeitsergebnisse im Plenum.

Definition	genau
1. Bohren ist Zerspanen mit kreisförmiger Schnittbewegung und geradliniger Vorschubbewegung.	
2. Bohren ist Spanen mit einem ein- oder mehrschneidigen, geometrisch bestimmten Werkzeug bei kreisförmiger Schnittbewegung und geradliniger Vorschubbewegung.	
3. Unter Schweißen versteht man das Verbinden von Werkteilen unter Anwendung von Wärme und/oder Druck.	
4. Schweißen ist das Verbinden von Metallen oder Kunststoffen unter Anwendung von Wärme und Druck mit oder ohne artgleiche Zusatzstoffe.	
5. Löten ist ein stoffschlüssiges Fügen und Beschichten von Werkstoffen mithilfe eines geschmolzenen Zusatzmetalls, dem Lot.	
6. Löten ist ein Verfahren zum Verbinden metallischer Werkstoff mithilfe eines geschmolzenen Zusatzmetalles (Lot), dessen Schmelztemperatur unterhalb derjenigen der Grundmetalle liegt.	

Aufgabe 25b

1. Bei den Redemitteln in der Aufgabe 22a (S. 83 ff.) finden Sie Beispiele für Definitionen und Beschreibungen. Notieren Sie eine Definition und eine Beschreibung.

- Definition:

  ____

  ______________________________.

- Beschreibung:

  ____

  ______________________________.

2. Wodurch unterscheiden sich Definition und Beschreibung?
Arbeiten Sie mit Ihrem Nachbarn zusammen und vergleichen Sie Ihre Arbeitsergebnisse im Plenum.

Empfehlung
Definitionen genau und kritisch lesen. Selbstformulierte Definitionen mit Lexikon oder Fachbuch überprüfen.

Aufgabe 25c
Kennzeichnen Sie die Definitionen in den folgenden Aussagen mit D, die Beschreibungen mit B. Arbeiten Sie mit Ihrem Nachbarn zusammen und vergleichen Sie Ihre Arbeitsergebnisse im Plenum.

	D	B
1. Die Grundform der Schneide bei trennenden Werkzeugen ist der Keil.		
2. Der Verschleiß beim Drehen wird durch mechanische und thermische Beanspruchung der Schneide verursacht.		
3. Unter Fügen versteht man Verfahren, bei denen verschiedene Einzelteile oder Bauteile zu einer Funktionseinheit verbunden werden.		
4. Eine Schraubverbindung besteht meist aus einer Schraube (Außengewinde), den zu fügenden Bauelementen und einer Mutter (Innengewinde).		
5. Schweißen ist das Verbinden von Teilen eines Werkstückes unter Anwendung von Wärme und/oder Druck mit oder ohne artgleiche Zusatzstoffe.		
6. Zum Löten ist ein Zusatzstoff erforderlich.		

Klassifizieren

Einteilung der Fügeverbindungen

Bei den Fügeverbindungen unterscheidet man je nach Fügeart und Funktion feste und bewegliche Verbindungen.
Feste Fügeverbindungen werden in lösbare und unlösbare Verbindungen unterteilt.
Fachkunde Mechatronik, S. 197

Aufgabe 26a
1. Kennzeichnen Sie die Aussagen, die Klassifikationen enthalten mit K, die die Beschreibungen enthalten mit B. Wenn Sie bei einer Entscheidung Schwierigkeiten haben, skizzieren Sie entsprechende Diagramme.

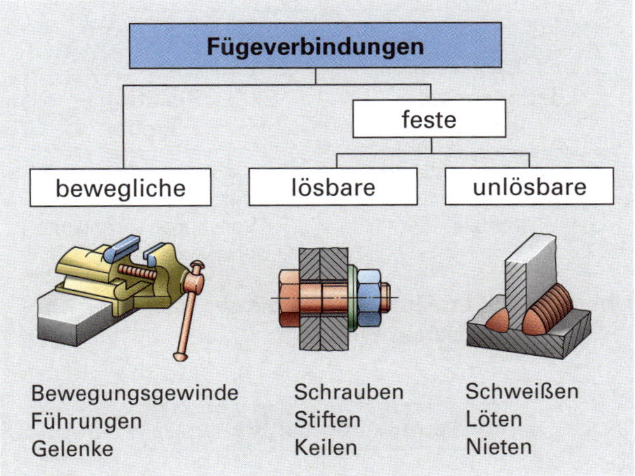

Bild 1: Einteilung der Fügeverbindungen

	K	B
1. Beim Löten unterscheidet man je nach Arbeitstemperatur zwischen Weichlöten und Hartlöten.		
2. Spanen gehört zur Fertigungshauptgruppe Trennen.		
3. Trennverfahren werden in mechanische und nicht mechanische Verfahren unterteilt.		
4. Bei den Winkeln am Schneidekeil unterscheidet man Keilwinkel, Spanwinkel und Freiwinkel.		
5. Schrauben unterscheiden sich durch Kopfform, Schaftabmessung, Schraubenenden, Gewindeart und Werkstoff.		
6. In der Fügetechnik wird je nach Art der Kraftübertragung zwischen Stoffschluss, Formschluss und Kraftschluss unterschieden.		
7. Schrauben werden nach ihrer Form in Kopfschrauben, Stiftschrauben und Gewindestifte eingeteilt.		
8. Man unterscheidet kraftschlüssige, formschlüssige und stoffschlüssige Schraubensicherungen.		

2. Schreiben Sie die Verben zum Klassifizieren mit ihren Präpositionen heraus:
Arbeiten Sie mit Ihrem Nachbarn zusammen und vergleichen Sie Ihre Arbeitsergebnisse im Plenum.

Verben und Präpositionen zum Klassifizieren:

1. unterteilen in ... - ______________________
2. ______________________
3. ______________________
4. ______________________

Aufgabe 26b

Blättern Sie durch die ersten Seiten dieser Lektion und schreiben Sie fünf Klassifikationen heraus. Arbeiten Sie mit Ihrem Nachbarn zusammen und vergleichen Sie Ihre Arbeitsergebnisse im Plenum.

Aufgabe 26c

Machen Sie sich Notizen zum Thema „Einteilung der Kleber" anhand der Übersichten 1 bis 3 und referieren Sie dann in der Kleingruppe. Nutzen Sie

- *die Verben zum Klassifizieren mit den entsprechenden Präpositionen*
- *die Formulierung „Das Aushärten erfolgt ..."*

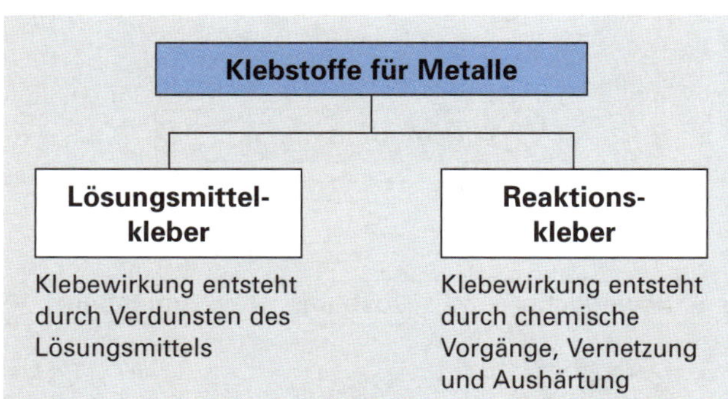

Übersicht 1: Einteilung der Klebstoffe nach ihrer chemischen Wirkung

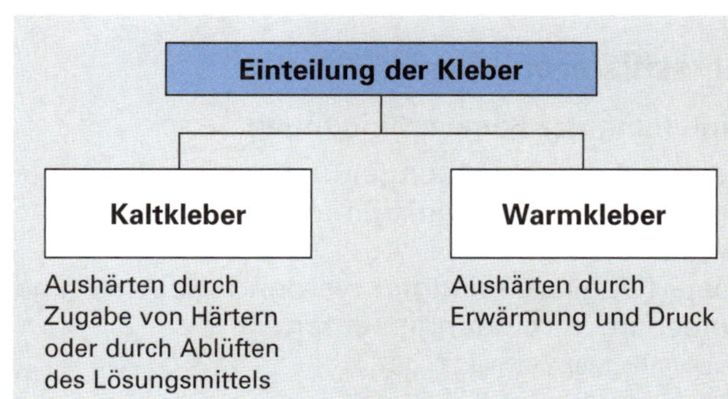

Übersicht 2: Einteilung der Kleber nach Verarbeitungstemperatur

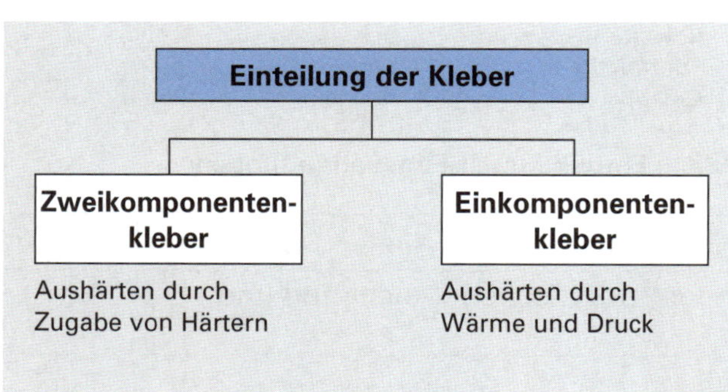

Übersicht 3: Einteilung der Kleber nach der Zahl der Komponenten

Metallbau und Fertigungstechnik Grundbildung, S. 238

Beurteilen

Beurteilen heißt in der Technik vor allem Vor- und Nachteile bzw. vor- oder nachteilige Eigenschaften angeben. Dies erfolgt in Texten häufig in Tabellenform:

Vorteile und Nachteile von Klebeverbindungen

Vorteile	Nachteile
Keine Gefügeänderung	Große Fügeflächen nötig
Gleichmäßige Spannungsverteilung	Geringe Dauerfestigkeit
Viele Werkstoffkombinationen	Geringe Warmfestigkeit
Dichte Verbindungen	Teilweise lange und komplizierte Aushärtung

Metalltechnik Grundbildung, S. 115

Information

Wenn Sie von der Tabelle, z. B. im Rahmen eines Referats vor Fachleuten, ausgehen, können Sie die Formulierung „Vorteile/Nachteile von Klebeverbindungen sind ..." mit anschließender Aufzählung der Stichpunkte nutzen. Sollen nur ein oder wenige Vor- und Nachteile im Rahmen eines Textes erwähnt werden, so haben Sie die Auswahl aus den unten aufgeführten, unterschiedlichen Formulierungen.

Aufgabe 27a

Schreiben Sie die Formulierungen aus den folgenden Aussagen heraus, die Sie zum Beurteilen benutzen können:
Arbeiten Sie mit Ihrem Nachbarn zusammen und vergleichen Sie Ihre Arbeitsergebnisse im Plenum.

Verben und Präpositionen zum Beurteilen:

1. von Nachteil ist ...
2. ______________________
3. ______________________
4. ______________________
5. ______________________

1. Ein Nachteil des Klebens ist, dass große Fügeflächen notwendig sind.
2. Ein Vorteil des Klebens ist, dass keine Gefügeänderung auftritt.
3. Ein Vorteil der Klebeverbindung besteht darin, dass die Spannungskräfte gleichmäßig verteilt sind.
4. Ein Nachteil der Klebeverbindung besteht darin, dass sie eine geringe Dauerfestigkeit besitzt.
5. Vorteilhaft ist, dass Klebeverbindungen viele Werkstoffkombinationen ermöglichen.
6. Nachteilig ist, dass Klebeverbindungen eine geringe Festigkeit gegenüber Wärmeeinwirkung haben.
7. Von Nachteil bei Klebeverbindungen ist die lange und komplizierte Aushärtung.

Aufgabe 27b

*Referieren Sie in der Kleingruppe über **Kleben**.*

1. *Bereiten Sie sich gemeinsam vor: Suchen Sie sich die erforderlichen Informationen in dieser Lektion zusammen. Machen Sie sich eine Gliederung mit möglichst genauen Stichpunkten. Berücksichtigen Sie die Textteile*
   - *Definition (ersatzweise Beschreibung, s. S. 83)*
   - *Klassifikation*
   - *Beurteilung*
2. *Halten Sie Ihr Kurzreferat in der Gruppe. Denken Sie daran,*
   - *Ihr Referat zu gliedern und diese Gliederung durch Pausen zu unterstreichen (L 2, S. 45)*
   - *Ihren Beitrag zu visualisieren (Diagramme, Tabellen - L 2, S. 45)*
   - *langsam, laut und deutlich genug zu sprechen, ohne den Blick permanent auf die Gliederung zu richten, und Blickkontakt zu den Zuhörern zu halten*
   - *auf Ihre Körperhaltung zu achten.*

ÜBERSICHT LEKTION 4

WERKSTOFFTECHNIK

Überblicksfilm „Luftfahrttechnische Berufe"
http://www.berufe.tv/BA/ausbildung?filmID=1000363

Film zum Berufsbild des Behälter- und Apparatebauers
http://www.berufe.tv/BA/ausbildung?filmID=1000123

Film zum Berufsbild des Metallbildners
http://www.berufe.tv/BA/ausbildung?filmID=1000337

A Werkstoffe und ihre Eigenschaften

Sie erinnern sich aus Ihrer Schulzeit: Es gibt über hundert chemische Elemente:

Übersicht 1 | **Periodensystem der Elemente** (gekürzt)

1 H Wasserstoff																	2 He Helium
3 Li Lithium	4 Be Beryllium											5 B Bor	6 C Kohlenstoff	7 N Stickstoff	8 O Sauerstoff	9 F Fluor	10 Ne Neon
11 Na Natrium	12 Mg Magnesium											13 Al Aluminium	14 Si Silicium	15 P Phosphor	16 S Schwefel	17 Cl Chlor	18 Ar Argon
19 K Kalium	20 Ca Calcium	21 Sc Scandium	22 Ti Titan	23 V Vanadium	24 Cr Chrom	25 Mn Mangan	26 Fe Eisen	27 Co Kobalt	28 Ni Nickel	29 Cu Kupfer	30 Zn Zink	31 Ga Gallium	32 Ge Germanium	33 As Arsen	34 Se Selen	35 Br Brom	36 Kr Krypton
37 Rb Rubidium	38 Sr Strontium	39 Y Yttrium	40 Zr Zirkonium	41 Nb Niob	42 Mo Molybdän	43 Tc Technetium	44 Ru Ruthenium	45 Rh Rhodium	46 Pd Palladium	47 Ag Silber	48 Cd Cadmium	49 In Indium	50 Sn Zinn	51 Sb Antimon	52 Te Tellur	53 I Iod	54 Xe Xenon
55 Cs Caesium	56 Ba Barium	57 La Lanthan	72 Hf Hafnium	73 Ta Tantal	74 W Wolfram	75 Re Rhenium	76 Os Osnium	77 Ir Iridium	78 Pt Platin	79 Au Gold	80 Hg Quecksilber	81 Tl Thallium	82 Pb Blei	83 Bi Wismut	84 Po Polonium	85 At Astat	86 Rn Radon

Leichtmetalle   Schwermetalle   Edelmetalle   Nichtmetalle   Gase

Bedeutend für die Werkstofftechnik sind etwa 20 Metalle. Sie stehen im mittleren Bereich des Periodensystems der Elemente.
Das technisch wichtigste Metall ist **Eisen** (chemisches Symbol Fe).
Bedeutend sich ebenfalls die **Leichtmetalle** Aluminium (Al), Magnesium (Mg) und Titan (Ti) sowie die **Schwermetalle** Vanadium (V), Chrom (Cr), Mangan (Mn), Cobalt (Co), Nickel (Ni), Kupfer (Cu), Zink (Zn), Niob (Nb), Molybdän (Mo), Tantal (Ta), Wolfram (W), Quecksilber (Hg), Zinn (Sn) und Blei (Pb).
Von den **Edelmetallen** werden Silber (Ag), Gold (Au) und Platin (Pt) am meisten verwendet.
Metallbau und Fertigungstechnik Grundbildung, S. 58

Aufgabe 1a
1. Wie heißen die Elemente mit den folgenden chemischen Symbolen auf Deutsch?
2. Handelt es sich dabei jeweils um ein Metall, ein Nichtmetall oder ein Gas?
Arbeiten Sie mit Ihrem Nachbarn zusammen und vergleichen Sie Ihre Arbeitsergebnisse im Plenum.

He Helium Gas
Si ____________ ____________
H ____________ ____________
Fe ____________ ____________
C ____________ ____________
Al ____________ ____________
O ____________ ____________
S ____________ ____________
Cu ____________ ____________
Mn ____________ ____________
Cr ____________ ____________
Ni ____________ ____________
Pb ____________ ____________
P ____________ ____________
N ____________ ____________
Cl ____________ ____________
V ____________ ____________
Mo ____________ ____________
Co ____________ ____________

Aufgabe 1b

Bilden Sie Gruppen mit vier Mitgliedern. Stellen Sie jeweils mithilfe von weißen Kärtchen ein Memory-Spiel her.

1. *Wählen Sie in der Gruppe gemeinsam zwanzig Elemente aus, die Ihnen wichtig erscheinen. Schreiben Sie die Begriffe gut lesbar mit dickem Stift auf ein Kärtchen. Schreiben Sie das entsprechende chemische Symbol auf ein anderes Kärtchen.*
2. *Mischen Sie die Memory-Kärtchen gut durch und geben Sie den Packen (natürlich mit der weißen Seite nach oben) einer anderen Gruppe. Sie erhalten von einer anderen Gruppe deren Kärtchen.*
3. *Alle Gruppen beginnen gleichzeitig mit den Kärtchen einer anderen Gruppe zu spielen.*
   Die Gruppe, die ihr Memory-Spiel zuerst beendet hat, hat gewonnen. Innerhalb der Gruppe hat der Spieler gewonnen, der die meisten Paare erzielt hat.

Information

Eine Maschine z. B. besteht aus zahlreichen Bauteilen. Jedes Bauteil hat eine bestimmte Aufgabe zu erfüllen. Es wird daher aus einem Werkstoff gefertigt, der dazu besonders geeignet ist. Es muss also ein Werkstoff für das Bauteil ausgewählt oder entwickelt werden, der die erforderlichen Eigenschaften aufweist.
Grundsätzlich ist für ein Bauteil ein Werkstoff auszuwählen,

- der die Funktion des Bauteils und die technischen Anforderungen am besten erfüllt,
- dessen Fertigung und Werkstoffpreis am günstigsten ist und
- der bei der Fertigung und nach dem Gebrauch keine Belastung für die Umwelt darstellt.

Dafür sind die Eigenschaften des Werkstoffs maßgeblich.

Physikalische Eigenschaften

Information

Für die Beschreibung der physikalischen Eigenschaften benötigt man ein paar physikalische Größen, die Sie sicher kennen.

Physikalische Größe	**Formelzeichen**	**mathematischer Zusammenhang: Formel**	**Einheitenzeichen/ Einheitenname**	
Masse	m		kg	Kilogramm
Volumen	V		m^3	Kubikmeter
Dichte	ρ *(rho)*	Masse/Volumen	g/cm^3	Gramm pro Kubikzentimeter
Celsiustemperatur	θ *(theta)*		°C	Grad Celsius
absolute Temperatur	T	$T = \delta + 273$ grd	K	Kelvin
Ladung	Q		C	Coulomb
Stromstärke	I	$I = Q/t$	C/sec = A	Ampere

Aufgabe 2

1. *Ergänzen Sie den folgenden Text mithilfe der Abbildungen.*
2. *Suchen Sie eine Überschrift für den Text.*

Arbeiten Sie mit Ihrem Nachbarn zusammen und vergleichen Sie Ihre Arbeitsergebnisse im Plenum.

______________ ______________

Die physikalischen Eigenschaften beschreiben den Zustand eines Stoffes.
Die ______________ ρ gibt an, welche Masse m ein Werkstoff pro Volumeneinheit V besitzt.
Sie errechnet sich mit der Formel $\rho = m/V$ (Masse pro Volumen). Die Einheit der ______________ ist kg/dm^3 oder g/cm^3.

Eisen (Fe) hat z.B. eine ____________ von 7,84 kg/dm³, Aluminium (Al) eine von 2,7 kg/dm³.

Der __________________ nennt die Temperatur, bei der der Werkstoff schmilzt. Reines Eisen z. B. hat einen ____________________ von 1536 Grad Celsius, Aluminium einen von 659 Grad Celsius.

Die ________________________für Wärme und Elektrizität beschreibt die Fähigkeit eines Stoffes, Wärme bzw. Elektrizität in sich weiterzuleiten.
Eine große _____________________ sowohl für Wärme als auch für den elektrischen Strom besitzen z. B. die Metalle Kupfer, Aluminium und Eisen.
Stoffe, die den Strom nicht leiten, nennt man Isolierstoffe. ________________________ sind z. B. Kunststoffe und Glas.

Die ________________ Längenausdehnung gibt die Längenänderung eines Bauteils durch Temperaturänderung an.

______________________ liegt bei den meisten Eisenwerkstoffen sowie bei Nickel (Ni) und Kobalt (Co) vor.

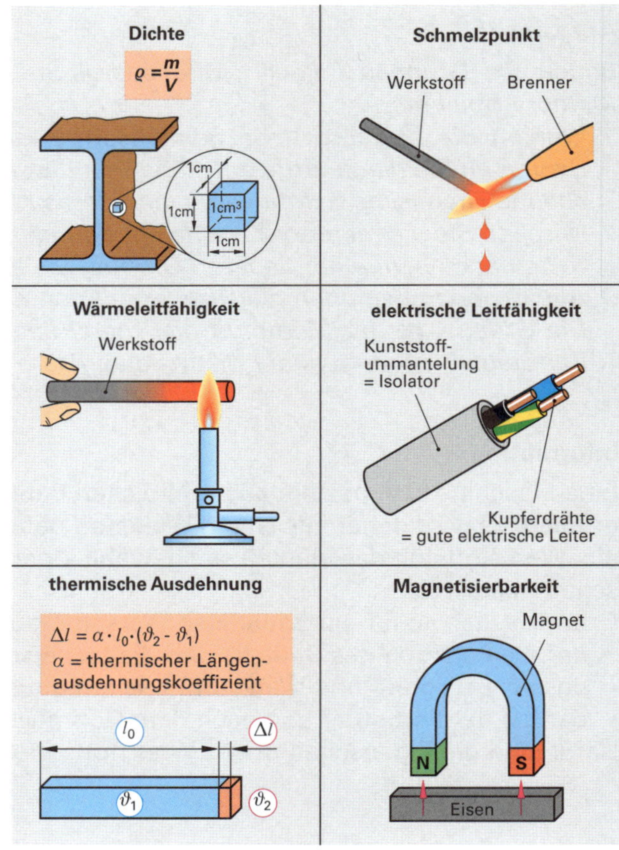

Bild 1: Physikalische Eigenschaften
Metallbau und Fertigungstechnik Grundbildung, S. 52

Chemische Eigenschaften

Chemische Eigenschaften

Unter den chemischen Eigenschaften der Werkstoffe versteht man deren Verhalten bzw. deren Stoffveränderungen beim Einwirken von
- Umwelteinflüssen (z. B. Luftfeuchtigkeit, Wasser)
- aggressiven Stoffen (z. B. Säuren wie Schwefelsäure H_2SO_4)
- Wärme (z. B. beim Glühen)

Je nach Verhalten des Werkstoffes beim Einwirken der genannten Faktoren ergeben sich folgende Eigenschaften:
- **Korrosionsbeständigkeit**
  Es ist die Beständigkeit gegenüber aggressiven Medien wie z. B. Säuren, deren Einwirkung zu keinen messbaren Veränderungen an der Werkstoffoberfläche führen dürfen.
- **Giftigkeit**
  Werkstoffe können giftig wirken, wenn sie mit Lebensmitteln in Berührung kommen, z. B. Fruchtsäuren mit Zink (Zn). Blei (Pb) und Cadmium (Cd) wirken giftig, wenn sie über die Schleimhäute aufgenommen werden.

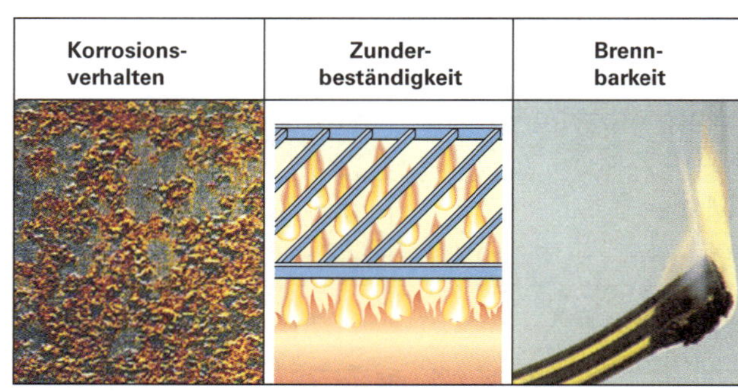

Bild 2: Chemisch-technische Eigenschaften

Bild 3: Warnung vor giftigen Stoffen

- **Wärmebeständigkeit**
  Die meisten Stähle (s. u. S. 110) verzundern beim Glühen über 600 °C in nicht sauerstofffreier Atmosphäre, d. h. sie reagieren mit der umgebenden Luft.
- **Brennbarkeit**
  Sie ist bei den meisten Metallen gering. Ausnahmen bilden Kalium (Ka), Natrium (Na), Magnesium (Mg). Ihre Entzündungstemperatur ist sehr niedrig. Kunststoffe neigen wegen ihrer niedrigen Entzündungstemperatur ebenfalls zum Brennen.

Fachkunde Kraftfahrzeugtechnik, S. 162

Bild 4: Warnung vor feuergefährlichen Stoffen

Aufgabe 3a
Bitte ergänzen Sie.
Arbeiten Sie mit Ihrem Nachbarn zusammen und vergleichen Sie Ihre Arbeitsergebnisse im Plenum.

korrosionsbeständig
giftig
wärmebeständig
brennbar

1. Die meisten Kunststoffe sind ______________________.
2. Aluminium ist ein sehr ______________________ Metall.
3. Bauteile, die höheren Temperaturen ausgesetzt sind, müssen aus ______________________ Werkstoffen gefertigt werden.
4. Stoffe, die ______________ sind oder der Gesundheit schaden, müssen gekennzeichnet sein.
5. Metalle wie Natrium und Magnesium sind ______________________.

Aufgabe 3b
Bitte ergänzen Sie den folgenden Text (S. 97 und 98) mithilfe der Abbildungen.
Arbeiten Sie mit Ihrem Nachbarn zusammen und vergleichen Sie Ihre Arbeitsergebnisse im Plenum.

Korrosion

Metallische Werkstoffe verändern im Lauf der Zeit ihr Aussehen, insbesondere bei Verwendung im Freien und in aggressiver Umgebung. Die zuerst blanke Oberfläche wird stumpf und überzieht sich mit einer Schicht, z. B. bei Stahl mit braunem Rost (Bild ___). Diesen Vorgang nennt man Korrosion. Sie kann bis zur vollständigen Zerstörung des Bauteils fortschreiten.

Unter ______________________ versteht man die von der Oberfläche ausgehende chemische Zerstörung metallischer Werkstoffe.

Bild 1: Korrodierte Stahloberfläche

Erscheinungsformen der Korrosion

Die Korrosion kann je nach Werkstoff, Korrosionsursache und Art des angreifenden Stoffes unterschiedliche Erscheinungsformen zeigen (Bild ___).

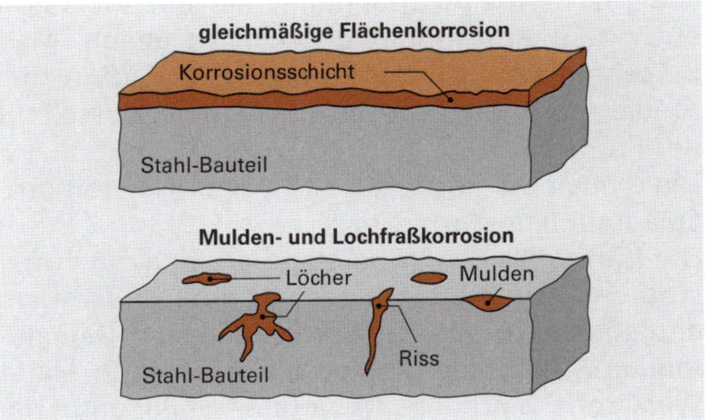

Bild 2: Korrosionserscheinungsformen

Die ________________ ______________ ist durch einen Korrosionsangriff gekennzeichnet, der einen annähernd gleichmäßigen Flächenabtrag bewirkt. Er schreitet mit gleicher Geschwindigkeit voran. Die Lebensdauer des Bauteils ist berechenbar.

Bei der ____________-____ ___________________ wird der Werkstoff nur an bestimmten Stellen angegriffen. Dort bilden sich Löcher und zum Teil auch tiefe Risse. Diese Korrosionsart tritt z. B. bei nichtrostenden Stählen mit salzhaltigem Wasser auf.

Zur ________________________ kommt es an Stellen, wo sich zwei Bauteile aus unterschiedlichem Werkstoff berühren. Diese Korrosionsform ist sehr gefährlich, da sie besonders an Verbindungsstellen wirksam ist.

Bei der ______________ Korrosion (transkristalline und interkristalline Korrosion) verläuft die Korrosion entlang haarfeiner Risse in den Werkstoff hinein. Sie ist gefährlich, da sie äußerlich nicht erkennbar ist.

Bei hohen Temperaturen kommt es zur chemischen Reaktion des Werkstoffs mit dem Sauerstoffanteil der Luft.

Man nennt diese Korrosion deshalb auch chemische Korrosion oder Hochtemperaturkorrosion. Sie setzt erst bei Temperaturen ab 600 °C ein und tritt z. B. beim Schweißen oder Schmieden von Stahl auf. Auf dem Stahl bildet sich ____________ (Fe_2O_3).

Metallbautechnik Fachbildung, S. 60, 61, 62

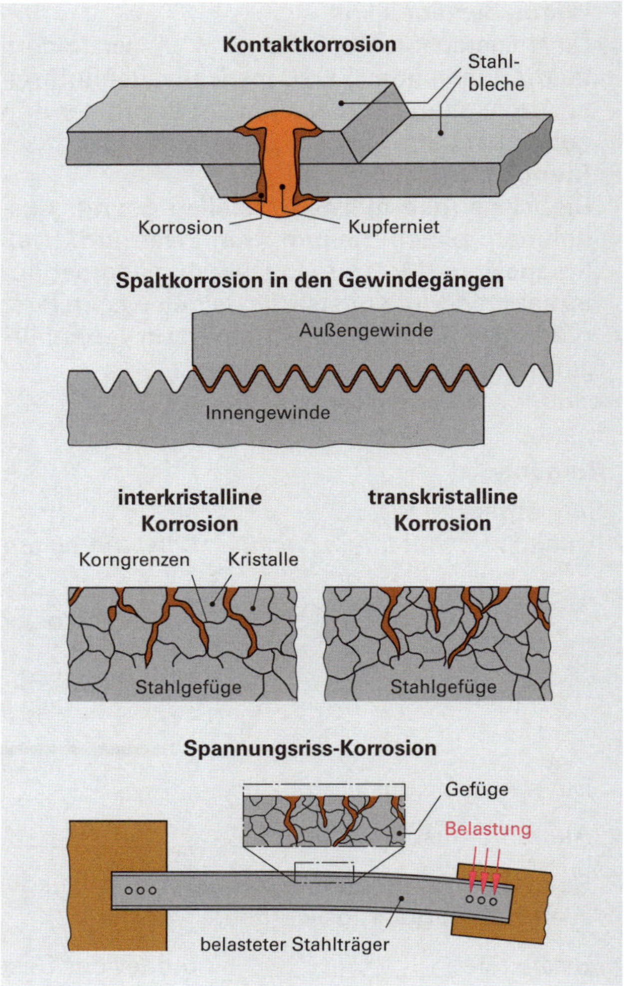

Bild 3: Korrosionserscheinungsformen

Mechanisch-technologische Eigenschaften

> ***Aufgabe 4a***
> *Bitte ergänzen Sie die Bildunterschriften. Arbeiten Sie mit Ihrem Nachbarn zusammen und vergleichen Sie Ihre Arbeitsergebnisse im Plenum.*

Mechanisch-technologische Eigenschaften

Die mechanisch-technologischen Eigenschaften beschreiben das Verhalten der Werkstoffe unter der Wirkung mechanischer Kräfte.

Als **Zugfestigkeit** bezeichnet man die größtmögliche mechanische Spannung, die ein Werkstoff aushalten kann, ohne zu Bruch zu gehen. Man berechnet sie nach der Formel $R_m = F_m/S$, wobei F_m die maximale Zugkraft und S der Querschnitt der Probe sind.

Die Einheit der Festigkeit ist N/mm² (Newton pro Quadratmillimeter).

Die **Härte** gibt den Widerstand an, den ein Werkstoff dem Eindrücken eines härteren Prüfkörpers entgegensetzt. Weiche Werkstoffe sind Reinaluminium (Al), Blei (Pb) und Kupfer (Cu). Harte Werkstoffe sind z. B. gehärteter Stahl und Diamant.

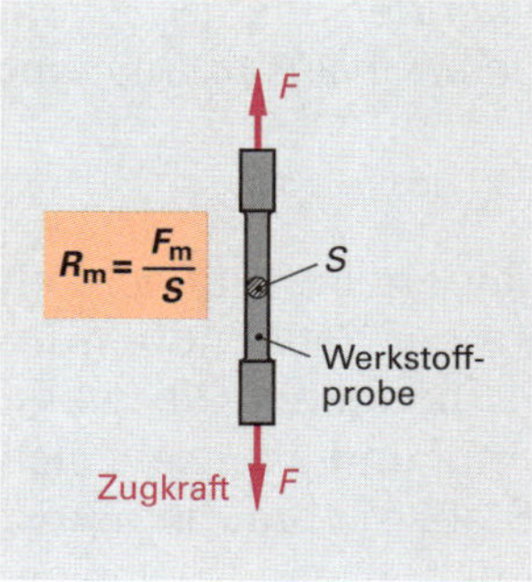

____

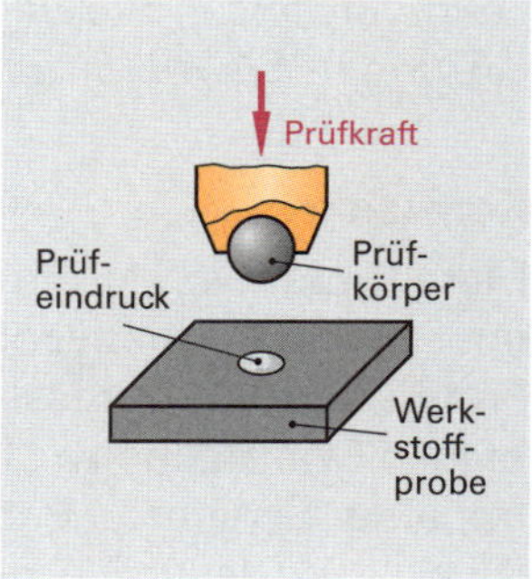

____

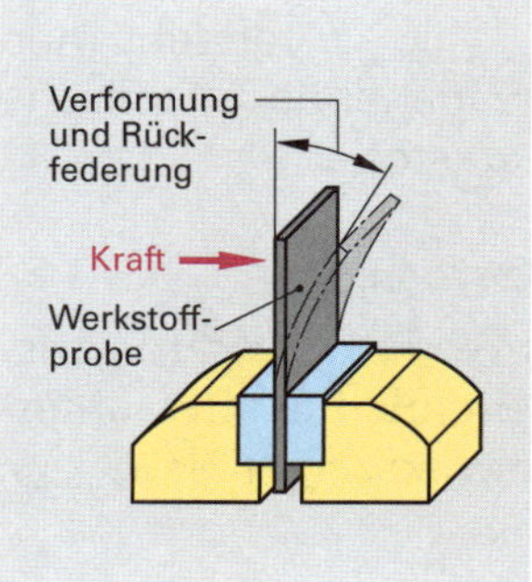

____

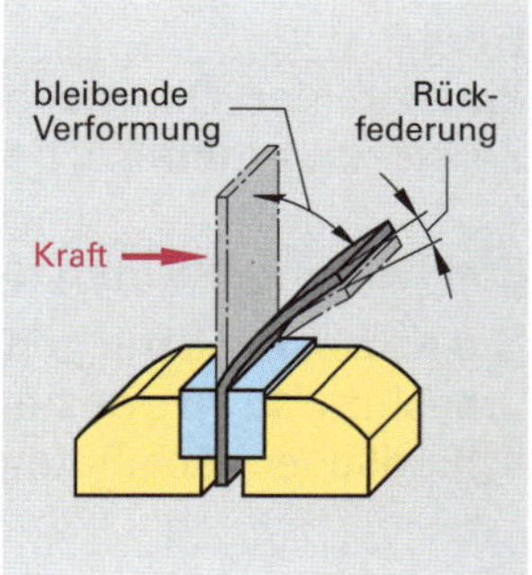

____

Mit **Elastizität** bezeichnet man die Fähigkeit eines Werkstoffes, nach einer Verformung seine Ausgangsform wieder von selbst einzunehmen. Elastische Werkstoffe federn zurück. Messerschneidenstahl z. B. ist elastisch. **Plastisch** formbar ist ein Werkstoff, wenn er unter Krafteinwirkung seine Form bleibend verändert und nicht oder nur geringfügig zurückfedert. Karosserieblech lässt sich z. B. plastisch verformen.
Spröde ist ein Werkstoff, der sich nicht verformen lässt und bei schlagartiger Beanspruchung in viele Bruchstücke zerspringt wie z. B. Glas.
Unter **Zähigkeit** versteht man die Eigenschaft eines Werkstoffes, der plastischen Verformung großen Widerstand entgegenzusetzen.
Zähe Werkstoffe sind z. B. Blei und Kupfer. Die **Warmfestigkeit** beschreibt die Festigkeit eines Werkstoffes bei erhöhten Temperaturen.
Metallbau und Fertigungstechnik Grundbildung, S. 55

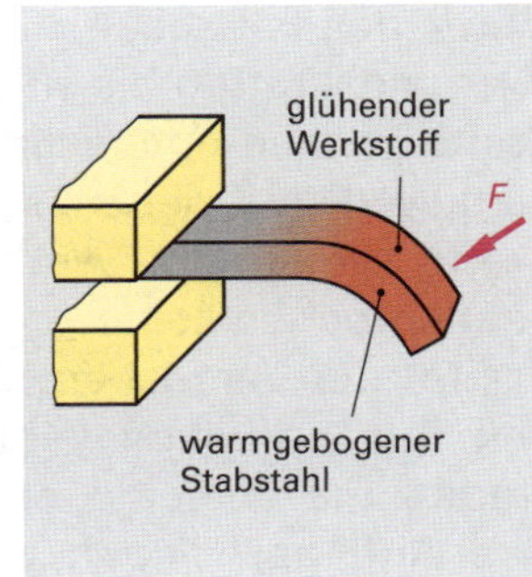

Metalltechnik Grundbildung, S. 138

Aufgabe 4b
In den folgenden sechs Texten passt je ein Wort nicht. Unterstreichen Sie das unpassende Wort und ersetzen Sie es durch das passende.
Arbeiten Sie mit Ihrem Nachbarn zusammen und vergleichen Sie Ihre Arbeitsergebnisse im Plenum.

1. Behält ein Werkstoff nach seiner Verformung durch eine Kraft die neue Form bei, so bezeichnet man diese Eigenschaft als Elastizität.
2. Sprödigkeit ist die Fähigkeit eines Werkstoffes, sich durch äußere Werkstoffe plastisch verformen zu lassen, ohne dabei zu brechen.
3. Die Elastizitätsgrenze ist die maximale Spannung, die im Werkstoff eines Werkstücks auftritt. Sie wird durch einen Zugversuch an einem Probestab ermittelt.
4. Man spricht von Plastizität, wenn ein Werkstoff nach der Aufhebung einer Belastung seine ursprüngliche Form wieder annimmt.
5. Glas ist ein zäher Werkstoff.
6. Unter der Festigkeit versteht man den Widerstand, den ein Körper einem eindringenden Körper entgegensetzt.

Aufgabe 4c
Ergänzen Sie den folgenden Text (S. 100) mithilfe der Tabelle.
Arbeiten Sie mit Ihrem Nachbarn zusammen und vergleichen Sie Ihre Arbeitsergebnisse im Plenum.

Festigkeit
Eine der wichtigsten mechanisch-technologischen Eigenschaften ist die **Festigkeit** (Tabelle 1).

Tabelle 1: Beanspruchung von Bauteilen

Belastung	Zug	Druck	Abscherung	Biegung	Verdrehung	Knickung
	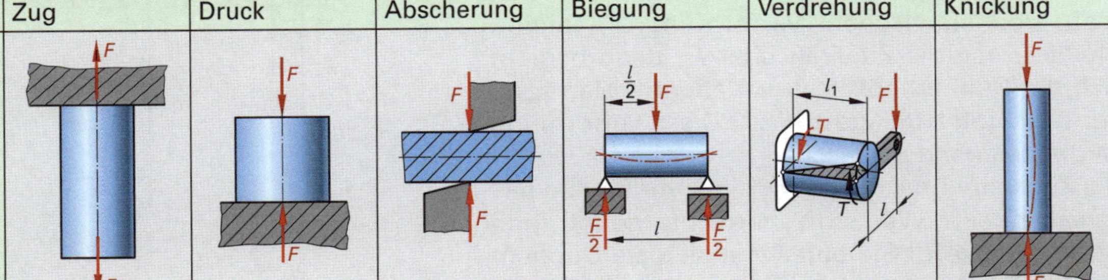					
Wirkung	Verlängerung	Verkürzung	Abscherung	Biegung	Verdrehung	Ausknickung
Geforderte Festigkeit	Zugfestigkeit	Druckfestigkeit	Scherfestigkeit	Biegefestigkeit	Torsionsfestigkeit	Knickfestigkeit

Fachkunde Mechatronik, S. 101

Unter der Festigkeit eines Stoffes versteht man den maximalen Widerstand, den er äußeren Verformungskräften bis zu seiner Zerstörung entgegensetzt.
Kräfte können unterschiedliche Beanspruchungen auslösen (Tabelle 1). So beanspruchen Kräfte, die an dem Werkstoff ziehen, seine ________________.
Kräfte, die auf den Werkstoff drücken wie z. B. die Maschinenaufbauten und die Maschinenständer beanspruchen seine ________________________.
Kräfte, die versuchen, den Werkstoff zu verdrehen, beanspruchen seine ________________________.
Träger, die einseitig eingespannt sind oder auf zwei Auflagern liegen, werden auf ihre __________ beansprucht.
Die am häufigsten benötigten Werte sind die Zugfestigkeit R_m sowie die Streckgrenze R_e.

$R_m = F_m/S$ [N/mm²]	$R_e = \sigma_{zzul}\ v$ [N/mm²]

Dabei ist F_m die maximale Zugkraft, S der Querschnitt der Probe und v die Sicherheitszahl.
Die Zugfestigkeit der meisten Werkstoffe ist bekannt. Sie kann Tabellen entnommen werden und dient hauptsächlich dazu, die maximale Belastbarkeit von Bauteilen und den erforderlichen Querschnitten zu ermitteln. Da die Bauteile in der Regel jedoch nicht bis zur äußersten Belastungsgrenze belastet werden dürfen, da sonst die Gefahr des Reißens besteht, muss mit einem geeigneten Sicherheitsfaktor v gerechnet werden. Dieser gewährt z. B. bei Stahl eine Sicherheit unterhalb der Streckgrenze und ist abhängig vom Belastungsfall und vom Einsatzgebiet (s. Tabellenbücher).

Fachkunde Mechatronik, S. 101, 102

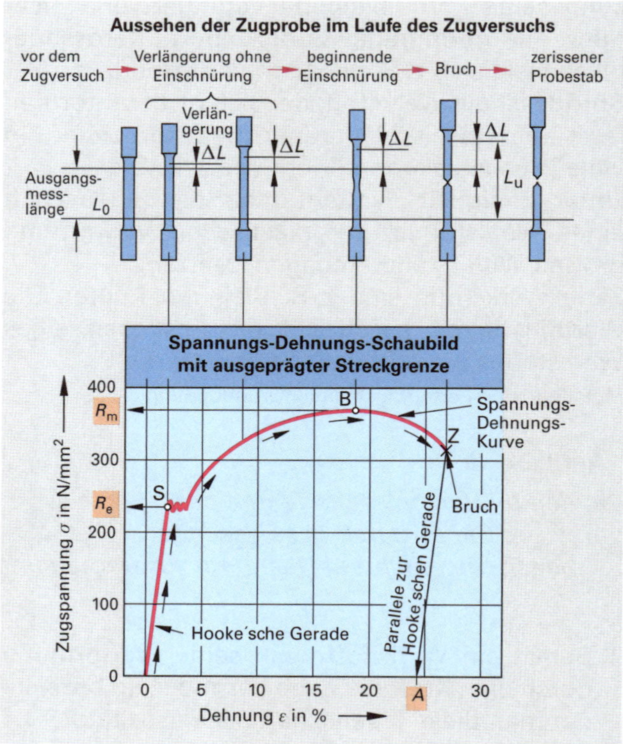

Bild 1: Zugversuch und Spannungs-Dehnungs-Schaubild des ungehärteten Stahls S235JR (St 37-2).

Metallbautechnik Fachkunde, S. 89

Aufgabe 4d

Welche Werkstoff-Kennwerte werden mit den folgenden Formeln definiert?
Arbeiten Sie mit Ihrem Nachbarn zusammen und vergleichen Sie Ihre Arbeitsergebnisse im Plenum.

Werkstoff-Kennwerte

Als Kenngrößen für die Belastbarkeit eines Werkstoffs benutzt man die in einem Probestab herrschenden Zugspannungen σ_z (Sigma) bei bestimmten Verformungszuständen (Bild 2).
Wird der Probestab mit einer kleinen Zugkraft belastet, so dehnt er sich zunächst nur elastisch. Dies gilt, solange die Zugkraft unter der Grenzkraft der elastischen Verformung F_e bleibt. Steigert man die Zugkraft über F_e, dann beginnt sich der Stab erheblich zu verlängern. Man sagt, der Werkstoff wird „gestreckt". Diese Verformung ist überwiegend plastisch.
Die Zugspannung, die unmittelbar vor Beginn des Streckens im Werkstoff herrscht, nennt man **Streckgrenze** R_e. Sie berechnet sich als Quotient aus der Kraft F_e und dem Stabquerschnitt S_0 und ist eine Kenngröße (Grenzwert) für die Belastbarkeit eines Werkstoffs ohne wesentliche plastische Verformung.

Zugspannung	$\sigma_z = \frac{F}{S_0}$

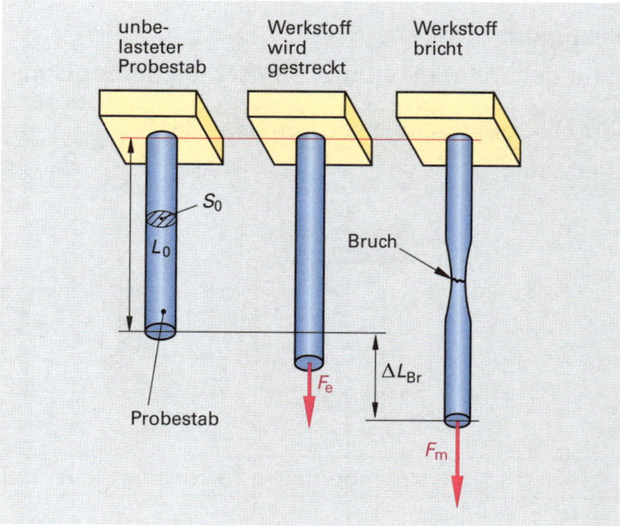

Bild 2: Probestab, unbelastet und unter Zugbeanspruchung

Wird die Zugbeanspruchung auf den Probestab über die Streckgrenze hinaus gesteigert, so beginnt er sich einzuschnüren und zerreißt schließlich (Bild 2). Die bei der größten Zugkraft F_m im Werkstoff herrschende Zugspannung ist die **Zugfestigkeit R_m**. Sie berechnet sich als Quotient aus F_m und S_0 und ist die maximale Zugspannung, die in einem Werkstoff herrschen kann.
Die Streckgrenze R_e und die Zugfestigkeit R_m haben die gleiche Einheit N/mm².
Durch die einwirkende Kraft verlängert sich der Probestab (Bild 2).
Die auf die Ausgangslänge L_0 bezogene Verlängerung ΔL in Prozent nennt man **Dehnung** ε (Epsilon). Die bleibende Dehnung nach dem Bruch des Probestabes heißt **Bruchdehnung *A***. Sie ist ein Maß für die größtmögliche Dehnung eines Werkstoffs.

Metalltechnik Grundbildung, S. 139

______________ $R_e = \frac{F_e}{S_0}$

______________ $R_m = \frac{F_m}{S_0}$

______________ $\varepsilon = \frac{\Delta L}{L_0} \cdot 100\ \%$

______________ $A = \frac{\Delta L_{Br}}{L_0} \cdot 100\ \%$

Aufgabe 4e

Ergänzen Sie im folgenden Beispiel die zu berechnenden Kennwerte.
Arbeiten Sie mit Ihrem Nachbarn zusammen und vergleichen Sie Ihre Arbeitsergebnisse im Plenum.

Beispiel: Eine Zugprobe aus Stahl mit einem Querschnitt S_0 = 176,7 mm² beginnt sich bei einer Kraft von 41528 N zu strecken und zerreißt bei einer Kraft von 74214 N. Die bleibende Verlängerung der Probe mit einer Anfangsmesslänge von L_0 = 75 mm beträgt ΔL_{Br} = 19,5 mm.

Zu berechnen sind die Streckgrenze, die Zugfestigkeit und die Bruchdehnung des Stahls.

______________: $\boldsymbol{R_e} = \frac{F_e}{S_0} = \frac{41528\ \text{N}}{176{,}7\ \text{mm}^2} = \mathbf{235\ \frac{N}{mm^2}}$;

______________: $\boldsymbol{R_m} = \frac{F_m}{S_0} = \frac{74214\ \text{N}}{176{,}7\ \text{mm}^2} = \mathbf{420\ \frac{N}{mm^2}}$

______________: $\boldsymbol{A} = \frac{\Delta L_{Br}}{L_0} \cdot 100\ \% = \frac{19{,}5\ \text{mm}}{75\ \text{mm}} \cdot 100\ \% = \mathbf{26\ \%}$

Metallbau und Fertigungstechnik Grundbildung, S. 111

Aufgabe 4f

Im Folgenden finden Sie Originalaufgaben aus einem Fachbuch.
Bilden Sie Gruppen mit fünf Teilnehmern. Jeder Teilnehmer wählt eine der folgenden Wiederholungsfragen/Aufgaben aus und informiert die anderen:

1. Nach welchen Bedingungen wird der Werkstoff für ein Bauteil ausgewählt?
2. Nennen Sie drei physikalische Eigenschaften!
3. Was bedeuten die Streckgrenze R_e und die Zugfestigkeit R_m eines Probestabes?
4. Nennen Sie die wesentlichen chemischen Eigenschaften von Werkstoffen!
5. Nennen Sie technologische Eigenschaften!

Fachkunde Kraftfahrzeugtechnik, S. 162

Machen Sie sich Stichpunkte zu den einzelnen Themen (gegebenenfalls mit den Informationen auf den Seiten 95–101). Erstellen Sie eine Gliederung und referieren Sie mithilfe dieser Gliederung.
Für den Fall, dass die anderen Teilnehmer etwas nicht verstehen, sollten diese unbedingt nachfragen!

Fertigungstechnische Eigenschaften

Aufgabe 5

1. Teilen Sie den Text „Fertigungstechnische Eigenschaften" auf S. 102 in sieben Abschnitte ein.
2. Ordnen Sie die Abbildungen den entsprechenden Abschnitten zu.
Arbeiten Sie mit Ihrem Nachbarn zusammen und vergleichen Sie Ihre Arbeitsergebnisse im Plenum.

Abbildung					
Abschnitt					

Fertigungstechnische Eigenschaften

Die fertigungstechnischen Eigenschaften behandeln die Eignung für und die Bedingungen bei der Verarbeitung der Werkstoffe. Wichtige Fertigungsverfahren sind das Gießen, die spanende Formung, das Umformen (z. B. Schmieden), das Härten sowie das Schweißen. Gute **Gießbarkeit** besitzt ein Werkstoff, wenn er eine dünnflüssige Schmelze bildet. Zum Gießen eignen sich z. B. Gusseisen, Aluminium-, Kupfer-Zink-Gusslegierungen*; schwer gießbar sind z. B. unlegiertes* Aluminium, Kupfer. **Umformbarkeit.** Ein Werkstoff ist umformbar, wenn er sich unter Einwirkung von Kräften zu einem Werkstück plastisch verformen lässt. Gut umformbar sind z. B. kohlenstoffarmer Stahl, Blei, Kupfer und Aluminium. **Spanbar** sind die meisten Werkstoffe, wie z. B. Stähle, Gusswerkstoffe, Aluminium, Kupfer usw. Je nach Härte und Elastizität des Werkstoffes müssen die Schneideform der Spanwerkzeuge und die Schnittbedingungen gewählt werden. Nicht spanbar sind sehr weiche und hartspröde Werkstoffe, wie z. B. Gummi oder Glas. Das **Schmieden** ist Umformen bei erhöhten Temperaturen. Schmiedbar sind viele Stähle. Unter **Härtbarkeit** versteht man die Eigenschaft eines Werkstoffes, durch Wärmebehandlung eine wesentliche Erhöhung der Härte zu erreichen. Härtbar sind bestimmte Stahlsorten und Aluminiumlegierungen. Das **Schweißen** ist ein Fügeverfahren für schmelzbare Werkstoffe. Schweißbar sind unlegierte und legierte Stähle mit geringem Kohlenstoffgehalt, Aluminium- und Kupferlegierungen sowie einige Kunststoffe.

* s. S. 110 ff.

Metallbau und Fertigungstechnik Grundbildung, S. 56; Fachkunde Kraftfahrzeugtechnik, S. 162. Metallbautechnik Fachbildung, S. 17

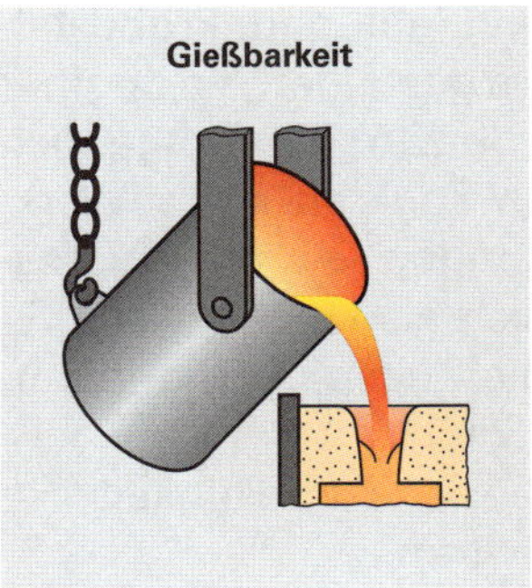

Abb. 1

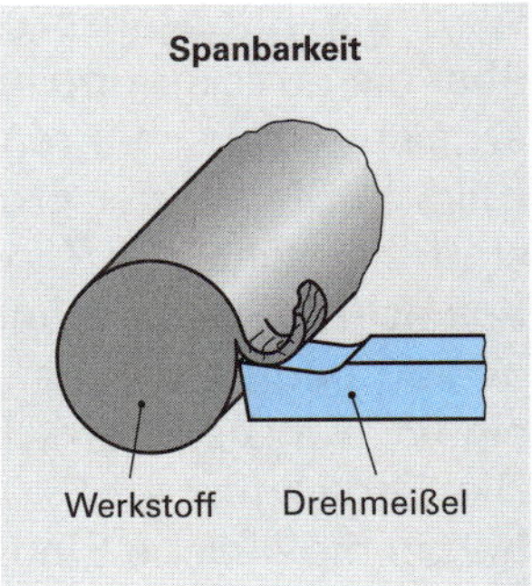

Abb. 2

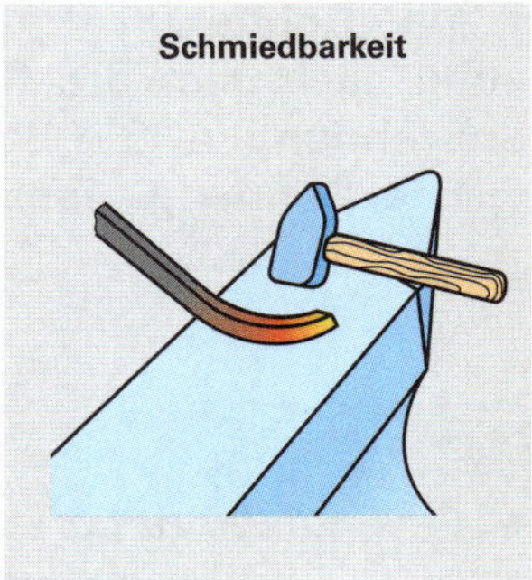

Abb. 3

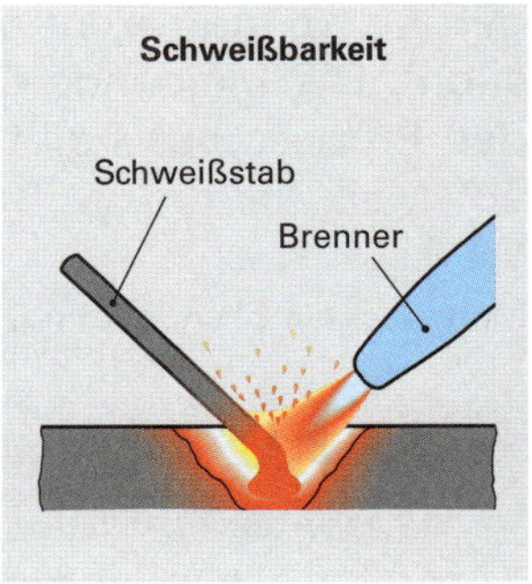

Abb. 4

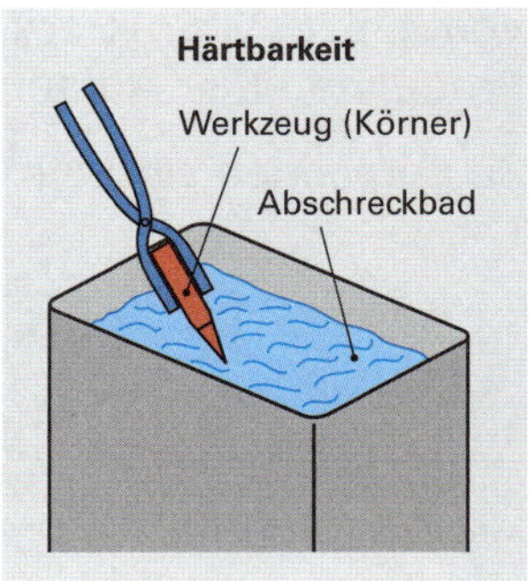

Abb. 5

Ökologische Eigenschaften

Aufgabe 6a

1. Nennen Sie mithilfe des folgenden Textes vier Anforderungen an Werkstoffe unter ökologischen Gesichtspunkten.
2. Suchen Sie eine passende Überschrift für den folgenden Text.
Arbeiten Sie mit Ihrem Nachbarn zusammen und vergleichen Sie Ihre Arbeitsergebnisse im Plenum.

____

In zunehmendem Maße spielen neben den klassischen Werkstoffeigenschaften auch ökologische Gesichtspunkte bei der Bewertung von Stoffen eine große Rolle.
So ist z. B. der Werkstoff Aluminium als Verkleidungswerkstoff von Häusern sehr umstritten, da der für die Herstellung erforderliche Energieaufwand diesen Einsatz kaum noch rechtfertigt.
Neben dem **Energieaufwand** für die Herstellung sind es vor allem die beim Herstellungsprozess von Stoffen auftretenden **Umweltbelastungen** durch Gase und Staub, die in die Bewertung mit einbezogen werden müssen.
Schon bei der Konstruktion von Produkten wird heute größter Wert auf die spätere **Entsorgung** bzw. **Wiederverwertbarkeit (Recycelbarkeit)** der verwendeten Stoffe gelegt.

Fachkunde Mechatronik, S. 103

1. ______________________ 2. ______________________

3. ______________________ 4. ______________________

Aufgabe 6b
Bilden Sie fünf Gruppen.
Jede Gruppe vervollständigt eine Spalte der folgenden Tabelle, gegebenenfalls mithilfe der Informationen auf den Seiten 95 –102.
Jede Gruppe wählt einen Sprecher, der die anderen über die Werkstoffeigenschaften informiert, mit denen sich seine Gruppe beschäftigt hat.

Physikalische Eigenschaften	**Chemische Eigenschaften**	**Mechanisch-technologische Eigenschaften**	**Fertigungstechnische Eigenschaften**	**Ökologische Eigenschaften**
• Dichte • … • … • … • … • …	• Korrosionsbeständigkeit • … • … • …	• Zugfestigkeit • … • … • … • … • …	• Gießbarkeit • … • … • … • … • …	• niedriger Energieaufwand • … • … • …

Aufgabe 6c
Bitte ergänzen Sie die folgende Tabelle.
Arbeiten Sie mit Ihrem Nachbarn zusammen und vergleichen Sie Ihre Arbeitsergebnisse im Plenum.

Werkstoffauswahl

Bei der Auswahl des geeigneten Werkstoffs für ein Maschinenteil sind die vom Bauteil zu leistenden Aufgaben klar zu beschreiben und danach die Forderungen an den Werkstoff zu formulieren:

Forderungen an den Werkstoff	**Erforderliche Eigenschaften**
Ist der Werkstoff z. B. aufgrund seines Gewichtes, seiner Schmelztemperatur oder seines elektrischen Leitvermögens für diese Aufgabe geeignet?	Antwort geben die ______________ Eigenschaften des Werkstoffes, wie Dichte, Schmelztemperatur und elektrische Leitfähigkeit.
Kann der Werkstoff den auf das Bauteil einwirkenden Kräften standhalten?	Dies beantworten die ______________-______________ Eigenschaften, wie Festigkeit, Härte, Elastizität.
Verschweißt der Werkstoff an Gleitflächen?	Auskunft darauf geben die Verschleißeigenschaften.
Mit welchen Fertigungsverfahren lässt sich das Bauteil kostengünstig fertigen?	Hierüber informieren die ______________ ______________, wie Gießbarkeit und Spanbarkeit.
Wird der Werkstoff des Bauteils bei seinem vorgesehenen Verwendungszeck von umgebenden Stoffen oder bei erhöhter Temperatur angegriffen?	Dieses Verhalten beschreiben die ______________ ______________, wie das Korrosionsverhalten und die Wärmebeständigkeit.

Metalltechnik Grundbildung, S. 136

B Rohstoffe, Werkstoffe, Hilfsstoffe

Information

Hilfsstoffe wie z. B. Kühlmittel benötigt man zum Betrieb von Maschinen und zur Durchführung der Fertigungsverfahren. Sie gehen nicht in das Endprodukt ein. **Hilfsmittel** sind die Energieträger wie elektrischer Strom, Dampf und Wärme, die bei der Fertigung verbraucht werden.

Aufgabe 7

Bitte ergänzen Sie den folgenden Text mithilfe der Abbildungen.
Arbeiten Sie mit Ihrem Nachbarn zusammen und vergleichen Sie Ihre Arbeitsergebnisse im Plenum.

Rohstoffe, Hilfsstoffe, Werkstoffe

So wie Werkstoffe in der Werkstatt oder im Betrieb verarbeitet werden, kommen sie in der Natur nicht vor. Sie werden aus Rohstoffen hergestellt, die entweder die belebte Natur liefert oder die aus Lagerstätten und in Bergwerken gewonnen werden.

Die ______________ Werkstoffe, wie z. B. Holz, Leder oder Marmor, haben dieselbe oder eine ähnliche Zusammensetzung wie die Rohstoffe, aus denen sie hergestellt werden. Zu ihrer Herstellung müssen die ______________ lediglich bearbeitet bzw. aufbereitet werden.
Die Mehrzahl der in der Technik verwendeten Materialien sind keine natürlichen Werkstoffe. Es sind vielmehr _________ ____________________, wie z. B. die Metalle, die Kunststoffe oder die Gläser. Sie werden aus den ______________ durch chemische ___________ hergestellt. So entsteht Eisen z. B. durch ____________, d. h. Sauerstoffentzug, von Eisenerz. Die Kunststoffe werden durch ____________ aus Erdölprodukten gewonnen.
Die künstlich hergestellten Werkstoffe entstehen durch ________________________ der ____________________.
Sie haben eine andere stoffliche Zusammensetzung als die Rohstoffe, aus denen sie hergestellt werden.
Die Werkstoffe dienen zur Herstellung von ____________ z. B. Werkzeugen, Bauteilen, Behältern und Tanks, Maschinen- und Apparateteilen. Dazu werden die ________________ bearbeitet oder es wird ihnen eine andere Form gegeben.
Zur chemischen Umwandlung der Rohstoffe zu ___________________ sowie zur Bearbeitung und Formgebung der Werkstoffe benötigt man Hilfsstoffe und Hilfsmittel. Für die Eisenherstellung z. B. sind die ___________ Koks, Zuschläge und Wasser sowie als Hilfsmittel Wärme erforderlich. Zum Drehen einer Welle z. B. benötigt man als __________________ ein Kühlschmiermittel sowie als ____________ elektrischen Strom zum Antrieb der Drehmaschine.
Weitere __________________ für die Fertigung sind Schmierstoffe, Kühlmittel, Schleif- und Poliermittel, Härtemittel, Lötmittel, Reinigungsmittel, Treib- und Brennstoffe usw. ___________________ sind die Energieträger elektrischer Strom, Dampf und Wärme.
Metallbau und Fertigungstechnik, S. 57

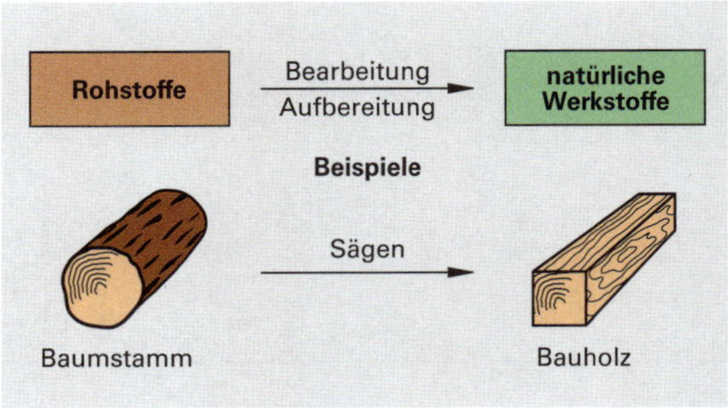

Bild 1: Natürliche Werkstoffe

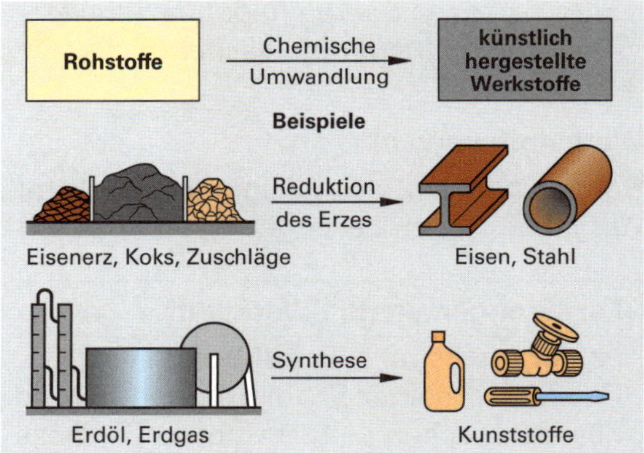

Bild 2: Künstlich hergestellte Werkstoffe

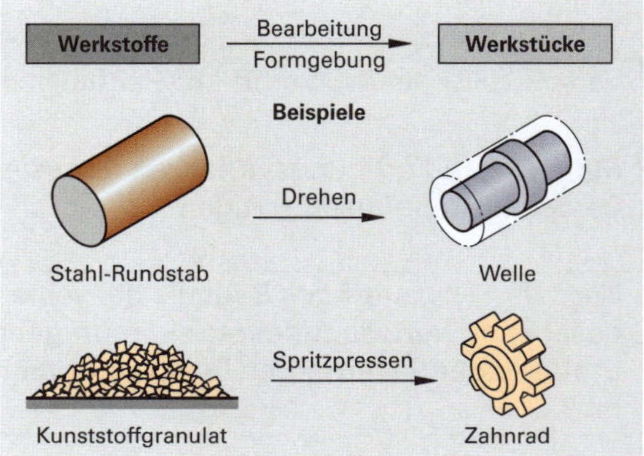

Bild 3: Vom Werkstoff zum Werkstück

C Einteilung der Werkstoffe

Aufgabe 8a

Teilen Sie den untenstehenden Text mithilfe der beiden Diagramme in neun Abschnitte ein. Arbeiten Sie mit Ihrem Nachbarn zusammen und vergleichen Sie Ihre Arbeitsergebnisse im Plenum.

Einteilung der Werkstoffe. Damit man einen Überblick über die große Anzahl der verschiedenen Werkstoffe erhält, teilt man sie nach ihrer Zusammensetzung oder gemeinsamen Eigenschaften in die drei Hauptgruppen Metalle, Nichtmetalle und Verbundwerkstoffe ein (Bild 1). Diese Hauptgruppen lassen sich noch in Untergruppen einteilen. Eisen-Gusswerkstoffe haben gute Festigkeit und lassen sich leicht in Formen gießen. Sie werden für solche Werkstücke verwendet, die sich am einfachsten durch Gießen formen lassen, z. B. Motorblöcke. Stähle sind Eisenwerkstoffe mit großer Festigkeit, die sich besonders für ein Umformen durch Walzen, Schmieden oder Trennen durch Spanen eignen. Aus ihnen werden z. B. Profile, Bleche, Wellen und Zahnräder hergestellt. Schwermetalle (Dichte größer 5 kg/dm³) sind z. B. Kupfer, Zink, Zinn, Blei, Chrom, Nickel. Ihre Verwendung hängt meist von ihren besonderen Eigenschaften ab. Kupfer wird z. B. wegen seiner guten elektrischen Leitfähigkeit für elektrische Leitungen verwendet. Leichtmetalle (Dichte unter 5 kg/dm³) sind Aluminium, Magnesium und Titan. Werkstücke aus ihren Legierungen haben geringes Gewicht bei guter Festigkeit. Sie werden deshalb vor allem im Kraftfahrzeug- und Flugzeugbau eingesetzt. Natürliche Werkstoffe sind Stoffe, die in der Natur vorkommen wie z. B. Leder, Kork, Faserstoffe. Sie werden in besonderen Fällen eingesetzt wie z. B. für Polsterungen. Künstliche Werkstoffe sind Werkstoffe, die künstlich durch verschiedene Verfahren oder durch Umwandlung von Naturstoffen hergestellt werden. Zu ihnen zählen z. B. die Kunststoffe. Verbundwerkstoffe. Bei ihnen sind verschiedene Werkstoffe miteinander verbunden, um deren Eigenschaften zu kombinieren. Zu ihnen gehören z. B. Bremsbeläge, elektrische Leiterplatten. Betriebs- und Hilfsstoffe (Bild 2). Maschinen benötigen zu ihrem Betrieb Betriebsstoffe, z. B. Kraftfahrzeuge brauchen Kraftstoff, Schmierstoff, Kühlflüssigkeit, Bremsflüssigkeit. Ferner erfordert ihre Herstellung und Bearbeitung Hilfsstoffe.

Fachkunde Kraftfahrzeugtechnik, S. 164, 165

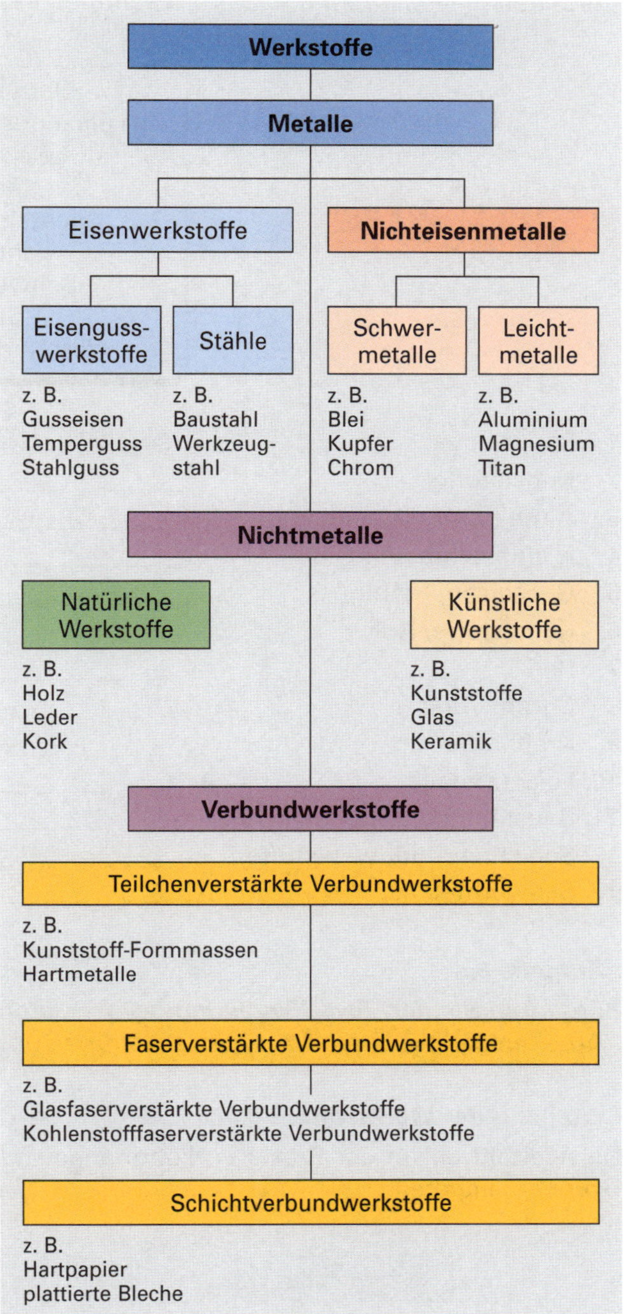

Bild 1: Einteilung der Werkstoffe – Übersicht

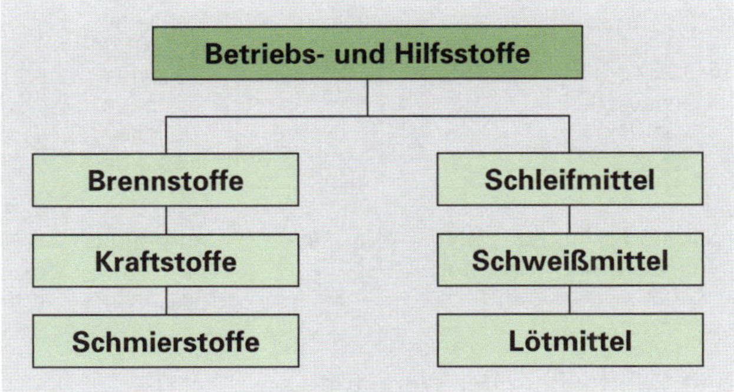

Bild 2: Betriebs- und Hilfsstoffe

Fachkunde Kraftfahrzeugtechnik, S. 165

Aufgabe 8b

Ergänzen Sie, gegebenenfalls mithilfe der Diagramme auf S. 105.
Arbeiten Sie mit Ihrem Nachbarn zusammen und vergleichen Sie Ihre Arbeitsergebnisse im Plenum.

Betriebsstoffe
Eisengusswerkstoffe
Leichtmetalle
Metalle
Nichteisenmetalle
Nichtmetalle
Schwermetalle
Stähle
Verbundwerkstoffe

1. Blei, Kupfer - Schwermetalle
2. Kunststoffe - ____________
3. Aluminium - ____________
4. Nichteisenmetalle - ____________
5. Gusseisen, Stahlguss - ____________
6. Kunststoffe, Holz - ____________
7. Blei - ____________
8. Chrom, Titan - ____________
9. Kraftstoffe - ____________
10. Leichtmetalle - ____________
11. Baustahl, Werkzeugstahl - ____________
12. Schichtverbundwerkstoffe - ____________
13. Schwermetalle - ____________

Aufgabe 8c

Ergänzen Sie den Text „Einteilung der Werkstoffe" mithilfe des zugehörigen Flussdiagramms.
Arbeiten Sie mit Ihrem Nachbarn zusammen und vergleichen Sie Ihre Arbeitsergebnisse im Plenum.

Einteilung der Werkstoffe

Die Vielzahl der in der Praxis vorkommenden Werkstoffe wird nach ihrer Zusammensetzung in drei Gruppen eingeteilt:

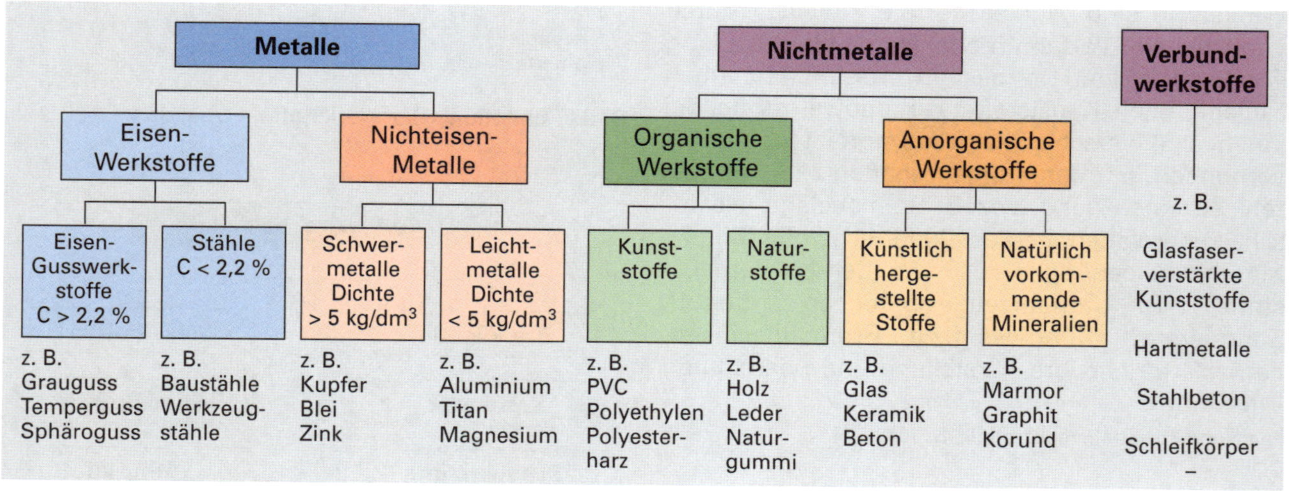

Bild 1: Einteilung der Werkstoffe

Als ____________________________ werden dabei alle Werkstoffe bezeichnet, die auf der Basis von Eisen entstanden sind, also alle Stähle und Gusswerkstoffe.
Die ____________________________ sind alle metallischen Werkstoffe, die kein Eisen enthalten. Sie werden bei einer Dichte von mehr als 5 kg/dm³ als ______________________ und bei einer Dichte von weniger als 5 kg/dm³ als ________________________ bezeichnet.
Die Gruppe der ____________________ wird in organische Werkstoffe, das sind Kunststoffe und Naturstoffe, und in anorganische Stoffe, das sind künstlich hergestellte Stoffe und natürlich vorkommende Mineralien, eingeteilt.
Aus zwei oder mehr Einzelstoffen werden ___________________________ hergestellt, die heute sehr viel Anwendung finden.
Fachkunde Mechatronik, S. 99

Aufgabe 8d
Bilden Sie zwei Gruppen.
Informieren Sie die andere Gruppe mithilfe des Flussdiagramms auf S. 106 jeweils
- *über Metalle bzw.*
- *Nichtmetalle.*

Nutzen Sie dabei neben den Informationen aus dem Diagramm die **Redemittel** zum Klassifizieren (vgl. Lektion 3, S. 89, 90)

Information
Flussdiagramme bilden fachliche Inhalte in ihren Zusammenhängen und die dazugehörenden Termini übersichtlich ab. Sie visualisieren die Ordnung innerhalb terminologischer Systeme. Damit helfen sie beim Lernen der Termini. Sie können auch als Grundlage für Kurzreferate genutzt werden.

Aufgabe 8e
Unterstreichen Sie im folgenden Text die Kerninformationen.
Arbeiten Sie mit Ihrem Nachbarn zusammen und vergleichen Sie Ihre Arbeitsergebnisse im Plenum.

Verbundstoffe
Verbundstoffe sind Werkstoffe, die aus mindestens zwei Werkstoffen mit unterschiedlichen Eigenschaften bestehen. Durch den Verbund entstehen veränderte Eigenschaften. Klassische Vertreter der Verbundwerkstoffe sind z. B. Stahlbeton (Stahl besitzt eine hohe Zugfestigkeit, der Beton ist in großen Mengen gut formbar und besitzt eine hohe Druckfestigkeit) oder auch glasfaserverstärkter Kunststoff, wie er schon seit einiger Zeit z. B. im Behälterbau eingesetzt wird. Ziel des Verbundes von Werkstoffen ist es, die guten Eigenschaften einzelner Werkstoffe zu vereinigen. Die nachteiligen Eigenschaften der Grundwerkstoffe können so meist überdeckt werden.
Fachkunde Mechatronik, S. 120

Aufgabe 8f
Informieren Sie Ihren Nachbarn über Verbundstoffe.
Notieren Sie mithilfe der Informationen aus dem obenstehenden Text Stichpunkte. Erstellen Sie eine Gliederung und referieren Sie mithilfe dieser Gliederung.
Für den Fall, dass Ihr Partner etwas nicht versteht, sollte er unbedingt nachfragen!
Tauschen Sie danach die Rollen.

D Metalle und Legierungen

Information

Im Bereich der technischen Kommunikation gelten Normen u. a. für die

- Formen und Abmessungen von Normteilen (z. B. Schrauben)
- Eigenschaften von Werkstoffen wie z. B. Eisengusswerkstoffen und Stählen.

Normen werden in Normblättern veröffentlicht. Normblätter tragen ein Kurzzeichen (z. B. DIN EN), eine Ordnungsnummer und das Ausgabedatum. Aus dem Kurzzeichen ist ersichtlich, ob es sich um eine deutsche, eine europäische oder eine internationale Norm handelt:

Norm	Erklärung
DIN	Deutsche Norm (DIN = **D**eutsches **I**nstitut für **N**ormen)
DIN EN	**E**uropäische **N**orm, die in deutscher Fassung vorliegt
DIN ISO**	Internationale Norm, die in deutscher Fassung vorliegt
DIN EN ISO	Europäische Norm, die eine internationale Norm enthält und in deutscher Fassung vorliegt

**: International Organization for Standardization (deutsch: Internationale Organisation für Normung)

Normen enthalten verbindliche Regelungen, die Grundlage für den Geschäftsverkehr und das Rechtswesen sind.
Metalltechnik Grundbildung, S. 238

DK 621.822.74 DEUTSCHE NORM April 2011

Wälzlager
Rillenkugellager
einreihig

DIN 625 Teil 1

Rolling bearings; Radial deep groove ball bearings, single row
Roulements; Roulement à billes, a gorge profunde, à une rangèe

Ersatz für Ausgabe 04.89

Zusammenhang mit der von der International Organization for Standardization (ISO) herausgegebenen Internationalen Norm ISO 15 : 1981, siehe Erläuterungen.
Achtung! Bei voller Nutzung der Seitenflächen (z.B. durch Federscheiben nach DIN 42013) Erläuterungen beachten.

Bild 1: ______________________

DK 621.882.2 : 621.882.15 DEUTSCHE NORM Februar 1992

Mechanische Verbindungselemente
Durchgangslöcher für Schrauben
(ISO 273 : 1979)
Deutsche Fassung EN 20 273 : 1991

DIN EN 20 273

Diese Norm enthält die deutsche Übersetzung der Internationalen Norm ISO 273

Fasteners; Clearance holes for bolts and screws (ISO 273 : 1979);
German version EN 20 273 : 1991

Ersatz für DIN ISO 273/09.79

Bild 2: ______________________

DEUTSCHE NORM Mai 2002

Technische Zeichnungen
Allgemeine Grundlagen der Darstellung
Teil 44: Schnitte in Zeichnungen der mechanischen Technik
(ISO 128-44:2001)

DIN ISO 128-44

ICS 01.100.01

Technical drawings — General principles of presentation —
Part 44: Sections on mechanical engineering drawings (ISO 128-44:2001)

Mit
DIN ISO 128-40:2002-05 und
DIN ISO 128-50:2002-50
Ersatz für
DIN 6-2:1986-12

Bild 3: ______________________

DEUTSCHE NORM Juni 2002

Geometrische Produktspezifikation (GPS)
Angabe der Oberflächenbeschaffenheit in der technischen Produktdokumentation
(ISO 1302:2002)
Deutsche Fassung EN ISO 1302:2002

DIN EN ISO 1302

ICS 01.100.01; 17.040.20

Geometrical Product Specifications (GPS) –
Indication of surface texture in technical product documentation
(ISO 1302:2002);
German version EN ISO 1302:2002

Ersatz für
DIN ISO 1302:1993-12

Bild 4: ______________________

Aufgabe 9

Ergänzen Sie die Bildunterschriften mithilfe der obenstehenden Tabelle.
Arbeiten Sie mit Ihrem Nachbarn zusammen und vergleichen Sie Ihre Arbeitsergebnisse im Plenum.

Legierungen

Aufgabe 10a

Ergänzen Sie den folgenden Text.
Arbeiten Sie mit Ihrem Nachbarn zusammen und vergleichen Sie Ihre Arbeitsergebnisse im Plenum.

Legierungen

Eine Legierung besteht mindestens aus zwei chemischen Elementen, von denen eines ein Metall sein muss. Die meisten Legierungen werden durch Einschmelzen und anschließendes Abkühlen hergestellt, da im flüssigen Zustand die beste Vermischung der Komponenten erzielt wird.
______________________ sind also Gemische aus mehreren Metallen bzw. Gemische aus Metallen und Nichtmetallen. Im flüssigen Zustand (Schmelze) sind die Legierungselemente gleich-

mäßig in der ______________________ verteilt. Beim Erstarren der Schmelze bilden sich je nach Grundmetall und den Legierungselementen unterschiedliche Gefügearten* aus.

*s. u. Aufgabe 10b.

Nach: Metalltechnik Grundbildung, S.146

Aufgabe 10b

Bitte ergänzen Sie den folgenden Text mithilfe der Abbildungen1–4.
Arbeiten Sie mit Ihrem Nachbarn zusammen und vergleichen Sie Ihre Arbeitsergebnisse im Plenum.

Innerer Aufbau von Metallen und Legierungen

Bei oberflächlicher Betrachtung erscheinen die Metalle und Legierungen als einheitlicher Stoff ohne innere Struktur (Bild 1, 1. Bild von oben).
Den komplizierten inneren Aufbau erkennt man erst durch stufenweises Vergrößern, z. B. mit einem Elektronenmikroskop (Bild 1, 2. und 3. Bild von oben).
Bei 1000-facher Vergrößerung sieht man, dass das Metall in Körnern gegliedert ist. Die Begrenzungsflächen der __________ heißen ____________ (Bild 2, 3 und 4). Das Bild bei etwa 1000-facher Vergrößerung nennt man das ____________ des Werkstoffs.
Bei 100 000-facher Vergrößerung erkennt man die ____________ ____________ (Bild 1, 3. Bild von oben).

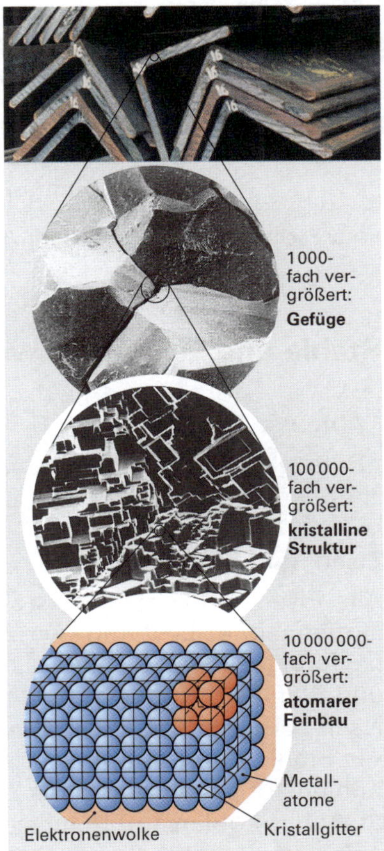

Bild 1: Innerer Aufbau der Metalle

Gefüge reiner Metalle und von Legierungen

Reine Metalle haben ein einheitliches (homogenes) ________. Alle Körner bestehen aus derselben Metallatomsorte. Reinmetalle haben eine relativ geringe Festigkeit. Die meisten Metalle werden in der Technik nicht als Reinmetalle verwendet, sondern als Legierungen. **Legierungen** sind Gemische aus mehreren Metallen bzw. Gemische aus Metallen und Nichtmetallen. Im flüssigen Zustand (Schmelze) sind die Legierungselemente gleichmäßig in der Legierung verteilt. Beim Erstarren der Schmelze bilden sich je nach Grundmetall und den Legierungselementen unterschiedliche Gefügearten aus.

Metallbautechnik Fachbildung, S. 39, 41

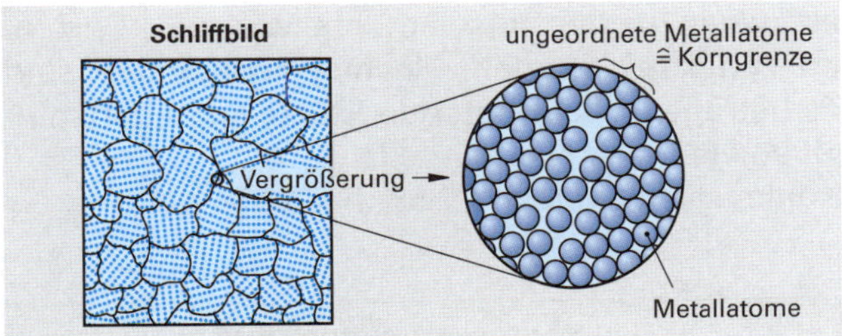

Bild 2: Innerer Aufbau eines reinen Metalls

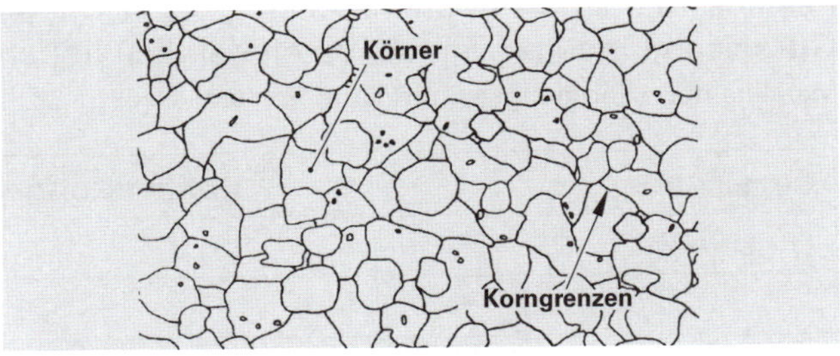

Bild 3: Metallgefüge im Schliffbild

Aufgabe 10c

Welchen Einfluss haben folgende Legierungselemente auf Eisenwerkstoffe?
Bilden Sie zwei Gruppen.

- *Die erste Gruppe informiert mithilfe der Tabelle auf S. 110 die zweite über die Erhöhung bestimmter Eigenschaften der Eisenwerkstoffe.*
- *Die zweite Gruppe informiert die erste über die Senkung bestimmter Eigenschaften der Eisenwerkstoffe.*

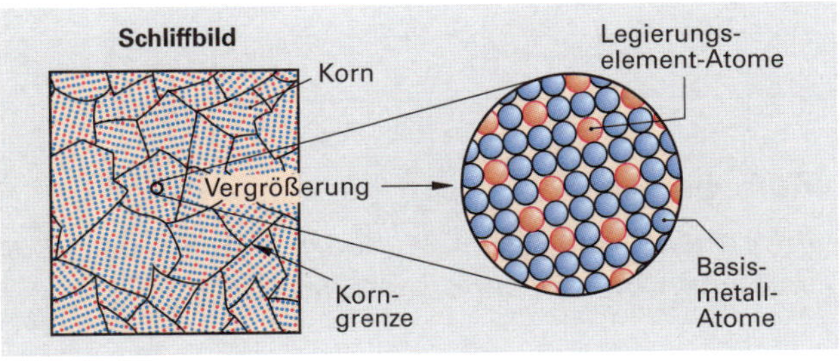

Bild 4: Innerer Aufbau einer Mischkristall-Legierung

Tabelle: Der Einfluss von Legierungselementen auf die Eisenwerkstoffe

Element	erhöht	erniedrigt
Chrom C	Zugfestigkeit, Warmfestigkeit, Korrosionsbeständigkeit	Zähigkeit, Schweißbarkeit, Dehnung
Mangan Mn	Zugfestigkeit, Warmfestigkeit, Korrosionsbeständigkeit	Verschleißfestigkeit, Schweißbarkeit, Zerspanbarkeit
Molybdän Mo	Zugfestigkeit, Warmfestigkeit, Schneidhaltigkeit, Zähigkeit	Schweißbarkeit
Nickel Ni	Zugfestigkeit, Warmfestigkeit, Korrosionsbeständigkeit	Wärmedehnung, Schweißbarkeit, Zerspanbarkeit
Vanadium V	Dauerfestigkeit, Warmfestigkeit, Härte	Schweißbarkeit
Wolfram W	Zugfestigkeit, Härte, Warmfestigkeit, Schneidhaltigkeit	Verschleißfestigkeit, Korrosionsbeständigkeit

nach: Fachkunde Kraftfahrzeugtechnik, S. 169

Stähle und Eisen-Gusswerkstoffe

Aufgabe 11a
Bitte ergänzen Sie die untenstehende Tabelle mithilfe des folgenden Textes.
Arbeiten Sie mit Ihrem Nachbarn zusammen und vergleichen Sie Ihre Arbeitsergebnisse im Plenum.

Eisen- und Stahlwerkstoffe

Alle Eisen- und Stahlwerkstoffe enthalten aus dem Herstellungsprozess einen bestimmten Kohlenstoffgehalt. Er bestimmt wesentlich die Eigenschaften des Werkstoffs. Der Kohlenstoff wird nicht als Legierungselement, sondern als Eisenbegleiter bezeichnet, da er von der Herstellung her in den Eisen- und Stahlwerkstoffen enthalten ist.
Nach dem Kohlenstoffgehalt untergliedert man die Eisenwerkstoffe in **Stähle und Gusseisen.**
Als **Stähle** bezeichnet man Eisen-Basiswerkstoffe, die ohne Nachbehandlung schmiedbar sind, deren Kohlenstoffgehalt kleiner als 2,2% ist und die zusätzlich andere Elemente enthalten können. Enthält der Stahl nur Kohlenstoff in unterschiedlichen, die Eigenschaften beeinflussenden Mengen, so ist dies ein **unlegierter** Stahl. Von **legierten** Stählen spricht man, wenn Legierungselemente wie z. B. Chrom, Mangan, Molybdän, Nickel, Silicium oder Vanadium zugesetzt wurden. **Hochlegierte** Stähle sind Stähle, bei denen die Legierungselemente mehr als 5% betragen. **Nichtrostende Stähle** enthalten mindestens 10,5% Chrom und höchstens 1,2% Kohlenstoff sowie meist Nickelanteile.
Gusseisen hingegen enthält einen deutlich höheren Kohlenstoffgehalt von 2,6% bis 3,6%.
Metallbau und Fertigungstechnik Grundbildung, S. 66

Bezeichnung	Kohlenstoffgehalt	Legierungselemente
Gusseisen		

Aufgabe 11b
Informieren Sie Ihren Nachbarn mithilfe der obenstehenden Tabelle über Eisen- und Stahlwerkstoffe.
Tauschen Sie anschließend die Rollen.

Aufgabe 11c

1. Ergänzen Sie die Verweise auf die Abbildungen im folgenden Text.
2. Ergänzen Sie die Tabelle auf Seite 112 mithilfe des Textes.
Arbeiten Sie mit Ihrem Nachbarn zusammen und vergleichen Sie Ihre Arbeitsergebnisse im Plenum.

Eisengusswerkstoffe

Gusseisen mit Lamellengrafit (Grauguss)
Herstellung. Gusseisen mit Lamellengrafit wird aus grauem Roheisen, Gussbruch und Stahlschrott erschmolzen. Kühlt sich die Schmelze nach dem Gießen langsam ab, scheidet sich der Kohlenstoff als Grafit in lamellenförmigen Blättchen aus und lagert sich fein verteilt im Gefüge ein (Bild ___).
Eigenschaften. Grafit verleiht der Bruchstelle die typische graue Farbe, bewirkt u. a. gute Gleiteigenschaften und leichte Bearbeitbarkeit. Der hohe Kohlenstoffanteil von 2,8–3,6% bewirkt einen niedrigen Schmelzpunkt und gute Gießbarkeit. Zugfestigkeit und Dehnbarkeit sind stark herabgesetzt.
Verwendung z. B. für Zylinderblöcke, Gehäuse, Bremstrommeln, Bremsscheiben.

Gusseisen mit Kugelgrafit (Kugelgrafitguss)
Herstellung. Wird dem geschmolzenen Gusseisen im Tiegel Magnesium hinzugefügt, so scheidet sich der Grafit beim Abkühlen an den Korngrenzen kugelförmig (globular) (Bild ____) aus.
Eigenschaften. Die Grafitkugeln erzeugen im Gegensatz zu Lamellen keine Kerbwirkung, dadurch sind Dehnung, Biege- und Zugfestigkeit höher. Kugelgrafitguss hat einen hohen Verschleißwiderstand und kann warm behandelt, z. B. gehärtet oder vergütet werden. Er ist gut bearbeitbar und lässt sich randschichthärten.
Verwendung z. B. für Kurbelwellen, Pleuelstangen, Lenkungsteile.

Gusseisen mit Vermikulargrafit (EN-GJV)
Sein Gefüge besitzt sowohl feine, wurmförmige (vermiculare) als auch kugelförmige Grafiteinlagerungen. Dadurch sind Zugfestigkeit und Bruchdehnung höher als bei Grauguss.
Verwendung z. B. für Bremsscheiben, Motorblöcke.

Temperguss
Temperguss ist durch Glühbehandlung zäh gewordenes Gusseisen (Bild ____).
Eigenschaften. Gussstücke aus Temperguss haben stahlähnliche Eigenschaften. Sie sind gut spanbar, weich- und hartlötbar, randschichtenhärtbar, schweißbar.
Verwendung im Fahrzeugbau z. B. für Pleuelstangen, Lenksäulen.

Entkohlend geglühter Temperguss

Kurzzeichen	EN-GJMW
Dichte	7,4 kg/dm³
Schmelzpunkt	1300 °C
Zugfestigkeit	350 N/mm² ... 650 N/mm²
Dehnung	1,5 % ... 3 %

Nicht entkohlend geglühter Temperguss

Kurzzeichen	EN-GJMB
Dichte	7,4 kg/dm³
Schmelzpunkt	1300 °C
Zugfestigkeit	250 N/mm² ... 700 N/mm²
Dehnung	1 % ... 2 %

Bild 1

Stahlguss

Kurzzeichen	GS
Dichte	7,85 kg/dm³
Schmelzpunkt	1300 °C ... 1400 °C
Zugfestigkeit	400 N/mm² ... 800 N/mm²
Dehnung	2,5 % ... 8 %

Bild 2

Gusseisen mit Lamellengrafit

Kurzzeichen	EN-GJL
Dichte	7,25 kg/dm³
Schmelzpunkt	1150 °C ... 1250 °C
Gießtemperatur	etwa 1350 °C
Zugfestigkeit	100 N/mm² ... 400 N/mm²
Dehnung	fast keine

Bild 3

Gusseisen mit Kugelgrafit

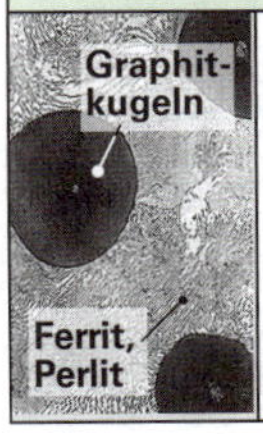

Kurzzeichen	EN-GJS
Dichte	7,1 kg/dm³ ... 7,3 kg/dm³
Schmelzpunkt	1400 °C
Zugfestigkeit	400 N/mm² ... 800 N/mm²
Dehnung	15 % ... 2 %

Bild 4

Stahlguss

Stahlguss ist in Formen gegossener Stahl für Gussstücke hoher Festigkeit (Bild ___).
Herstellung. Die Gussstücke werden nach dem Gießen geglüht, um Gussspannungen zu beseitigen. Die Glühtemperatur liegt ja nach Kohlenstoffgehalt zwischen 800 °C und 900 °C.
Eigenschaften. Stahlguss besitzt die Eigenschaften von Stahl wie z. B. Festigkeit und Zähigkeit bei gleichzeitiger Gießbarkeit, so dass sich dadurch auch kompliziert geformte Werkstücke herstellen lassen.
Verwendung z. B. für Bremstrommeln, Bremsscheiben, Turbinen.
Fachkunde Kraftfahrzeugtechnik, S. 167 ff.

Kennbuchstaben für Eisengusswerkstoffe

nach DIN	nach DIN-EN	Bezeichnung
G		Gusseisenwerkstoff
GG	EN-GJL	
GGG	EN-GJS	
GTS	EN-GJMB	
GTW	EN-GJMW	
GS	GS	

Aufgabe 11d

1. Informieren Sie Ihren Nachbarn mithilfe der oben stehenden Tabelle und des oben stehenden Textes über Eisengusswerkstoffe. Berücksichtigen Sie dabei
- *Kennbuchstaben*
- *Eigenschaften.*

Sie können dabei folgende **Redemittel** verwenden:

- Gusseisen hat nach DIN-EN das Kennzeichen ...
- Der Kennbuchstabe von Gusseisen lautet nach DIN ...
- Gusseisen hat folgende Eigenschaften ...
- Gusseisen weist die folgenden Eigenschaften auf ...
- Gusseisen ist ...

2. Tauschen Sie die Rollen.
3. Vergleichen Sie Ihre Arbeitsergebnisse im Plenum.

Aufgabe 11e

1. Ergänzen Sie die Verweise auf die Abbildungen im Text.
Arbeiten Sie mit Ihrem Nachbarn zusammen und vergleichen Sie Ihre Arbeitsergebnisse im Plenum.

Einteilung und Zusammensetzung der Stähle und Eisen-Gusswerkstoffe

Nach ihrer Verwendung lassen sich die Stähle und Eisen-Gusswerkstoffe in vier Werkstoffgruppen einteilen: Stahlbaustähle, Maschinenbaustähle, Werkzeugstähle und Eisen-Gusswerkstoffe (Bild ___).

Stahlbaustähle **Maschinenbaustähle** **Werkzeugstähle** **Eisen-Gusswerkstoffe**

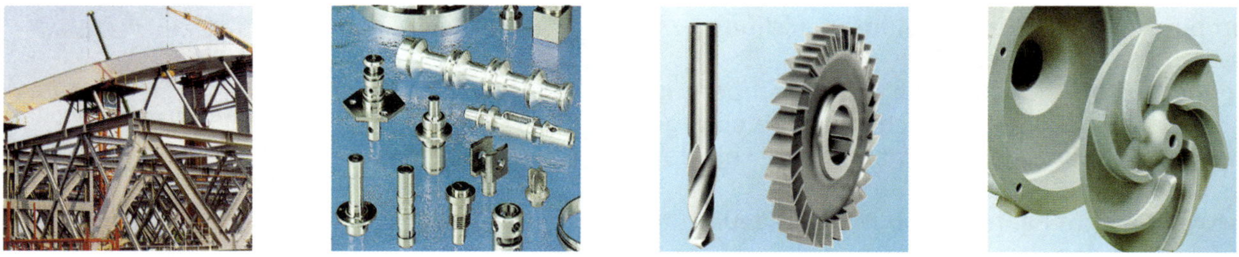

Bild 1: Stähle und Eisen-Gusswerkstoffe

Alle Eisen- und Stahlwerkstoffe enthalten aus dem Herstellungsprozess einen bestimmten Kohlenstoffgehalt. Er bestimmt wesentlich die Eigenschaften des Werkstoffs (Bild ___).

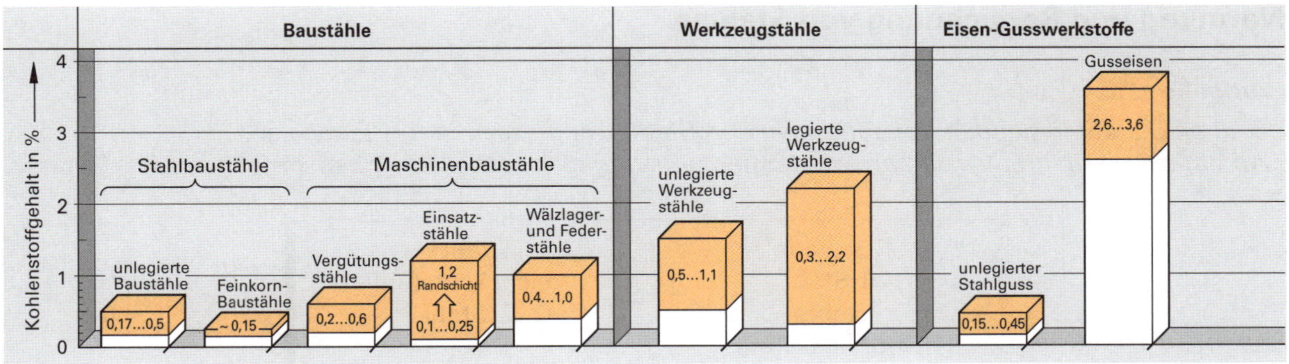

Bild 2: Kohlenstoffgehalt der Stähle und Eisen-Gusswerkstoffe
Metallbau und Fertigungstechnik Grundbildung, S. 66

Nach der Genauigkeit der Zusammensetzung sowie ihrer Reinheit von nichtmetallischen Einschlüssen und damit den gewährleisteten Gebrauchseigenschaften unterscheidet man bei den Stählen folgende Güteklassen:

Grundstähle sind Stahlsorten, an die keine besonderen Qualitätsanforderungen gestellt werden.

Qualitätsstähle sind Stähle (legiert oder unlegiert) mit gewährleisteten Gebrauchseigenschaften, z. B. Zähigkeit, Korngröße, Schweißeignung.

Edelstähle sind Stähle (legiert oder unlegiert), die besonders rein bzw. mit genauer Zusammensetzung hergestellt sind. Sie haben gewährleistete Eigenschaften und ergeben, z. B. nach der Wärmebehandlung, exakte Festigkeits- und Härtewerte.

Die nichtrostenden Stähle sind allesamt Edelstähle. Von den unlegierten und den anderen legierten Stählen gibt es Sorten in den Güteklassen Qualitätsstähle und Edelstähle.

2. Ergänzen Sie mithilfe des obenstehenden Textes die untenstehenden Aussagen.
Arbeiten Sie mit Ihrem Nachbarn zusammen und vergleichen Sie Ihre Arbeitsergebnisse im Plenum.

1. Stahlbaustähle und Maschinenbaustähle gehören zur Werkstoffgruppe der ____________.
2. ____________ haben einen Kohlenstoffanteil zwischen 0,5% und 2,2%.
3. ____________ haben einen Kohlenstoffanteil zwischen 0,2% und 1,0%.
4. Klassifiziert man Stähle nach der Genauigkeit ihrer Zusammensetzung sowie ihrer Reinheit von nichtmetallischen Einschlüssen, so erhält man ____________ und ____________.
5. Unlegierte Baustähle und Feinkorn-Baustähle zählen zu den ____________.
6. Klassifiziert man Stähle nach ihrem Verwendungszweck, so erhält man ____________, ____________ und ____________.

Normung und Bezeichnung von Stählen

Aufgabe 12a

Ordnen Sie die folgenden Benennungen den Stahlerzeugnissen in der Tabelle zu.
Arbeiten Sie mit Ihrem Nachbarn zusammen und vergleichen Sie Ihre Arbeitsergebnisse im Plenum.

Rundstahl	Drähte
T-Stahl	Sechskantstahl
Rohre	Z-Stahl
Doppel-T-Stahl	Bleche
Vierkantstahl	L-Stahl

Normung der Stahlerzeugnisse (Formnormung)

Nach den Erfordernissen der Praxis und den Erkenntnissen der Festigkeitslehre wurden die Formen der Stahlerzeugnisse entwickelt und in genormten Größen festgelegt. Die genauen Abmessungen, die Größenstufung sowie der verwendete Werkstoff können dem jeweiligen Norm-Blatt entnommen werden. Diese genormten Stahlerzeugnisse werden von den Stahlwerken auf Lager gefertigt und können vom Besteller sofort bezogen werden. Die gebräuchlichsten Stahlerzeugnisse zeigt die Tabelle.

Stahlerzeugnisse (Auswahl)		
Formstähle (Profilstähle) 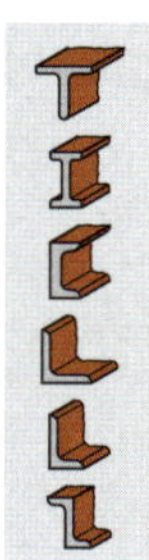	**Stabstähle** 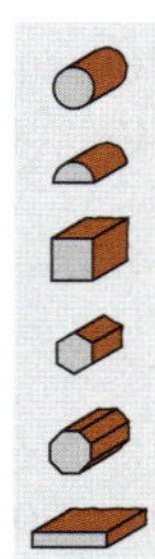	
____________	____________	____________
____________	Halbrundstahl	Grobbleche $D > 4{,}75$ mm
U-Stahl	____________	Mittelbleche 3 bis 4,75 mm
gleichschenkliger L-Stahl	____________	Feinbleche 0,5 bis 3 mm
ungleichschenkliger L-Stahl	Achtkantstahl	Feinstbleche $D < 0{,}5$ mm
____________	Flachstahl	nahtlose Rohre
		geschweißte Rohre

Metallbau und Fertigungstechnik Grundbildung, S. 65

Aufgabe 12b

Wie heißen die folgenden Form- und Stabstähle?
Arbeiten Sie mit Ihrem Nachbarn zusammen und vergleichen Sie Ihre Arbeitsergebnisse im Plenum.

____
DIN 1026-1

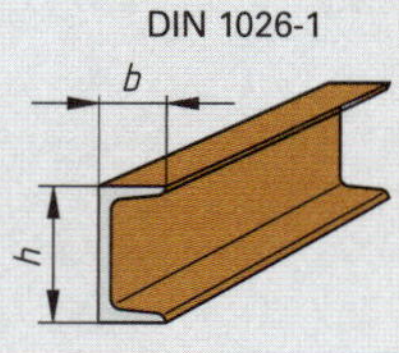

z.B. U-Stahl mit 60 mm Höhe
U-Profil DIN 1026 – U 60

____
gleich-schenklig — ungleich-schenklig
DIN EN 10 056-1

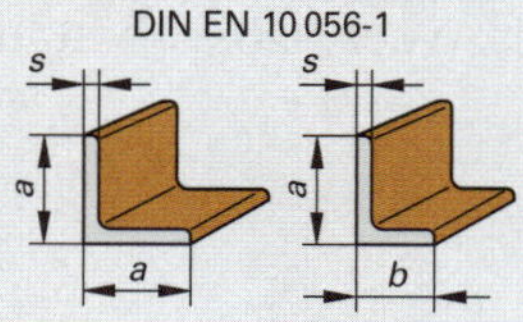

z.B.
L-Profil EN 10 056 – L 40 x 4

____
DIN 1027

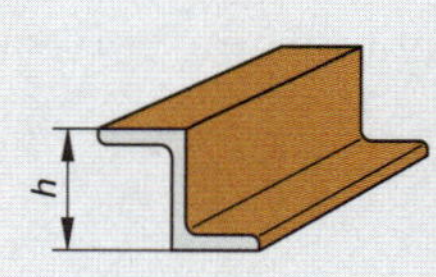

z.B. Z-Stahl mit 80 mm Höhe
Z-Profil DIN 1027 – Z 80

Hochstegiger T-Stahl
DIN EN 10 055

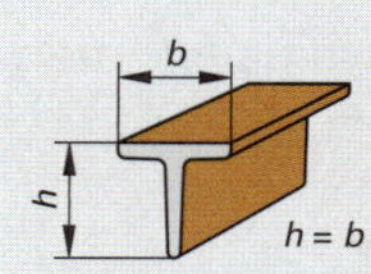

z.B. Hochstegiger T-Stahl von 100 mm Höhe
T-Profil DIN EN 10 055 – T 100

____
DIN EN 10060

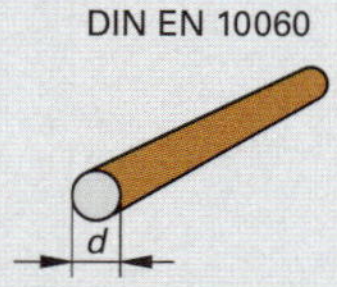

z.B. Rundstahl mit 30 mm Durchmesser, 1200 mm Länge
Rundstab EN 10060-30x1200

____
DIN EN10059

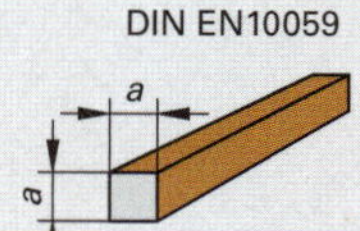

z.B. Vierkantstahl mit 50 mm Seitenlänge, 2100 mm Länge
Vierkantstab EN 10059-50x2100

____
DIN EN 10061

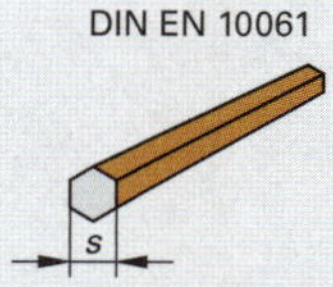

z.B. Sechskantstahl mit 10 mm Schlüsselweite
Sechskantstab EN10061-10

____
DIN EN 10058

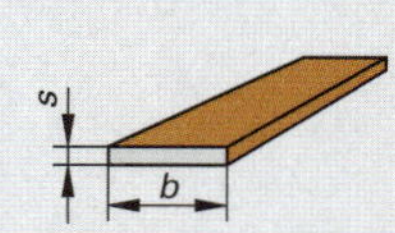

z.B. Flachstahl mit 20 mm Breite und 5 mm Dicke, 800 mm Länge
Flachstab EN 10058-20x5x800

Metallbautechnik Fachbildung, S. 23

Aufgabe 12c
Welche Informationen enthält die Kurzbezeichnung eines Stahlerzeugnisses?
Arbeiten Sie mit Ihrem Nachbarn zusammen und vergleichen Sie Ihre Arbeitsergebnisse im Plenum.

Kurzbezeichnung der Stahlerzeugnisse

Die Bestellung der Stahlerzeugnisse erfolgt mit einer **Kurzbezeichnung.**
Sie setzt sich aus einem Symbol, der entsprechenden Norm-Nummer, der Werkstoff-Kurzbezeichnung (s. u.) sowie den Hauptabmessungen zusammen. Das rechts stehende Beispiel erläutert die Kurzbezeichnung.

Metallbau und Fertigungstechnik Grundbildung, S. 65

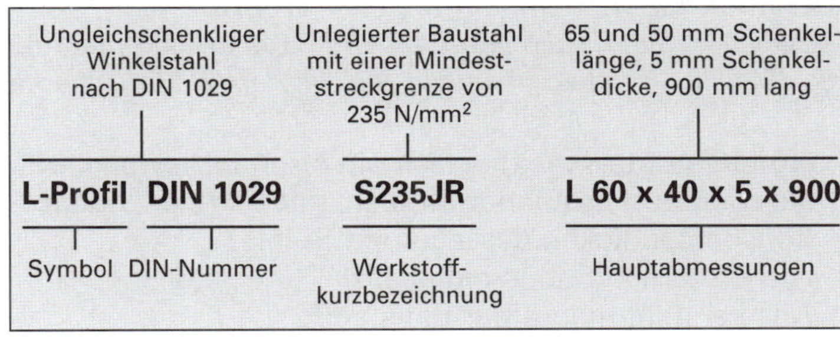

Aufgabe 12d
Welche Informationen enthält die Kurzbezeichnung des folgenden, nicht rostenden Stahls?
Arbeiten Sie mit Ihrem Nachbarn zusammen und vergleichen Sie Ihre Arbeitsergebnisse im Plenum.

Kurznamen für Stähle

Das Bezeichnungssystem für Stähle und Stahlguss (DIN EN 10 027) unterscheidet zwei Gruppen von Kurznamen:
Gruppe 1 – Kurznamen, die Hinweise auf die Verwendung und die mechanischen oder physikalischen Eigenschaften der Stähle enthalten.
Gruppe 2 – Kurznamen, die chemische Zusammensetzung der Stähle enthalten.
Das folgende Beispiel ist das Kurzzeichen für einen nichtrostenden Stahl.

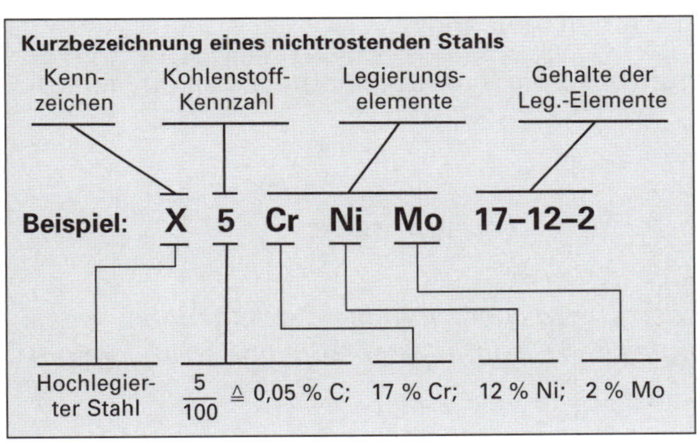

Rohrleitungen und Armaturen einer Chemieanlage

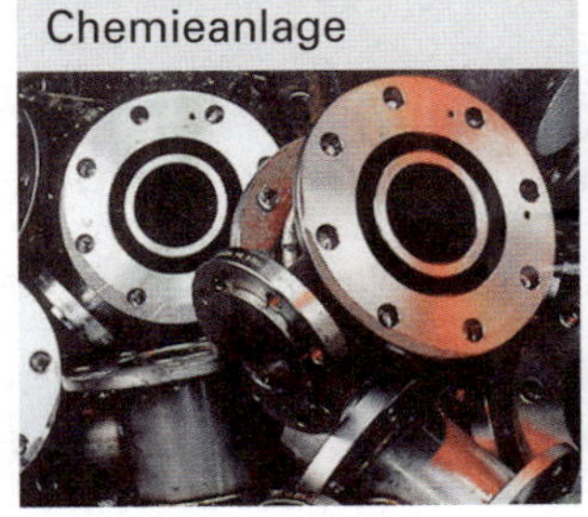

Tragwerk der Glasfassade eines Bahnhofs

Bauteile aus korrosionsbeständigen Stählen

Metallbautechnik Fachbildung, S. 25, 26; Metallbau und Fertigungstechnik Grundbildung, S. 72

Aufgabe 12e
Welche Zusammensetzung lässt sich mithilfe des untenstehenden Textes aus der Kurzbezeichnung X10CrNi18-8 ablesen?
Arbeiten Sie mit Ihrem Nachbarn zusammen und vergleichen Sie Ihre Arbeitsergebnisse im Plenum.

Kurznamen bei hochlegierten Stählen

Der Kurzname besteht aus:
- dem Kennbuchstaben X für „hochlegierte Stähle"
- die Kennzahl für den 100-fachen Kohlenstoffgehalt
- den chemischen Symbolen der Legierungselemente
- den Gehalten der Legierungselemente, die direkt in Prozent angegeben sind

Beispiel: X10CrNi18-8
Andere Stahlsorten haben andere Haupt- und Zusatzsymbole sowie andere Multiplikationsfaktoren. Sie sind den entsprechenden Tabellen zu entnehmen.

Metalltechnik Grundbildung, 156

Aufgabe 12f
Im Folgenden finden Sie Originalaufgaben aus Fachbüchern.
Bilden Sie Gruppen mit fünf Teilnehmern. Jeder Teilnehmer wählt eine der folgenden Wiederholungsfragen/Aufgaben aus und informiert die anderen. Machen Sie sich (gegebenenfalls mithilfe der Informationen auf den S. 110–115) Notizen.
Versuchen Sie, für die Fragen 3 und 5 zusammen mit Ihrem Nachbarn ein Dialogschema (vgl. Lektion 2, S. 43 ff.) zu erstellen. Arbeiten Sie mit dem Dialogschema wie in Lektion 2, S. 43 ff. beschrieben.

1. Wodurch unterscheiden sich die Eisen-Gusswerkstoffe von Stahl?
2. Welchen Einfluss haben Kohlenstoff und die Legierungselemente auf die Festigkeit und die Korrosionsbeständigkeit der legierten Stähle?
3. Wie kann man Stähle einteilen?
4. Was versteht man unter Baustahl?
5. Erklären Sie die Werkstoffbezeichnung X6CrMo17-7!

Metallbau und Fertigungstechnik Grundbildung, S. 72; Fachkunde Kraftfahrzeugtechnik, S. 173

Was tun Facharbeiter in luftfahrttechnischen Berufen?

Aufgabe 13
Sehen Sie sich den Überblicksfilm „Luftfahrttechnische Berufe" http://www.berufe.tv/BA/ausbildung?filmID=1000363 an. Lesen Sie zuerst die folgenden Fragen durch, bevor Sie sich den Film anschauen.

1. Wie viele luftfahrttechnische Berufe werden kurz vorgestellt?

Schauen Sie sich den Film ein zweites Mal an.

2. Wie viele luftfahrttechnische Berufe werden vorgestellt?
3. Zu welchen der luftfahrttechnischen Berufe wird etwas über die Ausbildungsinhalte im ersten Lehrjahr gesagt?
4. Welche der Ausbildungsinhalte im ersten Lehrjahr werden erwähnt?

Arbeiten Sie mit Ihrem Nachbarn zusammen und vergleichen Sie Ihre Arbeitsergebnisse im Plenum.

Nichteisenmetalle und ihre Legierungen

Aufgabe 14a
Ergänzen Sie das Flussdiagramm und die Erklärung des Kurzzeichens mithilfe des folgenden Textes.
Arbeiten Sie mit Ihrem Nachbarn zusammen und vergleichen Sie Ihre Arbeitsergebnisse im Plenum.

Nichteisenmetalle

Nichteisenmetalle (NE) sind alle Metalle und deren Legierungen mit Ausnahme des Eisens.

Man unterteilt die Nichteisenmetalle nach ihrer Dichte in Schwermetalle und Leichtmetalle (Bild 1).

Die meisten reinen Metalle wie z. B. Kupfer, Blei, Aluminium sind sehr weich und besitzen nur geringe Festigkeit. Durch Legieren lassen sich die Eigenschaften der reinen Metalle verbessern.

Bezeichnung der reinen Metalle. Hinter dem chemischen Zeichen des Metalls steht der Reinheitsgrad in Prozent, z. B. Al 99,99.

Bezeichnung der Legierungen. Bei Legierungen werden die chemischen Zeichen ihrer Bestandteile angegeben, wobei das Metall mit dem größten Anteil an erster Stelle genannt wird ohne Angabe des Prozentgehaltes; er wird als Differenz

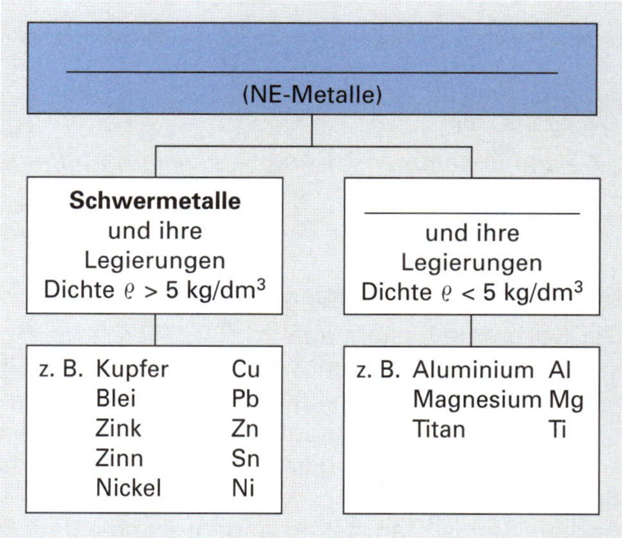

Bild 1: Einteilung der NE-Metalle

aus der Summe der anderen Legierungszusätze bestimmt.
Nach dem Grundmetall folgen die Zeichen der Legierungszusätze jeweils mit der Angabe ihres Prozentgehaltes. Sie sind nach fallenden Prozenten geordnet. Die Prozentangaben entfallen bei geringem Anteil (s. das Beispiel für eine bestimmte Kupferlegierung, andere haben andere Kurzzeichen.).

Fachkunde Kraftfahrzeugtechnik, S. 177

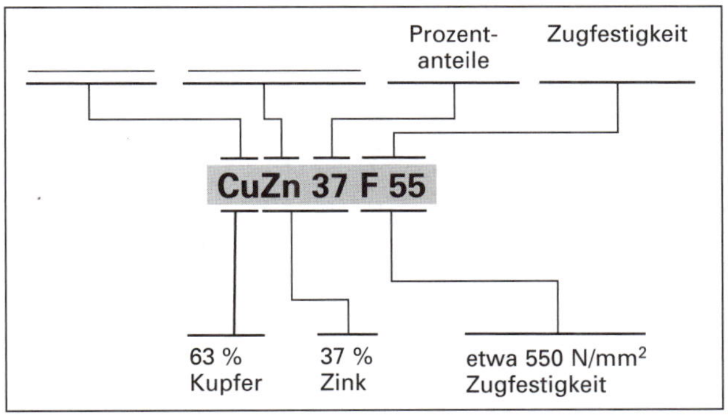

Bild 2: ______________________________

Fachkunde Kraftfahrzeugtechnik, S. 177

Aufgabe 14b

Bilden Sie Zweiergruppen. Informieren Sie Ihren Partner mithilfe des untenstehenden Textes über Kupfer. Er wird Sie anschließend über Aluminium informieren.

Sie können dabei folgende **Redemittel** verwenden:

- Kupfer ist ein ...
- Die wesentlichen Eigenschaften ...
- Kupfer ist ...
- Kupfer besitzt ...
- Kupfer hat ...
- Kupfer wird für ... verwendet.

Tauschen Sie danach die Rollen.
Vergleichen Sie Ihre Arbeitsergebnisse im Plenum.

Kupfer (Cu)
Wesentliche Eigenschaften

- Weich, zäh, dehnbar
- Rotbraune Farbe
- Gute Leitfähigkeit für Elektrizität und Wärme
- Korrosions- und feuerbeständig
- Sehr gut kalt und warm umformbar
- Gut weich- und hartlötbar
- Schweißbar
- Schlecht gießbar
- Gut spanbar durch Werkzeuge mit großem Spanwinkel

Verwendung

Z. B. für elektrische Leitungen, Rohre für Benzin, Öl oder Wasser, Kühler, Dichtungen und Legierungen

Nach: Fachkunde Kraftfahrzeugtechnik, S. 178

Aluminium (Al)
Eigenschaften

- Silberweiß
- Korrosionsbeständig
- Weich, geringe Zugfestigkeit
- Härte und Zugfestigkeit lassen sich durch Legierungen steigern
- Gute elektrische Leitfähigkeit
- Gute Wärmeleitfähigkeit
- Gut verformbar und gut legierbar
- Gut spanbar durch Werkzeuge mit großem Spanwinkel

Verwendung

Z. B. für Folien, Tuben, Dosen, Fahrzeugaufbauten (als Baustoff und als Legierungszusatz)

Aufgabe 14c

Bilden Sie Zweiergruppen. Ergänzen Sie die Tabelle auf S. 118 mithilfe des folgenden Textes. Informieren Sie anschließend das Plenum mithilfe der Tabelle über Messing.

Kupfer-Zink-Legierungen (Messing)
Eigenschaften und Verwendung

Cu-Zn-Legierungen sind je nach Zusammensetzung sehr zug- und verschleißfest, aber auch korrosionsbeständig. Messingteile lassen sich auch sehr gut polieren. Einige Cu-Zn-Legierungen enthalten Zusätze weiterer Metalle, z. B. Aluminium oder Zinn. Sie lassen sich gut umformen, gießen und spanend bearbeiten. Sie werden für Armaturen, für Teile der Feinmechanik und korrosionsbeständige Schrauben oder Federn verwendet.

Metalltechnik Grundbildung, S. 165

Kupfer-Zink-Legierungen	
Eigenschaften	
Verwendung	

Aufgabe 14d

Bilden Sie fünf Gruppen.

1. *Jede Gruppe wählt aus der folgenden Tabelle eine NE-Metallgruppe aus und bereitet die Information des Plenums über die gewählte NE-Metallgruppe vor.*
2. *Jede Gruppe wählt einen Sprecher, der das Plenum über die NE-Metallgruppe informiert, mit denen sich seine Gruppe beschäftigt hat.*

Sie können dabei folgende **Redemittel** verwenden:

- Zinn ist ein...
- Zinn gehört zu ...
- Zinn hat eine Dichte von ...
- Zinn hat eine Schmelztemperatur von ...
- Der Schmelzpunkt von Zinn liegt bei ...
- Zinn schmilzt bei ...

Tabelle 1: Eigenschaften und Verwendung technisch wichtiger Metalle

Metall Kurzzeichen	**Dichte** in kg/dm^3	**Schmelztemperatur** in °C	**Besondere Eigenschaften**	**Verwendung**
Niedrig schmelzende Metalle				
Zinn Sn	7,3	232	gut gießbar, gut spanlos formbar	Überzüge auf Stahlblech (Weißblech), Legierungselement für CuSn-Legierungen, Zinnlegierungen: Lote, z. B. L-Sn 60 Pb
Blei Pb	11,3	327	beständig gegen Schwefelsäure, absorbiert Röntgenstrahlen	Strahlenschutz, Plattierungen, Bleiakkus, Legierungselement für Automatenlegierungen, Bleilegierungen: z. B. LgPbSn9Cd (Lagermetall)
Zink Zn	7,1	419	korrosionsbeständig im Freien	Korrosionsschutz (Verzinken), Legierungselement für Al-Legierungen, Zinklegierungen: Druckguss, z. B. GD-ZnAl4Cu1
Leichtmetalle				
Magnesium Mg	1,8	650	leichtestes, technisch verwendetes Metall, in Pulverform leicht entzündbar	Legierungselement für Al-Legierungen, Mg-Legierungen: Leichtbauteile im Geräte-, Fahrzeug- und Flugzeugbau
Titan Ti	4,5	1727	hohe Festigkeit, zäh, korrosions- und temperaturbeständig, teuer	Mechanisch hochbelastete Leichtbauteile wie Triebwerksschaufeln, Chemieapparate, Ti-Legierungen: Hochleistungs-Leichtbauteile
Legierungsmetalle				
Mangan Mn	7,3	1250	hart, spröde	Legierungsmetall für zähharte Stähle
Nickel Ni	8,9	1455	heller Metallglanz, korrosionsbeständig	Schutzüberzüge (Vernickeln), Legierungselement für korrosionsbeständige Stähle
Cobalt Co	8,8	1490	zäh, korrosionsbeständig	Legierungselement für Schnellarbeitsstähle, Bindemetall für Hartmetalle

Tabelle 1 (Forts.): Eigenschaften und Verwendung technisch wichtiger Metalle				
Metall Kurzzeichen	**Dichte** in kg/dm³	**Schmelz-temperatur** in °C	**Besondere Eigenschaften**	**Verwendung**
Legierungsmetalle				
Vanadium V	6,0	1720	hart, spröde	Legierungselement für zähharte Stähle und Schnellarbeitsstähle
Chrom Cr	7,1	1900	brillanter Metallglanz, korrosionsbeständig	Schutzüberzüge (Verchromen), Legierungselement für nicht rostende Stähle
Hochschmelzende Metalle				
Molybdän Mo	10,2	2600	korrosionsbeständig	Heizleiter, Legierungselement für hitzebeständige Stähle und Schnellarbeitsstähle
Tantal Ta	16,6	3000	zähhart, korrosionsbeständig gegen Säuren	Spezielle Chemieapparate und Geräte Legierungselement für warmfeste Stähle
Wolfram W	19,3	3380	zähhart, warmkorrosionsbeständig gegen Säuren, höchste Schmelztemperatur	Spezielle Chemieapparate, Glühfäden für Glühlampen, Legierungselement für warmfeste Stähle und Schnellarbeitsstähle
Edelmetalle				
Silber Ag	10,5	960	höchste Leitfähigkeit für Elektrizität, Glanz	Elektrische Leitungen und Kontakte, Reflektoren, Spiegelbeschichtungen
Gold Au	19,3	1063	dekoratives Aussehen, korrosionsbeständig	Schmuck, Schutzüberzüge für Chemieapparate, Elektrokontakte
Platin Pt	21,5	1773	äußerst korrosionsbeständig gegen Säuren	Tiegel und Kleingeräte für das Chemielabor, Schmuck, Thermoelemente

Fachkunde Mechatronik, S. 113

Was machen Behälter- und Apparatebauer?

Aufgabe 15

Sehen Sie sich den Film zum Berufsbild des Behälter- und Apparatebauers http://www.berufe.tv/BA/ausbildung?filmID=1000123 an. Lesen Sie zuerst die folgenden Fragen durch, bevor Sie sich den Film anschauen.

1. Was wird bei der Kliewe GmbH hergestellt? Nennen Sie mindestens drei Produkte.
2. Welche Materialien werden bei der Kliewe GmbH verarbeitet?
3. Die Azubis Jan Ole und Marius sollen einen Trichter herstellen. Folgende Arbeitsschritte werden dabei vollzogen:
   - Festlegen der Maße und Erstellen einer Skizze
   - ______
   - ______
   - ______
   - Flexen des Innenkreises
4. Welche der im Film genannten Fertigungsverfahren kannten Sie schon?
5. Welche der im Film genannten Fertigungsverfahren kannten Sie noch nicht?

Arbeiten Sie mit Ihrem Nachbarn zusammen und vergleichen Sie Ihre Arbeitsergebnisse im Plenum.

Was tun Metallbildner?

Aufgabe 16
Sehen Sie sich den Film zum Berufsbild des Metallbildners http://www.berufe.tv/BA/ausbildung?filmID=1000337 an.
Lesen Sie zuerst die folgenden Fragen durch, bevor Sie sich den Film anschauen.

1. Welche Tätigkeitsbereiche haben Metallbildner?
2. Welche Materialien verarbeiten Metallbildner?

Schauen Sie sich den Film zum Berufsbild des „Metallbildner" ein zweites Mal an.

3. Die Fertigungsverfahren, die Metallbildner beherrschen müssen, decken die Metallgestaltung und -verarbeitung voll ab. Nennen Sie mindestens zehn der genannten Verfahren.

- ______________________ • ______________________
- ______________________ • ______________________
- ______________________ • ______________________
- ______________________ • ______________________
- ______________________ • ______________________

4. Welche Voraussetzungen muss man für die Ausbildung zum Metallbildner mitbringen? Nennen Sie mindestens drei Voraussetzungen.

Arbeiten Sie mit Ihrem Nachbarn zusammen und vergleichen Sie Ihre Arbeitsergebnisse im Plenum.

Reflexion

Empfehlung
In Lektion 1 (S. 18) haben Sie sich Gedanken darüber gemacht, wie Sie Ihr persönliches Glossar anlegen. Wenn Sie z. B. Karteikarten benutzen und sich eine Lernkartei anlegen, so sollten Sie Diagramme nutzen:

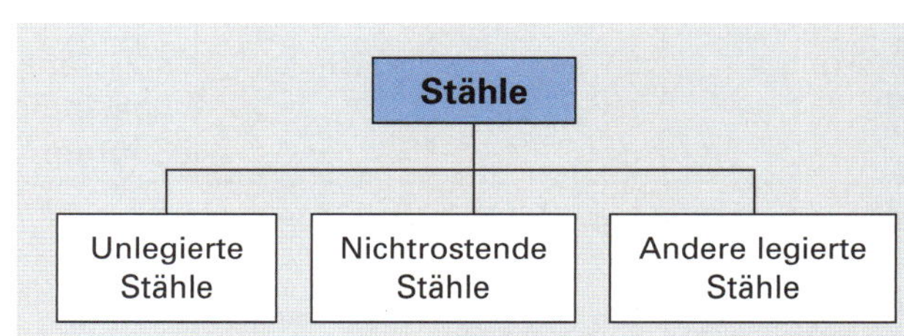

Metallbau und Fertigungstechnik Grundbildung, S. 66

Was ist der Nutzen von Diagrammen?

Information
Diagramme machen es möglich, auf kürzeste Weise Zusammenhänge zwischen Fachbegriffen zu erkennen. Das erleichtert das Behalten. Sie zeigen die Position der Fachbegriffe im jeweiligen System auf. Man sieht beim nebenstehenden Beispiel sofort:
Die Metalle umfassen zwei Hauptgruppen, die Eisen-Werkstoffe und die Nichteisen-Metalle. Die Eisen-Werkstoffe lassen sich wiederum unterteilen in Stähle und Eisenguss-Werkstoffe. Die Stähle sind ihrerseits wieder einteilbar – die Ergebnisse hängen von den Klassifikationskriterien ab:

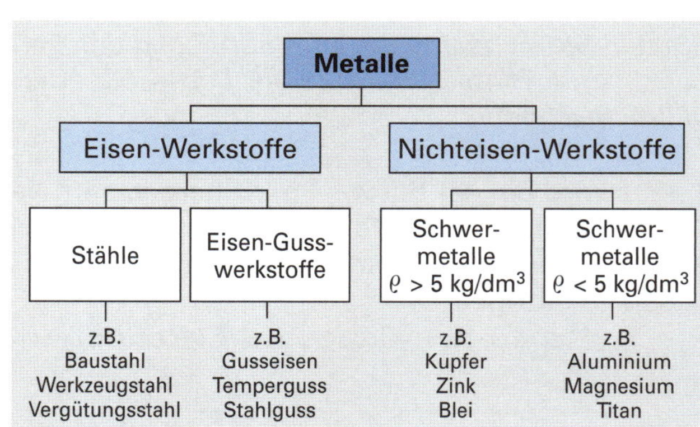

Metalltechnik Grundbildung, S. 134

- Teilt man die Stähle nach der Verwendung ein, so erhält man Stahlbaustähle, Maschinenbaustähle, Werkzeugstähle und Eisen-Gusswerkstoffe.
- Teilt man die Stähle nach der Genauigkeit der Zusammensetzung sowie ihrer Reinheit von nichtmetallischen Einschlüssen und damit den gewährleisteten Gebrauchseigenschaften ein, so erhält man Grundstähle, Qualitätsstähle und Edelstähle.

- Teilt man die Stähle nach der Zusammensetzung ein, so erhält man unlegierte Stähle, nichtrostende Stähle und andere legierte Stähle.

Deswegen werden bei Diagrammen im begleitenden Text oft die Einteilungskriterien mit angegeben.

Metalltechnik Grundbildung, S. 134

Aufgabe 17a

Ergänzen Sie das folgende Diagramm. Arbeiten Sie mit Ihrem Nachbarn zusammen und vergleichen Sie Ihre Arbeitsergebnisse im Plenum.

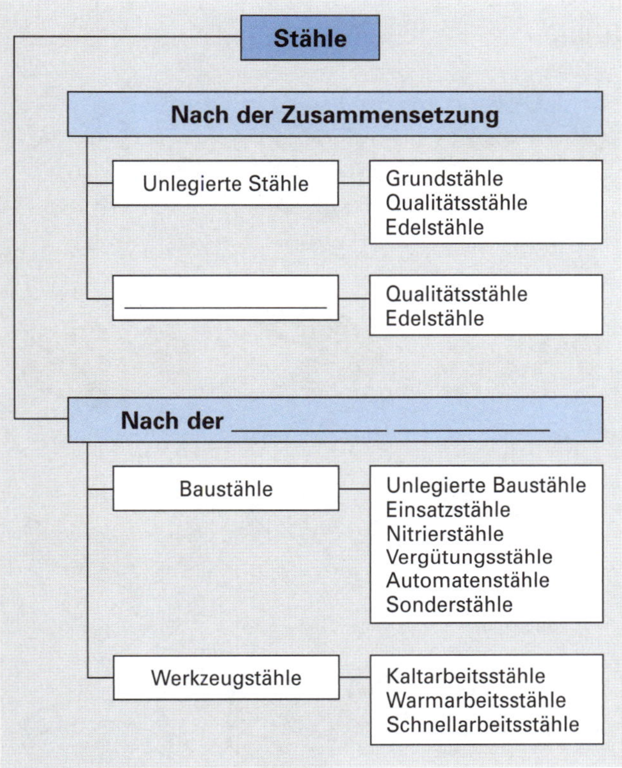

Bild 1: Einteilung der Stähle

Fachkunde Kraftfahrzeugtechnik, S 172

Aufgabe 17b

Bilden Sie Gruppen mit drei Teilnehmern. Erstellen Sie ein Diagramm mit den folgenden Begriffen:
künstliche Werkstoffe, Eisengusswerkstoffe, Leichtmetalle, Verbundwerkstoffe, Eisenwerkstoffe, Nichteisenmetalle, Metalle, Werkstoffe, Stähle, Schwermetalle, Nichtmetalle, natürliche Werkstoffe.
Sie erleichtern sich die Arbeit, wenn Sie die Fachbegriffe jeweils auf ein Kärtchen schreiben und schieben, bis Sie eine passende Anordnung gefunden haben. Die Gruppe, die zuerst ein akzeptables Diagramm erstellt hat, hat gewonnen.

Aufgabe 17c

Sie brauchen für die folgende Aktivität ein bisschen Platz in der Klasse – schieben Sie Ihre Stühle und Tische, wenn möglich, an die Wand. Suchen Sie sich in der Klasse einen Partner und setzen Sie sich neben ihn. Ihr Partner legt ein leeres Blatt und einen Stift bereit.
Ihr Lehrer wird an einem Ort, der für alle gleich gut erreichbar sein sollte, ein großes Blatt mit Wörtern bzw. Text aufhängen, die Sie nur lesen können, wenn Sie nah an das Blatt herangehen.

- *Auf das Kommando „Los" laufen Sie zum Blatt, merken sich so viele Termini bzw. Text, wie Sie können, laufen zu Ihrem Partner zurück und diktieren ihm die Termini. Sie dürfen die Reihenfolge der Termini bzw. im Text dabei nicht verändern.*
- *Wenn Ihr Partner die Fachbegriffe bzw. den Teil des Textes notiert hat, laufen Sie wieder nach vorn, und so fort, bis Ihr Partner alle Fachbegriffe bzw. den ganzen Text notiert hat.*

Das Paar, das zuerst alle Fachbegriffe bzw. den ganzen Text korrekt und in der richtigen Reihenfolge notiert hat, hat gewonnen.

Was haben Ihnen die Filme in Lektion 2–4 gebracht?

Aufgabe 18

In Lektion 2–4 haben Sie einige Filme zur deutschen Berufsausbildung gesehen. Bilden Sie drei Gruppen. Jede Gruppe nimmt sich die Filme einer Lektion vor.
Was haben Ihnen diese Filme gebracht?

1. *Notieren Sie Stichpunkte auf Kärtchen, hängen Sie die Kärtchen an die Tafel/Pinnwand und ordnen Sie sie.*
2. *Wählen Sie einen Sprecher, der moderiert.*
3. *Welcher Beruf hat Ihnen am besten gefallen? Warum? Informieren Sie das Plenum.*

E Kunststoffe

Aufgabe 19a

Die folgenden Abbildungen zeigen Beispiele für vier unterschiedliche Verwendungsarten von Kunststoffen. Ordnen Sie die typischen Eigenschaften zu.
Arbeiten Sie mit Ihrem Nachbarn zusammen und vergleichen Sie Ihre Arbeitsergebnisse im Plenum.

Abbildung	1	2	3	4
Textteil				

Typische Eigenschaften und Verwendung der Kunststoffe

A Korrosionsbeständig gegenüber vielen Chemikalien und aggressiven Umwelteinflüssen

B Elektrisch isolierend (nichtleitend), wärme- und kälteisolierend

C Variable, mechanische Eigenschaften: Von hart bis fest und zäh bis weich, sowie leder- oder gummiartig, gut formbar und bearbeitbar.

Metallbau und Fertigungstechnik Grundbildung, S. 100

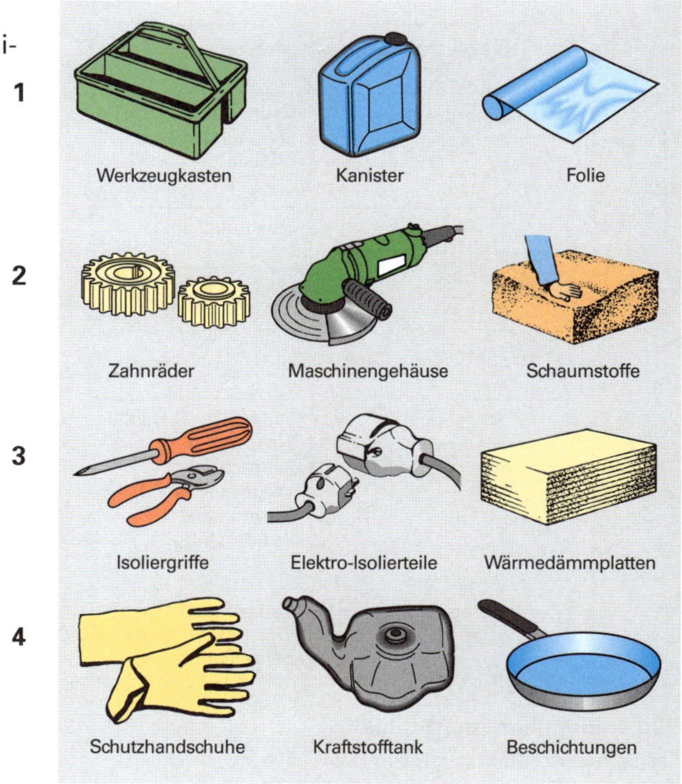

Bild 1: Verwendung der Kunststoffe

Aufgabe 19b

Ergänzen Sie die Abbildung mithilfe des Textes.
Arbeiten Sie mit Ihrem Nachbarn zusammen und vergleichen Sie Ihre Arbeitsergebnisse im Plenum.

Einteilung der Kunststoffe

Nach ihrem inneren Aufbau und dem Verhalten bei Erwärmung unterteilt man die Kunststoffe in drei Gruppen: Thermoplaste, Duroplaste und Elastomere.

Thermoplaste bestehen aus nicht vernetzten, fadenförmigen Makromolekülen. Bei Raumtemperatur sind sie fest und hart. Bei Erwärmung auf über 100 Grad Celsius werden sie weich und leicht umformbar. Bei weiterer Erwärmung teigig und schließlich flüssig. Durch Abkühlen wird die ursprüngliche Härte und Festigkeit wieder erlangt.

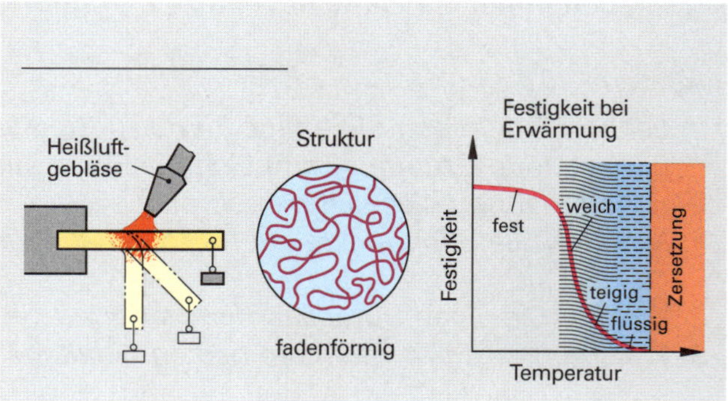

Bild 2: Struktur und Eigenschaften der Kunststoffe

Thermoplaste erweichen bei Erwärmung. Sie sind warm umformbar und schweißbar.

Duroplaste bestehen aus engmaschig vernetzten Makromolekülen. Sie sind bei Raumtemperatur fest und hart und ändern ihre mechanischen Eigenschaften bei Erwärmung nur geringfügig.

Duroplaste erweichen in der Wärme nicht. Sie sind nicht warm umformbar und nicht schweißbar.

Elastomere, auch Elaste genannt, haben weitmaschig vernetzte Makromoleküle. Unter Krafteinwirkung können sie sich um mehrere hundert Prozent dehnen und nehmen nach Entlastung wieder ihre ursprüngliche Form an.

Elastomere sind gummielastisch.

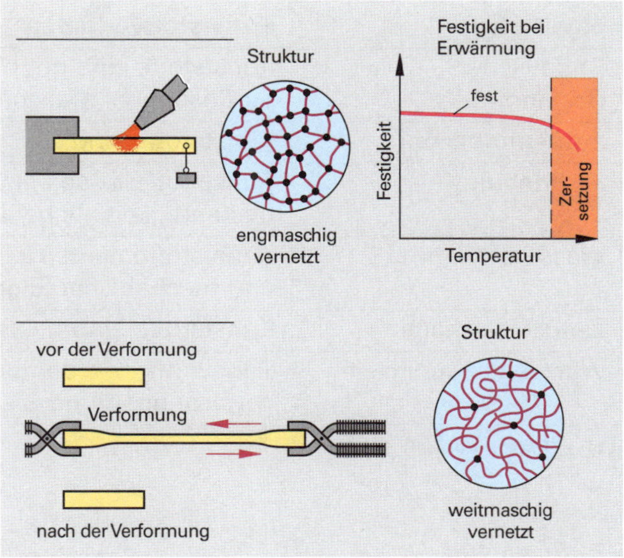

Bild 3: Struktur und Eigenschaften der Kunststoffe

Metallbau und Fertigungstechnik Grundbildung, S. 101

Aufgabe 19c

Welche der folgenden Informationen sind im Text „Kunststoffe" enthalten?
Arbeiten Sie mit Ihrem Nachbarn zusammen und vergleichen Sie Ihre Arbeitsergebnisse im Plenum.

1. Kunststoffe sind viel benutzte Werkstoffe.
2. Es gibt viele Arten von Kunststoffen.
3. Kunststoffe besitzen eine geringere Dichte als Metalle.
4. Kunststoffe haben ein niedrigeres E-Modul (Elastizitätsmodul) als Metalle.
5. Das E-Modul von Kunststoffen ist von der Temperatur abhängig.
6. Kunststoffe dehnen sich in der Wärme 5- bis 15-fach so stark wie Metalle aus.
7. Kunststoffe besitzen eine sehr unterschiedliche Zugfestigkeit.
8. Kunststoffe sind schlechte Leiter für Wärme und Elektrizität.
9. Kunststoffe sind chemisch beständig gegen Säuren, Laugen und Salzlösungen.
10. Kunststoffe sind nicht unlöslich.
11. Kunststoffe sind quellbar.
12. Kunststoffe sind brennbar.
13. Kunststoffe sind bei langdauernder Beanspruchung nicht formbeständig.
14. Plastomere sind in der Wärme weniger formbeständig als Duromere.
15. Kunststoffe sind nicht wärmebeständig.

Die Aussagen ____________________ sind im Text enthalten.

Kunststoffe

Eigenschaft	Kunststoffverhalten
Dichte	Kunststoffe sind leichter als Metalle, sie schwimmen z. T. auf dem Wasser, ihre Dichte liegt zwischen 0,9 und 2,0 kg/dm^3 (massive Stoffe).
Steifigkeit (E-Modul)	Kunststoffe sind biegeweicher als Metalle, d. h. ihr E-Modul (Elastizitätsmodul) liegt wesentlich niedriger und ist temperaturabhängig. Das können wir an Plastikschläuchen beobachten, die in der Wärme weich, bei niedrigen Temperaturen wesentlich steifer sind.
Wärmeausdehnung	Kunststoffe dehnen sich in der Wärme wesentlich stärker aus als Metalle (5- bis 15-fach). Profile wie z. B. Rohrüberzüge heben sich bei Erwärmung ab und lassen sich verschieben.
Leitfähigkeit für Wärme und Elektrizität	Kunststoffe sind schlechte Leiter für Wärme und gute Isolationswerkstoffe für elektrische Leiter. Die Wärmeleitfähigkeit beträgt etwa 1/300 der von Stahl.

Eigenschaft	Kunststoffverhalten
Chemische Beständigkeit	Kunststoffe sind gut bis sehr gut beständig gegen Säuren, Laugen und Salzlösungen. Manche Lösungsmittel lösen oder quellen Kunststoffe auf.
Entflammbarkeit	Kunststoffe sind z. T. entflammbar und brennbar.
Farbgebung	Kunststoffe lassen sich durchgehend einfärben, sodass eine größere Beständigkeit als bei Lackschichten gegeben ist.
Wasseraufnahme	Kunststoffe neigen z. T. zur Wasseraufnahme, wodurch sich elektrische und mechanische Eigenschaften ändern.
Langzeitverhalten	Kunststoffe sind bei langzeitiger Beanspruchung nicht formbeständig.
Wärmebeständigkeit	Kunststoffe werden bei höheren Temperaturen zersetzt. Es entstehen Verfärbungen und Blasen durch abgespaltene Gase.

NTF 2, Maschinenbau, S. 371f.

Aufgabe 19d

Bilden Sie vier Gruppen.

1. *Die erste Gruppe bereitet mithilfe der Tabelle 1 die Information des Plenums über die Duroplaste vor.*
   Die zweite Gruppe bereitet mithilfe der Tabelle 2 (S. 125) die Information des Plenums über PE, PP, PVC und PS vor.
   Die dritte Gruppe bereitet mithilfe der Tabelle 2 (S. 125) die Information des Plenums über PA, Acrylglas und PTFE vor.
   Die vierte Gruppe bereitet mithilfe der Tabelle 3 (S. 126) die Information des Plenums über die Elastomere vor.
2. *Jede Gruppe wählt einen Sprecher, der das Plenum über die Kunststoffe informiert, mit denen sich seine Gruppe beschäftigt hat.*

Tabelle 1: Duroplaste			
Name **Kurzzeichen** Handelsnamen	**Eigenschaften**	**Typische Verwendung**	
Phenolharz PF **Harnstoffharz UF** **Melaminharz MF** (Diese Harze werden auch Formaldehyd-harze genannt)	Farblos bis gelbbraun Bilden glatte Oberflächen Hart und spröde Dichte: rund 1,5 kg/dm³ Beständig gegen kochendes Wasser und Lösungsmittel Unbeständig gegen starke Säuren und Laugen	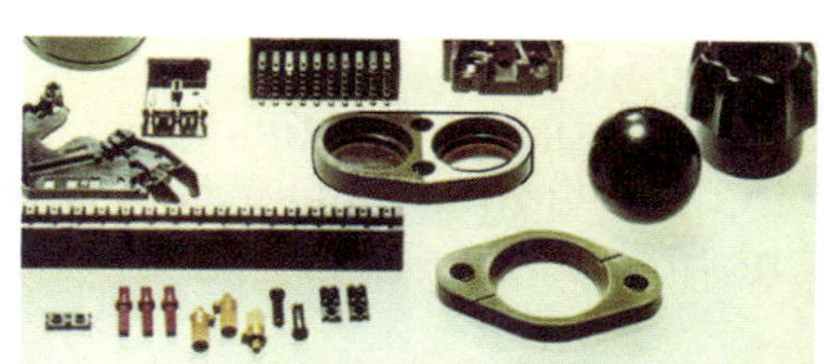 Kleinteile für Pkws und Elektrik	*In reiner Form:* Bindemittel für Holz und Lack *Mit Fülstoffen verstärkt:* Kleinteile für Pkw Elektroteile Laminat-Holz-beschichtungen
Ungesättigtes Polyesterharz UP Palatal Vestopal Legural Polyleit Trevira, Diolen	Farblos, glasklar, gute Haftfähigkeit, gut vergießbar Je nach Herstellung hart-elastisch bis weich-elastisch Dichte: 1,2 kg/dm³ Beständig gegen verdünnte Säuren, Laugen, Salzlösungen und viele Lösungsmittel Zu Fasern verspinnbar	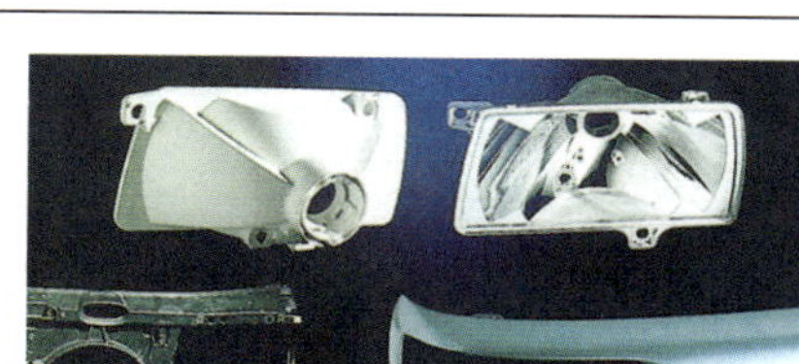 Pkw-Bauteile	*In reiner Form:* Klebeharz und Lackharz *Bindeharz für glasfaserverstärkte Kunststoffe* *Als Fasern:* Gewebe, Schnüre, Seile
Epoxidharz EP Epoxin Araldit Lekutherm Epikote	Farblos bis honiggelb, durchscheinend Gute Haftfähigkeit mit fast allen Werkstoffen, gut vergießbar Hart, zäh, schwer zerbrechlich Dichte: 1,2 kg/dm³ Beständig gegen Säuren, Laugen, Salzlösungen und Lösungsmittel	 Zweikomponenten -Kleber  ICE-Bugnase	*In reiner Form:* Klebeharz und Lackharz *Bindeharz für hochbeanspruchte glasfaserverstärkte Kunststoffe:* Karosserieteile Flugzeugteile

Polyurethanharz PU Moltopren Vulkollan Bayflex Desmodur Lycra	Farblos bis honiggelb, durchscheinend Gute Haftfähigkeit Dichte: 1,26 kg/dm³ Beständig gegen schwache Säuren, Laugen, Salzlösungen und viele Lösungsmittel Je nach Vernetzungsgrad: hart und zähelastisch bis weich und gummielastisch Zu elastischen Fasern verspinnbar	 Lenkrad-verkleidung  Isolier-Formteile	*In reiner Form:* Laufrollen, Puffer, Stoßstangen Kleber, Lacke *Als Schaumstoff:* Polster- und Isolierschaum *Als Fasern:* Elastische Gewebe und Seile

Tabelle 2: Thermoplaste

Name **Kurzzeichen** Handelsnamen	**Eigenschaften**	**Typische Verwendung**	
Polyethylen PE **Polypropylen PP** Lupolen Hostalen Vestolen Supralen	Farblos bis milchig weiß, Gleitfähige Oberfläche Dichte: rund 0,92 kg/dm³ **Weich-PE:** weich und flexibel **Hart-PE:** steif, aber flexibel Beständig gegen Waschmittel, Öle, Fette, Säuren und Laugen.	 Behälter  Biegsame Rohre	**Weich-PE:** Chemikalien-flaschen, flexible Rohre, Folien **Hart-PE:** Rohre für Hausabwässer, Behälter, Folien, Haushaltswaren
Polyvinylchlorid PVC Vinoflex Hostalit Vestolit Vinnol	Farblos, durchsichtig, Dichte: 1,35 kg/dm³ **Hart-PVC:** hart, unzerbrechlich **Weich-PVC:** weichgummiartig Beständig gegen Öle, Fette, Säuren und Laugen. Löst sich in den Kaltreinigern Trichlorethylen (Tri) und Tetrachlorkohlenstoff (Tetra).	 Abwasserrohre  Fensterprofile	**Hart-PVC:** Apparateteile, Rohre, Behälter, Platten, Profile **Weich-PVC:** Kunstleder, Schläuche, Dichtungen
Polystyrol PS Polystyrol Hostyren Vestyren Styropor	Farblos, durchsichtig, glasklar, Hart, splittert beim Bruch. Dichte: 1,05 kg/dm³ Beständig gegen verdünnte Säuren, Laugen und Salzlösungen. Unbeständig gegen Lösungsmittel Zu einem steifen Hartschaum mit einer Dichte von 20 kg/m³ aufschäumbar.	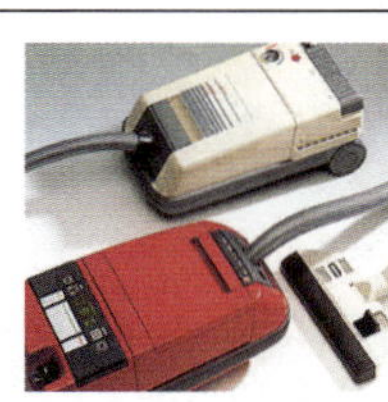 Gerätegehäuse 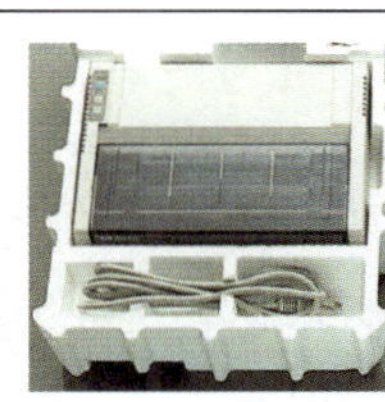 Verpackung	Trinkbecher, Verpackungen, Gehäuse *Polystyrolschaum:* Verpackungen, Wärme- und Kälteisolierungen
Polyamide PA Durethan Ultramid Vestamid Degamid Trogamid Perlon, Nylon	Milchig weiß, gleitfähige und verschleißfeste Oberfläche, schall- und schwingungsdämpfend Dichte: 1,14 kg/dm³ Hohe Festigkeit: bis 70 N/mm² Beständig gegen schwache Säuren und Laugen, Salzlösungen, Öle, Lösungsmittel, Benzin Lässt sich zu Fasern verspinnen.	 Maschinen-gehäuse  Zahnräder	Zahnräder Lagerschalen Gleitschienen Kurvenscheiben Fuhrungsrollen Maschinengehäuse Kraftstofftanks *Polyamidfasern:* Reißfeste Seile, Schnure, Gewebe
Acrylglas (Polymethyl-methacrylat) Plexiglas Plexidur Resartglas	Glasklar, lichtecht, durchlässig für ultraviolettes Licht, Oberflächenglanz Hart, zäh, schwer zerbrechlich, witterungsbeständig Dichte: 1,18 kg/dm³ Beständig gegen schwache Säuren, Laugen sowie Salzlösungen, Öle und Benzin	 Leuchten-abdeckung  Schutzbrille	Schutzgläser, Schutzbrillen, Splitterschutz an Werkzeug-maschinen, Durchsichtige Gehäuse, Sicherheits-Verglasungen, Sanitärartikel

Polytetrafluor-ethylen **PTFE** Teflon Hostaflon TF Fluon	Milchig weiß, wachsartig anzufühlende, gleitfähige Oberfläche Flexibel und zäh, abriebfest Dichte: 2,2 kg/dm³ **Äußerst chemikalienfest** gegen Säuren, Laugen, Lösungsmittel, Salzlösungen **Temperaturbeständig** von – 150 °C bis + 280 °C	 Bratpfannen-Beschichtung  Chemiepumpen-Auskleidung	Schalen und Buchsen für wartungsfreie Lager, Pumpengehäuse, Ventilringe, Dichtungen, Beschichtungen. In Pulverform als Schmiermittel.

Tabelle 3: Elastomere (Gummi, Kautschuk, Elaste)

Name **Kurzzeichen** Handelsnamen	**Eigenschaften**	**Typische Verwendung**	
Synthese-kautschuk z.B. Styrol-Butadien-Gummi SBR Buna Perbunan Cariflex	Gelb bis dunkelbraun, meistens mit Ruß (schwarz) eingefärbt Je nach Schwefelgehalt hartgummielastisch bis weichgummielastisch Schwingungs- und erschütterungsdämpfend. Abriebfest, hochelastisch	 Autoreifen  Gummihammer	Fahrzeugreifen Radialdichtungen Manschetten Schläuche Schutzkappen Gummifedern Maschinenfüße Faltenbälge Dichtungen
Silicon-kautschuk **SIR** Silicone Silopren Silastic	Milchig weiß, wasserabstoßend, klebstoffabweisend Temperaturbeständig bis + 180 °C Dichte: 1,2 kg/dm³ … 2,3 kg/dm³ Beständig gegen Öle, unbeständig gegen Säuren, Laugen, Lösungsmittel. Je nach Herstellung: steif-elastisch bis weich und gummielastisch	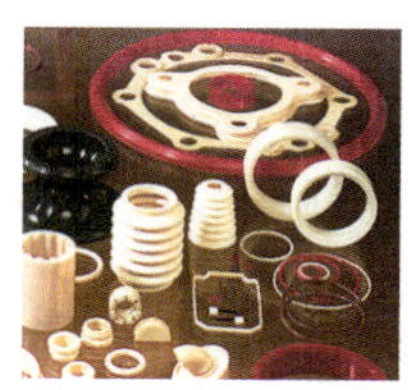 Dichtungen  Fugendichtmasse	Wasserbeständige Isolatoren Gießformen Ölbeständige Dichtungen Elastische Fugenfüllmasse Isolierlacke wasserabstoßende Anstriche

Fachkunde Mechatronik, S. 118 ff.

Aufgabe 19e

Im Folgenden finden Sie Originalaufgaben aus Fachbüchern.
Bilden Sie sieben Gruppen. Jede Gruppe wählt eine der folgenden Wiederholungsfragen/Aufgaben aus und informiert die anderen. Machen Sie sich (gegebenenfalls mithilfe der Informationen auf den S. 122–126) Notizen. Erstellen sie zusammen mit Ihrem Nachbarn jeweils ein Dialogschema (vgl. Lektion 2, S. 43 ff.) für eine kurze Prüfung zu den Fragen 2, 4, 5, 6 und 7. Arbeiten Sie mit dem Dialogschema wie in Lektion 2, S. 43 ff. beschrieben.

1. Welche Stoffe bezeichnen wir als Kunststoffe?
2. Nennen Sie die für Kunststoffe typischen Eigenschaften.
3. In welche drei Gruppen teilt man Kunststoffe ein?
4. Nennen Sie typische Eigenschaften und Einsatzbereiche für Duroplaste.
5. Nennen Sie typische Eigenschaften und Einsatzbereiche für Thermoplaste.
6. Nennen Sie typische Eigenschaften und Einsatzbereiche für Elastomere.
7. Suchen Sie in Ihrem Umfeld Kunststoffe und bestimmen Sie diese.

Fachkunde Mechatronik, S. 120

F Werkstofftechnik und Umweltschutz

Aufgabe 20a
Alle folgenden Aussagen sind richtig. Sind sie im Text „Energieverbrauch bei der Erzeugung von Werkstoffen" oder in der Tabelle enthalten?
Arbeiten Sie mit Ihrem Nachbarn zusammen und vergleichen Sie Ihre Arbeitsergebnisse im Plenum.

1 Eine kostengünstige und sichere Versorgung der Industrieländer mit Energie und Rohstoffen wird zunehmend schwierig.
2 Die Erzeugung von Aluminium und Kupfer ist besonders teuer.
3 Unter Primärerzeugung versteht man die Gewinnung eines Werkstoffes aus Rohstoffen.
4 Gewinnt man 1 t Aluminium durch Recycling, ergibt sich im Vergleich zur Primärerzeugung eine Ersparnis von 16 000 Kilowattstunden.
5 Der Energieverbrauch zur Erzeugung von Eisen/Stahl und PVC ist relativ niedrig.

Die Aussagen ______________________________ sind im Text und
die Aussagen ______________________________ sind in der Tabelle enthalten.

Energieverbrauch bei der Herstellung von Werkstoffen

Sowohl die Herstellung als auch die Verarbeitung der Werkstoffe bringt teilweise erhebliche Belastungen der Umwelt mit sich. So sind bei fast allen Herstellungsprozessen von Metallen und Nichtmetallen enorme Energiemengen erforderlich. Bei der Erzeugung von Eisenwerkstoffen und Kunststoffen ist dabei der Energiebedarf noch erheblich geringer als bei der Aluminium- und Kupfergewinnung.
Fachkunde Mechatronik, S. 122

Energieverbrauch in kWh zur Erzeugung von 1 t Werkstoff		
Werkstoffe	**Primärerzeugung**	**Recyclinggewinnung**
Eisen/Stahl	4 300	1 670
Aluminium	18 000	2 000
Kupfer	13 600	1 730
Polythylen (PE)	3 500	–
Polyvinychlorid (PVC)	4 000	–

Aufgabe 20b
Unterstreichen Sie im Text „Möglichkeiten zum Stoffrecycling" die Kerninformationen.
Arbeiten Sie mit Ihrem Nachbarn zusammen und vergleichen Sie Ihre Arbeitsergebnisse im Plenum.

Möglichkeiten zum Stoffrecycling

Metall-Abfälle, wie z. B. Verschnitt, Späne und Ausschuss sowie unbrauchbar gewordene Bauteile (Schrott), werden durch Sammeln und Verkauf an Schrotthändler dem Werkstoffkreislauf wieder zugeführt. Dabei ist es sinnvoll, bei entsprechenden Mengen den Schrott getrennt zu sammeln:
Allgemeiner Stahlschrott – Nichtrostender Stahlschrott – Aluminiumschrott – Kupferschrott.
Für die vorsortierten Schrottsorten lassen sich wesentlich höhere Verkaufspreise erzielen.
Verbrauchte Kühlschmierstoffe fallen bei der spanenden Fertigung an. Sie müssen gesammelt und einem darauf spezialisierten Unternehmen zur Wiederaufbereitung bzw. Entsorgung übergeben werden.
Verbrauchte Altöle und **Lösungsmittel**, wie z. B. Schmieröle, Schneidöle, ölgetränkte Putzlappen usw., müssen ebenfalls gesammelt und zur Wiederaufarbeitung bzw. Entsorgung einem Entsorgungsunternehmen übergeben werden. Sinnvoll ist hierbei eine getrennte Sammlung nach Sorten. Dadurch lassen sich die Abgabekosten vermindern.
Verbrauchte Kühlschmierstoffe und Altöle dürfen nicht in die Kanalisation, in Gewässer und den Erdboden geschüttet werden. Sie müssen gesammelt und recycelt werden.
Beim Gebrauch und Umgang mit den Werk- und Hilfsstoffen gilt folgende Reihenfolge der Maßnahmen:

1. **Vermeiden:** Durch intelligente Auswahl und Gebrauch der Stoffe und Maschinen ist die Menge des Abfalls und der verbrauchten Hilfsstoffe so gering wie möglich zu halten.
2. **Recycling:** Abfälle und verbrauchte Hilfsstoffe sammeln und der Wiederverwertung zuführen.
3. **Entsorgen:** Nicht wieder verwertbare Abfälle der sachgerechten Entsorgung übergeben.

Metallbau und Fertigungstechnik Grundbildung, S. 114

G Was muss ich über technische Fachsprachen wissen?

Präzisieren und Differenzieren

Bei der Arbeit mit den Texten der Lektionen 2, 3 ist Ihnen sicher aufgefallen, dass die Aussagen zu Werkstoffen und Verfahren sehr präzise sind. Denken Sie an das Beispiel „Fräsen“ im Tätigkeitsnachweis (Lektion 2, S. 52). In den Hinweisen der Handelskammer Stuttgart zur Gestaltung von Berichtsheften heißt es, dass man nicht einfach „Fräsen“ eintragen soll, sondern genau beschreiben soll, was man gefräst hat, woraus das Werkstück bestand, an welcher Maschine man wie gearbeitet hat. Das Beispiel lautet dann so: „Fräsen eines Zahnrades aus Resitex an der Universalmaschinen mithilfe eines Teilkopfes.“

Information

Die Differenzierung und Spezifizierung des Nomens erfolgt im Deutschen durch Links- und Rechtserweiterungen des Substantivs (s. Lektion 2, S. 54 ff.). Z. B.:

- Unbrauchbar gewordene, zu entsorgende Schmieröle (Linkserweiterung – die Spezifizierung und Differenzierung steht links vom Nomen)
- Stähle mit einem Mangangehalt größer als 1% (Rechtserweiterung – die Spezifizierung und Differenzierung steht rechts vom Nomen)

Aufgabe 21a

Unterstreichen Sie in den folgenden Aussagen die Nomen, die präzisiert bzw. differenziert werden. Kennzeichnen Sie in der Tabelle die Rechtserweiterungen mit R und die Linkserweiterungen mit L. Arbeiten Sie mit Ihrem Nachbarn zusammen und vergleichen Sie Ihre Arbeitsergebnisse im Plenum.

1. Ermitteln Sie die Drehgeschwindigkeit und berechnen Sie die Drehzahl an der Drehmaschine zum Fertigdrehen des Außendurchmessers.
2. Hand- und Maschinenscheren werden vor allem zum Schneiden von Blechteilen eingesetzt.
3. Die am häufigsten verwendeten Kunststoffe sind Thermoplaste.
4. Ein am Messgerät angebrachter Minisender ermöglicht die Infrarotübertragung der Messwerte.
5. Frei bewegliche Elektronen können durch die angelegte elektrische Spannung in Bewegung gesetzt werden.
6. Energieverbrauch bei der Herstellung von Werkstoffen aus Rohstoffen ist bedeutend höher als der Energieverbrauch beim Recycling.

1	2	3	4	5	6

Aufgabe 21b

Nehmen Sie bei der Entschlüsselung der folgenden Sätze die folgenden Techniken zu Hilfe:

- *Unterstreichen Sie die spezifizierten Nomen.*
- *Markieren Sie das Ende einer Erweiterung mit einem senkrechten Strich |.*
- *Setzen Sie eine eckige Klammer [ ] innerhalb einer Erweiterung um die Wortgruppe von einer Präposition bis zum nächsten Substantiv inklusive.*
- *Setzen Sie eine runde Klammer ( ) innerhalb einer Erweiterung von einem Artikel bis zum nächsten Substantiv inklusive.*

Arbeiten Sie mit Ihrem Nachbarn zusammen und vergleichen Sie Ihre Arbeitsergebnisse im Plenum.

Beispiel:
Am Arbeitsplatz sind die Vorschriften (der Berufsgenossenschaft) [für den Umgang] [mit Schadstoffen]| zu beachten.

1. Um einen Überblick über die Vielzahl der Werkstoffe zu gewinnen, ordnet man sie nach ihrer Zusammensetzung oder gemeinsamen Eigenschaften.
2. Verbundstoffe bestehen aus Werkstoffen mit unterschiedlichen Eigenschaften.

3. Die mechanisch-technologischen Eigenschaften beschreiben das Verhalten der Werkstoffe unter der Wirkung von mechanischen Kräften.
4. Die chemischen Eigenschaften beschreiben z. B. die Umwandlung der Werkstoffe durch die Einwirkung der sie umgebenden Stoffe und Umweltbedingungen.
5 Unter Korrosionsbeständigkeit versteht man die Beständigkeit eines Werkstoffes gegen Zerstörung durch chemische oder elektrochemische Reaktionen an der Oberfläche des Werkstoffes.
6. Der Konstrukteur eines PKW muss viele Probleme durch die Wahl eines geeigneten Werkstoffes und eines dem Werkstoff entsprechenden Fertigungsverfahrens lösen.
7. Gesetzliche Vorschriften schreiben eine Entstaubung der Luft durch Filter vor.
8. Um eine Gesundheitsgefährdung beim Umgang mit giftigen Stoffen zu vermeiden, ist Vorsicht geboten.
9. Dem relativ hohen Energieaufwand für die Erzeugung von Aluminium und den damit verbundenen Kosten sowie Umweltbelastungen steht eine fast hundertprozentige Recycelbarkeit gegenüber.

Information

Bei der Kommunikation über Fachinhalte ist eine zweifelsfreie, präzise und differenzierte Verständigung unerlässlich. Technische (und auch andere) Fachsprachen haben deshalb einen ungeheuren lexikalischen Bedarf, um die zahlreichen Stoffe, Gegenstände, Prozesse und Verfahren exakt und eindeutig zu benennen. In diesem Zusammenhang spielen Wortbildung und Wortzusammensetzung eine wichtige Rolle.

Wortbildung

Aufgabe 22a

Oft finden Sie Nomen wie „Spanbarkeit", „Lötbarkeit" etc. oder ein Adjektiv wie „quellbar" nicht im Lexikon. Höchstwahrscheinlich finden Sie aber die entsprechenden Verben („spanen", „löten", „quellen"), von denen die Adjektive bzw. Nomen abgeleitet sind. Es ist dann sinnvoll, das entsprechende Verb nachzuschlagen.

1. *Von welchen Verben sind das Adjektiv und dann die entsprechenden Nomen in der Tabelle abgeleitet? Wie heißen die entsprechenden Verben bzw. Adjektive bei den anderen Beispielen?*
2. *Schreiben Sie aus Lektion 3 und 4 mindestens fünf Beispiele heraus, die in gleicher Weise gebildet sind.*

Arbeiten Sie mit Ihrem Nachbarn zusammen und vergleichen Sie Ihre Arbeitsergebnisse im Plenum.

Verb	Adjektiv	Nomen
	belastbar	Belastbarkeit
		Härtbarkeit
		Brennbarkeit

Information

Bei der Umwandlung einer Wortart in die andere (z. B. Verb → Adjektiv, Adjektiv → Nomen) ändert sich in der Regel die Bedeutung nicht.
Anders ist es, wenn ein Wort eine Vorsilbe (Präfix) erhält, z. B. „legiert" ↔ „*un*legiert", oder eine Nachsilbe (Suffix), z. B. Kohlenstoff „kohlenstoffhaltig" ↔ „kohlenstoff*frei*".
Es gibt Präfixe, die eine Verneinung bewirken, z. B. „legiert" ↔ „unlegiert", „organisch ↔ *an*organisch", stabil ↔ *in*stabil, kontinuierlich ↔ *dis*kontinuierlich, rostend ↔ *nicht*rostend.

Aufgabe 22b

Suchen Sie in den Lektionen 2 und 3 mindestens fünfzehn Beispiele für Adjektive oder Nomen mit entsprechenden Präfixen heraus.
Arbeiten Sie mit Ihrem Nachbarn zusammen und vergleichen Sie Ihre Arbeitsergebnisse im Plenum.

un-: ______________________________

nicht-/Nicht-: ______________________________

Aufgabe 22c

Bilden Sie Gruppen mit je drei Teilnehmern. Jede Gruppe erstellt Materialien für einen Baukasten:

- *Jede Gruppe wählt 15 Fachbegriffe aus den Lektionen 3 und/oder 4 aus. Die Fachbegriffe können durch Wortbildung (Lötbarkeit) und/oder Wortzusammensetzung (Lötkolben, Lötstelle, Lötverfahren, Löttemperatur) gebildet sein.*
- *Die Gruppe zerlegt den Fachbegriff und schreibt die Teile auf je ein Kärtchen, z. B.*

WERK	STOFF	
NICHT	EISEN	METALL
WERK	ZEUG	STAHL

- *Jede Gruppe darf zusätzlich bis zu fünf Teile auf ein Kärtchen schreiben, die sich nicht integrieren lassen.*
- *Jede Gruppe mischt die Teile gut durch und gibt sie an die nächste Gruppe weiter.*
- *Jede Gruppe fügt die Teile zu akzeptablen Fachbegriffen zusammen. Die Gruppe, die die Fachbegriffe zuerst zusammengesetzt hat, hat gewonnen.*

Was hat Ihnen dieses Vorgehen gebracht?

Aufgabe 23

1. *Notieren Sie die Strategien, die Sie beim Lernen von Fachlexik hauptsächlich anwenden. Schreiben Sie je eine Strategie auf ein Kärtchen (Druckbuchstaben, dicker Stift, sodass alle es lesen können).*
2. *Kleben Sie die Kärtchen an die Tafel (oder pinnen Sie sie an eine Pinnwand).*
3. *Ordnen Sie die Kärtchen – hängen Sie gleiche oder ähnliche Strategien zusammen.*
4. *Werten Sie die Ergebnisse aus.*

ÜBERSICHT LEKTION 5

GRUNDLAGEN DER ELEKTROTECHNIK I

Film zum Berufsbild Mechatroniker
http://www.berufe.tv/BA/ausbildung?filmID=1000008

Film zum Berufsbild Elektroniker für Betriebstechnik
http://www.berufe.tv/BA/ausbildung?filmID=1000009

Film zum Berufsbild Informationselektroniker/Geräte- und Systemtechnik
http://www.berufe.tv/BA/ausbildung?filmID=1000042

A Daten zur Elektrotechnik

1450
Buchdruck

1800
Dampfmaschine

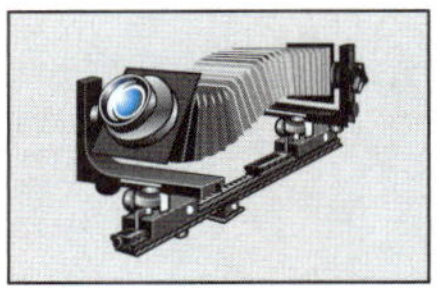

1850 – 1900
Fotografie
Eisenbahn
Telegrafie
Grammophon

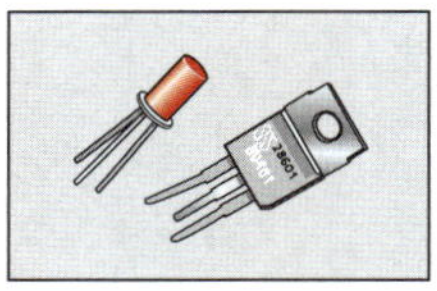

1900 – 1950
Kraftfahrzeug
Elektrizitätsversorgung
Flugzeug

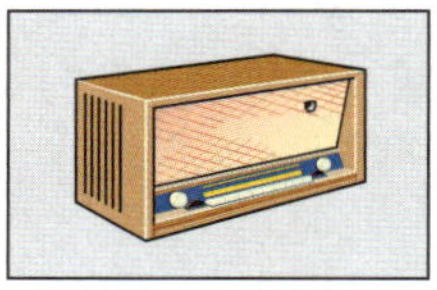

1950 – heute
Transistor
Radio, Fernsehen
Überschallflugzeug
Taschenrechner
Walkman
Mikroelektronik
Computer
Internet
Handy
iPod
LCD-Bildschirm

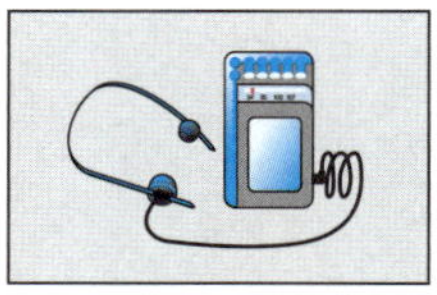

1672 Otto von Gericke untersucht die Reibungselektrizität.
1729 Stephen Gray unterteilt die Stoffe in Leiter und Halbleiter.
1752 Benjamin Franklin erfindet den Blitzableiter.
1791 Luigi Galvani entdeckt „Kräfte der Elektrizität" bei seinen Versuchen mit Froschschenkeln.
1800 Alessandro Volta bildet aus Silber- und Zinkscheiben eine „galvanische Säule".
1820 André Marie Ampère findet das Prinzip des Elektromagneten.
1826 Georg Simon Ohm veröffentlicht das nach ihm benannte Gesetz.
1831 Michael Faraday entdeckt die elektromagnetische Induktion.
1854 Heinrich Göbel konstruiert die erste Glühlampe.
1880 Thomas Alva Edison führt sein Beleuchtungssystem mit Kohlenfadenlampen ein.
1882 Lucien Gaulard und John Dixon Gibbs bauen den ersten Transformator.
1885 Galileo Ferraris gelingt die Erzeugung des Drehfelds.
1887 Michael von Dolivo-Dobrowolsky entwickelt das Drehstromsystem.
1898 Carl Auer von Welsbach baut eine Glühlampe mit Osmium als Metallfaden.
1911 Heike Kamerlingh Onnes entdeckt die Supraleitung.
1942 Die Firma Bell entwickelt Halbleiterdioden für Radardetektoren.
1970 Ted Hoff entwickelt in der Firma Intel den Mikroprozessor.
1985 Die Integration von einer Million Schaltungselementen gelingt auf einem einzigen Chip.
1986 Herstellung der ersten 1-Megabyte-Chips.
1990 Internet wird geschaffen.
1991 Die Lithium-Ionen-Batterie wird durch die Firma Sony präsentiert.
1992 Die Firma Sony bringt den Minidisc auf den Markt.
1993 Erster www-Browser „Mosaic" wird an der Universität Illinois entwickelt.
2009 Betriebssystem „Windows 7" der Firma Microsoft erscheint.

Nach: Elektrotechnik Grundbildung, S. 9

Aufgabe 1
Suchen Sie zu dem obenstehenden Text eine passende Überschrift.
Arbeiten Sie mit Ihrem Nachbarn zusammen und vergleichen Sie Ihre Arbeitsergebnisse im Plenum.

Information

Im Bereich Elektro gibt es in Deutschland mehrere Ausbildungsberufe. Es gibt zwei Gruppen: die Berufe im Elektrohandwerk und industrielle Elektroberufe. Nur beim Beruf des Industrieelektrikers hat sich die alte Berufsbezeichnung „Elektriker" noch erhalten – alle anderen Elektroberufe heißen Elektroniker/-in für ... (z. B. Elektroniker für Maschinen und Antriebstechnik oder Elektroniker für Energie- und Gebäudetechnik), da heutzutage von der Kaffeemaschine bis zur Waschmaschine, vom Auto bis zum Roboter alles elektronische Bauelemente enthält.
In der Europäischen Union (EU) wird an der Harmonisierung der beruflichen Ausbildung und an der Feststellung von Äquivalenzen gearbeitet.
Zu den Elektroberufen gehören z. B. der

- Elektroanlagenmonteur
- Elektroniker
- Elektroniker für Automatisierungstechnik
- Elektroniker für Betriebstechnik
- Elektroniker für Energie- und Gebäudetechnik
- Elektroniker für Gebäude und Infrastruktursysteme
- Elektroniker für Geräte und Systeme
- Elektroniker für Informations- und Telekommunikationstechnik
- Elektroniker für luftfahrtechnische Systeme
- Elektroniker für Maschinen und Antriebstechnik
- Industrieelektriker
- Mechatroniker
- Systemelektroniker

Alle Elektro-Ausbildungsgänge vermitteln im 1. Teil der Ausbildungszeit, der Grundbildung, grundlegende Inhalte über Ladung, Spannung, Strom, Schaltungen, Generatoren, Elektromotoren. Sie finden sich in den folgenden zwei Kapiteln.

Aufgabe 2

Sehen Sie sich den Film zum Berufsfeld des Mechatronikers http://www.berufe.tv/BA/ausbildung?filmID=1000008 an. Lesen Sie zuerst die folgenden Fragen/Aufgaben durch, bevor Sie sich den Film anschauen.

1. Welche Kompetenzen vereinigt der Mechatroniker in sich?
2. Woraus bestehen Maschinen und Anlagen heutzutage?

Sehen Sie sich den Film ein zweites Mal an.

3. Die Mechatronik-Azubis Thorsten und Ralph sollen an einem Zug der Hamburger Hochbahn eine elektronische Karte ausbauen, überprüfen und gegebenenfalls reparieren. Dabei sind etliche Arbeitsschritte zu vollziehen. Ordnen Sie die unten angegebenen Schritte in der Reihenfolge, in der sie vollzogen werden.

Sehen Sie sich den Film gegebenenfalls mehrmals an.

1	2	3	4	5	6	7	8	9	10
									a)

a) Die Probefahrt kann gemacht werden, wenn beim Anfahrtest keine Störmeldung erscheint.
b) Die Beschriftung der elektronischen Karten wird angeschaut, die gesuchte Karte wird identifiziert.
c) Nach zehn Erstprüfungen wird ein Vergleich zwischen Soll- und Istzustand gemacht.
d) Eine Anweisung erscheint, welche Stecker miteinander verbunden werden müssen.
e) Die Karte wird in den entsprechenden Steckplatz im Prüfstand gesteckt.
f) Die Karte wird in eine Transportbox gepackt.
g) Nach fünfzig Testdurchgängen wird ein Anfahrtest gemacht.
h) Die Karte wird herausgeschraubt.
i) Die Karte wird vorsichtig wieder eingebaut.
j) Eine neue Software wird überspielt, wenn die Karte defekt ist.

Arbeiten Sie mit Ihrem Nachbarn zusammen und vergleichen Sie Ihre Arbeitsergebnisse im Plenum.

B Ladung, Spannung, Strom, Widerstand

Elektrische Ladung

Information

Die Wirkung der elektrischen Ladungen ist Ihnen aus dem Alltag bekannt. Sie laufen z. B. über einen Kunststoffteppich. Dabei kann sich Ihr Körper bis zu 35 kV aufladen. Wenn Sie dann an einen Türgriff aus Metall greifen, erhalten einen leichten „Schlag".
Was ist passiert?

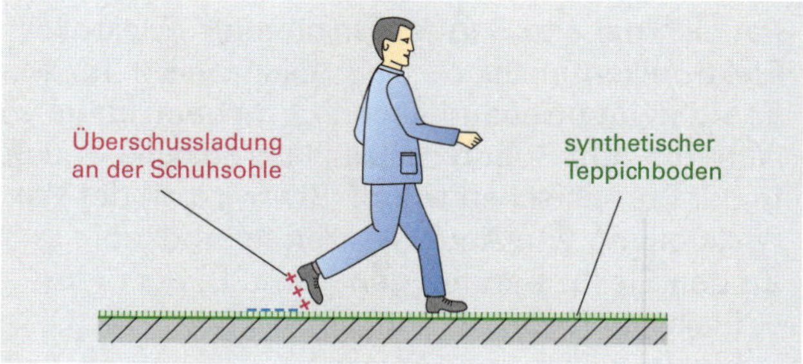

Bild 1: Elektrostatische Aufladung
Fachkunde Mechatronik, S. 382

Aufgabe 3a

Ergänzen Sie den folgenden Text mithilfe der Abbildungen.
Arbeiten Sie mit Ihrem Nachbarn zusammen und vergleichen Sie Ihre Arbeitsergebnisse im Plenum.

Polystyrolstab und Acrylglasstab ziehen sich an.
Geriebene Polystyrolstäbe stoßen sich ab.

Versuch 1:
Reiben Sie einen Polystyrolstab mit dem Wolltuch und hängen Sie ihn an einem dünnen Faden auf. Bringen Sie einen zweiten mit dem Tuch geriebenen Polystyrolstab in seine Nähe:
Beobachtung:

____

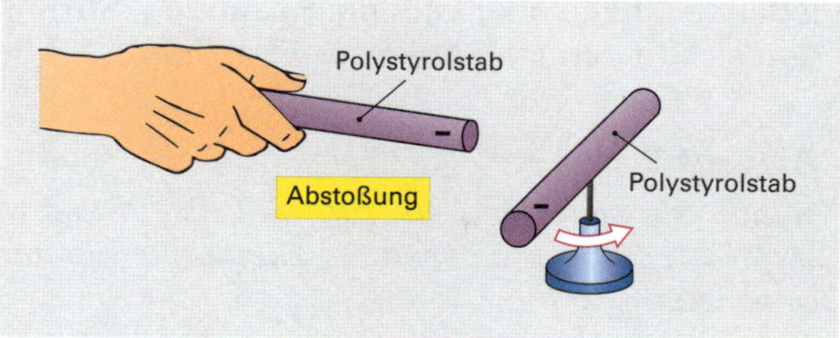

Bild 2: Abstoßung gleichartiger Ladungen

Versuch 2:
Reiben Sie mit dem Wolltuch ein Polystyrolstab und danach einen Acrylglasstab. Hängen Sie einen der Stäbe drehbar auf und nähern Sie den anderen Stab.
Beobachtung:

____

Elektrotechnik Grundbildung, S. 21

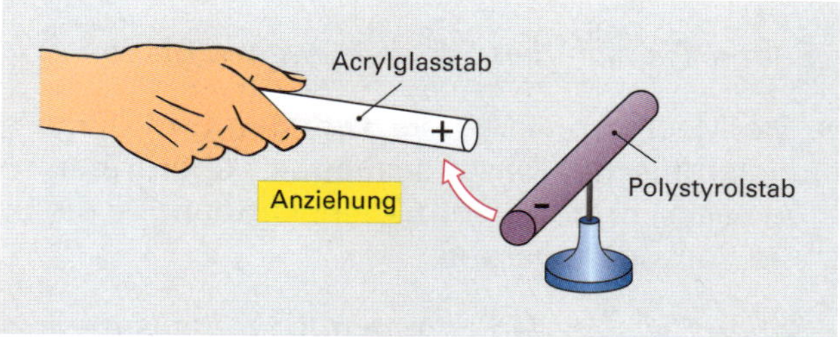

Bild 3: Anziehung ungleichartiger Ladungen
Fachkunde Industrieelektronik und Informationstechnik, S. 15

Gleichartige Ladungen ________ ____ also ____.
Ungleichartige Ladungen ________ _____ _____.

Fachkunde Mechatronik, S. 275

Aufgabe 3b

Ergänzen Sie den Text „Ladung".
Arbeiten Sie mit Ihrem Nachbarn zusammen und vergleichen Sie Ihre Arbeitsergebnisse im Plenum.

Ladung

Als Ursache für die Kräfte, die z.B. beim Reiben eines Kunststoffes entstehen, hat man die physikalische Größe **elektrische Ladung** Q festgelegt. Da es abstoßende und anziehende Kräfte gibt, muss man auch zwei verschiedene Ladungsarten festlegen. Die beiden entgegengesetzten Ladungen hat man **positive** ________________ $+Q$ und **negative** ________________ $-Q$ genannt.
Grundlage für das Verständnis von elektrischen Vorgängen ist das bohrsche Atommodell.
Elektrotechnik Grundbildung, S. 21

Aufgabe 3c

1. Ordnen Sie die Abbildungen den passenden Stellen im Text zu.
2. Ergänzen Sie den folgenden Text mithilfe der Abbildungen.
3. Ergänzen Sie die Benennungen in den Abbildungen und Tabellen.
Arbeiten Sie mit Ihrem Nachbarn zusammen und vergleichen Sie Ihre Arbeitsergebnisse im Plenum.

Das bohrsche Atommodell

Der dänische Physiker Niels Bohr (1885–1962) hat für das Atom folgendes Modell entwickelt:
Ein Atom besteht aus einem Kern und einer Hülle (Bilder __ und __). Der Kern enthält **Protonen** und **Neutronen** (Bild __). Die Hülle besteht aus **Elektronen** (Bild __).
Protonen sind _____ geladene Elementarteilchen des Atomkerns, Elektronen sind _____ geladene Elementarteilchen der Atomhülle.
Neutronen sind elektrisch neutrale Teilchen des Atomkerns. Sie haben für die elektrischen Vorgänge keine Bedeutung. Protonen und Elektronen haben eine entgegengesetzte elektrische Ladung und ________ _____ deshalb ____.

Beispiel Lithium

Die Atomhülle kann man sich aus verschiedenen Schalen (Elektronenbahnen) zusammengesetzt denken. Die Atome, z. B. des Lithiums (Bild __), des Metalls mit dem einfachsten Atomaufbau, haben in der inneren Schale zwei ________________. Die äußere Schale enthält ein ___________. Der Lithium-Atomkern besteht aus drei ____________ und vier ____________. Nach außen wirkt das Atom elektrisch neutral, weil sie die Ladungen der drei Protonen im Kern und die Ladungen der drei Elektronen in der Hülle ausgleichen.

Die Protonen und Elektronen nennt man **Ladungsträger**. Sie tragen die kleinste elektrische Ladung, die möglich ist. Diese Ladung nennt man **Elementarladung *e*** (Tabelle 1) mit dem Wert von $1{,}602 \cdot 10^{-19}$ C (Man liest: „zehn hoch minus neunzehn Coulomb". Coulomb, abgekürzt C, ist die Einheit der elektrischen Ladung). Die Anzahl der Elementarladungen bezeichnet man mit *n*.

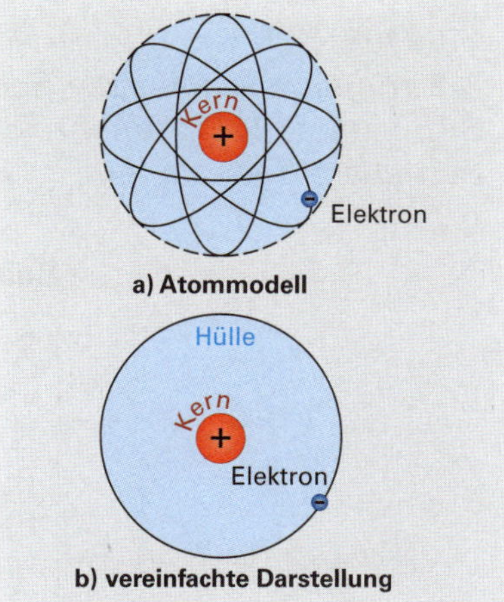

Bild 1: Aufbau eines Wasserstoff-Atoms

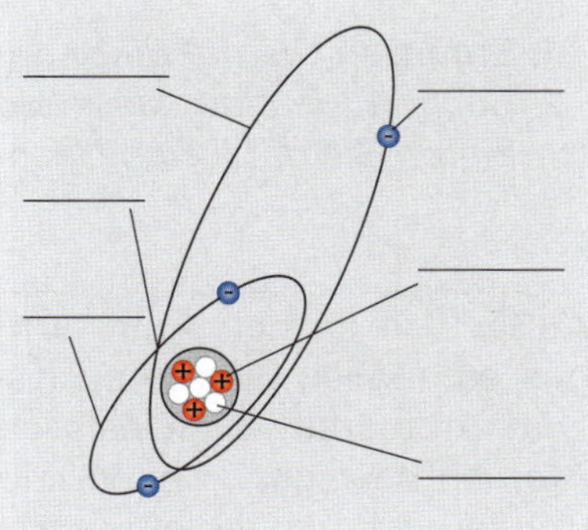

Bild 2: Aufbau eines Lithium-Atoms

i ________________
- **Elektronen** sind negative Ladungsträger.
- **Protonen** sind positive Ladungsträger.
- **Ionen** können positive oder negative Ladungsträger sein.

Tabelle 1: Träger der Elementarladung

Elementarteilchen	________	________
Ladungsart	negativ	positiv
Formelzeichen	*e*	*e*
Zahlenwert	$-1{,}602 \cdot 10^{-19}$	$+1{,}602 \cdot 10^{-19}$
Einheitenname	Coulomb	Coulomb
Einheitenzeichen	C	C

Nach: Grundbildung Elektrotechnik, S. 22

Elektrische Ladung

$Q = n \cdot e$ $[Q] = C = As$

Q Ladung (Elektrizitätsmenge)
n Anzahl der ____________
e ____________

Grundbildung Elektrotechnik, S. 22

Information

In der Elektrotechnik müssen große und sehr kleine Werte ausgedrückt werden. Deshalb ist es wichtig, die sogenannten „Vorsätze" wie z. B. Mega, Kilo, zu kennen und lesen zu können, wenn sie in Zahlen ausgedrückt sind, z. B. 10^9 lies: „zehn hoch neun", 10^{-9} lies: „zehn hoch minus neun".

Tabelle 2: Vorsätze für Vielfache und Teile der Einheiten

Vorsatz	Giga	Mega	Kilo	Dezi	Zenti	Milli	Mikro	Nano	Piko
Zeichen	G	M	k	d	c	m	µ	n	p
Faktor	10^9 1 000 000 000	10^6 1 000 000	10^3 1 000	10^{-1} 0,1	10^{-2} 0,01	10^{-3} 0,001	10^{-6} 0,000 001	10^{-9} 0,000 000 001	10^{-12} 0,000 000 000 001

Grundbildung Elektrotechnik, S. 16

Aufgabe 3d

Sie erinnern sich aus der Schulzeit (oder aus Lektion 2, S. 26): Ampere ist der Einheitenname für die Stromstärke I, Einheitenzeichen A. Diktieren Sie Ihrem Nachbarn die Stromstärken der folgenden Betriebsmittel/Anlagen.

Beispiele elektrischer Stromstärken

Betriebsmittel/Anlage	Stromstärke
Taschenrechner	100 μA
60-Watt-Glühlampe (230 V)	260 mA
Bügeleisen	4,35 A
Straßenbahnmotor	300 A
Elektroschmelzofen	100 kA

Fachkunde Elektrotechnik, S. 31

Aufgabe 3e

1. Ergänzen Sie die Bildunterschrift.
2. Suchen Sie eine passende Überschrift für den Text.
Arbeiten Sie mit Ihrem Nachbarn zusammen und vergleichen Sie Ihre Arbeitsergebnisse im Plenum.

____

Außer den an den Atomkern gebundenen Elektronen gibt es in allen Stoffen auch noch Elektronen, die sich vom Atom zeitweilig loslösen und frei zwischen den Atomen bewegen können. Man bezeichnet diese Elektronen auch als „freie" Elektronen. Solange dem Stoff von außen keine Energie zugeführt wird, bewegen sich die freien Elektronen ungerichtet, d. h. es lässt sich keine bevorzugte Bewegungsrichtung erkennen.

Elektrische Vorgänge beruhen auf dem Vorhandensein und der Beweglichkeit freier Elektronen. Elektrizität wird nicht erzeugt, sie ist in jedem Stoff vorhanden.

Fachkunde Kraftfahrzeugtechnik, S. 502

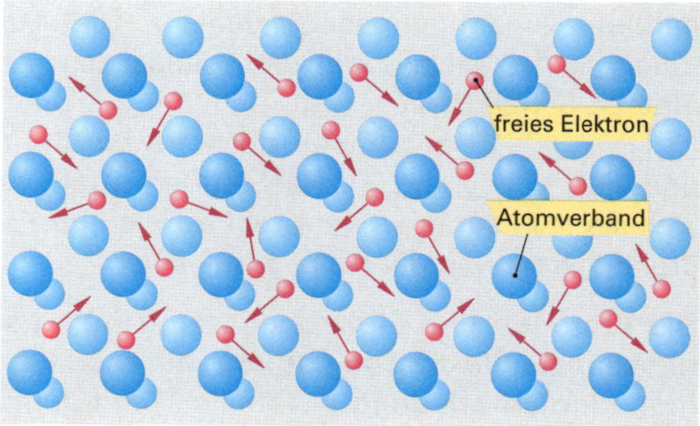

Bild 1: ______________________

Aufgabe 3f

Ergänzen Sie den folgenden Text.
Arbeiten Sie mit Ihrem Nachbarn zusammen und vergleichen Sie Ihre Arbeitsergebnisse im Plenum.

Ionen

Atome, bei denen sich die Anzahl der Protonen und die Anzahl der Elektronen unterscheiden, nennt man **Ionen.**
Fehlen einem Atom Elektronen, ist es positiv geladen und wird **positives Ion** genannt.
Hat das Atom mehr Elektronen in der Hülle als Protonen im Kern, ist es negativ geladen und wird ____________ ______ genannt.

Ionen sind negative oder positive Ladungsträger, die aus neutralen Atomen oder Molekülen durch Anlagerung oder Abgabe von ________________ entstehen.

Aus der Anzahl der Elektronen *n* bzw. der Protonen kann man die jeweilige **elektrische Ladung *Q* (Elektrizitätsmenge)** berechnen.

Elektrotechnik Grundbildung, S. 22

Elektrische Ladung

$Q = n \cdot e$ $[Q] = C = As$

Q Ladung (Elektrizitätsmenge)
n Anzahl derElementarladungen
e Elementarladung

Aufgabe 3g

Zum Berechnungsbeispiel auf S. 137:

- Was ist gesucht? ______________________
- Was ist gegeben? ______________________
- Welche Formel hilft weiter? ______________________

- Wonach wird die Gleichung umgestellt? ______________
- Was erfolgt nach der Umstellung? ______________
- Was ist das Ergebnis? ______________

Elektrotechnik Grundbildung, S. 22

Arbeiten Sie mit Ihrem Nachbarn zusammen und vergleichen Sie Ihre Arbeitsergebnisse im Plenum.

Beispiel

Aus wie vielen Elektronen besteht die Ladung Q = –1 C?

Lösung

$$Q = n \cdot e \Rightarrow n = \frac{Q}{e}$$

$$n = \frac{-1\ \text{C}}{-1{,}602 \cdot 10^{-19}\ \text{C}} = \mathbf{6{,}242 \cdot 10^{18}}$$

Aufgabe 3h

Ergänzen Sie die folgenden Aussagen zum Thema Ladung.
Arbeiten Sie mit Ihrem Nachbarn zusammen und vergleichen Sie Ihre Arbeitsergebnisse im Plenum.

1. Ein Proton besitzt die ______________ elektrische ______________ *+e*.
2. Elektronen sind negative ______________.
3. Positive Ladung ist Elektronenmangel, ______________ Ladung ist Elektronenüberschuss.
4. Elektrische Vorgänge beruhen auf dem Vorhandensein __________ ______________.
5. ____________ können positive oder negative Ladungsträger sein.
6. ____________ sind elektrisch neutral.
7. Gleichnamige (gleichartige) Ladungen __________ _____ ____ , ungleichnamige Ladungen ____________ ______ ___.

Elektrische Spannung

Aufgabe 4a

Sie erinnern sich: Arbeit W ist definiert als Kraft F mal Weg s (W = F · s, Lektion 3, S. 63).
Unterstreichen Sie im folgenden Text die Kerninformationen.
Suchen Sie eine passende Überschrift.
Arbeiten Sie mit Ihrem Nachbarn zusammen und vergleichen Sie Ihre Arbeitsergebnisse im Plenum.

____

Zwischen verschiedenartigen Ladungen wirkt eine Anziehungskraft. Werden verschiedenartige Ladungen voneinander entfernt, so muss gegen die Anziehungskraft eine Arbeit verrichtet werden. Diese Arbeit ist nun als Energie in den Ladungen gespeichert. Dadurch besteht zwischen den Ladungen eine Spannung.

Die elektrische Spannung ist die zur Ladungstrennung aufgewendete Arbeit je Ladung. Je höher die erzeugte Spannung ist, desto größer ist das Bestreben der Ladungen sich auszugleichen. Die elektrische Spannung ist also auch das Ausgleichsbestreben von Ladungen. Elektrische Spannungen entstehen durch die Trennung von Ladungen.

Fachkunde Industrieelektronik und Informationstechnik, S. 15 und 16

Aufgabe 4b

Ergänzen Sie mithilfe des obenstehenden Textes den Text „Elektrische Spannung" (S. 137/138).
Arbeiten Sie mit Ihrem Nachbarn zusammen und vergleichen Sie Ihre Arbeitsergebnisse im Plenum.

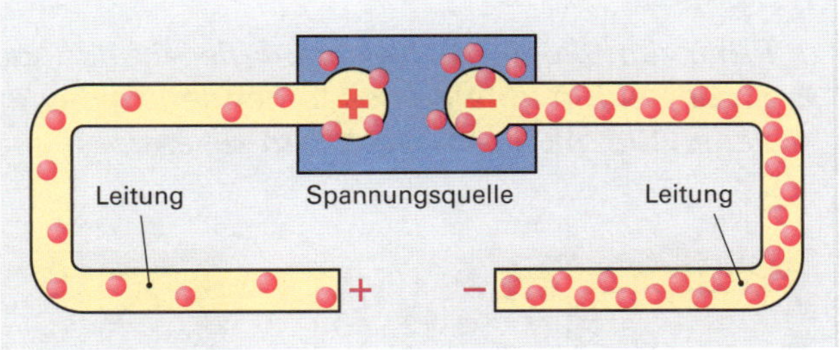

Bild 1: Spannungserzeugung durch Ladungstrennung

Elektrische Spannung

Elektrische Spannung ist vorhanden, wenn zwischen zwei Punkten, z. B. den Polen einer Batterie, ein Unterschied in der Menge der Elektronen vorhanden ist. Die Höhe der __________ ist von der Größe des Elektronenunterschieds abhängig. Die Erzeugung der ______________________ erfolgt durch Ladungstrennung in der Spannungsquelle.

Am Minuspol herrscht Elektronenüberschuss, am Pluspol Elektronenmangel.

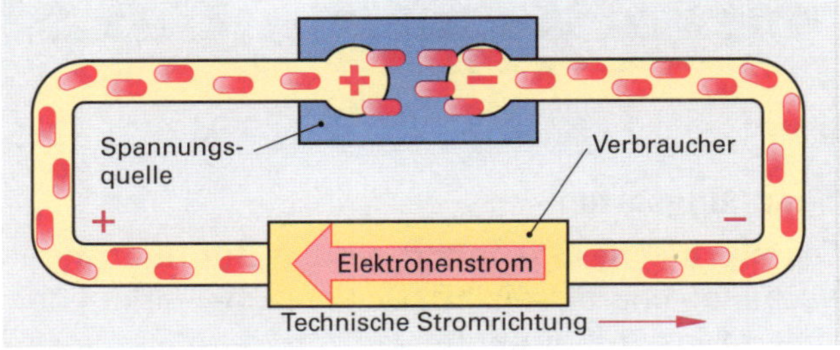

Bild 2: Elektronenfluss im Stromkreis

Zwischen dem Minus- und Pluspol herrscht ein Ausgleichsbestreben der Elektronen, d. h. bei der Verbindung der beiden Pole fließen Elektronen vom Minuspol über den Verbraucher zum Pluspol und verrichten dabei elektrische Arbeit.

Die ________________ ______________ ist das Ausgleichsbestreben unterschiedlicher Ladungsmengen. Sie ist die Ursache für das Fließen des elektrischen Stroms.

Spannung nennt man auch Potenzialdifferenz.

Nach: Fachkunde Kraftfahrzeugtechnik, S. 503

Aufgabe 4c

Ergänzen Sie den folgenden Text.
Arbeiten Sie mit Ihrem Nachbarn zusammen und vergleichen Sie Ihre Arbeitsergebnisse im Plenum.

Potenziale

Elektrische Spannung ist immer eine Spannungsdifferenz, also ein Spannungsunterschied zwischen zwei Punkten, wie beispielsweise den Klemmen, d. h. Polen einer Spannungsquelle. Anfangs- und Endwert dieser Differenz nennt man Potenziale (Formelzeichen φ, sprich: Phi).
Potenzial ist also eine auf einen Bezugspunkt bezogene Spannung, z. B. die Spannung gegen Erde. Eine Spannung besteht sowohl zwischen positiven und negativen Potenzialen wie auch zwischen gleichartigen, aber verschieden starken ________________.

Fachkunde Industrieelektronik und Informationstechnik, S. 16

Aufgabe 4d

Ergänzen Sie den Text.
Arbeiten Sie mit Ihrem Nachbarn zusammen und vergleichen Sie Ihre Arbeitsergebnisse im Plenum.

Elektrische Spannung: Formel und Einheiten

Die elektrische Spannung U ist ein Maß für die Ladungstrennungsarbeit W je Ladung Q.
Spannung = Potenzialunterschied

Durch das Einsetzen der Formelzeichen erhält man:

$U = W/Q$

U = ________________________ ____________________

W = ____

Q = ________________________ ____________________

Für die Bestimmung der Einheit gilt: $[U]$ = Nm/C = VAs/As = V. Die eckige Klammer um ein Formelzeichen wie z. B. $[U]$ = V bedeutet: die Einheit für die Spannung U ist 1 Volt (V). Der Name der Einheit, Volt, wurde zu Ehren des italienischen Physikers Volta gewählt.

Nach: Fachkunde Mechatronik, S. 277

Aufgabe 4e

1. Ergänzen Sie die Verweise auf die Abbildungen im Text.
2. Ergänzen Sie mithilfe des folgenden Textes die Bildunterschriften.
Arbeiten Sie mit Ihrem Nachbarn zusammen und vergleichen Sie Ihre Arbeitsergebnisse im Plenum.

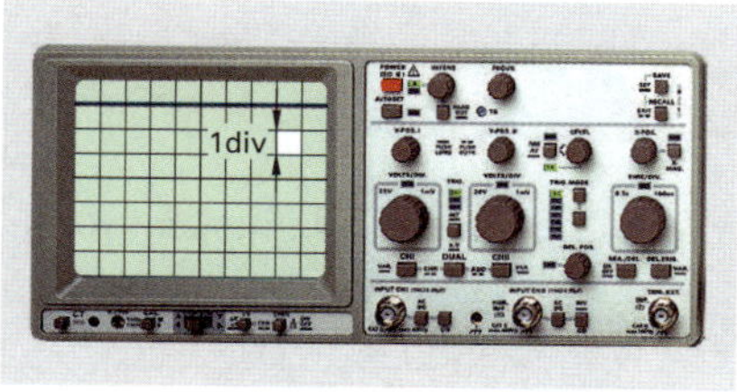

Bild 1: ____________________

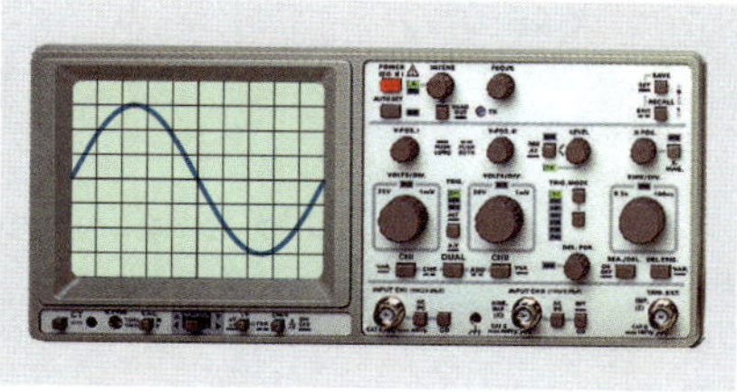

Bild 2: ____________________

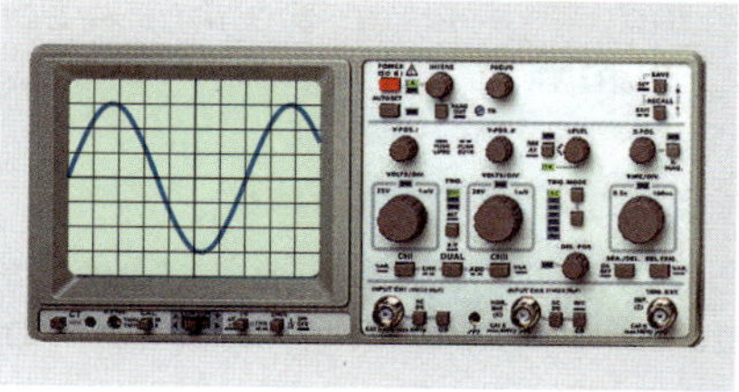

Bild 3: ____________________

Spannungsarten

Die elektrische Spannung wird außer über ihren Spannungswert zusätzlich durch ihr zeitabhängiges Verhalten charakterisiert. Der zeitliche Verlauf der elektrischen Spannung wird unter Zuhilfenahme spezieller Messinstrumente, wie z. B. dem Oszilloskop, gezeigt (Bilder ______).
Ein Oszilloskop misst grundsätzlich elektrische Spannungen. Der Bildschirm des Oszilloskops zeigt den

Spannungsverlauf, wobei auf der X-Achse der zeitliche Verlauf und auf der Y-Achse die Amplitude (Spannungswert) dargestellt wird.
Gleichspannung (Bild __) bezeichnet eine elektrische Spannung, die über einen längeren Zeitraum kontinuierlich einen Spannungswert (Amplitude) aufweist. Spannungsquellen, die durch eine chemische Reaktion Ladungen trennen, sind normalerweise Gleichspannungsquellen.
Wechselspannungen ändern im Gegensatz zu Gleichspannungen ihren Spannungswert im Laufe relativ kurzer Zeitabschnitte (Bild __).
Mischspannung (Bild __) ist das Resultat der Überlagerung von Gleich- und Wechselspannung. Mischspannung ist, ähnlich wie Wechselspannung, leicht an ihrem zeitlichen Verlauf zu erkennen. Im Gegensatz zu einer reinen Wechselspannung schwankt die Amplitude (Spannungswert) nicht um einen Nullpunkt.
Nach: Fachkunde Mechatronik, S. 278, 279

Aufgabe 4f
Bilden Sie drei Gruppen.
1. *Jede Gruppe wählt eins der folgenden Themen aus und bereitet die Information des Plenums darüber vor.*
   a) Das bohrsche Atommodell b) Ladung c) Spannung
   Sammeln Sie Stichpunkte, gegebenenfalls mithilfe der Seiten 134–138. Erstellen Sie eine Gliederung. Arbeiten Sie innerhalb der Großgruppe mit Ihrem Nachbarn zusammen und vergleichen Sie Ihre Arbeitsergebnisse in der Großgruppe.
2. *Jede Gruppe wählt einen Sprecher, der das Plenum über das gewählte Thema informiert. Die Zuhörer fragen nach, wenn ihnen etwas nicht klar ist.*

Elektrischer Strom

Aufgabe 5a
Übertragen Sie die Bezeichnungen aus dem Text in das Schaltbild.
Arbeiten Sie mit Ihrem Nachbarn zusammen und vergleichen Sie Ihre Arbeitsergebnisse im Plenum.

Elektrischer Strom

Elektrischer Strom wird zum Transport der elektrischen Energie benötigt. Verbindet man eine Glühlampe über Kupferdrähte mit einer Batterie (in diesem Fall der Erzeuger), so leuchtet die Lampe. Die in der Batterie gespeicherte Energie wird offensichtlich über die Kupferdrähte zur Glühlampe transportiert und dort in Licht umgewandelt.

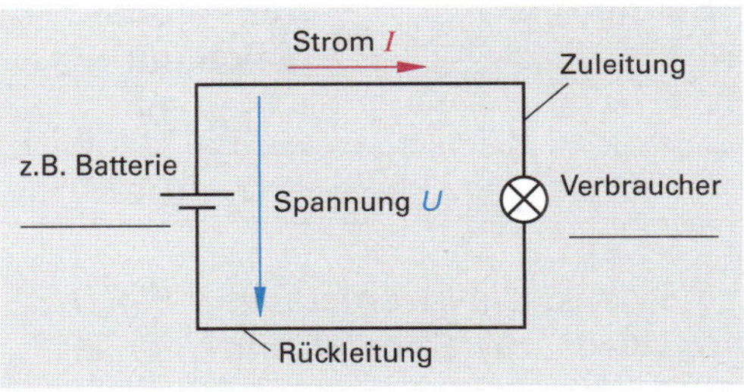

Bild 1: Elektrischer Stromkreis

Elektrische Spannung ist das Ausgleichsbestreben gegensätzlicher elektrischer Ladungen. In der Spannungsquelle herrscht an einem Pol (Anschluss, Klemme) ein Überschuss an Elektronen und an dem anderen Pol ein Elektronenmangel. Schließt man den Stromkreis von der Spannungsquelle über die Kupferleitungen und die Glühlampe, so wandern Elektronen von einem Pol der Spannungsquelle durch die Kupferleitung und durch die Glühlampe. Die Lampe leuchtet.

Elektrischer Strom ist die gerichtete Bewegung von Ladungen.

Nach: Fachkunde Mechatronik, S. 279

Aufgabe 5b
Übertragen Sie die Bezeichnungen aus dem Text in das Schaltbild auf S. 140.
Arbeiten Sie mit Ihrem Nachbarn zusammen und vergleichen Sie Ihre Ergebnisse im Plenum.

Der elektrische Strom

Wird ein elektrischer Verbraucher an eine Spannungsquelle angeschlossen, können sich die unterschiedlichen Ladungen ausgleichen. Die Elektronen fließen dabei vom Minuspol der Spannungsquelle über den Verbraucher zum Pluspol. Die fließenden Elektronen werden als elektrischer Strom bezeichnet. Dieser ist umso größer, je mehr Elektronen pro Sekunde durch den Leiterquerschnitt fließen.

Die durch einen Verbraucher bzw. durch einen Leiter fließenden Elektronen werden als elektrischer Strom bezeichnet.

Die Einheit der elektrischen Stromstärke ist das Ampere (A), nach dem französischen Physiker André Ampère.

Der elektrische Strom wird in Ampere (A) gemessen.

Die Richtung des elektrischen Stroms wurde vom Plus- zum Minuspol festgelegt. Erst später erkannte man, dass sich die Elektronen vom Minus- zum Pluspol bewegen. In der Technik wurde jedoch die ursprüngliche Festlegung beibehalten. Sie wird als technische Stromrichtung bezeichnet.

Fachkunde Metall, S. 552

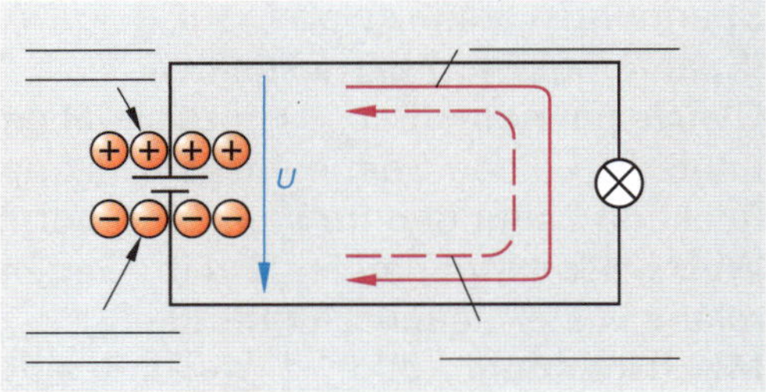

Bild 1: Spannung und Strom

Fachkunde Metall, S. 551

Aufgabe 5c

1. Welche Fachbegriffe finden sich in den beiden obenstehenden Texten für die folgenden Beispiele?

- Batterie: ______________, ______________
- Klemme: ______________, ______________
- Kupferdraht: ______________, ______________
- Glühlampe: ______________

2. Welche Fachbegriffe benötigen Sie zur Beschreibung eines einfachen Stromkreises? Machen Sie eine Liste für Ihr Glossar.

Arbeiten Sie mit Ihrem Nachbarn zusammen und vergleichen Sie Ihre Ergebnisse im Plenum.

Kenngrößen des elektrischen Stromes

Aufgabe 6a

1. Zu welchem der beiden folgenden Texte gehört die Abbildung?

2. Ergänzen Sie die Bildunterschrift.

3. Vervollständigen Sie die folgende Tabelle.

Kenngröße	Definitionsgleichung	Einheit
	$I = Q/t$	
	$J = I/A$	

4. Wie ist die Stromstärke definiert?

5. Wie ist die Stromdichte definiert?

Arbeiten Sie mit Ihrem Nachbarn zusammen und vergleichen Sie Ihre Arbeitsergebnisse im Plenum.

Stromstärke

Der elektrische Strom kann durch die Angaben „Stromstärke“ und „Stromdichte“ quantitativ exakt beschrieben werden.

Die elektrische Stromstärke I ist proportional zur Ladungsmenge Q, die sich in einem Leiter pro Zeiteinheit bewegt.

Aus diesem Zusammenhang ergibt sich die Definitionsgleichung der Stromstärke:

$$I = Q/t \qquad [I] = \text{As/s}$$

Die Einheit der Stromstärke ist das Ampere $[I] = \text{A}$. Stellt man diese Gleichung nach Q um, erhält man:

$$Q = I \cdot t$$

Fachbildung Mechatronik, S. 280

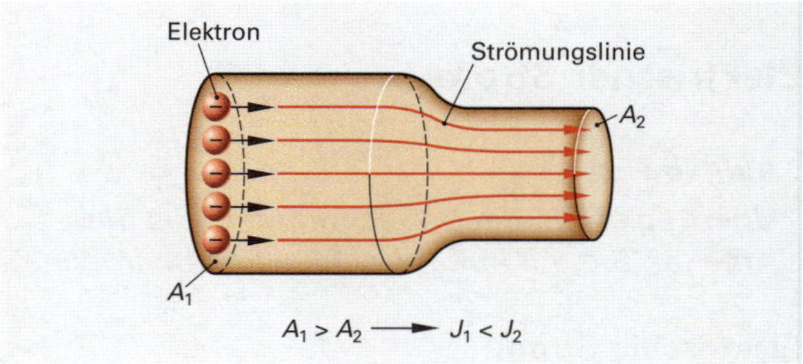

Bild 2: ______________________________

Fachkunde Mechatronik, S. 281

Stromdichte

Die Leitung der Ladungsträger von der Spannungsquelle zur Glühlampe und wieder zurück zur Spannungsquelle erfolgt im einfachsten Fall über elektrische Metalldrähte. Die Ladungsträger, welche gleichzeitig durch einen Leiter fließen, müssen sich praktisch gleichmäßig über den Leiterquerschnitt verteilen. Diese Verteilung ist die Stromdichte.

Die Stromdichte J ist die auf den Leiterquerschnitt A bezogene Stromstärke I.

Definition der Stromdichte:

$$J = I/A$$

Die Einheit der Stromdichte ergibt sich aus den bisher bekannten Einheiten:

$$[J] = \text{A/mm}^2$$

Die Stromdichte ist verantwortlich für die Erwärmung eines stromdurchflossenen Leiters. Technisch wird der Effekt einer sehr hohen Stromdichte in Glühlampen ausgenutzt. Eine Glühlampe besitzt einen dünnen Draht, der sich infolge der hohen Stromdichte bis zum Glühen erhitzt. Die Glühlampe leuchtet.

Fachbildung Mechatronik, S. 280/281

Information

Physikalische Größen werden in den obenstehenden Texten durch Gleichungen definiert.
Man liest z. B.

$I = Q/t$
- Die Stromstärke ist der Quotient aus Stromstärke und Zeit.

oder kurz
- I gleich Q durch t

$Q = I \cdot t$
- Die Ladungsmenge ist das Produkt aus Stromstärke und Zeit

oder kurz
- Q gleich I mal t

Aufgabe 6b

Lassen Sie sich von Ihrem Nachbarn diktieren – Sie notieren die Definitionsgleichungen (und haben dabei natürlich das Buch geschlossen!):

1. $J = I/A$
2. $U = W/Q$
3. $W = F \cdot s$
4. $[I] = \text{As/s}$
5. $[J] = \text{A/mm}^2$
6. $[U] = \text{Nm/C} = \text{VAs/As} = \text{V}$

Wirkungen des elektrischen Stromes

Aufgabe 7

Ergänzen Sie die folgenden Überschriften in den Teilen der folgenden Tabelle.
Arbeiten Sie mit Ihrem Nachbarn zusammen und vergleichen Sie Ihre Ergebnisse im Plenum.

Chemische Wirkung
Magnetische Wirkung
Wirkung auf Lebewesen (physiologische Wirkung)
Wärmewirkung
Lichtwirkung

________________	**Anwendungen**
Tritt immer auf 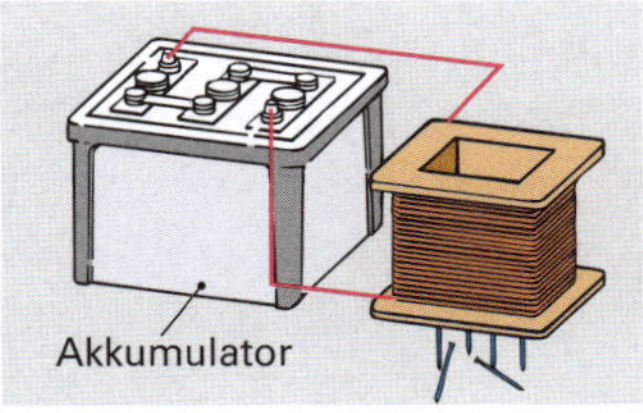	Elektroherde Bügeleisen Tauchsieder Warmwasserbereiter Lötkolben Schmelzsicherungen
________________	**Anwendungen**
Auftreten: bei Menschen, Tieren 	Elektroweidezäune Viehbetäubung Elektromedizinische Geräte

Elektrotechnik Grundbildung, S. 28

________________	**Anwendungen**
Tritt immer auf 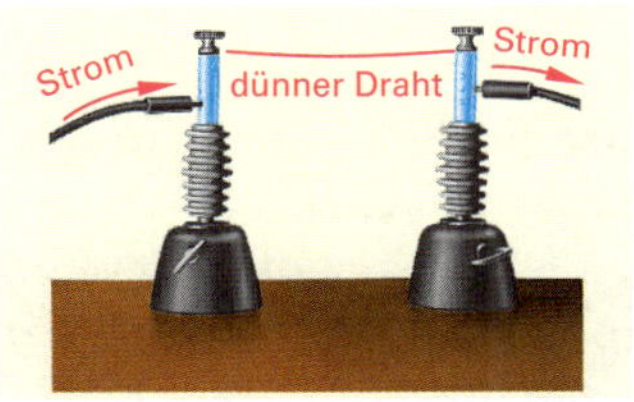	Elektromagnete Elektromotoren Schütze, Relais Messinstrumente Klingeln Telefonhörer Lautsprecher Türöffner
________________	**Anwendungen**
Auftreten: in Gasen, in Halbleitern 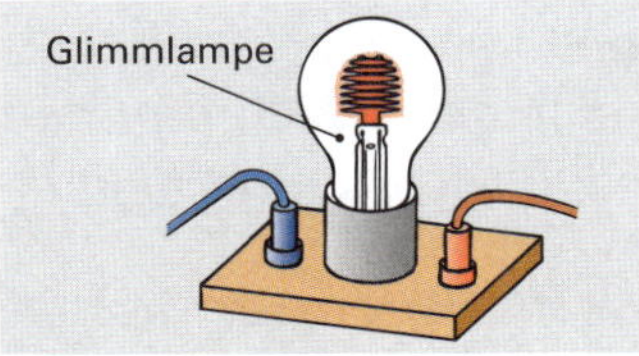	Leuchtstofflampen Leuchtröhren Glimmlampen Leuchtdioden Glühlampen
________________	**Anwendungen**
Auftreten: in leitenden Flüssigkeiten 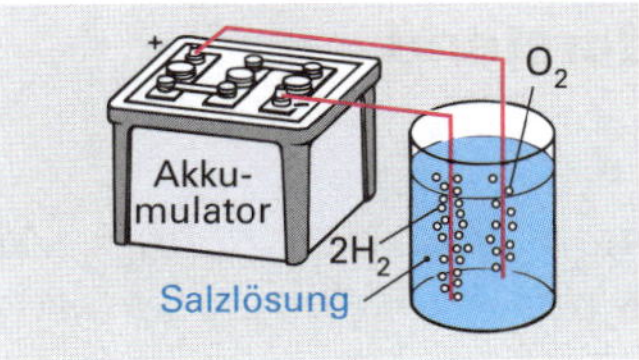	Elektrolyse Galvanisieren Akkumulatoren

Stromarten

Aufgabe 8a

1. Ordnen Sie die Textteile mit ihren Überschriften in der Reihenfolge der Tabelle.
2. Ergänzen Sie die Textteile.
Arbeiten Sie mit Ihrem Nachbarn zusammen und vergleichen Sie Ihre Ergebnisse im Plenum.

A ______________________________
(AC – Alternating Current, Zeichen: ~)
Im Stromkreis fließt ein ____________________, wenn sich die freien Elektronen im Leiter hin und her bewegen, und zwar in beiden Richtungen gleich weit. Im Stromstärke-Zeit-Schaubild erhält man z. B. eine Sinuslinie.
______________________________ fließt mit ständig wechselnder Richtung und Stärke.

B ______________________________
(DC – Direct Current, Zeichen: – oder ==)
Im Stromkreis fließt ein ____________________, wenn sich in einer bestimmten Zeit, z. B. 1 s, gleich viele freie Elektronen in gleicher Richtung bewegen. Zeichnet man die Stromstärke abhängig von der Zeit in einem Schaubild auf, ergibt sich eine Parallele zur Zeitachse.
______________________________ fließt nur in einer Richtung mit gleichbleibender Stromstärke.

C ______________________________
(UC – Universal Current, Zeichen: ≈)
Im Stromkreis fließt ein ____________________, wenn sich in ihm gleichzeitig ein Gleich- und ein Wechselspannungserzeuger auswirkt.
Der ______________________________ entsteht durch Zusammensetzung eines Gleichstromes mit einem Wechselstrom.
Ein ______________________ setzt sich aus einem Gleichstrom- und einem Wechselstromanteil zusammen.

Tabelle: Stromarten		
Bezeichnung	Bild	Beispiele
Gleichstrom (DC) Elektrischer Strom, der nur in gleicher Richtung und mit gleicher Stärke fließt.	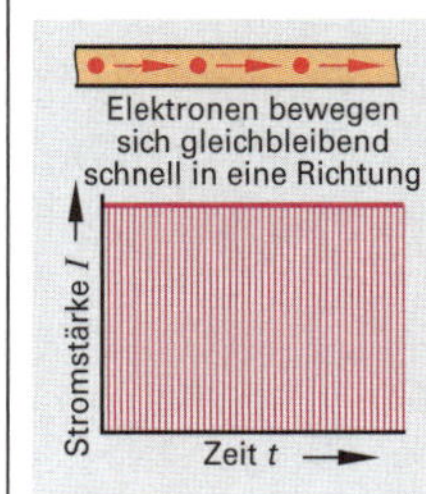	Batterie, Akkumulator, Stromversorgung elektrischer und elektronischer Geräte, Oszilloskop, Fernsehbildröhre
Wechselstrom (AC) Elektrischer Strom, der ständig seine Richtung und seine Stromstärke ändert.	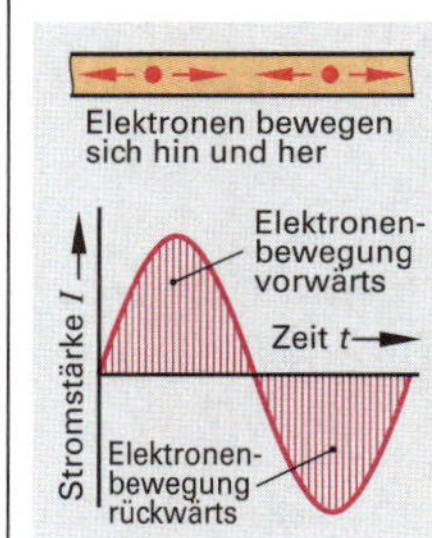	Energienetz, Fahrraddynamo, Wechselstromgeneratoren und -motoren, dynamische Mikrofone
Mischstrom (UC) setzt sich zusammen: • aus einem Wechselstromanteil und • aus einem Gleichstromanteil	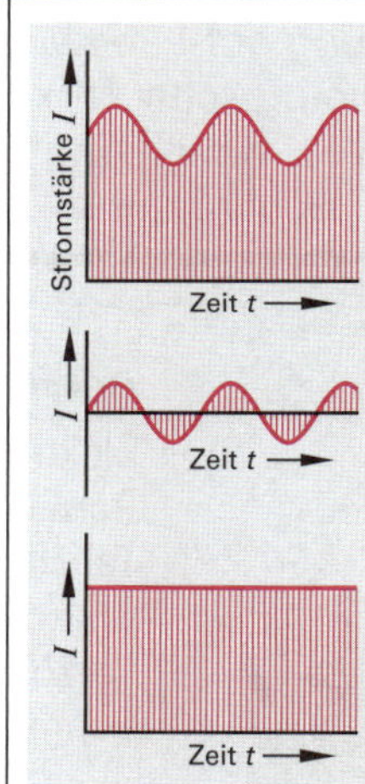	gleichgerichteter Wechselstrom, Strom in Netzteilen nach Glättungskondensator, Steuerstrom von Transistoren, in Wechselstromverstärkern, „pulsierender" Gleichstrom

Elektrotechnik Grundbildung, S. 29

Aufgabe 8b

Bilden Sie drei Gruppen.
1. Jede Gruppe wählt eine der drei Stromarten aus und bereitet die Information des Plenums darüber vor.
a) Gleichstrom, b) Wechselstrom, c) Mischstrom
Sammeln Sie Stichpunkte, gegebenenfalls mithilfe der Seite 142. Erstellen Sie eine Gliederung. Arbeiten Sie innerhalb der Großgruppe mit Ihrem Nachbarn zusammen und vergleichen Sie Ihre Arbeitsergebnisse in der Großgruppe.
2. Jede Gruppe wählt einen Sprecher, der das Plenum über das gewählte Thema informiert.

Der elektrische Widerstand

Aufgabe 9a

Die folgenden Aussagen sind alle richtig. Welche gehen weder aus dem Text „Der elektrische Widerstand" noch aus der Abbildung „Leiterwiderstand" hervor?

1. Der Widerstand eines Leiters hängt vom Material, der Leiterlänge und dem Leiterquerschnitt ab.
2. Kupfer hat viele freie Elektronen und ist ein guter Leiter.

3. Der spezifische Widerstand von Konstantan ist größer als der von Kupfer.
4. Der spezifische elektrische Widerstand (lies: rho) ist der Widerstand eines Leiters von 1 m Länge und 1 mm² Leiterquerschnitt bei einer Temperatur von 20 Grad C.
5. Der Leiterwiderstand ist proportional zum spezifischen Widerstand und zur Länge des Leiters, d.h. je größer der spezifische Widerstand und die Länge des Leiters ist, desto größer ist der Leiterwiderstand.
6. Der Leiterwiderstand ist zum Leiterquerschnitt umgekehrt proportional, d.h. der Leiterwiderstand ist umso größer, je kleiner der Leiterquerschnitt ist.

Arbeiten Sie mit Ihrem Nachbarn zusammen und vergleichen sie Ihre Arbeitsergebnisse im Plenum.

Der elektrische Widerstand

Ladungsträger, die sich durch einen Werkstoff bewegen, werden mehr oder weniger in ihrem Fluss behindert. Diese Behinderung ist die Folge der Reibung zwischen Ladungsträgern (z. B. Elektronen) und den Atomen des Werkstoffs (z. B. metallischer Leiter). Die Elektronen bewegen sich auf einem „Zickzack"-Kurs zwischen den Atomen des elektrischen Leiters, sie erfahren dabei einen Widerstand in ihrer Bewegung.
Durch die Erhöhung der Temperatur eines Leiterwerkstoffes werden zusätzlich die Atome des Leiters zu Schwingbewegungen angeregt. Dies hat zur Folge, dass die Ladungsträger noch stärker in ihrer Bewegung behindert werden, da noch mehr Kollisionen stattfinden.

- Der elektrische Widerstand ist die Eigenschaft eines Werkstoffes, sich dem elektrischen Strom zu widersetzen.
- Der elektrische Widerstand steigt bei elektrischen Leitern mit der Temperatur an.
- Der elektrische Widerstand *R* wird in Ohm (Ω) angegeben.

Jeder Leiterwerkstoff hat einen für ihn typischen spezifischen Widerstand ρ. So hat Kupfer z. B. bei einem Meter Leiterlänge und 1 mm² Leiterquerschnittsfläche einen Widerstand von 0,0178 Ohm.
Nach: Fachbildung Mechatronik, S. 281

Tabelle: Leiterwiderstand

Material	Leiterlänge	Leiterquerschnitt
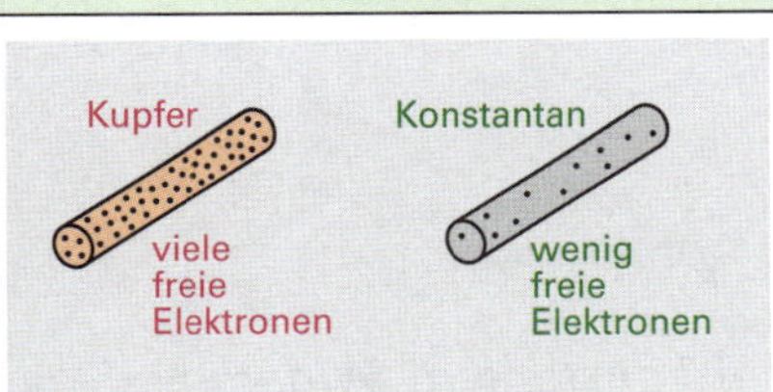	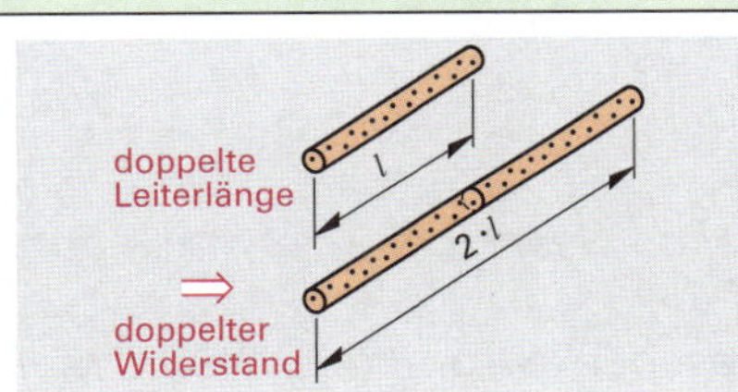	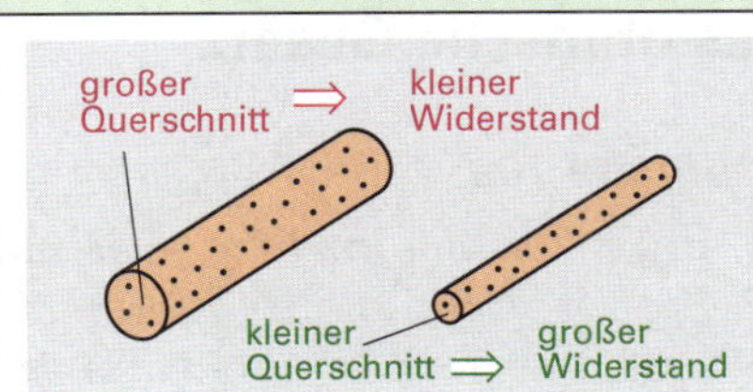
Der Leiterwiderstand ist umso größer, je größer der spezifische Widerstand ϱ ist. $R \sim \varrho$	Der Leiterwiderstand ist umso größer, je länger die Leiterlänge l ist. $R \sim l$	Der Leiterwiderstand ist umso größer, je kleiner der Leiterquerschnitt A ist. $R \sim \frac{1}{A}$
Leiterwiderstand $[R] = \frac{\frac{\Omega \cdot mm2}{m} \cdot m}{mm^2} = \Omega$	$R = \frac{\varrho \cdot l}{A}$	R Leiterwiderstand ϱ spezifischer Widerstand l Leiterlänge A Leiterquerschnitt

Elektrotechnik Grundbildung, S. 33

Aufgabe 9b

Ergänzen Sie mithilfe des Textes „Der elektrische Widerstand" den Text und die Tabelle „Widerstand – Leitwert". Arbeiten Sie mit Ihrem Nachbarn zusammen und vergleichen Sie Ihre Arbeitsergebnisse im Plenum.

Widerstand und Leitwert

Fließt Strom durch einen metallischen Leiter, so bewegen sich die freien Elektronen zwischen den Atomen des Leiterstoffs hindurch.
Diese Atome sind nicht in Ruhe, sondern schwingen auch bei normaler Temperatur in allen Richtungen um ihre Ruhe-

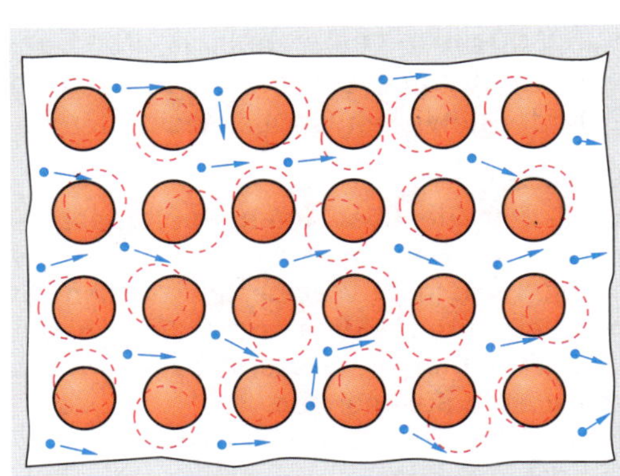

Bild 1: Elektronenbewegung im Leiter

lage (ungeordnete Wärmebewegung). Dadurch werden die freien Elektronen in ihrer Bewegung behindert. Jeder Leiter setzt dem elektrischen Strom einen ____________ entgegen, der durch eine elektrische Spannung überwunden werden muss.

Der elektrische ________________ hat das Formelzeichen *R* und die Einheit ________ (Einheitenzeichen Ω).

Ein Leiter mit kleinem Widerstand leitet den elektrischen Strom gut, er hat einen großen Leitwert. Umgekehrt gehört zu einem großen Widerstand ein kleiner ___________.

Der elektrische Leitwert (Formelzeichen *G*) hat die Einheit Siemens (Einheitenzeichen S).

Doppelter Widerstand ergibt den halben Leitwert, dreifacher Widerstand ein Drittel des Leitwertes. Der Leitwert ist also der Kehrwert des Widerstandes.

Leitwert = 1/Widerstand

großer Leitwert → kleiner __________

kleiner Leitwert → großer __________.

Elektrotechnik Grundbildung, S.31

____________	**Leitwert**
$R = \frac{1}{G}$	$G = \frac{1}{R}$
$[R] = \frac{1}{S} = \Omega$	$[G] = \frac{1}{\Omega} = S$
R Widerstand	G ____________

i ____________

	Widerstand	Leitwert
• Formelzeichen:	*R*	*G*
• Einheitenname:	Ohm	Siemens
• Einheitenzeichen:	Ω	S

• Einheitenvorsätze (Beispiele):

1 Milliohm	= 1 mΩ	$= 1 \cdot 10^{-3}\ \Omega$	= 0,001 Ω
1 Kiloohm	= 1 kΩ	$= 1 \cdot 10^{3}\ \Omega$	= 1 000 Ω
1 Megaohm	= 1 MΩ	$= 1 \cdot 10^{6}\ \Omega$	= 1 000 000 Ω

Information

Der Begriff „elektrischer Widerstand" hat in der Elektrotechnik zwei Bedeutungen:
- die physikalische Eigenschaft eines Stoffes, einem elektrischen Strom Widerstand entgegenzusetzen (s. o. S 143),
- ein Bauteil oder Bauelement der Elektrotechnik und Elektronik (s. u. S. 144 ff.).

Das ohmsche Gesetz

Aufgabe 10a

1. Ergänzen Sie im Text „Das ohmsche Gesetz" die Verweise auf die Abbildungen.
2. Ergänzen Sie die Bildunterschriften.
3. Was passiert in einem geschlossenen Stromkreis, wenn man bei konstantem Widerstand die Spannung erhöht?
4. Was ist die Kennlinie im Spannungs-Stromdiagramm für das Verhältnis $I \approx U$?
5. Wie lautet das ohmsche Gesetz?
6. Wie sieht die Kennlinie im Widerstands-Stromdiagramm für das Verhältnis $I \approx 1/R$ aus?
Arbeiten Sie mit Ihrem Nachbarn zusammen und vergleichen sie Ihre Arbeitsergebnisse im Plenum.

Das ohmsche Gesetz

Im folgenden Versuch werden die Beziehungen zwischen elektrischer Spannung, elektrischem Strom und elektrischem Widerstand untersucht. Der Versuchsaufbau (Bild __) besteht aus einer Spannungsquelle mit einer einstellbaren Spannung von *U* = 2V … 10V und einem langen Draht, der auf einen Zylinder gewickelt ist, als Widerstand.

Versuch 1:

Schließen Sie über einen Strommesser einen Widerstand $R = 4\ \Omega$ an ein Netzgerät an, dessen Spannung zwischen 0 V und 10 V eingestellt werden kann. Legen Sie parallel zum Widerstand einen Spannungsmesser (s. S. 149) (Bild __). Messen Sie die Stromstärken bei verschiedenen Spannungen.

Bei gleich bleibendem Widerstand wächst die Stromstärke mit der Spannung.

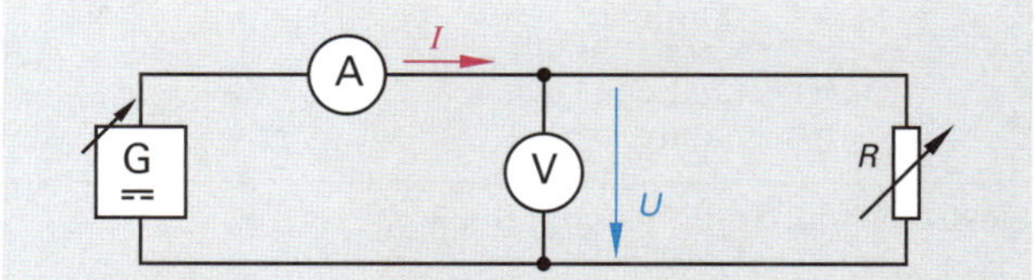

Versuch 1: Widerstand konstant $R = 4\ \Omega$		**Versuch 2:** Spannung konstant $U = 10$ V	
Spannung in V	Strom in A	Widerstand in Ω	Strom in A
2	0,5	2	5,0
4	1,0	4	2,5
6	1,5	6	1,67
8	2,0	8	1,25
10	2,5	10	1,0

Bild 1: Messen von Strom und Spannung

Die Stromstärke ist bei gleichem Widerstand proportional (verhältnisgleich) der Spannung, sie vergrößert sich also im gleichen Verhältnis wie die Spannung wächst: $I \approx U$. Trägt man die im Versuch gemessenen Werte des Stromes abhängig von der dazu gehörenden Spannung in ein Schaubild ein, so erhält man durch Verbinden der Messpunkte eine Gerade (Bild __). Der Widerstand ist linear. Ein größerer Widerstand, z. B. $R = 10\ \Omega$, hat eine Kennlinie mit geringerer Steigung (Bild __).
Die Stromstärke I ist proportional der Spannung U.

$$R = U/I \qquad [R] = V/A = \Omega$$

Der elektrische Widerstand R ist der Proportionalitätsfaktor zwischen der Spannung U und der Stromstärke I.

Elektrotechnik Grundbildung, S. 32 und Fachkunde Mechatronik S. 282

Versuch 2: Messen Sie nun bei gleich bleibender Spannung U = 10 V die Stromstärken bei den Widerstandswerten 2 Ω, 4 Ω, 6 Ω und 8 Ω.
Bei unveränderter Spannung wird die Stromstärke umso kleiner je größer der Widerstand ist.

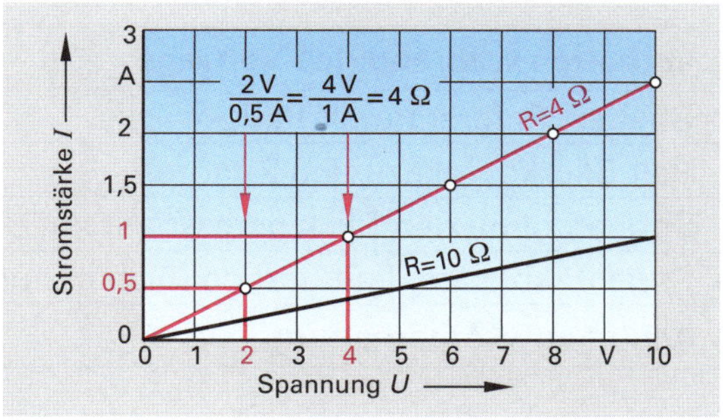

Bild 2: ______________________

Bei gleich bleibender Spannung verhält sich die Stromstärke umgekehrt wie der Widerstand. Die Stromstärke ist also dem Widerstand umgekehrt proportional: $I \approx 1/R$. Das Schaubild zeigt die Abhängigkeit des Stromes vom Widerstand. Bei kleinerer Spannung z. B. U = 5 V, fließen kleinere Ströme. Trägt man die im Versuch gemessenen Werte des Stromes abhängig von der dazu gehörenden Spannung in ein Schaubild ein, so erhält man durch Verbinden der Messpunkte eine Hyperbel (Bild __).

$$I \approx 1/R$$

Die Stromstärke I ist umgekehrt proportional dem Widerstand R.

Elektrotechnik Grundbildung, S.32

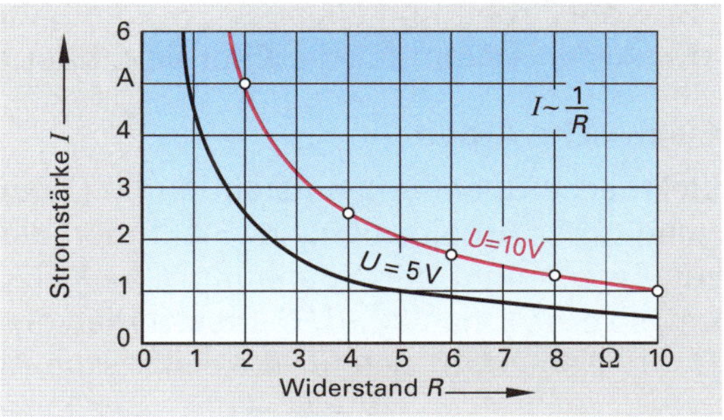

Bild 3: ______________________

Aufgabe 10b

Die beiden Versuche im Text in Aufgabe 10a sind als Arbeitsaufträge formuliert.
Nennen Sie die einzelnen Schritte, die Sie zur Durchführung der Versuche ausführen müssen.
Arbeiten Sie mit Ihrem Nachbarn zusammen und vergleichen Sie Ihre Ergebnisse im Plenum.

Formulierung des Gesetzes
Versuchsergebnis
Versuchsdurchführung
Versuchsaufbau
Dokumentation

Was brauche ich? ______________________
Was mache ich? ______________________
Was schreibe ich wie auf? ______________________
Wie verhalten sich die einzelnen Größen? ______________________
Was lässt sich daraus in allgemeingültiger Form ableiten? ______________________

Aufgabe 10c

Bilden Sie zwei Gruppen.

1. *Eine Gruppe beschäftigt sich mit der Ableitung von $R = U/I$, die andere Gruppe beschäftigt sich mit der Ableitung von $I \approx 1/R$ gemäß dem Vorgehen in den Texten auf den Seiten 144 und 145. Beide Gruppen bereiten die Information des Plenums vor.*
   a) *Sammeln Sie Stichpunkte, gegebenenfalls mithilfe der Informationen auf den Seiten 144/145.*
   b) *Machen Sie sich eine Gliederung gemäß dem Schema aus Aufgabe 10b und tragen Sie die Stichpunkte in die Gliederung ein.*

c) Legen Sie sich die Abbildungen 3 und 4 bzw. 3 und 5 (S. 144/145).daneben und formulieren Sie mündlich den entsprechenden Text.
Arbeiten Sie innerhalb der Großgruppe mit Ihrem Nachbarn zusammen und vergleichen Sie Ihre Arbeitsergebnisse in der Großgruppe.
2. Jede Gruppe wählt einen Sprecher, der das Plenum über das gewählte Thema informiert.
3. Der Sprecher der Gruppe sollte nicht vergessen, die in der folgenden Tabelle genannten Kriterien zu berücksichtigen. Die anderen Teilnehmer werden ihm nach seinem Referat zu den einzelnen Punkten eine Rückmeldung geben.

Verhalten während des Vortrags	**++/+/0/-/– –**
Gliedert Referat durch Pausen	
Hält Blickkontakt zu den Zuhörern	
Spricht, ohne den Blick permanent auf die Gliederung zu richten	
Spricht langsam, laut und deutlich genug	
Achtet auf Körperhaltung	

Arbeit, Leistung, Wirkungsgrad

Information

Sowohl Arbeit und als auch Energie haben Joule J (lies: Dschul) als Einheit. Als Formelzeichen wird für Arbeit W und für die Energie E oder auch W genutzt.

Elektrische Arbeit

Elektrische Spannung entsteht durch Ladungstrennung unter Arbeitsaufwand. Stellt man die Formel zur Berechnung der Spannung $U = W/Q$ nach W um, so erhält man $W = U \cdot Q$. Ersetzt man die Ladung $Q = I \cdot t$, so ergibt sich für die elektrische Arbeit:

$$W = U \cdot I \cdot t.$$

Die elektrische Arbeit W ist das Produkt aus der Spannung U, der Stromstärke I und der Zeit t.
Die elektrische Arbeit ist dabei umso größer,

- je größer die Spannung U,
- je höher die Stromstärke I und
- je länger die Zeit t ist, in der ein Gerät elektrische Energie aus dem Netz entnimmt.

In der Praxis ist für die elektrische Arbeit die Einheit Kilowattstunde (kWh) gebräuchlich.

Elektrische Leistung

Wird eine bestimmte Arbeit W in einer gewissen Zeit t verrichtet, so spricht man von Leistung P. Diese Definition gilt für die mechanische Leistung und ebenso für die elektrische Leistung. Die Einheit der Leistung ist Watt (W). Elektrische Leistung ist elektrische Arbeit pro Zeit.
Setzt man für die elektrische Arbeit die Formel $W = U \cdot I \cdot t$ ein, so ergibt sich für die Leistung:

$$P = W/t = I \cdot t/t = U \cdot I.$$

Die elektrische Leistung errechnet man aus Spannung mal Stromstärke.

Elektrotechnik Grundbildung, S. 38 und 39

Aufgabe 11

Ergänzen Sie die folgenden Aussagen zum Thema „Arbeit und Leistung".

1. Das Produkt aus Spannung und Ladung wird als ______________ ________ bezeichnet.
2. Die ______________ ________ ist der Quotient aus elektrischer Arbeit und Zeitdauer.
3. 1 Watt ist die _______________ eines Stromes von 1 A bei einer Spannung von 1 V.
4. Die ______________ ________ W wächst mit der Zeit, der elektrischen Spannung und dem elektrischen Strom proportional an.
5. Die elektrische __________ ist die verrichtete Arbeit dividiert durch die dazu benötigte Zeit.
6. Die elektrische Arbeit und die elektrische Leistung unterscheiden sich nur durch den Faktor _______.

Aufgabe 12a

1. Ergänzen Sie die Bildunterschriften.
2. Wie wird der Wirkungsgrad definiert?
3. Wie berechnet sich die Nutzleistung?
Arbeiten Sie mit Ihrem Nachbarn zusammen und vergleichen Sie Ihre Ergebnisse im Plenum.

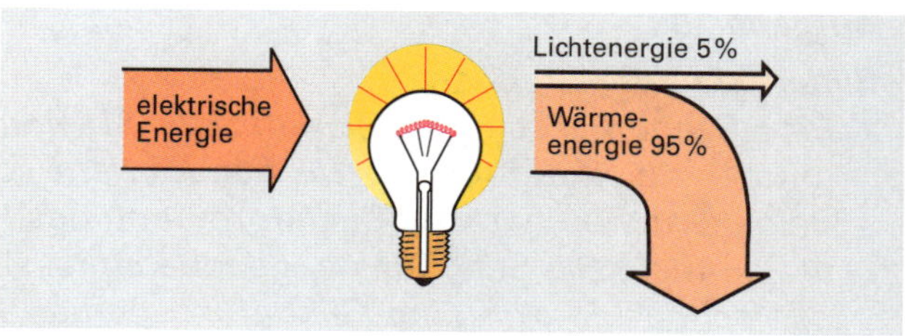

Bild 1: ______________________________

Metallbau und Fertigungstechnik Grundbildung, S. 259

Wirkungsgrad

Alle Produkte der Elektroindustrie erwärmen sich im Laufe des Betriebes. Bei einem Computer wird aus diesem Grund ein Kühlluftgebläse eingebaut. Die Wärmeentwicklung elektrischer und elektronischer Geräte folgt aus der meist ungewollten Umwandlung elektrischer Arbeit in Wärme. Misst man z. B. die Stromstärke $I = 1$ A in der Zuleitung zu einem Elektromotor, kann man mit der Versorgungsspannung $U = 230$ V die Leistungsaufnahme berechnen:

$$P = U \cdot I \qquad P = 230\ \text{V} \cdot 1\ \text{A} = 230\ \text{W}$$

Die zugeführte Leistung $P_{zu} = 230$ W wird teilweise in sogenannte Verlustleistung P_v (Wärme, mechanische Reibung usw.) umgewandelt. Die Nutzleistung bzw. abgegebene Leistung P_{ab}, welche an der Welle des Elektromotors messbar ist, berechnet sich:

$$P_{ab} = P_{zu} - P_v$$

Die Nutzleistung ist also die Differenz von zugeführter Leistung und Verlustleistung. Sie ist immer kleiner als die zugeführte Leistung.

Der Wirkungsgrad η (man liest: Eta) beschreibt das Verhältnis der abgegebenen Leistung zur zugeführten Leistung:

$$\eta = P_{ab}/P_{zu} \qquad [\eta] = 1$$

Je kleiner die Verlustleistung, desto besser ist der Wirkungsgrad. Der Wirkungsgrad η ist immer < 1 (lies: kleiner als 1).

Fachkunde Mechatronik, S. 284

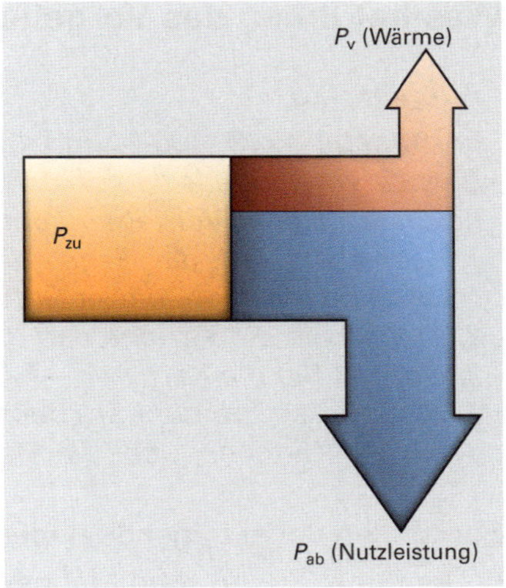

Bild 2: ____________________

Aufgabe 12b

Im Folgenden finden Sie eine Originalaufgabe aus einem Fachbuch (Elektrotechnik Grundbildung, S. 41). Ein Motor nimmt 4,65 kW elektrische Leistung auf und gibt an der Motorwelle 4,0 kW mechanische Leistung ab. Berechnen Sie

a) die Verlustleistung P_v und

b) den Wirkungsgrad η des Motors.

Nehmen Sie bei der Lösung gegebenenfalls die Informationen aus dem Text „Wirkungsgrad" zu Hilfe.

1. Was ist gegeben? ____________________
2. Was ist gesucht? ____________________
3. Welche Formeln helfen weiter? ____________________
4. Was sind die Ergebnisse? ____________________

Arbeiten Sie mit Ihrem Nachbarn zusammen und vergleichen Sie Ihre Ergebnisse im Plenum.

Aufgabe 12c

Im Folgenden finden Sie das Leistungsschaubild eines Motors (M 3 bezeichnet einen Drehstrommotor).

Informieren Sie Ihren Nachbarn über Leistungsaufnahme, Nutz- und Verlustleistung des Motors. Machen Sie sich Notizen und erstellen Sie eine Gliederung.

Wechseln Sie anschließend die Rolle.

Sie können dabei folgende **Redemittel** verwenden:

- Die Abbildung zeigt …
- Der Motor nimmt … auf
- Der Motor … gibt ab
- Die Nutzleistung beträgt …
- Die Verlustleistung beträgt …

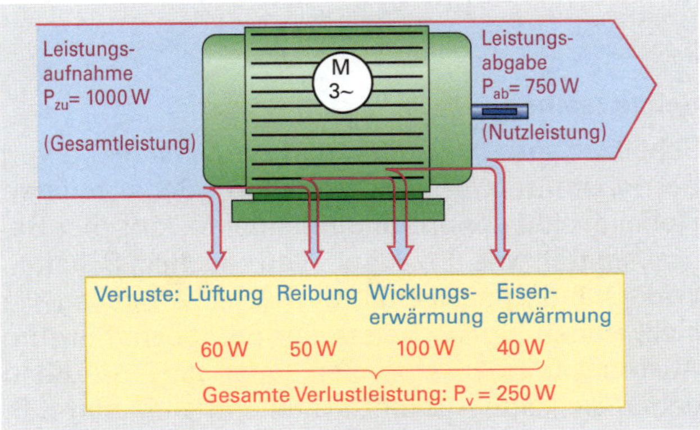

Bild 3: Leistungsschaubild eines Motors
Elektrotechnik Grundbildung, S. 41

Was hat Ihnen das Vorgehen bei der Berechnung von Originalaufgaben gebracht?

Aufgabe 12d

In Aufgabe 3g (S. 136 f.) und 12b (S. 147) geht es um den Umgang mit Originalberechnungsaufgaben. Es wird jeweils so verfahren, dass die Aufgabe erst analysiert wird, bevor sie gelöst wird. Was hat Ihnen dieses Vorgehen gebracht?

1. *Schreiben Sie die Ergebnisse in Stichpunkten auf Kärtchen (ein Ergebnis, ein Kärtchen; Druckbuchstaben, dicker Stift), sodass alle sie lesen können.*
2. *Kleben Sie die Kärtchen an die Tafel (oder pinnen Sie sie an eine Pinnwand).*
3. *Ordnen Sie die Kärtchen – hängen Sie gleiche oder ähnliche Stichpunkte zusammen.*
4. *Moderieren Sie die Kärtchen (Sie stehen dabei mit dem Rücken zur Tafel (Pinnwand), Sie zeigen auf die Kärtchen, über die Sie gerade etwas sagen, und sehen Ihr Publikum an.)*

Sie können dabei folgende **Redemittel** verwenden:

- Der Punkt X wird zehn Mal genannt. Er ist also für alle sehr wichtig.
- Der Punkt y ist nur einmal genannt worden. Er scheint weniger wichtig zu sein.
- Ich kann dieses Kärtchen nicht lesen. Wer kann mir helfen?
- Ich verstehe den Punkt auf diesem Kärtchen nicht. Kann der/die ihn erklären, der/die das Kärtchen geschrieben hat?
- Wir haben viele Nennungen zu Z. Daraus können wir schließen, dass …

Schaltbilder und Schaltzeichen

Aufgabe 13a

Sie sind in dieser Lektion bereits auf einige Schaltbilder (Schaltpläne) gestoßen, zuletzt auf den Seiten 139 ff. und 144.

1. *Wozu dienen Schaltbilder?*
2. *Welche Elemente müssen Schaltbilder einfacher Stromkreise unbedingt enthalten?*

Arbeiten Sie mit Ihrem Nachbarn zusammen und vergleichen Sie Ihre Ergebnisse im Plenum.

Aufgabe 13b

Unterstreichen Sie im folgenden Text die Kerninformationen.
Ergänzen Sie die Benennungen in der Tabelle „Schaltzeichen“.
Arbeiten Sie mit Ihrem Nachbarn zusammen und vergleichen Sie Ihre Arbeitsergebnisse im Plenum.

Schaltzeichen

Schaltzeichen verwendet man zur Darstellung von Betriebsmitteln in Schaltplänen. Schaltzeichen (Tabelle) sind genormte Sinnbilder elektrischer Betriebsmittel, wie Erzeuger, Verbraucher, Schalter, Widerstände oder Leiter. Schaltzeichen sollen die elektrischen Eigenschaften der Betriebsmittel zum Ausdruck bringen. Über den konstruktiven Aufbau geben sie keine Auskunft. Glühlampen haben z. B. immer das gleiche Schaltzeichen, unabhängig von ihrer Größe, ihrer Leistung oder Ausführungsform. Die Schaltzeichen können in beliebiger Lage dargestellt werden, man bevorzugt jedoch die waagerechte oder senkrechte Lage.
Mit den Schaltzeichen lassen sich Stromkreise einfach und übersichtlich zeichnen. In einem Schaltplan werden die Schaltzeichen so zusammengestellt, wie die Teile der Stromkreise mitei-

Tabelle: Schaltzeichen

Benennung	Bild	Schaltzeichen
________	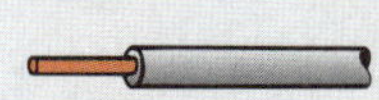	
Leiter-kreuzung (nichtleitend)	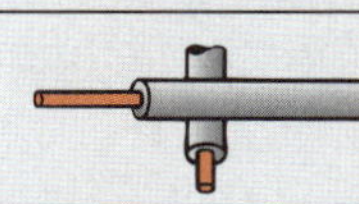	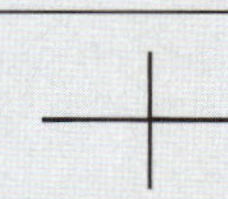
Leiter-verzweigung, einfach	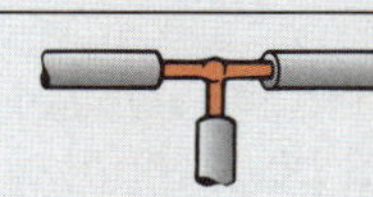	Form 1 Form 2 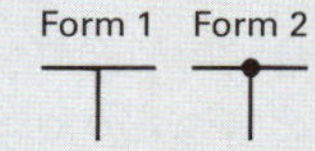
Leiter-verzweigung, doppelt	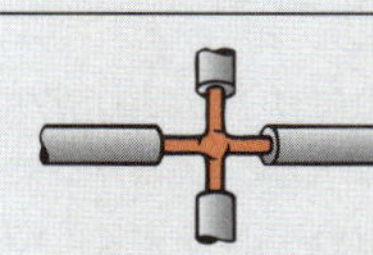	Form 1 Form 2 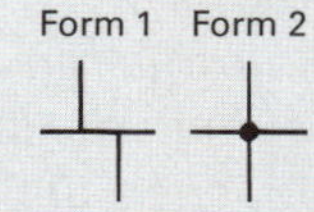
________		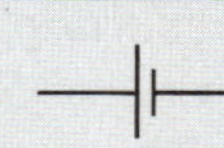
________		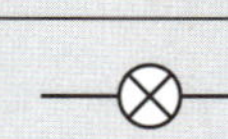
________		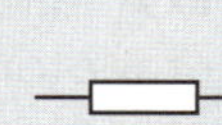
Schalter	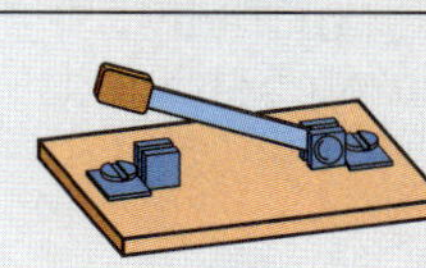	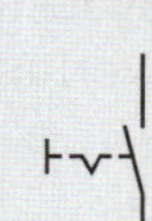

nander verbunden sind. Bei der Verzweigung der Leiter kann die Verbindung der Leiter durch einen Punkt gekennzeichnet sein. Dieser Punkt darf auch weggelassen werden, wenn dadurch keine Verwechselung möglich ist, z. B. bei einer Leiterverzweigung. Ob die einzelnen Schaltzeichen groß oder klein gezeichnet werden, hängt von der optischen Gesamtwirkung des Schaltbildes ab. Die Funktion der Schaltung muss auf alle Fälle gut erkennbar sein.

Elektrotechnik Grundbildung, S. 20

Aufgabe 13c

1. Zeichnen Sie zu folgender „praktischen Darstellung“ das passende Schaltbild.
2- Tragen Sie die passenden Benennungen ein.
3. Beschreiben Sie Ihrem Nachbarn das Schaltbild so, dass er es zeichnen kann.
4. Tauschen Sie die Rollen.

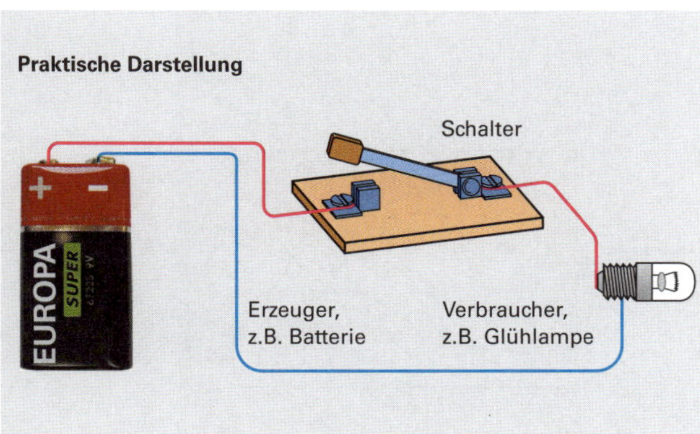

Elektrotechnik Grundbildung, S. 20

Aufgabe 13d

Um welche Schaltzeichen handelt es sich hier?
Ergänzen Sie die Bildunterschriften.
Arbeiten Sie mit Ihrem Nachbarn zusammen und vergleichen Sie Ihre Arbeitsergebnisse im Plenum.

____

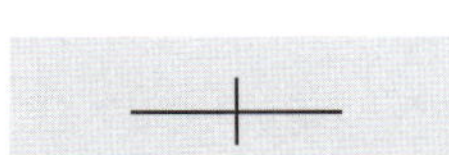

Kreuzung zweier Drähte

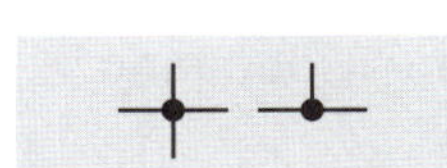

Verbindung zweier Drähte

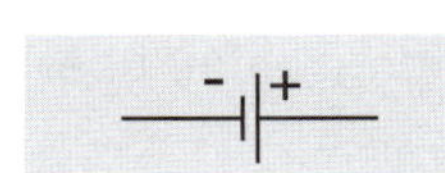

____

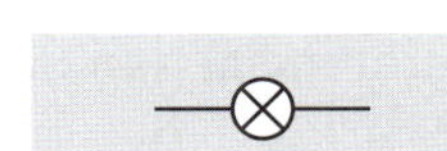

____

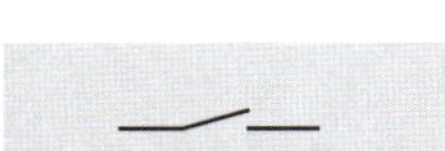

____

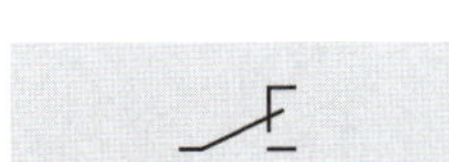

____

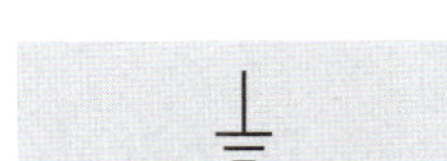

Erde

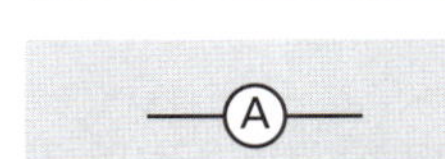

Strommesser (Amperemeter)

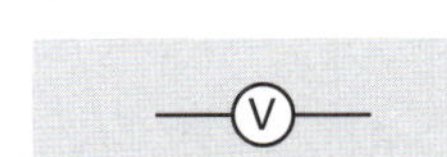

Spannungsmesser (Voltmeter)

Elektrotechnik Grundbildung, S. 20, 282

Aufgabe 14

Bilden Sie Gruppen mit vier Mitgliedern. Stellen Sie jeweils mithilfe von weißen Kärtchen ein Memory-Spiel her.

1. *Wählen Sie in der Gruppe gemeinsam fünfzehn physikalische Größen, Einheiten und Formeln aus, die Ihnen wichtig erscheinen. Schreiben Sie die Größen, Einheiten und Formeln gut lesbar mit dickem Stift auf ein Kärtchen. Schreiben Sie die entsprechenden Namen/mathematischen Zusammenhänge auf ein anderes Kärtchen.*
2. *Mischen Sie die Memory-Kärtchen gut durch und geben Sie den Packen (natürlich mit der weißen Seite nach oben) einer anderen Gruppe. Sie erhalten von einer anderen Gruppe deren Kärtchen.*
3. *Alle Gruppen beginnen gleichzeitig mit den Kärtchen einer anderen Gruppe zu spielen.*
   Die Gruppe, die ihr Memory-Spiel zuerst beendet hat, hat gewonnen. Innerhalb der Gruppe hat der Spieler gewonnen, der die meisten Paare erzielt hat.

C Grundschaltungen elektrischer Widerstände

Widerstandsbauelemente im Stromkreis

Aufgabe 15a

1. Bringen Sie die Teile des folgenden Textes in eine sinnvolle Reihenfolge.
2. Ergänzen Sie die Bildunterschrift und die Verweise auf die Abbildungen im Text.
3. Ergänzen Sie die Benennungen in der Abbildung.
Arbeiten Sie mit Ihrem Nachbarn zusammen und vergleichen Sie Ihre Arbeitsergebnisse im Plenum.

1	2	3	4	5	6	7	8
C							

A
Messen von Strom und Spannung (Bild__)

B
In der Elektrotechnik werden in fast allen Schaltungen Widerstandsbauelemente eingesetzt. Dabei unterscheidet man zwischen **Festwiderständen** und **veränderlichen Widerständen**. Für die wichtigsten Bauformen von Widerständen sind die Schaltzeichen in Bild __ dargestellt.

C
Widerstandsbauelemente im Stromkreis

D
Die technische Nutzung elektrischer Stromkreise setzt das Zusammenschalten von elektrischen Bauelementen, wie z. B. elektrischer Widerstände, voraus.

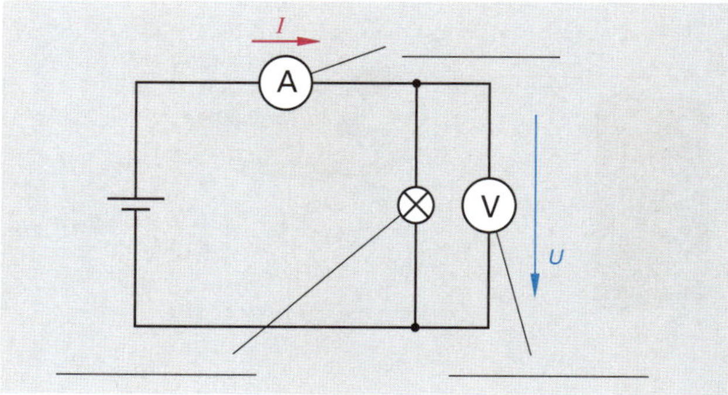

Bild 1: ______________________
Fachkunde Metall, S. 552

E
Strommessgeräte müssen vom zu messenden Strom durchflossen werden; das Strommessgerät wird zum Verbraucher in Reihe geschaltet.

F
Spannungsmessgeräte werden parallel zu den Verbrauchern angeschlossen; das Spannungsmessgerät misst den Spannungsabfall über einen Widerstand.

G
Veränderliche Widerstände (Potenziometer), wie z. B. Schiebe- oder Drehwiderstände, besitzen einen zusätzlichen Abgriff, der die Länge des stromdurchflossenen Widerstandsmaterials vergrößert oder verkleinert. Dadurch kann der Widerstandswert linear verändert werden.

H
Festwiderstände bestehen meistens aus einem Porzellan-, Kunststoff- oder Glasträger, der mit einer dünnen Kohle-, Metalloxid oder Metallschicht überzogen ist. Auf diese Schicht folgt dann noch eine isolierende Schicht eines nichtleitenden Materials, wie z. B. Kunststoff. Festwiderstände werden gemäß der IEC-Normreihen (International electronic commission) gekennzeichnet. Bei den aufgezählten Normreihen werden auf den Widerstandskörper vier Farbringe oder vier Farbpunkte aufgebracht (Bild __).

Nach: Fachkunde Mechatronik, S. 296

Aufgabe 15b

1. Schreiben Sie die Formeln an den passenden Stellen in den folgenden Text.
$U = U_1 + U_2 + U_3 + \ldots$
$R = R_1 + R_2 + R_3 + \ldots$
$I = I_1 = I_2 = I_3 \ldots$

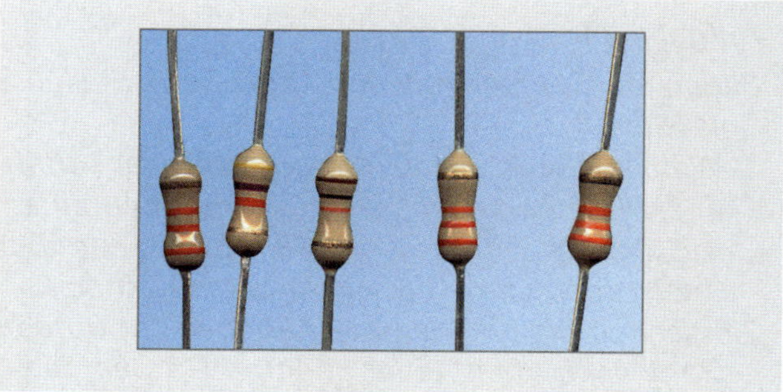

Bild 2: Widerstände

*2. Ergänzen Sie die Bildunterschrift.
Arbeiten Sie mit Ihrem Nachbarn zusammen und vergleichen Sie Ihre Arbeitsergebnisse im Plenum.*

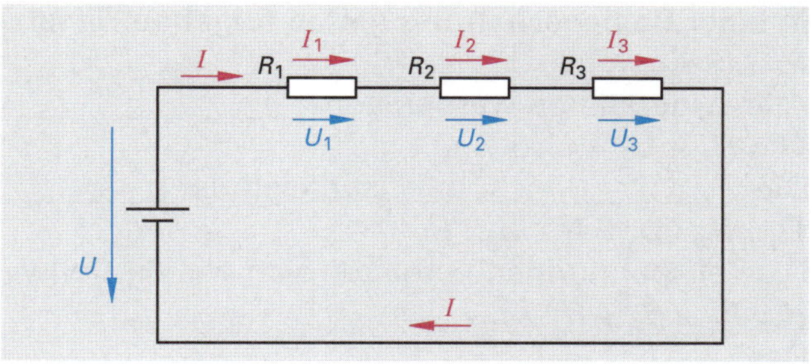

Bild 1: ______________________________

Fachkunde Metall, S. 554

Reihenschaltung von Widerständen

Bei der Reihenschaltung (Serienschaltung) von Widerständen sind alle Verbraucher hintereinander geschaltet. Dies ist z. B. bei elektrischen Christbaumbeleuchtungen der Fall.

Stromstärke

Wird eine Reihenschaltung an die Spannung U angeschlossen, fließt ein Strom I. Die Größe des Stromes ist nach dem Ohmschen Gesetz vom Gesamtwiderstand R der Reihenschaltung abhängig. Die Stromstärke ist überall gleich groß, da durch jeden Widerstand der gleiche Strom fließt.

____

Gesamtspannung

Strom I verursacht in jedem Widerstand einen Spannungsabfall, z. B. am Widerstand R_1 die Spannung $U_1 = I \cdot R_1$. Da der Strom überall gleich groß ist, ist der Spannungsabfall an einem großen Widerstand größer als an einem kleinen Widerstand. Die Teilspannungen U_1, U_2 ... ergeben zusammen die Gesamtspannung U.

____

Gesamtwiderstand

Einzelwiderstände R_1, R_2 ... der Reihenschaltung können zu einem Gesamtwiderstand R, dem sogenannten Ersatzwiderstand, zusammengefasst werden. Dieser Ersatzwiderstand nimmt bei gleicher Spannung U den gleichen Strom I auf wie die Reihenschaltung.

____

Aufgabe 15c

*Ergänzen Sie die folgenden Gesetzmäßigkeiten bei der Reihenschaltung.
Arbeiten Sie mit Ihrem Nachbarn zusammen und vergleichen Sie Ihre Arbeitsergebnisse im Plenum.*

$\boldsymbol{U = U_1 + U_2 + U_3 + \ldots}$

Bei Reihenschaltung ist die ______________________ gleich der Summe der ____________________.

$\boldsymbol{R = R_1 + R_2 + R_3 + \ldots}$

Bei der Reihenschaltung ist der __________________________ gleich der ______________________ der ________________________________.

$\boldsymbol{I = I_1 = I_2 = I_3 \ldots}$

In einer Reihenschaltung fließt durch jeden ________________ der gleiche Strom. Der Strom ist also überall ________ ________.

Aufgabe 15d

*Im Folgenden finden Sie einen weiteren Text zum Thema Reihenschaltung.
1. Unterstreichen Sie die bisher nicht erwähnten Informationen.
2. Ergänzen Sie den Text.
Arbeiten Sie mit Ihrem Nachbarn zusammen und vergleichen Sie Ihre Arbeitsergebnisse im Plenum.*

Reihenschaltung von Widerständen

Reihenschaltungen dienen der Spannungsteilung. Bauelemente werden z. B. in Reihe geschaltet, wenn die zulässige Betriebsspannung eines einzelnen Bauelementes kleiner ist als die Gesamtspannung. So erhalten z. B. Leuchtdioden einen Vorwiderstand, um sie bei einer Nennspannung von z. B. 2,4 V auch im 12-V-Bordnetz eines Kraftfahrzeugs betreiben zu können.

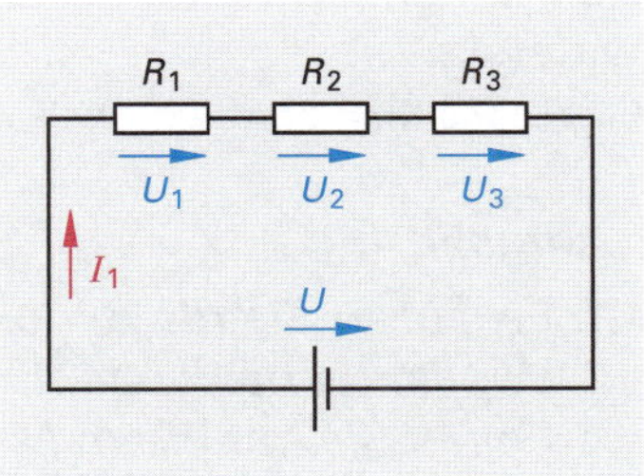

Bild 2: Reihenschaltung

In einer Reihenschaltung gelten folgende Gesetzmäßigkeiten:

$I = I_1 = I_2 = I_3 \ldots$

Alle Widerstände werden vom __________ ______ durchflossen.

$U = U_1 + U_2 + U_3 + \ldots$

Die __________________ ist gleich der ____________ der __________________________.

$U_1 : U_2 : U_3 = R_1 : R_2 : R_3$

Die Teilspannungen verhalten sich wie die Teilwiderstände (Spannungsteilung).

$R = R_1 + R_2 + R_3 + \ldots$

Der ____.

Fachkunde Kraftfahrzeugtechnik, S. 508

Aufgabe 15e

1. Ergänzen Sie die Bildunterschrift.
2. Wie lautet das zweite Kirchhoff'sche Gesetz?
Arbeiten Sie mit Ihrem Nachbarn zusammen und vergleichen Sie Ihre Arbeitsergebnisse im Plenum.

Maschensatz (zweites Kirchhoff'sches Gesetz)

In einer Masche, d. h. in einer Reihenschaltung elektrischer Bauelemente, ist die Summe Σ der Einzelspannungen gleich Null. Zur Festlegung der Vorzeichen wird für eine Masche zunächst ein Umlaufsinn festgelegt (Bild 1). Spannungsabfälle (Spannungspfeile), die im Umlaufsinn der Masche abfallen, erhalten ein positives Vorzeichen; Spannungspfeile entgegen des Maschenumlaufes erhalten entsprechend ein negatives Vorzeichen:

$$U_1 + U_2 - U_0 = 0 \qquad U_1 + U_2 + \ldots + U_n = 0$$

Fachkunde Mechatronik, S. 298

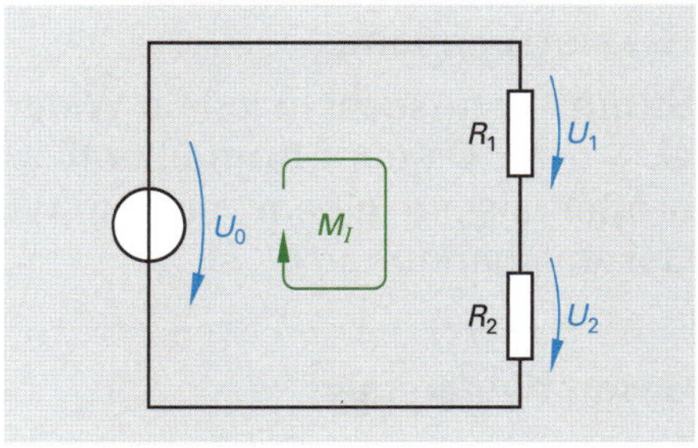

Bild 1: ____________________

Aufgabe 15f

1. Ergänzen Sie im untenstehenden Text die passenden Formeln.
2. Ergänzen Sie die Bildunterschrift.
Arbeiten Sie mit Ihrem Nachbarn zusammen und vergleichen Sie Ihre Arbeitsergebnisse im Plenum.

Parallelschaltung von Widerständen

Parallelschaltungen dienen der Stromteilung. Alle Verbraucher liegen an der gleichen Spannung. Der Gesamtstrom I aus der Spannungsquelle verzweigt sich dann entsprechend der Größe der Widerstände, d. h. im kleinen Widerstand fließt ein großer Strom, im großen Widerstand fließt ein kleiner Strom.

Im Kraftfahrzeug liegen üblicherweise alle Verbraucher parallel zur Spannungsquelle, z. B. die Lampen der Beleuchtungsanlage.

In einer Parallelschaltung gelten folgende Gesetzmäßigkeiten:

____

Alle Widerstände liegen an der gleichen Spannungsquelle.

____

Der Gesamtstrom ist gleich der Summe aller Teile (Stromverzweigung).

____

Der Kehrwert des Gesamtwiderstandes ist gleich der Summe der Kehrwerte der Teilwiderstände.

Der Gesamtwiderstand ist immer kleiner als der kleinste Teilwiderstand.

Fachkunde Kraftfahrzeugtechnik, S. 508

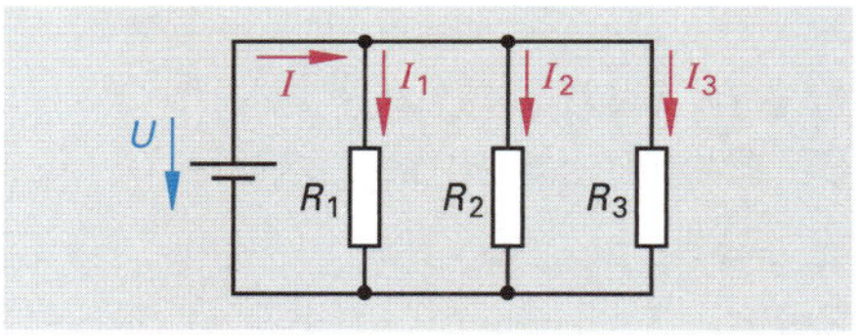

Bild 2: ____________________

$$\frac{1}{R} = \frac{1}{R_1} + \frac{1}{R_2} + \ldots$$

$$I = I_1 + I_2 + I_3 + \ldots$$

$$U = U_1 = U_2 = U_3 = \ldots$$

Aufgabe 15g

1. Ergänzen Sie die Bildunterschrift und die Benennungen in der Abbildung zum folgenden Text.
2. Wie lautet das erste Kirchhoff'sche Gesetz?
Arbeiten Sie mit Ihrem Nachbarn zusammen und vergleichen Sie Ihre Arbeitsergebnisse im Plenum.

Knotenpunktregel (erstes Kirchhoff'sches Gesetz)

In einer Parallelschaltung verzweigt sich der Strom an den Knotenpunkten. Die Summe der Teilströme ist gleich dem Gesamtstrom. Unter der Voraussetzung, dass alle auf einen Knotenpunkt zufließenden Ströme ein positives Vorzeichen erhalten und alle wegfließenden Ströme ein negatives Vorzeichen erhalten, gilt unter der Beachtung der Vorzeichen

$$I_1 + I_2 + I_3 + \dots + I_n = 0$$

Fachkunde Mechatronik, S. 298/9

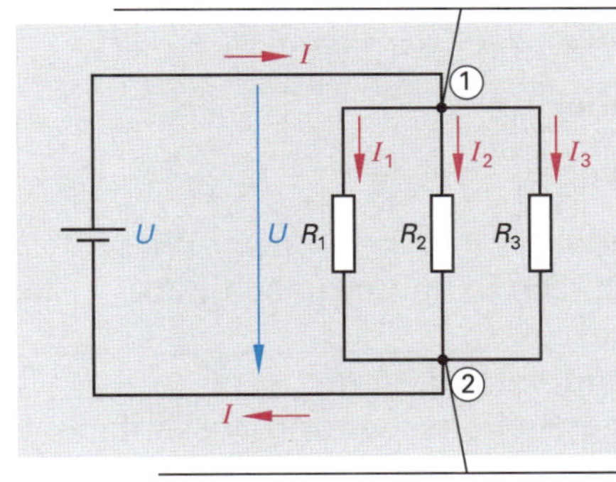

Bild 1: ______________________

> ***Aufgabe 15h***
> 1. *Ergänzen Sie die Bildunterschriften.*
> 2. *Was ist eine gemischte Schaltung?*
> 3. *Wie erhält man den Ersatzwiderstand R2/3?*
> 4. *Was für eine Schaltung erhält man nach der Zusammenfassung der Widerstände R2 und R3?*
> 5. *Welche Regel gilt für die Berechnung der Ersatzschaltung?*
>
> *Arbeiten Sie mit Ihrem Nachbarn zusammen und vergleichen Sie Ihre Ergebnisse im Plenum.*

Gemischte Schaltung von Widerständen

Eine Schaltung, in der die Widerstände sowohl in Reihe als auch parallel geschaltet sind, bezeichnet man als gemischte Schaltung oder Gruppenschaltung von Widerständen. In gemischten Schaltungen gelten die Gesetzmäßigkeiten der Reihen- und Parallelschaltung. Für die Berechnung von Netzwerken muss die Schaltung schrittweise vereinfacht werden. Dazu müssen die parallel oder in Reihe geschalteten Widerstände zu sogenannten Ersatzwiderständen zusammengefasst werden.

Fachkunde Kraftfahrzeugtechnik, S. 509

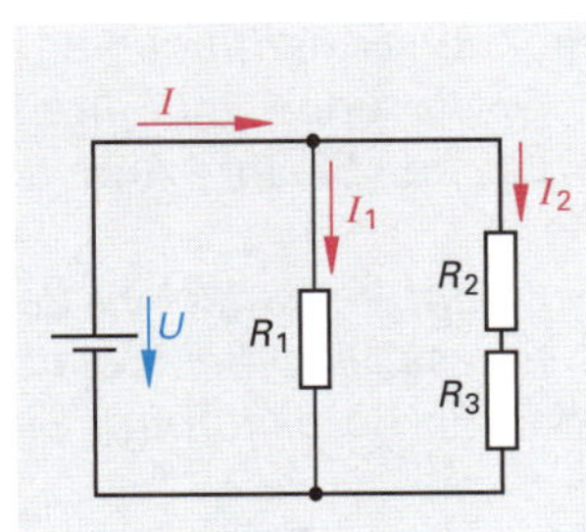

Bild 2: ______________________

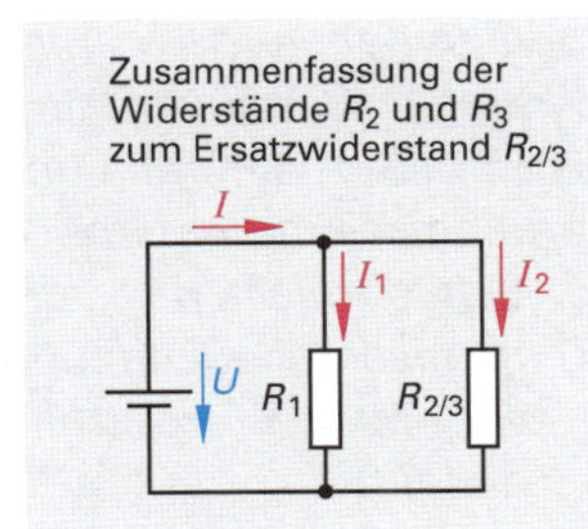

Bild 3: ______________________

> ***Aufgabe 15i***
> 1. *Ergänzen Sie im Text (S. 153/154) die Verweise auf die Abbildungen und die Bildunterschriften.*
> 2. *Ergänzen Sie den Text.*
>
> *Arbeiten Sie mit Ihrem Nachbarn zusammen und vergleichen Sie Ihre Ergebnisse im Plenum.*

Widerstandsschaltungen im Gleichstromkreis

Stromkreise, in denen nur elektrische Widerstände vorkommen, werden mithilfe von Formeln, die aus den Kirchhoff'schen Regeln hergeleitet werden, auf einfache Weise berechnet.

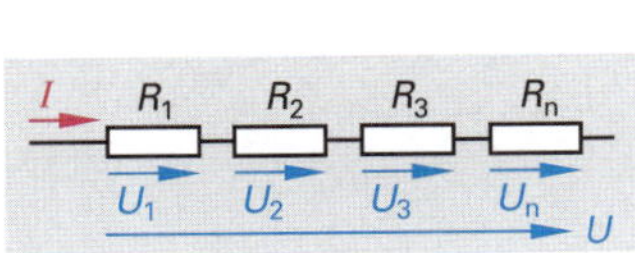

Bild 4: ______________________

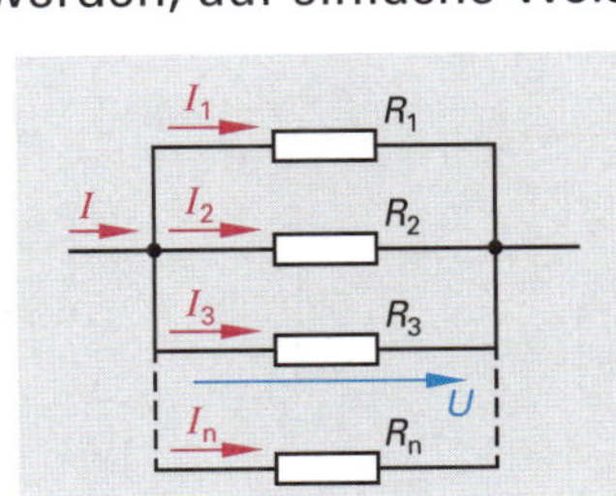

Bild 5: ______________________

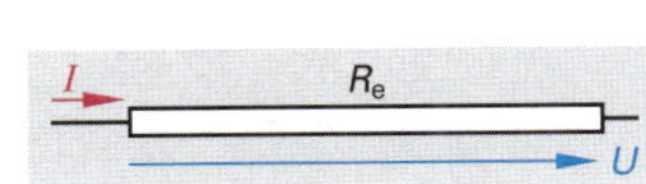

Bild 6: ______________________

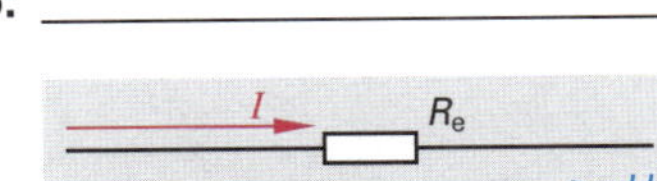

Bild 7: ______________________

Reihenschaltung. Alle Widerstände werden von demselben Strom I durchflossen (Bild __). An den Widerständen der Schaltung treten nach dem ohmschen Gesetz die Spannungen auf:

$U_1 = I\,R_1 \quad U_2 = I\,R_2 \quad U_3 = I\,R_3 \dots U_n = I\,R_n$

Nach der ______________________ $\Sigma U = 0$ gilt

$$U = U_1 + U_2 + U_3 + \dots + U_n$$

Parallelschaltung. Alle Widerstände liegen an derselben Spannung U (Bild __). Durch die Widerstände der Schaltung fließen nach dem ohmschen Gesetz die Ströme

$I_1 = U/R_1 \quad I_2 = U/R_2 \quad I_3 = U/R_3 \dots I_n = U/R_n$

Nach der ______________________ $\Sigma I_{zu} = \Sigma I_{ab}$ gilt

$$I = I_1 + I_2 + I_3 + \dots I_n$$

oder $U = I\,(R_1 + R_2 + R_3 + \ldots R_n)$

oder $U = I\,R_e$

wobei $R_e = R_1 + R_2 + R_3 + \ldots + R_n$

oder $\boldsymbol{R_e = \Sigma R}$

ist. Die Schaltung nach Bild ___ kann demnach zu der ________________________ mit nur einem Widerstand, dem ____________________ R_e der Reihenschaltung, vereinfacht werden.

Die Teilspannungen verhalten sich wie die zugehörigen Widerstände, z. B.

$$U_1/U_2 = I\,R_1/I\,R_2 = R_1/\,R_2$$

$$U_3/U = I\,R_3/I\,R_e = R_3/R_e$$

oder $I = U\,(1/R_1 + 1/R_2 + 1/R_3 + \ldots 1/R_n)$

oder $I = U\,1/R_e$

wobei $1/R_e = 1/R_1 + 1/R_2 + 1/R_3 + \ldots + 1/R_e$

oder $\boldsymbol{R_e = 1/\Sigma 1/R}$

ist. Die Schaltung nach Bild __ kann demnach zu der ____________________ mit nur einem Widerstand, dem ____________________ R_e der Parallelschaltung, vereinfacht werden.

Die Teilströme verhalten sich umgekehrt wie die zugehörigen Widerstände, z. B.

$$I_1/I_2 = U/R_1/U/R_2 = R_2/R_1$$

$$I_3/I = U/R_3/U/R_e = R_e/R_3$$

Die Ersatzschaltungen nehmen bei Anschluss an die Spannung U den gleichen Strom I und damit die gleiche Leistung P und in der gleichen Zeit die Arbeit W auf wie die ursprüngliche Schaltung mit mehreren Widerständen.

Elektrotechnik für Maschinenbauer, S. 27

Aufgabe 15j

Bilden Sie vier Gruppen. Jede Gruppe wählt eine der beiden neben- bzw. untenstehenden Schaltungen aus. Arbeiten Sie innerhalb der Großgruppe mit Ihrem Nachbarn zusammen und vergleichen Sie Ihre Arbeitsergebnisse in der Großgruppe.

1. *Schildern Sie das Vorgehen beim Vereinfachen der gemischten Schaltungen, sodass sich der Ersatzwiderstand ermitteln lässt. Berücksichtigen Sie dabei*
   a) die Bestandteile der gemischten Schaltung
   b) die Anzahl der Maschen und Knoten
   c) die Regeln, die für die Berechnung des Ersatzwiderstands gelten.
2. *Wenn Sie möchten, berechnen Sie den Ersatzwiderstand R_e.*
   a) Wie würden Sie dabei vorgehen?
   b) Welche Gesetze bzw. Regeln sind anzuwenden?
3. *Wählen Sie innerhalb Ihrer Großgruppe einen Sprecher, der die anderen Gruppen informiert.*

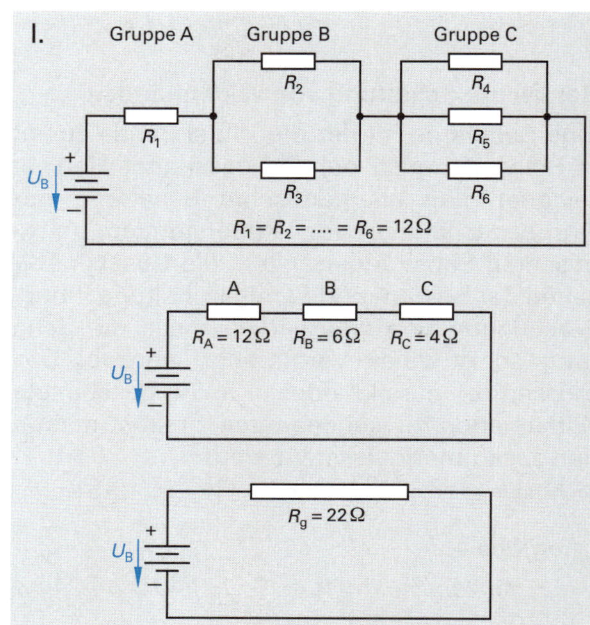

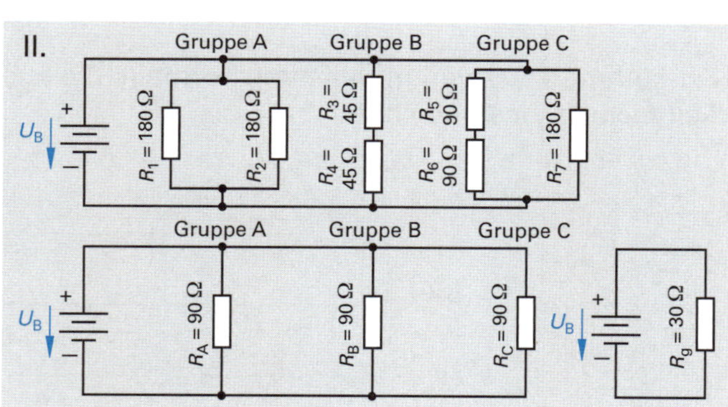

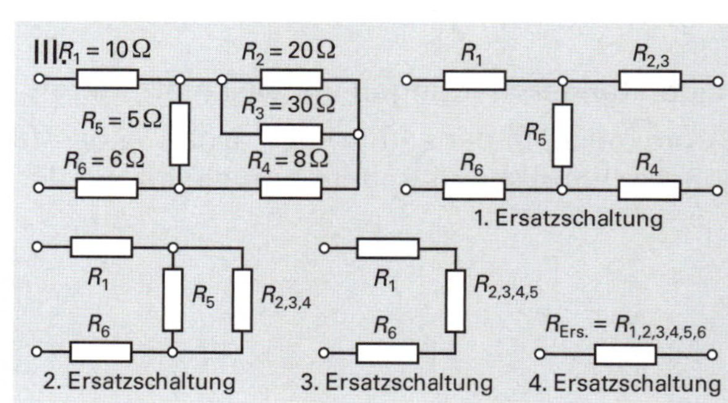

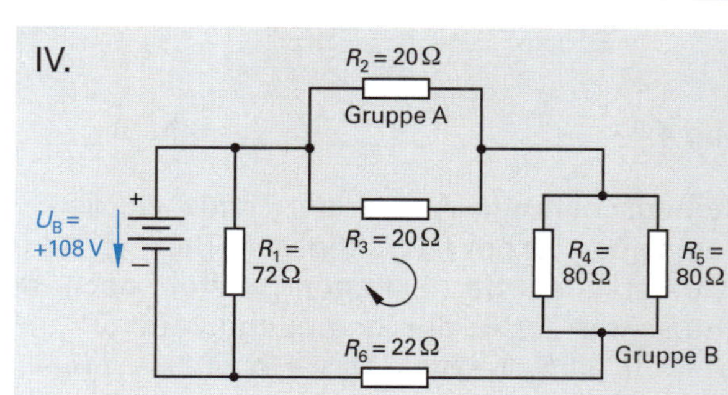

NTF IV, S. 60, 61, 88, 89

Sie können dabei folgende **Redemittel** verwenden:

- Die gemischte Schaltung besteht aus …
- Die Widerstände in Gruppe A sind … geschaltet.
- Zuerst … fasst man …
- Dabei gilt …
- Dann …
- Danach …
- Schließlich/Zuletzt …

Aufgabe 15k

Bilden Sie Gruppen mit drei Mitgliedern. Machen Sie eine Kopie der im Folgenden abgedruckten Formeln. Die Kopie wird längs zerschnitten, sodass jedes Gruppenmitglied eine Spalte erhält (Bezeichnung, Formel, Hinweise). Am besten schneidet jedes Mitglied seine Zeilen auseinander.
Aufgabe ist, die passenden Zeilen möglichst schnell zusammenzubringen. Das geht so:
1. Ein Gruppenmitglied liest eine Zeile mit einer Formel und hält die entsprechende Zeile hoch.
2. Die anderen beiden suchen die passende Bezeichnung und die passenden Hinweise.
3. Ein Gruppenmitglied schreibt das Ergebnis mittels der Ziffern und Buchstaben auf.
4. Die Arbeitsergebnisse aller Gruppen werden im Plenum verglichen.
Die Gruppe, die zuerst alle Bezeichnungen, Formeln und Hinweise richtig zugeordnet hat, hat gewonnen.

Wichtige Formeln (1)

Formelzeichen nach: **DIN 1304**

	Bezeichnung	Formel	Hinweise	
a	**Gesamtwiderstand R einer Reihenschaltung** 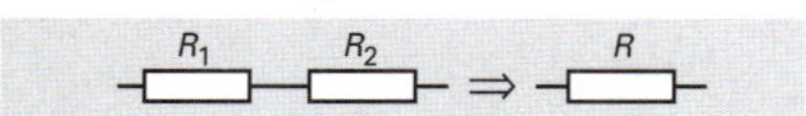	**1.** $I = \frac{U}{R}$	Der Gesamtwiderstand R einer Reihenschaltung ist gleich der Summe der Einzelwiderstände R_1, R_2, … . **Beachte:** In der Reihenschaltung ist der Strom an jeder Stelle gleich groß.	z
b	**Elektrische Leistung P im Gleichstromkreis** 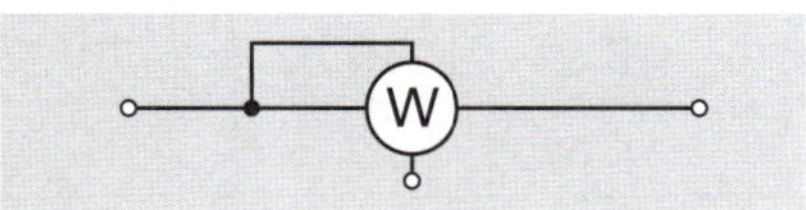	**2.** $R = \frac{l}{\gamma \cdot A}$ $\varrho = \frac{1}{\gamma}$	An einem Knotenpunkt (Stromverzweigungspunkt) ist die Summe der zufließenden Ströme (ΣI_{zu}) gleich der Summe der abfließenden Ströme (ΣI_{ab}). Bsp.: $I_1 + I_3 = I_2 + I_4 + I_5$	y
c	**Stromteilung in der Parallelschaltung** 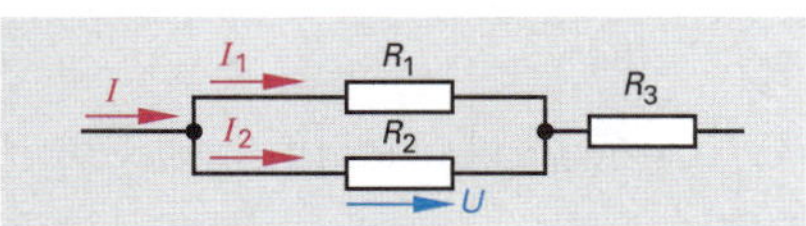	**3.** $W = U \cdot I \cdot t$	Die elektrische Leistung P kann direkt mit einem Wirkleistungsmesser und nur im Gleichstromkreis indirekt mit einer U-I-Messung ermittelt werden.	x
d	**Ohmsches Gesetz** 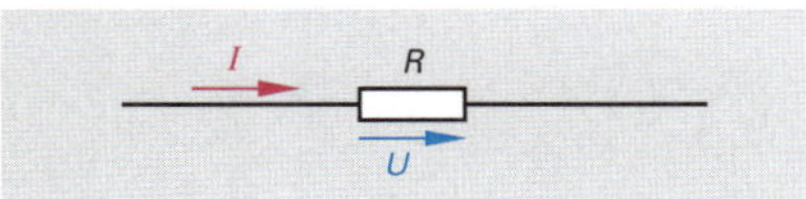	**4.** $P = U \cdot I$	Bei gleichbleibendem ohmschen Widerstand R verhalten sich Stromstärke I und Spannung U proportional.	w
e	**Spannungen an der Reihenschaltung** 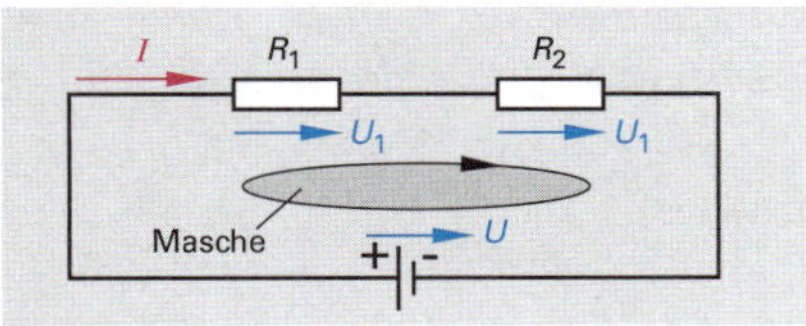	**5.** $\eta = \frac{P_{ab}}{P_{zu}}$ $\eta \leq 1$	In parallel geschalteten Widerständen verhalten sich die Ströme umgekehrt, wie die dazugehörenden Widerstände. **Beachte:** Für die Stromaufteilung hat R_3 keine Bedeutung. R_3 bestimmt aber den Gesamtstrom I mit. (Das Zeichen ‖ bedeutet parallel geschaltet).	v
f	**Wirkungsgrad η** 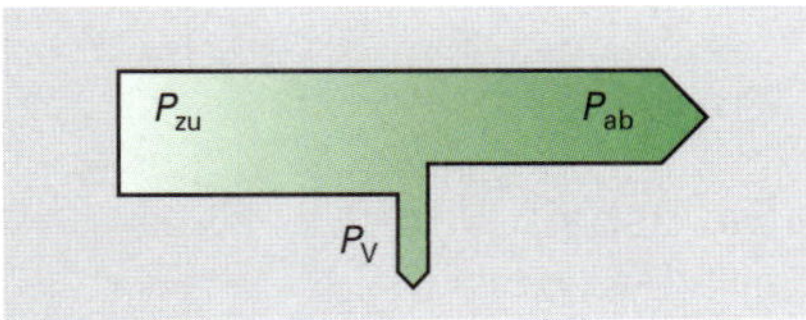	**6.** $U = U_1 + U_2 + \ldots$ $\frac{U_1}{U_2} = \frac{R_1}{R_2}$ $\Sigma U = 0$	Der Wirkungsgrad η gibt das Verhältnis von abgegebener, nutzbarer Leistung P_{ab} zur aufgenommenen Leistung P_{zu} an (P_v: Verlustleistung). **Beachte:** Bei Elektromotoren steht auf dem Leistungsschild immer die an der Welle abnehmbare Leistung P_{ab}, bei elektrischen Geräten, z. B. Heizofen P_{zu}.	u
g	**Stromteilung, allgemein** (Knotenpunktregel) 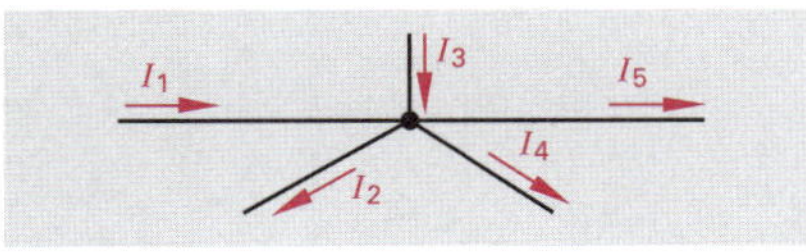	**7.** $R = R_1 + R_2 + \ldots$	Der Leiterwiderstand R wird von der Leiterlänge l, dem Leiterquerschnitt A und der elektrischen Leitfähigkeit γ bzw. vom spezifischen Widerstand ϱ des Materials bestimmt. **Beachte:** Nach DIN VDE sind Leiter-Mindestquerschnitte einzuhalten.	t
h	**Elektrische Arbeit W im Gleichstromkreis** 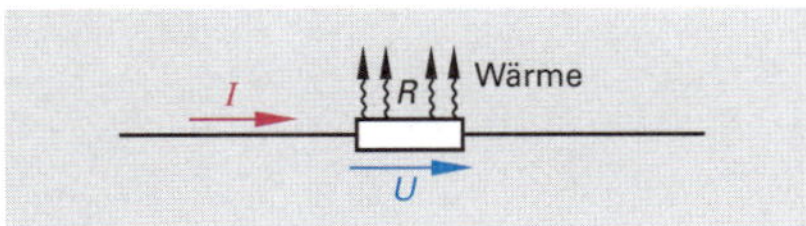	**8.** $\frac{I_1}{I_2} = \frac{R_2}{R_1}$ $\frac{I_1}{I} = \frac{R_1 \parallel R_2}{R_1}$	Der Kehrwert des Ersatzwiderstandes R ist gleich der Summe der Kehrwerte der Einzelwiderstände R_1, R_2, … **Beachte:** Der Ersatzwiderstand R von parallel geschalteten Widerständen ist immer kleiner als der kleinste Einzelwiderstand.	s

Wichtige Formeln (2)/Forts.

Formelzeichen nach:

Bezeichnung	Formel	Hinweise
Ersatzwiderstand der Parallelschaltung 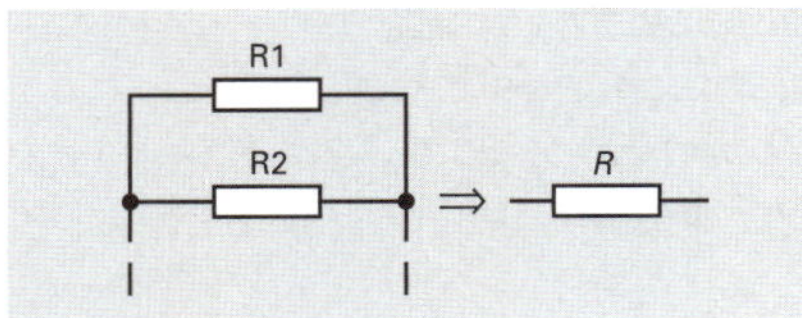	$\Sigma I_{zu} = \Sigma I_{ab}$	Elektrische Arbeit W wird vom Elektrizitätszähler gemessen und in kWh angezeigt. Arbeit muss aufgewendet werden, um Energie umzuwandeln
Leiterwiderstand *R* 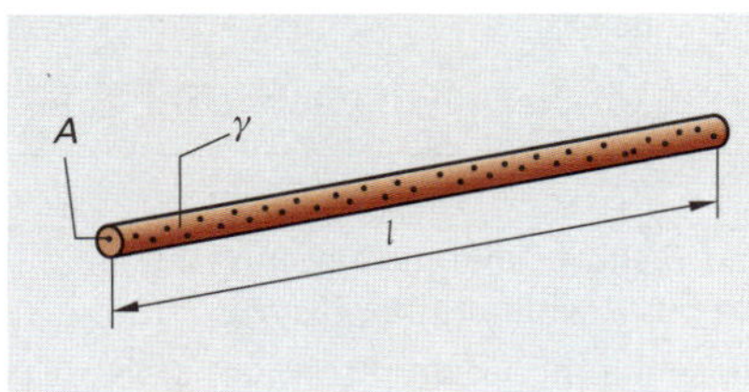	$\frac{1}{R} = \frac{1}{R_1} + \frac{1}{R_2} + \ldots$ Bei zwei ohmschen Widerständen gilt: $R = \frac{R_1 \cdot R_2}{R_1 + R_2}$	Die Summe der Teilspannungen U_1, U_2, ... ist gleich der Gesamtspannung U. Die Spannungen verhalten sich zueinander, wie die zugehörigen Widerstände. Für einen geschlossenen Umlauf (Masche) ist die Summe aller Spannungen gleich Null. Bsp.: $U_1 + U_2 - U = 0$ **Beachte:** Richtung der Spannungspfeile.

d									
1	2	3	4	5	6	7	8	9	10
w									

Nach: Elektrotechnik Grundbildung, S. 276/277

Aufgabe 15l

Halten Sie die Technik, zusammen mit dem zu lernenden Fachbegriff Definitionsgleichungen und Skizzen dazu in Ihr Glossar aufzunehmen, für sinnvoll? Wenn ja, warum?
Arbeiten Sie mit Ihrem Nachbarn zusammen und vergleichen Sie Ihre Arbeitsergebnisse im Plenum.

Aufgabe 15m

Im Folgenden finden Sie Originalaufgaben aus Fachbüchern.
Bilden Sie fünf Gruppen. Jede Gruppe wählt eine der folgenden Wiederholungsaufgaben aus und informiert die anderen. Machen Sie sich (gegebenenfalls mithilfe der Informationen auf den S. 139 – 154) Notizen. Erstellen Sie zusammen mit Ihrem Nachbarn jeweils ein Dialogschema (vgl. Lektion 2, S. 43 ff.) für eine kurze mündliche Prüfung zu den Fragen 1, 2, 3 und 5.
Arbeiten Sie mit dem Dialogschema wie in Lektion 2, S. 20 ff. beschrieben.

1. Informieren Sie über den elektrischen Strom. Berücksichtigen Sie dabei:
   a) Was wird als elektrischer Strom bezeichnet?
   b) Beschreiben Sie die technische Stromrichtung.
   c) Was ist unter dem Begriff Stromstärke I zu verstehen?
   d) Was ist unter dem Begriff Stromdichte J zu verstehen?
2. Informieren Sie über den elektrischen Widerstand. Berücksichtigen Sie dabei:
   a) Was ist unter dem Begriff elektrischer Widerstand zu verstehen?
   b) Von welchen Faktoren ist der elektrische Widerstand abhängig.
3. Informieren Sie über elektrische Arbeit und elektrische Leistung. Berücksichtigen Sie dabei:
   a) Erklären Sie den Begriff elektrische Arbeit.
   b) Wie ist die elektrische Leistung definiert?
   c) Wie berechnet sich der Wirkungsgrad?
4. Informieren Sie über das ohmsche Gesetz.
5. Informieren Sie über die Kirchhoff'schen Gesetze.

Nach: Prüfungsfragen Mechatronik, S. 72

D Schutz und Sicherheit

Gefahren im Umgang mit dem elektrischen Strom

Information

Wie für jeden Arbeitsplatz gelten auch im Bereich der Elektrotechnik allgemeine Gesetze und Vorschriften, wie z. B. das Arbeitsschutzgesetz oder die Unfallverhütungsvorschriften, die den Arbeitgeber verpflichten, Maßnahmen zur Verhütung von Unfällen und Berufskrankheiten sowie zur Ersten Hilfe zu treffen. Entsprechend gelten die Ihnen bereits bekannten Sicherheitszeichen am Arbeitsplatz (vgl. Verbots-, Gebots-, Warn- und Rettungszeichen und Sicherheitsfarben (S. 85 ff.)).
Die meisten Unfälle im Umgang mit dem elektrischen Strom geschehen durch Unachtsamkeit (Tabelle 1). Um eine Gefährdung zu vermeiden oder zu verringern, ist bei der Nutzung elektrischer Energie besondere Sorgfalt erforderlich:

- Wechselspannungen über 50 Volt sind lebensgefährlich.
- Gleichspannungen über 120 Volt sind lebensgefährlich.
- Wechselstrom mit einer Frequenz von 50 Hz (lies Hertz) ist gefährlicher als Gleichstrom, weil es bereits bei dieser Frequenz zum Herzkammerflimmern kommen kann.

Nach: Elektrotechnik Grundbildung, S. 204

Tabelle 1: Stromunfälle

Spannung	Unfälle insgesamt	Unfälle tödlich
bis 130 V	1563	6
130 V bis 400 V	34399	516
400 V bis 1000 V	1762	25
Niederspannung	37724	547
1 kV bis 20 kV	3154	429
20 kV bis 110 kV	365	57
110 kV bis 400 kV	21	1
Hochspannung	3540	487
Gesamtzahl	41264	1034

15 Jahre Statistik der Berufsgenossenschaft zu Stromunfällen

Fachkunde Mechatronik, S. 362

Aufgabe 16a

1. Unterstreichen Sie im folgenden Text die Kerninformationen.
2. Notieren Sie stichpunktartig die bei Unfällen mit elektrischem Strom erforderlichen Maßnahmen.

a) Bei Unfällen durch elektrischen Strom:

____

b) Bei Unfällen bei Niederspannungsanlagen:

____

c) Bei Unfällen bei Hochspannungsanlagen:

____

d) Bei Unfällen bei unbekannter Spannung:

____

Arbeiten Sie mit Ihrem Nachbarn zusammen und vergleichen Sie Ihre Arbeitsergebnisse im Plenum.

Verhalten bei Unfällen durch elektrischen Strom

Unter **Erster Hilfe** versteht man Hilfeleistungen vor Ort, bevor der Verletzte oder Kranke ärztlich versorgt wird.
Häufig hängt das Leben eines Verletzten davon ab, dass möglichst rasch und noch am Unfallort Erste Hilfe geleistet wird. Dies gilt besonders für Unfälle durch den elektrischen Strom. Jede Elektrofachkraft muss daher die wichtigsten Regeln für Erste Hilfe kennen und anwenden können. In den Betrieben ausgehängte Unfalltafeln informieren u. a. über Maßnahmen zur Ersten Hilfe.
Bei Unfällen durch elektrischen Strom ist auf Selbstschutz zu achten und der über den Menschen fließende Strom muss unterbrochen werden.
In **Niederspannungsanlagen** (übliche Spannung in Haushalt und Gewerbe 230/400 V bis maximal 1000 V) erfolgt eine Unterbrechung des Stromkreises z. B. durch Ausschalten, Ziehen des Steckers oder Herausnehmen der Sicherung. Kann der Stromkreis nicht unterbrochen werden, so ist der Verunglückte durch einen nicht leitenden Gegenstand, z. B. eine Isolierstange, von den unter Spannung stehenden Teilen zu trennen.
In **Hochspannungsanlagen** (über 1000 V durch Warnschild mit Blitzpfeil gekennzeichnete Anlagen) ist sofort der Notruf zu veranlassen und Fachpersonal zu verständigen. Die Rettung aus Hochspannungsanlagen erfolgt nur durch Fachpersonal. Der Stromkreis darf nur von einer Elektrofachkraft mit Schaltberechtigung abgeschaltet werden.

Bei **unbekannter Spannung** ist ebenso wie Hochspannung ein Sicherheitsabstand von mindestens 5 Metern zu halten. Es sind die gleichen Maßnahmen zu ergreifen wie bei Hochspannung.
Elektrotechnik Grundbildung, S. 13

Direktes und indirektes Berühren

Aufgabe 16b
1. *Ergänzen Sie die Verweise auf die Abbildungen im Text.*
2. *Ergänzen Sie den Text.*

Arbeiten Sie mit Ihrem Nachbarn zusammen und vergleichen Sie Ihre Arbeitsergebnisse im Plenum.

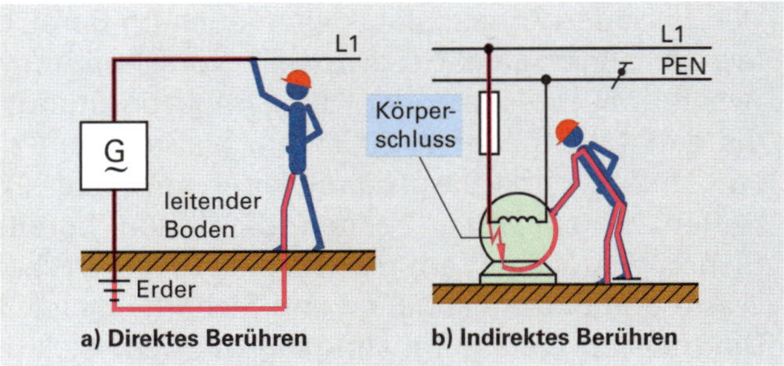

Bild 1: Direktes und indirektes Berühren

Bild 2: Schutz durch Isolierung

Bild 3: Abdeckung und Umhüllung
Fachkunde Mechatronik, S. 359, 366

Direktes und indirektes Berühren

Nach DIN VDE 0100 Teil 200 unterscheidet man zwischen direktem und indirektem Berühren.
Direktes Berühren ist das Berühren unter Spannung stehender Teile, z. B. eines Leiters, durch Personen oder Nutztiere (Bild __).
Indirektes Berühren ist das Berühren von Körpern elektrischer Betriebsmittel, die infolge eines Fehlers unter Spannung stehen, durch Personen oder Nutztiere (Bild __).
Bei ________________ ______________ hat der menschliche Körper mit betriebsmäßig unter Spannung stehenden Teilen eines Betriebsmittels Kontakt, z. B. mit einem Leiter (Bild __). Um direktes Berühren zu verhindern, sind betriebsmäßig spannungsführende Teile mit Isolierungen (Bild __) oder Abdeckungen zu versehen (Bild __).
________________ ________________ ist möglich, wenn durch einen Isolationsfehler Spannung an Teile gelangt, die betriebsmäßig keine Spannung führen, z. B. an das Gehäuse (Körper) einer elektrischen Maschine (Bild __). Die durch einen Isolationsfehler entstandene leitende Verbindung nennt man **Körperschluss**.
Fachkunde Mechatronik, S. 359

Aufgabe 16c
1. *Ergänzen Sie mit den zehn unten erklärten „Fachbegriffen Schutzmaßnahmen" die untenstehende Tabelle, die jeweils mindestens ein Beispiel für den entsprechenden Fachbegriff enthalten soll. Wenn Ihnen kein Beispiel einfällt (und Sie keins im Buch finden), erklären Sie den Begriff z. B. durch eine Definition.*
2. *Fragen Sie Ihren Nachbarn nach Beispielen für die zehn Fachbegriffe zu Schutzmaßnahmen. Sie beide decken dabei Text und Tabelle zu.*
3. *Tauschen Sie die Rollen.*
4. *Halten Sie die Technik, zusammen mit dem zu lernenden Fachbegriff Beispiele dafür in Ihr Glossar aufzunehmen, für sinnvoll? Wenn ja, warum?*

Arbeiten Sie mit Ihrem Nachbarn zusammen und vergleichen Sie Ihre Arbeitsergebnisse im Plenum.

Fachbegriffe Schutzmaßnahmen

- **Aktives Teil** ist jeder **Leiter** oder jedes leitfähige Teil, das bei ungestörtem Betrieb Strom führt.
- **Elektrische Betriebsmittel** sind Mittel zum Erzeugen, Umwandeln, Übertragen, Verteilen und Anwenden elektrischer Energie, z. B. Generatoren, Transformatoren (s. Lektion 6), Schaltgeräte, Messinstrumente, Schutzeinrichtungen, Leitungen und Kabel sowie elektrische Verbrauchsmittel.
- **Elektrische Verbrauchsmittel** wandeln elektrische Energie in andere Formen der Energie um, z. B. in Licht, Wärme oder in mechanische Energie.
- **Erde** ist die Bezeichnung für das leitfähige Erdreich mit dem Potenzial null.

- **Erder** (**Erdleiter, Schutzleiter**) ist ein leitfähiges Teil oder mehrere leitfähige Teile, die in gutem Kontakt mit der **Erde** sind und mit dieser eine leitfähige Verbindung bilden.
- **Fehlerstrom** ist der durch einen **Isolationsfehler** zum Fließen kommende Strom.
- **Isolationsfehler** ist ein fehlerhafter Zustand der Isolierung.
- **Körper** ist ein berührbares leitfähiges Teil eines **Betriebsmittels** (z. B. das Gehäuse), das nur im Fehlerfall unter Spannung stehen kann.
- **Körperschluss** ist eine durch einen Fehler entstandene leitende Verbindung zwischen **Körpern** und **aktiven Teilen** eines **Betriebsmittels**.
- **Leiter** nennt man Teile aus Metall, die der Weiterleitung des elektrischen Stromes dienen, z. B. Drähte oder Kontakte.

Nach: Fachkunde Mechatronik, S. 359

Fachbegriff Schutzmaßnahmen	Beispiele
Aktives Teil	Leiter, Draht, Kabel

Aufgabe 16d

1. Ergänzen Sie die Verweise auf die Abbildungen im Text „Fehlerarten".

2. Ergänzen Sie die Benennungen in den Abbildungen.

Arbeiten Sie mit Ihrem Nachbarn zusammen und vergleichen Sie Ihre Arbeitsergebnisse im Plenum.

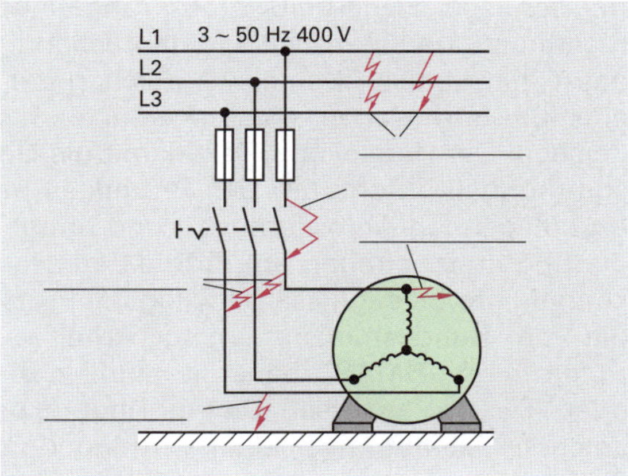

Bild 1: Fehlerarten

Fehlerarten

In elektrischen Anlagen können trotz sorgfältiger Installation und Einsatz sicherer Betriebsmittel Fehler auftreten, z. B. Isolationsschäden in Form von **Körperschluss, Kurzschluss, Leiterschluss oder Erdschluss** (Bild __).

Körperschluss ist eine leitende Verbindung zwischen Körper und aktiven Teilen der Betriebsmittel, die durch einen Isolationsfehler entstanden ist.

Kurzschluss ist eine leitende Verbindung zwischen betriebsmäßig gegeneinander unter Spannung stehenden Leitern. Im Fehlerstromkreis befindet sich kein Nutzwiderstand.

Leiterschluss ist eine fehlerhafte Verbindung zwischen Leitern, wenn im Fehlerstromkreis ein Nutzwiderstand oder ein Teil des Nutzwiderstandes liegt.

Erdschluss entsteht z. B. bei der Verbindung eines Außenleiters mit der Erde oder mit geerdeten Teilen.

Durch eine schadhafte Isolierung kann der Körper eines Betriebsmittels Spannung gegen den nächsten Erdungspunkt annehmen, z. B. gegen Erde oder geerdete Teile (Wasserleitung). Diese Spannung nennt man **Fehlerspannung** U_F (Bild __).

Die **Berührungsspannung** U_B* ist die Spannung, die zwischen gleichzeitig berührbaren Teilen während eines Isolationsfehlers auftreten kann.

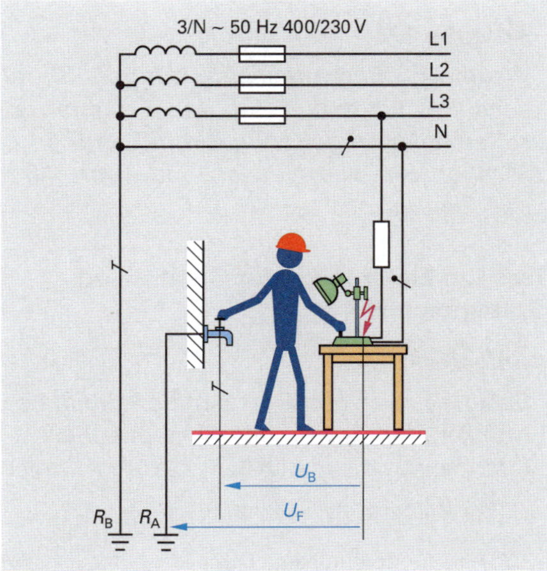

Bild 2: Fehler-, Berührungsspannung

Die Grenze für die dauernd zulässige Berührungsspannung ist international vereinbart (Bild __). Bis zu dieser Grenze ist sie für Menschen und Tiere meist nicht lebensbedrohlich.

*statt U_B auch U_T, der Index T von touch (engl. = berühren)
Nach: Fachkunde Mechatronik, S. 363

______	
■ für Menschen	AC 50 V, DC 120 V
■ Kinderspielzeuge ■ Kesselleuchten ■ im Tiebereich ■ in landwirtschaftl. Anwesen	AC 25 V, DC 60 V

Schutzmaßnahmen

Aufgabe 17a
1. Teilen Sie den folgenden Text in vier Abschnitte ein.
2. Ordnen Sie die beiden Tabellen den passenden Abschnitten zu.
Arbeiten Sie mit Ihrem Nachbarn zusammen und vergleichen Sie Ihre Arbeitsergebnisse im Plenum.

Prüfzeichen

Maßnahmen zu Schutz und Sicherheit von elektrischen Betriebsmitteln sind z. B. in Deutschland und der Europäischen Union (EU) gesetzlich geregelt. Auf nationaler Ebene gilt das **Geräte- und Produktsicherheitsgesetz (GPSG)**. Nach dem GPSG können technische Arbeitsmittel und Gebrauchsgegenstände das GS-Zeichen für geprüfte Sicherheit erhalten. Produkte, die innerhalb der Europäischen Union auf den Markt gelangen, müssen den Sicherheitsanforderungen der EG-Richtlinien genügen, also entsprechend angepasst (harmonisiert) sein. Als Zeichen der Übereinstimmung tragen diese Produkte das CE[1]-Zeichen. Der Hersteller erklärt damit die Übereinstimmung (Konformität) des Produktes mit den grundlegenden Anforderungen und bringt selbst die CE-Kennzeichnung am Produkt an. Hersteller können ihre Erzeugnisse freiwillig bei Prüfstellen, die vom Bundesministerium für Arbeit und Sozialordnung (BMAS) benannt sind, z. B. TÜV[2] oder VDE[3] prüfen lassen. Die Anbringung des GS-Zeichens ist nur nach einer Prüfung durch die Prüfstellen erlaubt.

Nach: Elektrotechnik Grundbildung, S. 11

Tabelle 1: VDE-Prüfzeichen (nach DIN VDE 0024)

Bildzeichen	Bezeichnung und Beispiele
DVE	VDE-Zeichen für elektrotechnische Erzeugnisse, z.B. Installationsschalter und Elektrogeräte
VDE	VDE-Elektronik-Prüfzeichen für Bauelemente und Baugruppen der Elektronik, z.B. Netzteile und Stromrichter
rot	VDE-Kennfaden für isolierte Leitungen und Kabel zur Herstellung nach nationaler Norm
◁VDE▷	VDE-Kabelzeichen für Aderleitungen, isolierte Leitungen, Kabel und Installationsrohre
	VDE-Funkschutzzeichen für Elektrogeräte
GS geprüfte Sicherheit	VDE-GS-Zeichen nach dem Gerätesicherheitsgesetz für geprüfte Elektrogeräte, z.B. elektrische Werkzeuge

Tabelle 2: CEE-Prüfzeichen (nach DIN VDE 0024)

Bildzeichen	Bezeichnung und Anwendungen
◁VDE▷◁HAR▷	VDE-Harmonisierungskennzeichen für isolierte Leitungen und Kabel
schwarz rot gelb	VDE-Harmonisierungskennfaden für isolierte Leitungen und Kabel
E	CEE-Prüfzeichen für Geräte und Installationsmaterial nach CEE-Bestimmungen
CE	CE-Kennzeichnung für Industrieerzeugnisse, die den einschlägigen Gemeinschaftsvorschriften in Europa entsprechen

Fachkunde Mechatronik, S. 360

Aufgabe 17b
Welche Sicherheitsbestimmungen für elektrische Produkte und für das Errichten elektrischer Anlagen gelten in Ihrem Land?
Machen Sie sich Notizen und informieren Sie das Plenum.

Was tun Elektroniker für Geräte- und Systemtechnik?

Aufgabe 18
Sehen Sie sich den Film zum Berufsbild des Elektronikers für Geräte- und Systemtechnik http://www.berufe.tv/BA/ausbildung?filmID=1000042 an.

1 CE, Abk. für Communauté Européenne (franz.) = Europäische Gemeinschaft
2 TÜV, Abk. für Technischer Überwachungsverein
3 VDE, Abk. für Verband der ELektrotechnik Elektronik Informationstechnik e.V.

Lesen Sie zuerst die folgenden Fragen durch, bevor Sie sich den Film anschauen.

1. Welche Tätigkeitsbereiche haben Elektroniker für Geräte- und Systemtechnik?
2. Welches Beispiel wird für das Reparieren von Geräten gezeigt?

Schauen Sie sich den Film zum Berufsbild des „Elektronikers für Betriebstechnik“ ein zweites Mal an.

3. Welche Sicherheitsvorkehrungen trifft Azubi Maxim bei der Überprüfung?
4. Wie werden die durchgeführten Arbeiten dokumentiert?
5. Welche Voraussetzungen nennt Oliver Brinkmann für den Beruf des Elektronikers für Geräte- und Systemtechnik?

Aufgabe 19

1. Ordnen Sie die folgenden Stichpunkte den passenden Abschnitten zu.
2. Ergänzen Sie die Benennungen in den Abbildungen und in der Bildunterschrift.
Arbeiten Sie mit Ihrem Nachbarn zusammen und vergleichen Sie Ihre Arbeitsergebnisse im Plenum.

Normung
Aufbau
Aufgabe

Isolierte Leitungen und Kabel

Leitungen und Kabel transportieren elektrische Energie vom Erzeuger zum Verbraucher.
Isolierte Leitungen und Kabel bestehen aus einer oder mehreren gegeneinander isolierten Aderleitungen, die durch eine gemeinsame Umhüllung zusammengefasst sind.
Leitungen und Kabel müssen durch den Hersteller normgerecht gekennzeichnet werden.
Man unterscheidet:

- Bauarten nach nationalen Normen
- Bauarten nach harmonisierten Normen

Bauarten nach nationalen Normen werden mit dem Aufdruck ◁ VDE ▷ oder einem schwarz-roten Kennfaden gekennzeichnet (Bild 2a).
Bauarten nach harmonisierten Normen werden mit dem Aufdruck ◁ VDE ▷ für Deutschland und dem Harmonisierungskennzeichen ◁ HAR ▷ oder einem schwarz-rot-gelben Kennfaden gekennzeichnet (Bild 2b).
Auch die Farbkennzeichnung von Kabeln ist genormt.
Nach: Elektrotechnik Grundbildung, S. 187

	Mittlere Kunststoffschlauchleitung	Bei mittleren mechanischen Beanspruchungen für Haushaltsgeräte und Büromaschinen, z. B. Waschmaschinen, Kühlschränke, Wärmegeräte.
	Gummischlauchleitung	Bei geringer mechanischer Beanspruchung, für Haushaltsgeräte und Büromaschinen, z. B. Staubsauger, Lötkolben, Küchengeräte.

Bild 1: ______________________

Tabelle 1: Aderfarben von Leitungen und Kabeln

Aderzahl	Kabel oder Leitungen	
	mit Schutzleiter	ohne Schutzleiter
2	— —	BU BN
3	GNYE BU BN	BU BN BK
3*	— — —	BN BK GY
4	GNYE BU BN BK	BU BN BK GY
4*	GNYE — BN BK GY	— — — —
5	GNYE BU BN BK GY	BU BN BK GY BK
>5	GNYE ❶ ❷ ❸ ❹	❶ ❷ ❸ ❹ ❺

* In Drehstromkreisen sollen für die drei Außenleiter L1, L2 und L3 die Aderfarben Braun, Schwarz und Grau verwendet werden.

Farbkurzzeichen nach DIN IEC 60757:
BK = schwarz (black) BN = braun (brown),
GY = grau (grey), BU = blau (blue),
GNYE = grüngelb (grenn-yellow)

Kennzeichenaufdruck	VDE-Kennfaden
◁ VDE ▷ a) ______________	
◁ VDE ▷ ◁ HAR ▷ b) ______________	

Bild 2: Leitungskennzeichnung

Was tun Elektroniker für Betriebstechnik?

Aufgabe 20

Sehen Sie sich den Film zum Berufsbild des Elektronikers für Betriebstechnik http://www.berufe.tv/BA/ausbildung?filmID=1000009 an.
Lesen Sie zuerst die folgenden Fragen durch, bevor Sie sich den Film anschauen.

1. Welche Tätigkeitsbereiche haben Elektroniker für Betriebstechnik?
2. Welches Beispiel wird für das Reparieren von Anlagen gezeigt?

Schauen Sie sich den Film zum Berufsbild des „Elektronikers für Betriebstechnik“ ein zweites Mal an.

3. Wie finden die Azubis Jonas und Gerd den zu behebenden Fehler?
4. Was ist die Voraussetzung für die Zulassung der Prüfung?
5. Was trägt der Auszubildende in welcher Form in sein Berichtsheft ein?
6. Welche Voraussetzungen nennt Thomas Dannenberg für den Beruf des Elektronikers für Betriebstechnik?

Aufgabe 21

1. Ergänzen Sie die Verweise auf die Abbildungen im folgenden Text und die Bildunterschrift.
2. Was muss vor Beginn der Arbeiten an einer elektrischen Anlage erfolgen?
3. Wann kann die Anlage wieder eingeschaltet werden?
Arbeiten Sie mit Ihrem Nachbarn zusammen und vergleichen Sie Ihre Arbeitsergebnisse im Plenum.

Schutzmaßnahmen bei Arbeiten an elektrischen Anlagen

Um Risiken und Gefahren eines Stromunfalles für die Elektrofachkraft gering zu halten, müssen zur Herstellung des spannungsfreien Zustandes bei Arbeiten an elektrischen Anlagen die **fünf Sicherheitsregeln** eingehalten werden (Tabelle 1). Vor Beginn der Arbeit ist ein Verbotsschild (Nicht schalten!) anzubringen (Bild __). Eine Arbeitsstelle darf von der Aufsicht führenden Person erst dann freigegeben werden, wenn alle fünf Sicherheitsregeln in der Reihenfolge 1 bis 5 durchgeführt sind. Eine **Elektrofachkraft** oder eine **elektrotechnisch unterwiesene Person** muss den spannungsfreien Zustand der Anlage feststellen (Bild __). Der Auftrag zum Wiedereinschalten darf erst dann erteilt werden, nachdem die Sicherheitsregeln in der umgekehrten Reihenfolge, also von 5 bis 1, aufgehoben sind.

Fachkunde Mechatronik, S. 362, Elektrotechnik Grundbildung, S. 13, 208

Bild 1: ____________

Tabelle 1: Die fünf Sicherheitsregeln für Arbeiten im spannungsfreien Zustand (nach DIN VDE 0105)

1. Freischalten	■ Freischalten aller Teile der Anlage, an denen gearbeitet werden soll, ■ LS-Schalter abschalten, Schmelzsicherungen entfernen.
2. Gegen Wiedereinschalten sichern	■ LS-Schalter z. B. mit Klebeband absichern, Sicherungseinsätze mitnehmen, Schalter durch Schloss sichern, Verbotsschilder anbringen.
3. Spannungsfreiheit feststellen	■ Spannungsfreiheit durch Fachkraft feststellen, ■ Anlage mit zweipoligem Spannungsprüfer prüfen.
4. Erden und kurzschließen	■ Zuerst immer erden, dann mit den kurzzuschließenden aktiven Teilen verbinden (muss von der Arbeitsstelle aus sichtbar sein). Regel 4 entfällt bei Anlagen unter 1000 V, z. B. in Kabelanlagen, ausgenommen Freileitungen.
5. Benachbarte unter Spannung stehende Teile abdecken oder abschranken	■ Bei Anlagen unter 1 kV genügen zum Abdecken isolierende Tücher, Schläuche, Formstücke; über 1 kV sind zusätzlich Absperrtafeln, Seile, Warntafeln erforderlich. ■ Körperschutz, z. B. Schutzhelm mit Gesichtsschutz, eng anliegende Kleidung und Handschuhe tragen.

Bild 2: Verbotsschild für Arbeiten an frei geschalteten Anlagen

Bild 3: Feststellen der Spannungsfreiheit

Was tun Elektroniker für Automatisierungstechnik?

Aufgabe 22

Sehen Sie sich den Film zum Berufsbild des Elektronikers für Automatisierungstechnik http://www.berufe.tv/BA/ausbildung?filmID=1000040 an.
Lesen Sie zuerst die folgenden Fragen durch, bevor Sie sich den Film anschauen.

1. Welche Tätigkeitsbereiche haben Elektroniker für Automatisierungstechnik?
2. Welches Beispiel wird für die Arbeit von Elektronikern für Automatisierungstechnik gezeigt?

Schauen Sie sich den Film zum Berufsbild des „Elektronikers für Betriebstechnik" ein zweites Mal an.

3. Welchen Arbeitsauftrag erhält Azubi Rafael?
4. Welche Arbeitsschritte nimmt Rafael vor?
5. Welche Voraussetzungen nennt Jörg Steiniger für den Beruf des Elektronikers für Automatisierungstechnik?

E Was muss ich über technische Fachsprachen wissen?

Die Fachsprache der Mathematik in technischen Fachsprachen

Information

Bei der Arbeit mit Lektion 5 ist Ihnen sicher aufgefallen, dass die Texte und Abbildungen voll von mathematischen Fachbegriffen und Formeln sind:

- Ein Fachbegriff wird durch eine Gleichung definiert, z. B.: $I = U/R$, $W = P \cdot t$, $U = U_1 + U_2 + U_3 + \ldots$, $P_v = P_{zu} - P_{ab.}$ Die Formel ersetzt also eine sprachlich formulierte Definition.
- Es wird verglichen: $P_{ab} < P_{zu}$: Die Nutzleistung ist kleiner als die zugeführte Leistung. Die Formel ersetzt also einen sprachlich formulierten Vergleich.
- Es werden Verhältnisse ausgedrückt: a : b = x : y (a verhält sich zu b wie x zu y), die Formel ersetzt in diesem Fall also eine sprachlich formulierte Feststellung oder eine sprachlich formulierte Beschreibung.

Die Kommunikation mithilfe von mathematischen Formeln und Gleichungen ist eindeutig, kurz, präzise und unmissverständlich. Sprachliche Formulierungen des gleichen Sachverhaltes dagegen sind mehr oder weniger präzise und variierbar. Sie beinhalten oft eine Beschreibung und Deutung des Sachverhaltes:

Darstellung physikalischer Gesetzmäßigkeiten

mathematische Wiedergabe des Zusammenhangs zwischen Größen durch Formeln	Sprachliche Formulierung der mathematischen Formeln	Sprachliche Beschreibung und Deutung
$R = U/I$	Der Widerstand ist gleich dem Quotient aus der Spannung U und der Stromstärke I.	Bei konstanter Spannung nimmt bei steigendem Strom der Widerstand ab. Mit steigender Spannung nimmt bei gleich bleibender Stromstärke der Widerstand zu.
$P_{ab} < P_{zu}$	P_{ab} ist kleiner als P_{zu}	Die Nutzleistung ist immer kleiner als die zugeführte Leistung.
$P_1/P_2 = G_1/G_2 = R_2/R_1$	P_1 verhält sich zu P_2 wie G_1 zu G_2 und R_2 zu R_1.	In einer Parallelschaltung verhalten sich Leistung und Leitwert proportional; somit stehen Leistung und die zugehörigen Widerstände in einem umgekehrt proportionalen Verhältnis.

Es ist also wichtig,

- die Formeln korrekt wiedergeben zu können:
  Der Widerstand ist gleich dem Quotient aus der Spannung U und der Stromstärke I.
  oder formlos: R gleich U durch I,
- bei der sprachlichen Beschreibung und Deutung zu verstehen, welche Gesetzmäßigkeit zugrunde liegt bzw. dahinter steht.

Aufgabe 23a

1. Ergänzen Sie die folgende Tabelle. Nehmen Sie gegebenenfalls die Informationen auf den Seiten 140–154 zu Hilfe.

2. Welche Formulierungen würden Sie persönlich nicht benutzen und aus welchen Gründen? Arbeiten Sie mit Ihrem Nachbarn zusammen und vergleichen Sie Ihre Arbeitsergebnisse im Plenum.

Darstellung physikalischer Gesetzmäßigkeiten

Formeln	Sprachliche Formulierung der mathematischen Formeln	Sprachliche Beschreibung und Deutung
$R = U/I$	Der Widerstand ist gleich dem Quotient aus der Spannung U und der Stromstärke I.	Bei konstanter Spannung nimmt bei steigendem Strom der Widerstand ab. Mit steigender Spannung nimmt bei gleich bleibender Stromstärke der Widerstand zu.
		Bei Reihenschaltung ist die Stromstärke überall gleich groß.
		Der Wirkungsgrad η beschreibt das Verhältnis der abgegebenen Leistung zur zugeführten Leistung.
		Der elektrische Widerstand R ist der Proportionalitätsfaktor zwischen der Spannung U und der Stromstärke I.
		Der Leitwert ist der reziproke Wert des Widerstandes.
		Die Ladungsmenge Q verhält sich proportional zu dem elektrischen Strom I und zur Zeit t.
		Die elektrische Arbeit W wächst mit der Zeit, der elektrischen Spannung und dem elektrischen Strom proportional an.
		Die Stromdichte ist die auf den Leiterquerschnitt A bezogene Stromstärke.
		Die Leistung P ist die elektrische Arbeit W pro Zeit t.
		Die elektrische Spannung ist Ladungstrennungsarbeit pro Ladung.
		Der Wirkungsgrad η ist das Verhältnis von abgegebener Leistung P_{ab} zu zugeführter Leistung P_{zu}.

Aufgabe 23b
Diktieren Sie Ihrem Nachbarn.
Tauschen Sie dann die Rollen.
Arbeiten Sie mit Ihrem Nachbarn zusammen und vergleichen Sie Ihre Arbeitsergebnisse im Plenum.

$U = U_1 + U_2 + U_3 + \ldots$
$P_v = P_{zu} - P_{ab}$
$I = U/R$
$W = P \cdot t$
$I = I_1 = I_2 = I_3 = \ldots$
$U = U_1 = U_2 = U_3 = \ldots$
$P_{ab} < P_{zu}$
$U_1 : U_2 : U_3 = R_1 : R_2 : R_3$
$J = I/A$
$P = W/t$
$U = W/Q$
$U_1 + U_2 + \ldots + U_n = 0$

Aufgabe 23c
Ergänzen Sie die die folgenden Aussagen.
Arbeiten Sie mit Ihrem Nachbarn zusammen und vergleichen Sie Ihre Arbeitsergebnisse im Plenum.

je .... desto
proportional (zu ...)
umgekehrt proportional (zu ...)
... verhält sich (zu ...) wie ... (zu ...)

1. Bei gleich bleibendem Widerstand gilt nach dem ohmschen Gesetz $I = U/R$:
   Je größer die Spannung, ________ größer die Stromstärke, d. h. die Spannung ist ____________ zur Stromstärke.
2. Bei gleich bleibender Spannung gilt nach dem ohmschen Gesetz:
   ____ größer der Widerstand, _______ kleiner die Stromstärke. Stromstärke und Widerstand sind ______________________.
3. $U_1 : U_2 : U_3 = R_1 : R_2 : R_3$: Bei Reihenschaltung _______________ ______ die Teilspannungen wie die Teilwiderstände.

4. $Q = I \cdot t$: Die Ladungsmenge Q verhält sich ______________ zu dem elektrischen Strom I und zur Zeit t.
5. $W = U \cdot I \cdot t$: Die elektrische Arbeit W wächst mit der Zeit, der elektrischen Spannung und dem elektrischen Strom ______________ an.

Kollokationen

Information

Wahrscheinlich ist Ihnen beim Durcharbeiten der Lektion aufgefallen, dass bestimmte Fachbegriffe immer zusammen mit bestimmten Verben auftreten und Kollokationen bilden, z. B.:
- eine Spannung anlegen
- ein Voltmeter parallel zum Widerstand schalten
- eine Gleichung nach X umstellen.

Aufgabe 24

1. Blättern Sie durch die Lektion 5. Sammeln Sie die passenden Verben.
2. Schreiben Sie entsprechende Beispiele heraus.

Kollokation	Beispiel
Ladungen *trennen* *sich abstoßen* *sich anziehen*	*Um Ladungen zu trennen, muss Arbeit aufgewendet werden.* *Gleichnamige Ladungen stoßen sich ab.* ______________
Elektronen	
Spannung	
Strom	
Stromkreis	
Widerstand	
Gleichung	

Wortzusammensetzung

Aufgabe 25

1. Bilden Sie Gruppen mit je drei Teilnehmern. Jede Gruppe erstellt Materialien für einen Baukasten:
a) Jede Gruppe wählt 20 Fachbegriffe aus Lektion 5 aus. Die Gruppe zerlegt den Fachbegriff und schreibt die Teile auf je ein Kärtchen, z. B.

KURZ | SCHLUSS

KNOTEN | PUNKT | REGEL

b) Jede Gruppe darf zusätzlich bis zu fünf Teile auf ein Kärtchen schreiben, die sich nicht integrieren lassen.
c) Jede Gruppe mischt die Teile gut durch und gibt sie an die nächste Gruppe weiter.
d) Jede Gruppe fügt die Teile zu akzeptablen Fachbegriffen zusammen. Die Gruppe, die die Fachbegriffe zuerst zusammengesetzt hat, hat gewonnen.

2. Entscheiden Sie aufgrund Ihrer Kenntnisse der Fachbegriffe, welche durch Zerlegung in ihre Bestandteile eindeutig zu erklären sind.
Arbeiten Sie mit Ihrem Nachbarn zusammen und diskutieren Sie Ihre Ergebnisse im Plenum.

ÜBERSICHT LEKTION 6

GRUNDLAGEN DER ELEKTROTECHNIK II

Übersichtsfilm über Elektroberufe im Elektrohandwerk
http://www.berufe.tv/BA/ausbildung?filmID=1000045

Film zum Berufsfeld Elektroniker für Maschinen- und Antriebstechnik
http://www.berufe.tv/BA/ausbildung?filmID=1000046

A Das elektrische Feld

____

In der Umgebung eines geladenen Körpers wirken Kräfte.
Streut man z. B. Kunststoffstaub zwischen geladene Elektroden, so kann man Linien erkennen, in denen sich die Teilchen ausrichten (Bild __): Im Raum zwischen positiv und negativ geladenen Elektroden herrscht ein elektrisches Feld, das Kräfte auf elektrische Ladungen ausübt (Bild __).
Ein geladenes Teilchen bewegt sich im elektrischen Feld entlang einer gedachten Linie. Solche Linien in Richtung der auftretenden Kräfte nennt man elektrische Feldlinien.
Ein elektrisches Feld lässt sich durch Feldlinien darstellen.
Elektrische Felder können unterschiedliche Formen haben.
Ein elektrisches Feld wird als homogen bezeichnet, wenn die Feldlinien parallel und in gleicher Richtung verlaufen sowie gleichen Abstand zueinander haben (Bild __). Ein elektrisches Feld wird inhomogen genannt, wenn die Feldlinien nicht parallel verlaufen und der Abstand zwischen den Feldlinien unterschiedlich ist (Bild __).
Nach: Fachkunde Elektrotechnik, S. 69

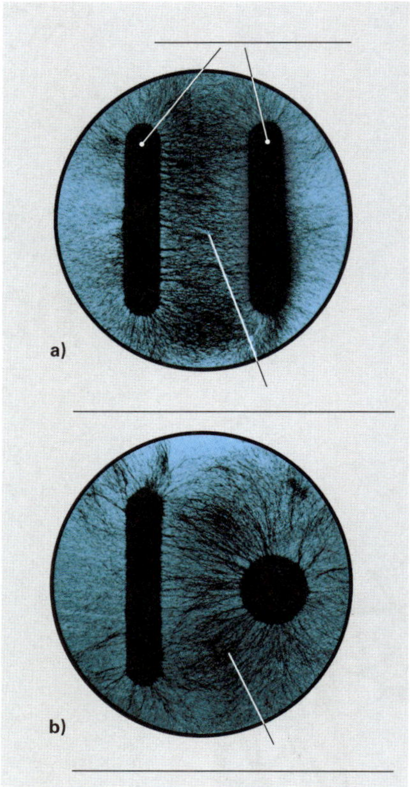

Bild 1: Arten von Feldlinienbildern

Aufgabe 1a

1. Ergänzen Sie die Verweise auf die Abbildungen im oben stehenden Text.
2. Schreiben Sie die Benennungen in die Abbildungen.
3. Suchen Sie eine passende Überschrift für den Text.
Arbeiten Sie mit Ihrem Nachbarn zusammen und vergleichen Sie Ihre Arbeitsergebnisse im Plenum.

Aufgabe 1b

Ergänzen Sie die Bildunterschriften und Aussagen zur Darstellung elektrischer Felder mithilfe der Abbildungen.
Arbeiten Sie mit Ihrem Nachbarn zusammen und vergleichen Sie Ihre Arbeitsergebnisse im Plenum.

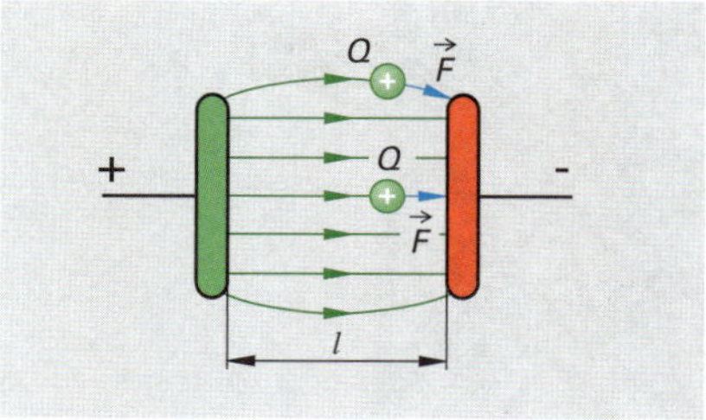

Bild 2: ______________________

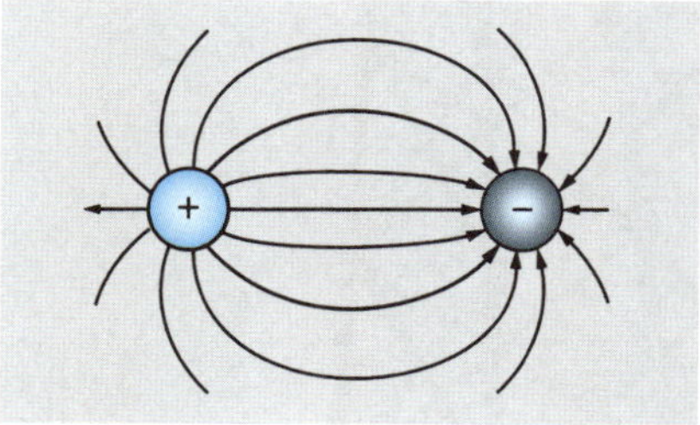

Bild 3: ______________________

Elektrische Felder können durch ______________ dargestellt werden.
Die Feldlinien gehen von der Oberfläche der positiven Elektrode aus und enden an der Oberfläche der ______________________ ____________.
Bei homogenen Feldern verlaufen die Feldlinien _________. Der Abstand zwischen ihnen ist ________. Das bedeutet, dass das ________ eines Plattenkondensators im Bereich zwischen den Platten an allen Stellen gleich stark ist.
Bei inhomogenen elektrischen Feldern verlaufen die Feldlinien _______ ___________. Der __________ zwischen den Feldlinien ist nicht überall gleich. Das heißt, dass das Feld an verschiedenen Stellen eines Plattenkondensators im Bereich zwischen den Platten ______ an allen Stellen gleich stark ist.

Information

Für das Feldlinienbild gilt:
- Je dichter die Feldlinien sind, desto größer ist die dort wirkende Kraft.
- Die Richtung der Feldlinien entspricht der Richtung der wirkenden Kraft.
- Die Feldlinien verlaufen von der positiven zur negativen Ladung.

Duden SMS Schnellmerksystem Abi Physik, S. 87/88 und Fachkunde Mechatronik, S. 287

Aufgabe 1c

Ergänzen Sie mithilfe des Textes „Elektrische Feldstärke" die untenstehenden Aussagen. Arbeiten Sie mit Ihrem Nachbarn zusammen und vergleichen Sie Ihre Arbeitsergebnisse im Plenum.

Die elektrische Feldstärke

Die elektrische Feldstärke E (Einheit: 1N/C = 1V/m) beschreibt Stärke und Richtung des elektrischen Feldes. Ihr Betrag gibt an, wie groß die Kraft je Ladung in einem Punkt des elektrischen Feldes ist:

$$E = F/Q.$$

Dabei ist F die Kraft auf einen positiv geladenen Körper und Q die Ladung dieses Körpers.

Im homogenen Feld eines Plattenkondensators z. B hängt der Betrag der elektrischen Feldstärke nur von der Spannung U und dem Abstand d (manchmal auch l oder a) zwischen den Platten ab:

$$E = U/d.$$

Nach: Duden SMS Schnellmerksystem Abi Physik, S. 89

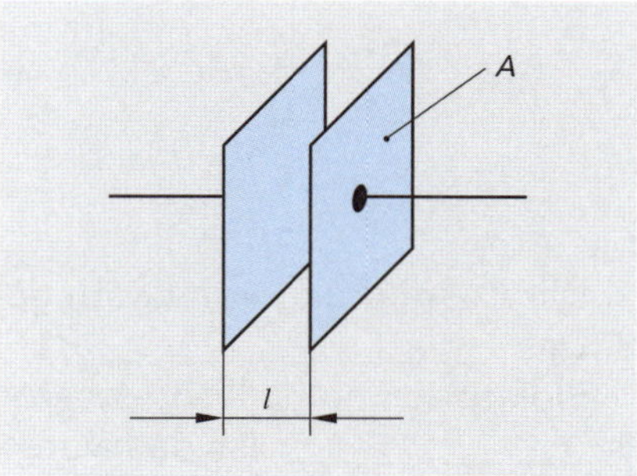

Prüfungsvorbereitung Aktuell Mechatronik, S. 73

1. Das Formelzeichen E steht für die ________________ ________________.
2. Auf Kraft F und Ladung Q bezogen lautet die Formel für die ______________ ______________ $E = F/Q$.
3. Die elektrische Feldstärke hängt im homogenen Feld eines Plattenkondensators nur von der ______________ U und dem ______________ d zwischen den ______________ ab.
4. Der Einheit der ______________________ ist 1N/C = 1V/m.

Aufgabe 2a

Welche der folgenden Aussagen passt zu den untenstehenden Abbildungen? Arbeiten Sie mit Ihrem Nachbarn zusammen und vergleichen Sie Ihre Ergebnisse im Plenum.

Aussage	passt zu Abbildung
1. Bringt man zwei dünne elektrisch neutrale Platten aus Metall in ein elektrisches Feld, so werden Ladungsträger getrennt.	
2. Die linke und die rechte Metallplatte haben gleichgroße, entgegengesetzte Ladungen.	
3. Die Trennung von Ladungen in Leitern im elektrischen Feld bezeichnet man als Influenz.	
4. Werden die positiv und die negativ geladene Metallplatte im elektrischen Feld getrennt, so behalten sie ihre Ladung.	
5. Die Feldlinien zeigen, dass die Kräfte des Feldes an der Oberfläche der Metallplatten enden und zwischen den getrennten influenzierten Probeplatten ein feldfreier Raum besteht.	
6. Influenz ist das Verschieben elektrischer Ladungen durch ein elektrisches Feld.	
7. Den Stoff zwischen zwei Elektroden bezeichnet man als Dielektrikum.	
8. Isolierstoffe haben fast keine freien Elektronen. Deshalb werden die Ladungen nur geringfügig verschoben und ausgerichtet. Diesen Vorgang bezeichnet man als Polarisation.	

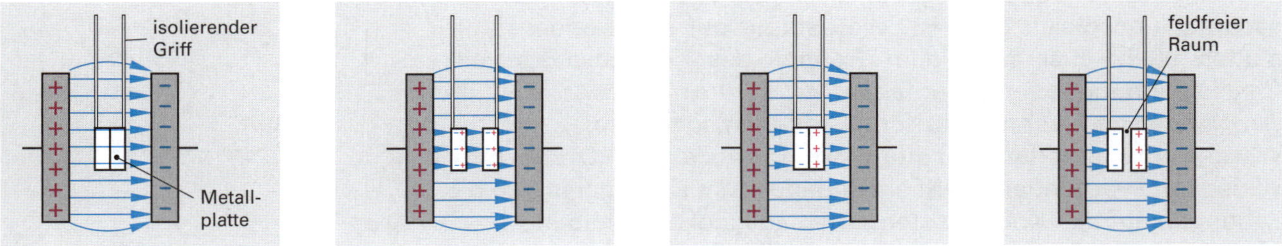

Bild 1: Metallplatten im elektrischen Feld **Bild 2: Influenz** **Bild 3: Ladungstrennung** **Bild 4: Felder heben sich auf**

Elektrotechnik Grundbildung, S. 65

Aufgabe 2b

Ergänzen Sie die folgenden Aussagen.
Arbeiten Sie mit Ihrem Nachbarn zusammen und vergleichen Sie Ihre Arbeitsergebnisse im Plenum.

Influenz
Dielektrikum
Polarisation

1. Die Ausrichtung von Ladungen in Isolatoren durch ein elektrisches Feld nennt man ______________.
2. Das ________________ ist z. B. ein nichtleitendes Material, das zur Isolation zwischen den Elektroden eines Kondensators eingesetzt wird.
3. ______________ ist das Verschieben elektrischer Ladungen in einem Nichtleiter durch ein elektrisches Feld.
4. Die Trennung von positiven und negativen Ladungen eines leitenden Körpers durch ein elektrisches Feld nennt man ______________.

Der Kondensator im Gleichstromkreis

Aufgabe 3a

1. Ergänzen Sie die Benennungen in den Abbildungen.
2. Ergänzen Sie die Bildunterschriften.
3. Unterstreichen Sie die Aussagen zur Funktion eines Kondensators und schreiben Sie sie heraus.
4. Suchen Sie eine passende Überschrift für den Text.
Arbeiten Sie mit Ihrem Nachbarn zusammen und vergleichen Sie Ihre Arbeitsergebnisse im Plenum.

____

Kondensatoren sind Bauelemente, die elektrische Ladungen bzw. elektrische Energie speichern können.
Die einfachste Form eines Kondensators besteht aus zwei gegenüberliegenden Metallplatten. Dazwischen befindet sich ein Dielektrikum, das keine elektrische Verbindung zwischen den Metallplatten zulässt. Das Dielektrikum ist also als Isolator zu verstehen.
Legt man an einen Kondensator eine Spannung an, so entsteht zwischen den beiden metallischen Platten ein elektrisches Feld. Eine Platte nimmt positive, die andere Platte nimmt negative Ladungsträger auf. Die Verteilung der Ladungsträger ist auf beiden Seiten gleich groß.
Beim Laden fließt zu Beginn ein hoher Ladestrom. Während des Aufladens wird der Ladestrom immer kleiner, bis er zu null wird. Dann sperrt der Kondensator den Gleichstrom.
Der Kondensator sperrt nach dem Aufladen den Gleichstrom.
Beim Laden saugt der Spannungserzeuger von einer Platte Elektronen ab und drückt sie auf die andere Platte. Dadurch entsteht auf der einen Platte Elektronenmangel, auf der anderen Platte Elektronenüberschuss. Zwischen den Platten des Kondensators besteht dann eine Spannung, die der angelegten Spannung entgegenwirkt und gleich groß ist. Die Ladung auf den Kondensatorplatten bleibt auch nach dem Trennen des Kondensators vom Gleichspannungserzeuger erhalten.
Der Kondensator kann elektrische Ladungen speichern.
Werden die geladenen Leiterplatten mit einem Draht oder Widerstand verbunden, fließt ein Entladestrom so lang, bis sich die Ladungen auf den Kondensatorplatten ausgeglichen haben.
Nach: Elektrotechnik Grundwissen, S. 67

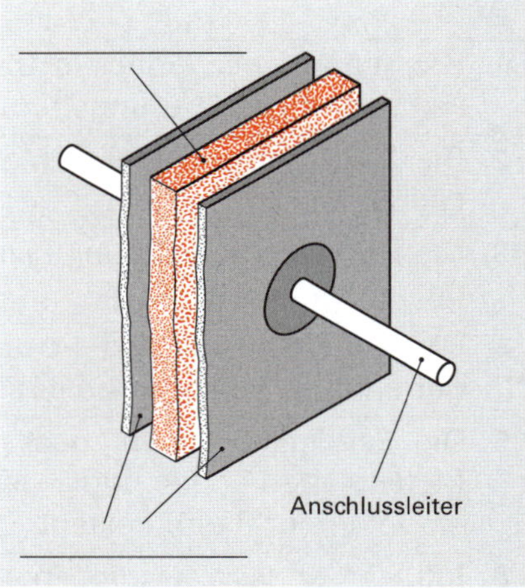

Bild 1: ______________________

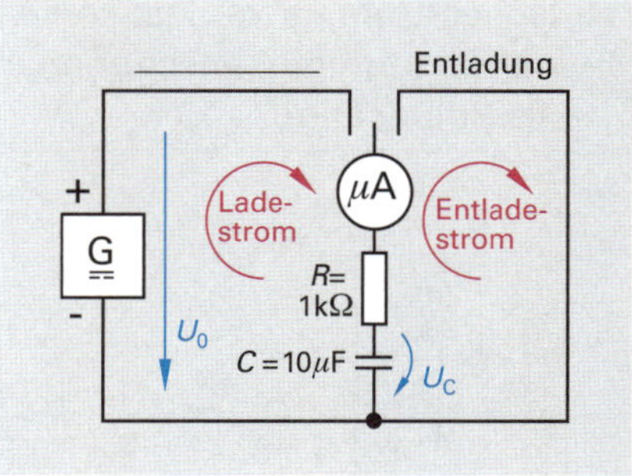

Bild 2: ______________________

Aufgabe 3b

1. Ergänzen Sie mithilfe des untenstehenden Textes die folgenden Stichpunkte.
2. Ergänzen Sie die Übersicht.
3. Suchen Sie eine passende Überschrift für den Text.
Arbeiten Sie mit Ihrem Nachbarn zusammen und vergleichen Sie Ihre Arbeitsergebnisse im Plenum.

1. Formelzeichen: _____
2. Formel: __________
3. Einheitenzeichen: _____, Einheitenname: ______________

____

Die Ladungsmenge, die in einem Kondensator gespeichert werden kann, ist proportional zur Höhe der angelegten Spannung.
Man nennt die Ladung je Volt angelegter Spannung die **Kapazität** (Aufnahmevermögen) des Kondensators (Formelzeichen *C*). Es gilt also:

$$C = Q/U$$

Die Einheit der Kapazität ist die Amperesekunde je Volt (As/V). Diese Einheit hat den besonderen Einheitennamen Farad (Einheiten F nach Faraday). Ein Kondensator hat die Kapazität 1 Farad, wenn der Ladestrom von 1 Ampere in 1 Sekunde an ihm die Spannung um 1 Volt erhöht. Die Einheit Farad ist für die Praxis zu groß. Man verwendet deshalb kleinere Kapazitätseinheiten (Übersicht).

Nach: Elektrotechnik Grundbildung, S. 67

Aufgabe 3c

Ergänzen Sie die Übersicht.
Wie muss ein Kondensator mit hoher Kapazität ausgelegt sein?
Arbeiten Sie mit Ihrem Nachbarn zusammen und vergleichen Sie Ihre Arbeitsergebnisse im Plenum.

Kapazität eines Kondensators

Die Kapazität *C* ist die wichtigste Größe des Kondensators. Sie ist von der Fläche *A*, über die sich das homogene Feld erstreckt, und vom Abstand zwischen den Platten *l* (manchmal auch mit *a oder d* bezeichnet*)* abhängig.
Außerdem ist die Kapazität des Kondensators von der Art des Dielektrikums abhängig, das sich zwischen den Platten befindet. Es gilt: $\boldsymbol{C = \varepsilon A/l}$.
Die Kapazität ist also auch von der Permitivität ε (sprich: Epsilon) des Dielektrikums abhängig. Die Permitivitätszahl ε_τ (τ sprich: Tau) gibt an, wie viel mal größer die Kapazität eines Kondensators wird, wenn statt Luft ein anderer Isolierstoff verwendet wird.

Die Kapazität *C* eines Kondensators wird umso größer, je größer die Permitivitätszahl ε_τ, je größer die Plattenfläche *A* und je kleiner der Plattenabstand *l* ist.

Elektrotechnik Grundbildung, S. 68

Aufgabe 3d

1. Ergänzen Sie im Text auf S. 172 die Verweise auf die Abbildungen.
2. Ergänzen Sie die Bildüberschriften.
3. Ergänzen Sie die Übersichten.
4. Ordnen Sie die Aussagen zu Reihen- und Parallelschaltungen den entsprechenden Formeln zu: Schreiben Sie die Formeln neben die zugehörigen Aussagen.
5. Welcher andere Fachbegriff für „Kondensator" wird im Text verwendet?
Arbeiten Sie mit Ihrem Nachbarn zusammen und vergleichen Sie Ihre Arbeitsergebnisse im Plenum.

Kondensatorkapazität

$C = \frac{Q}{U}$ $\quad$ $[C] = \frac{As}{V} = F$

C ______________
Q ______________
U ______________

Übersicht: Einheitenvorsätze der Kapazität

1 Millifarad	= 1 mF	=	10^{-3} F
1 Mikrofarad	= 1 µF	=	10^{-6} F
1 Nanofarad	= 1 nF	=	10^{-9} F
1 Pikofarad	= 1 pF	=	10^{-12} F

Elektrotechnik Grundbildung, S. 67

Kapazität von Plattenkondensatoren

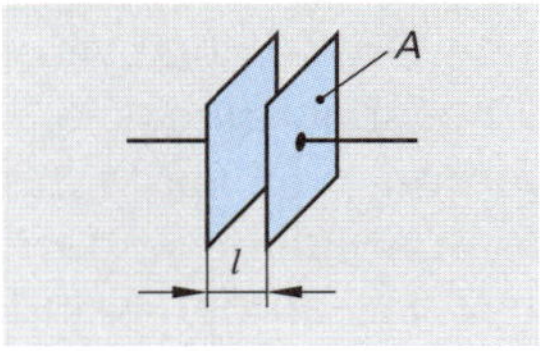

$C = \varepsilon_0 \cdot \varepsilon_r \cdot \frac{A}{l}$ $\quad$ $\varepsilon = \varepsilon_0 \cdot \varepsilon_r$

$[C] = \frac{As}{V} = F$

C Kapazität
ε_0 Elektrische Feldkonstante
$\varepsilon_0 = 8{,}85 \cdot 10^{-12} \frac{As}{Vm} = 8{,}85 \frac{pF}{m}$

ε_r ______________
ε ______________
A ______________
l ______________

Tabelle: Permittivitätszahlen von Isolierstoffen

Isolierstoff	ε_r
Luft	1
Isolieröl	2 … 2,4
Silikonöl	2,8
Hartpapier	4 … 8
Porzellan	5 … 6
Glas	4 … 8
Glimmer	6 … 8
Polystyrol	2,5
Keramik	10 … 10 000
Polyester	3,3
Polycarbonat	2,8

Schaltungen von Kondensatoren

Kondensatoren können in Reihen-, Parallel- und Gruppenschaltung (gemischte Schaltung) betrieben werden.

Parallelschaltung

Eine Parallelschaltung von Kondensatoren (Bild __) wirkt wie eine Vergrößerung der Plattenoberfläche. Daher erhält man als Gesamtkapazität C die Summe aller Einzelkapazitäten.

Für die Parallelschaltung gilt:

1. An jedem Kondensator liegt die gleiche Spannung an.
2. In jedem Kondensator fließt ein Teilladestrom und lädt ihn auf.
3. Die Gesamtladung Q ist die Summe der Teilladungen.
4. Die Gesamtkapazität ist gleich der Summe der Einzelkapazitäten.

Reihenschaltung

Die Reihenschaltung von Kondensatoren (Bild __) wirkt wie eine Abstandsvergrößerung der Kondensatorplatten und führt somit zu einer Verkleinerung der Kapazität.

Für die Reihenschaltung gilt:

1. An jedem Einzelkondensator liegt nur eine Teilspannung. Sie ist umgekehrt proportional zur Kapazität.
2. Durch alle Kondensatoren fließt der gleich große Ladestrom.
3. Jeder Kondensator speichert eine gleich große Ladung Q.
4. Die Gesamtkapazität ist kleiner als die kleinste Einzelkapazität.

Wichtige Größen beim Kondensator sind seine Kapazität und die Bemessungsspannung. Die Bemessungsspannung darf nicht überschritten werden, weil sonst das Dielektrikum durchschlagen wird.
Werden ungleiche Kapazitäten in Reihe geschaltet, so sind die Teilspannungen an den Kondensatoren verschieden groß.

Am Kondensator mit der kleineren Kapazität liegt die größere Spannung.

Fachkunde Elektrotechnik, S. 76

Aufgabe 3e

1. Informieren Sie Ihren Nachbarn über den Kondensator, seinen Aufbau, seine Funktionen und seine Wirkungsweise.
Notieren Sie dazu Stichpunkte.
Machen Sie sich eine Gliederung.
Legen Sie sich als Hilfe die entsprechenden Abbildungen daneben.
2. Tauschen Sie anschließend die Rollen.

Bild 1: ____________________

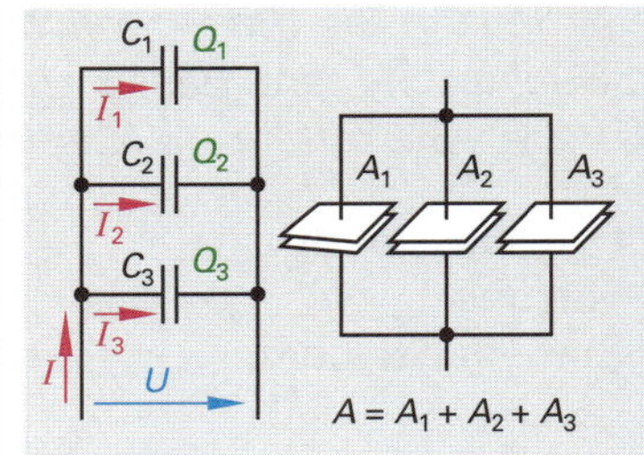

$$I = I_1 + I_2 + I_3$$
$$Q = Q_1 + Q_2 + Q_3$$
$$C \cdot U = C_1 \cdot U + C_2 \cdot U + C_3 \cdot U$$
$$C \cdot U = U\,(C_1 + C_2 + C_3)$$
$$C = C_1 + C_2 + C_3 + \ldots$$

U	Spannung
U_1, U_2, U_3	Teilspannungen
Q	Ladung
Q_1, Q_2, Q_3	____________
C	____________
C_1, C_2, C_3	____________

Bild 2: ____________________

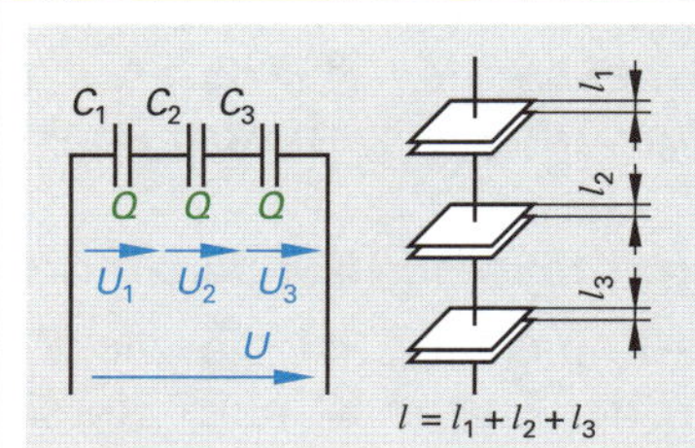

$$U = U_1 + U_2 + U_3$$
$$\frac{Q}{C} = \frac{Q}{C_1} + \frac{Q}{C_2} + \frac{Q}{C_3}$$
$$\frac{Q}{C} = Q\,\left(\frac{1}{C_1} + \frac{1}{C_2} + \frac{1}{C_3}\right)$$
$$\frac{1}{C} = \frac{1}{C_1} + \frac{1}{C_2} + \frac{1}{C_3} + \ldots$$

U	Spannung
U_1, U_2, U_3	Teilspannungen
Q	Ladung
C	____________
C_1, C_2, C_3	____________

Für die Reihenschaltung von zwei Kondensatoren gilt:

$$C = \frac{C_1 \cdot C_2}{C_1 + C_2}$$

B Das magnetische Feld

Sie erinnern sich aus Ihrer Schulzeit:

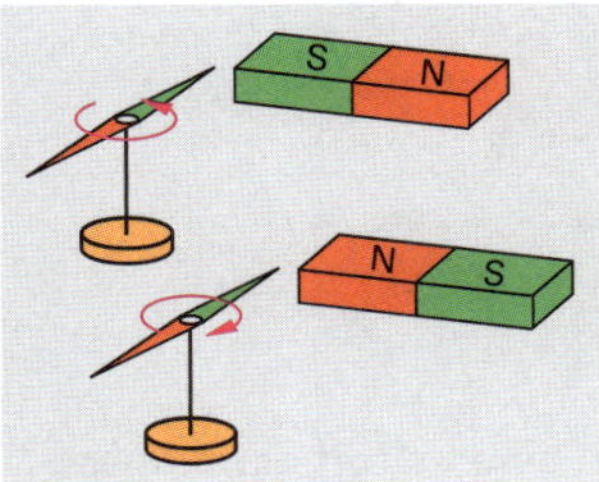

Bild 1: Wirkung der Magnetpole aufeinander

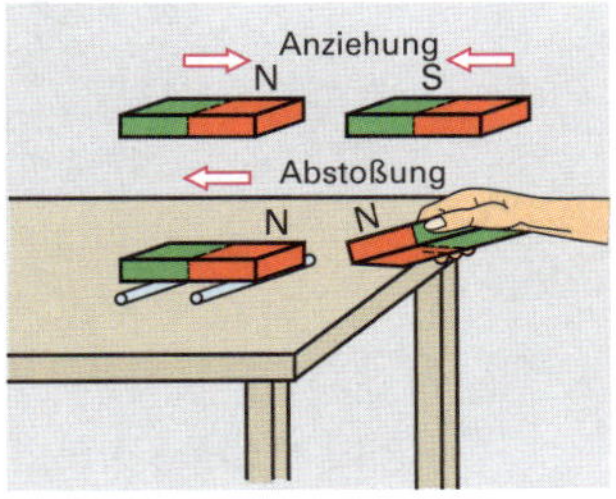

Bild 2: Kraftwirkungen magnetischer Pole

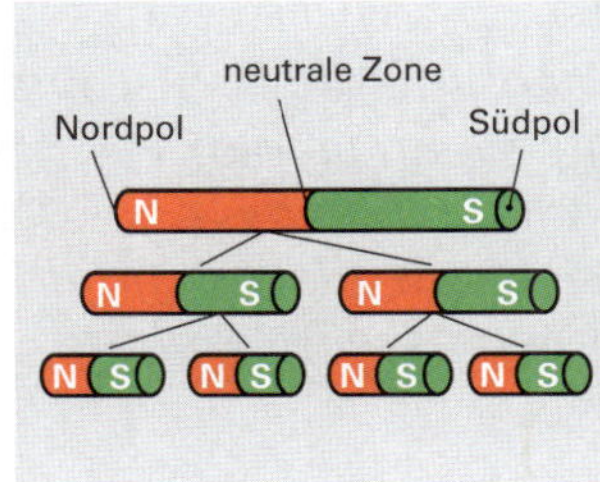

Bild 3: Zerlegung eines Magneten in Teilmagnete

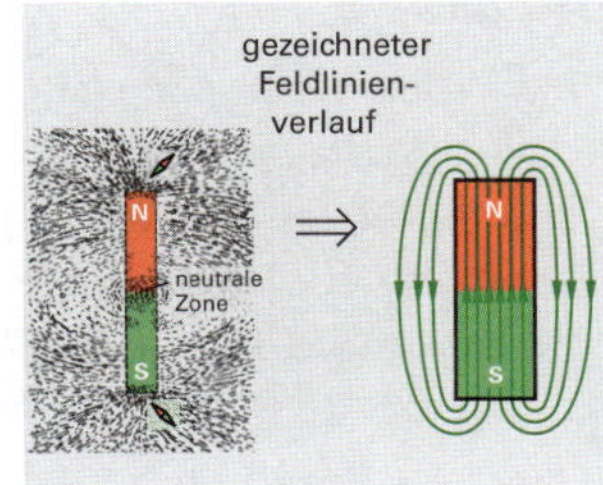

Bild 4: Magnetischer Feldlinienverlauf eines Stabmagneten

Metallbau und Fertigungstechnik Grundbildung, S. 261

Elektrotechnik Grundbildung, S. 75, 76

Aufgabe 4a
Zu welchen Bildern passen die folgenden Aussagen zum Magnetismus?

1. Magnete üben Anziehungskräfte auf ferromagnetische Stoffe, wie z. B. Eisen, Nickel und Kobalt aus.
2. Magnete besitzen einen Nordpol (N) und einen Südpol (S).
3. Ungleichnamige Magnetpole ziehen sich an.
4. Gleichnamige Magnetpole stoßen sich ab.
5. Einen Magneten kann man sich aus vielen gleich gerichteten Elementarmagneten zusammengesetzt vorstellen.
6. Ein Magnet ist von einem magnetischen Kraftfeld umgeben, dessen Wirkung mit der Entfernung von den Polen abnimmt.
7. Zwischen den Polen eines Magneten besteht ein magnetisches Feld, das man mit Feldlinien darstellen kann.

Arbeiten Sie mit Ihrem Nachbarn zusammen und vergleichen Sie Ihre Arbeitsergebnisse im Plenum.

Aufgabe 4b
Ergänzen Sie den folgenden Text.
Arbeiten Sie mit Ihrem Nachbarn zusammen und vergleichen Sie Ihre Arbeitsergebnisse im Plenum.

Natürliches Magnetfeld

Ein magnetisches Feld ist der Raum, in dem magnetische Erscheinungen auftreten.
Durch magnetische Kräfte des ____________ um einen Hufeisenmagnet aus Stahl werden z. B. in dessen Nähe befindliche Eisenteile ____________________ und festgehalten. Eine im Magnetfeld der Erde befindliche Magnetnadel (Kompass) wird in die geografische Nord-Süd-Richtung ausgerichtet. Die relativ schwachen Felder solcher natürlichen Magnete spielen in der Technik fast keine Rolle.
Das magnetische ___________ stellt man mithilfe von Feldlinien in Feldbildern dar:
Die ___________________ des _____________ Feldes sind geschlossene Linien. Innerhalb des Magneten verlaufen die Feldlinien vom ___________ zum Nordpol. Außerhalb verlaufen sie vom ______________ zum ____________.
Der Abstand zwischen den ____________ im Inneren der Spule ist gering: hier ist das Magnetfeld ____________.
Magnetische _______________ treten immer senkrecht aus der Magnetoberfläche aus bzw. in diese wieder ein.

Nach: Elektrotechnik für Maschinenbauer, S. 53

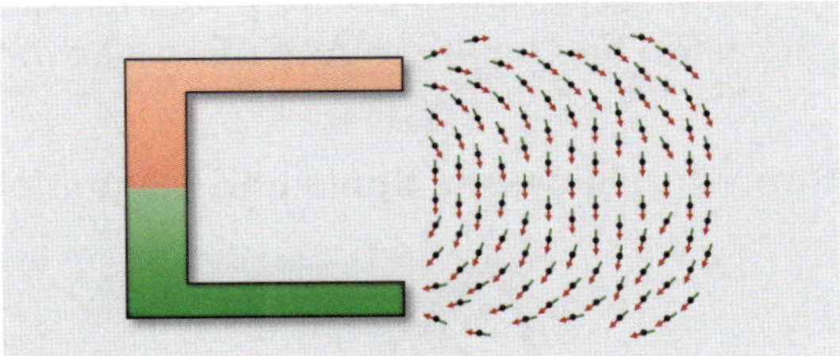

Bild 5: Ausrichtung von Kompassnadeln

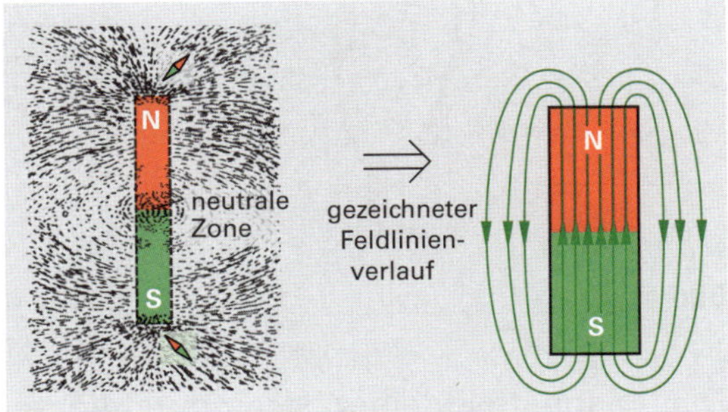

Bild 6: Magnetischer Feldlinienverlauf eines Stabmagneten

Fachkunde Mechatronik, S. 288
Elektrotechnik Grundbildung, S. 76

Elektromagnetismus

Magnetfeld eines stromdurchflossenen Leiters

Aufgabe 5

1. Finden Sie die folgenden Aussagen in einer der Illustrationen abgebildet? Wenn ja, wo?
2. Schreiben Sie die Benennungen in die Abbildungen.
Arbeiten Sie mit Ihrem Nachbarn zusammen und vergleichen Sie Ihre Arbeitsergebnisse im Plenum.

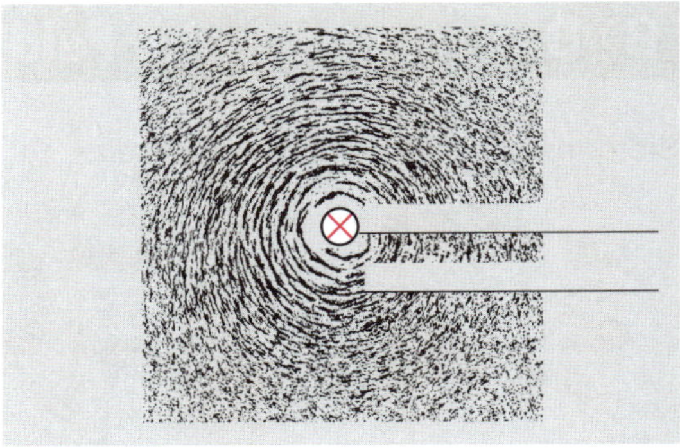

Bild 1: Magnetfeld um einen stromdurchflossenen Leiter

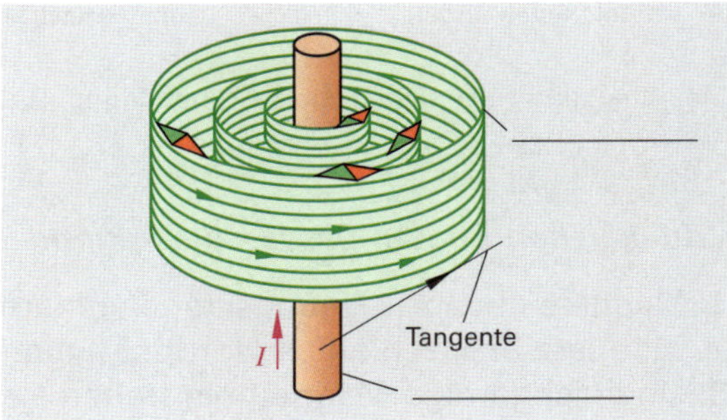

Bild 2: Magnetische Feldlinien um einen stromdurchflossenen Leiter

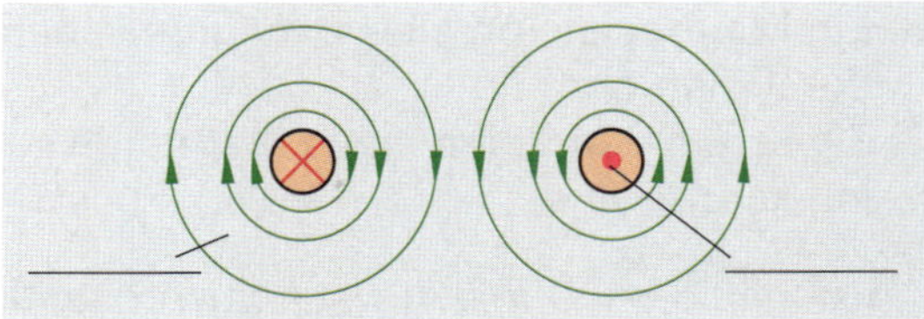

Bild 3: Richtung von Strom und Magnetfeld

Strom und Magnetfeld

- Jede bewegte elektrische Ladung ist von einem magnetischen Feld umgeben.
- Ein stromdurchflossener Leiter erzeugt immer ein magnetisches Feld.
- Die Feldlinien um einen stromdurchflossenen Leiter haben die Form von konzentrischen Kreisen.
- Die magnetischen Feldlinien verlaufen im Uhrzeigersinn, wenn man in Stromrichtung auf den Leiter blickt. Sie verlaufen gegen den Uhrzeigersinn, wenn der Strom auf den Betrachter zufließt.
- Die Stärke des magnetischen Feldes nimmt mit zunehmender Entfernung ab.
- Die Richtung des Stromes im Leiter wird durch Symbole gekennzeichnet. Fließt der Strom aus dem Leiter heraus, so zeichnet man in den Leiterquerschnitt einen Punkt (•), fließt er in den Leiter hinein, so zeichnet man ein Kreuz (x).

Elektrotechnik Grundbildung, S. 77

Aufgabe 6a

1. Ergänzen Sie im Text die Verweise auf die Abbildungen.
2. Ergänzen Sie die Bildunterschriften.
3. Schreiben Sie die Benennungen in die Abbildungen.
Arbeiten Sie mit Ihrem Nachbarn zusammen und vergleichen Sie Ihre Arbeitsergebnisse im Plenum.

Stromdurchflossene Spule und Magnetfeld

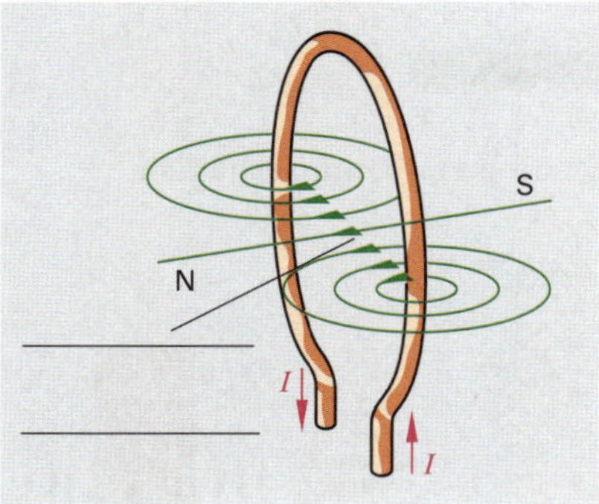

Bild 4: ______________________

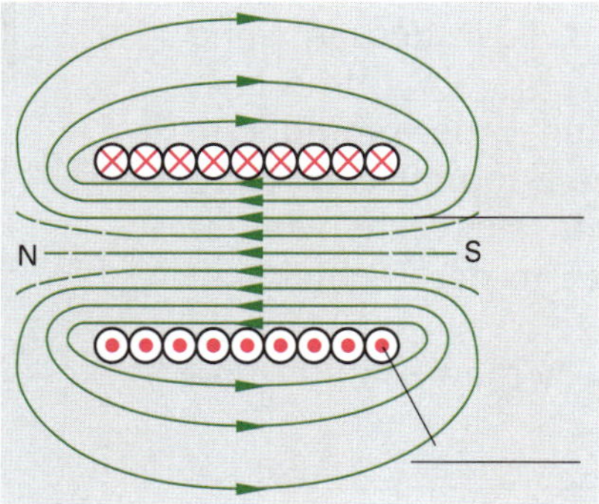

Bild 5: ______________________

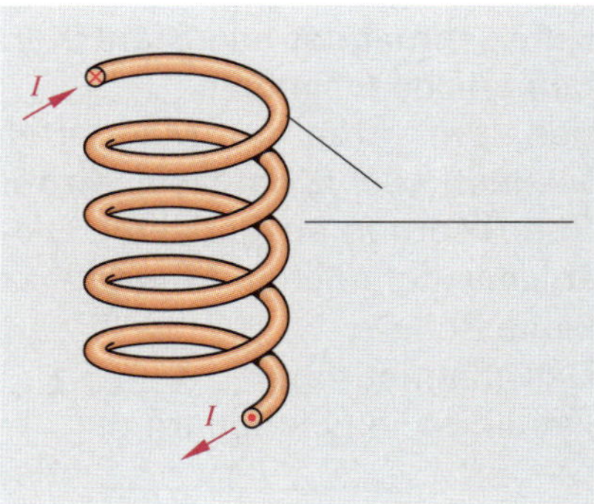

Bild 6: ______________________

Elektrotechnik Grundbildung, S. 78

Das Magnetfeld einer stromdurchflossenen Leiterschleife ergibt sich aus der Überlagerung der Magnetfelder der benachbarten Leiter (Bild __). Innerhalb der Leiterschleife verlaufen die Feldlinien in gleicher Richtung und verstärken die magnetische Wirkung. Die Feldliniendichte ist dort groß. Außerhalb der Leiterschleife ergibt sich mit zunehmender Entfernung vom Leiter eine abnehmende Feldliniendichte (Bild __).

Um den Elektromagnetismus besser nutzen zu können, wickelt man einen langen Leiter zu einer **Spule** (Bild __). Die Spule besteht aus vielen Leiterschleifen, die man **Windungen** nennt.
Eine Spule besteht aus mehreren in Reihe geschalteten Windungen.
Das Magnetfeld einer Spule ergibt sich aus der Überlagerung der Magnetfelder der einzelnen Windungen. Es entsteht ein Magnetfeld, das dem des Stabmagneten gleicht (Bild __). Im Innern der Spule ist das Magnetfeld homogen. Dort, wo die Feldlinien aus der Spule austreten, bildet sich der Nordpol, wo sie eintreten, der Südpol. Außerhalb der Spule ist das Feld inhomogen.
Stromdurchflossene Spulen sind Elektromagnete.

Elektrotechnik Grundbildung, S. 78

Aufgabe 6b

1. *Schreiben Sie die Benennungen in die Abbildung.*
Arbeiten Sie mit Ihrem Nachbarn zusammen und vergleichen Sie Ihre Arbeitsergebnisse im Plenum.
2. *Was gilt für das magnetische Feld einer Spule?*
Machen Sie sich Notizen. Erstellen Sie eine Gliederung. Legen Sie sich eine Abbildung zurecht und informieren Sie Ihren Nachbarn. Der macht eine Skizze nach Ihren Angaben.
3. *Tauschen Sie die Rollen.*

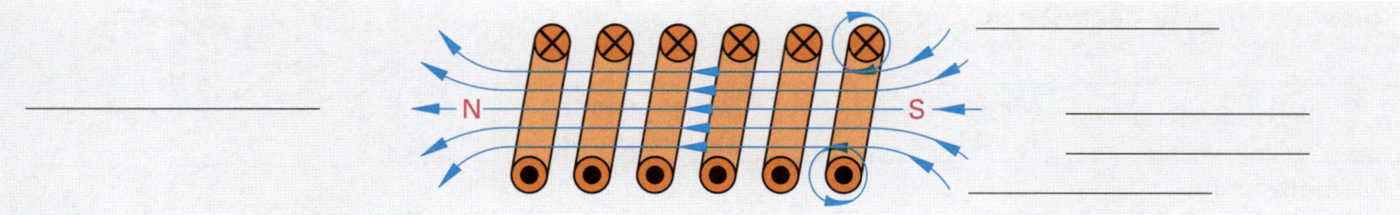

Bild 1: Magnetfeld einer Spule

Fachkunde Kraftfahrzeugtechnik, S. 524

Aufgabe 6c

1. *Teilen Sie den folgenden Text in vier Abschnitte ein.*
2. *Suchen Sie eine passende Überschrift für den Text.*
3. *Woraus besteht eine Eisenspule?*

____

Zur Erzeugung von Kräften bzw. Drehmomenten und von elektrischen Spannungen, z. B. in elektrischen Maschinen, benötigt man starke Magnetfelder, die etwa vier Zehnerpotenzen stärker als das Magnetfeld der Erde sind. Der Ausbildung starker Magnetfelder in Luft mit einfachen gestreckten Leitern sind Grenzen gesetzt. Das um einen Leiterdraht sich ausbildende Magnetfeld kann aber verstärkt werden, wenn man den Draht zu Windungen formt und viele solcher Windungen neben und übereinander legt, d.h. eine Wicklung, Magnetspule oder Erregerspule fertigt. Eine weitere wesentliche Verstärkung des Magnetfeldes erhält man, wenn man aus dieser Luftspule eine Eisenspule macht. Hierzu schiebt man die Spule über eine möglichst in sich geschlossene Anordnung aus magnetisierbarem Eisen und gestaltet diese so, dass sich das Magnetfeld so weit wie möglich statt in Luft nunmehr in Eisen ausbildet. Durch Vergrößern oder Verkleinern des Stroms in den Erregerspulen kann das Magnetfeld verändert (verstärkt oder geschwächt) werden. Dies wird besonders bei elektrischen Maschinen ausgenutzt (Drehzahlsteuerung).

Nach: Elektrotechnik für Maschinenbauer, S. 53-54

Aufgabe 6d

1. *Bilden Sie drei Gruppen. Jede Gruppe wählt eine der drei folgenden Aufgaben aus.*
   a) Informieren Sie über das Verhalten einer Spule im Gleichstromkreis.
   b) Informieren Sie über das Verhalten eines Kondensators im Gleichstromkreis.
   c) Informieren Sie über das elektrische und magnetische Feld.
2. *Machen Sie sich Notizen. Erstellen Sie eine Gliederung und suchen Sie sich eine passende Abbildung oder machen Sie eine passende Skizze. Informieren Sie Ihren Nachbarn über das gewählte Thema. Der hilft gegebenenfalls.*
3. *Wählen Sie innerhalb Ihrer Großgruppe einen Sprecher aus, der das Plenum informiert.*
Der sollte nicht vergessen, die in der folgenden Tabelle genannten Kriterien zu berücksichtigen. Die anderen Teilnehmer werden ihm nach seinem Referat zu den einzelnen Punkten eine Rückmeldung geben.

Verhalten während des Vortrags	++/+/0/–/– –
Gliedert Referat durch Pausen	
Hält Blickkontakt zu den Zuhörern	
Spricht, ohne den Blick permanent auf die Notizen zu richten	
Spricht langsam, laut und deutlich genug	
Achtet auf Körperhaltung	

Größen im magnetischen Feld

Aufgabe 7a

1. Ergänzen Sie in den Texten die Verweise auf die Abbildungen.
2. Ergänzen Sie die Bildunterschriften.
3. Ergänzen Sie die Übersichten.
4. Ergänzen Sie die unten stehende Tabelle.
Arbeiten Sie mit Ihrem Nachbarn zusammen und vergleichen Sie Ihre Arbeitsergebnisse im Plenum.

	Magnetischer Fluss	Magnetische Durchflutung
Formelzeichen		
Formel		
Einheitenname		
Einheitenzeichen		

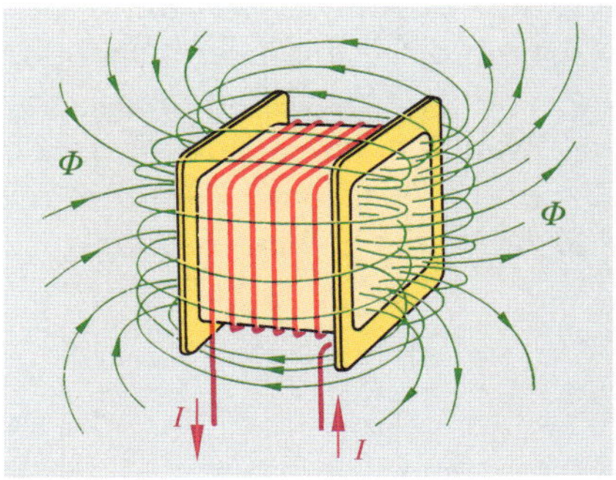

Bild 1: ____________

Magnetischer Fluss

Φ $[\Phi]$ = Vs = ____________

Übersicht 1: ____________

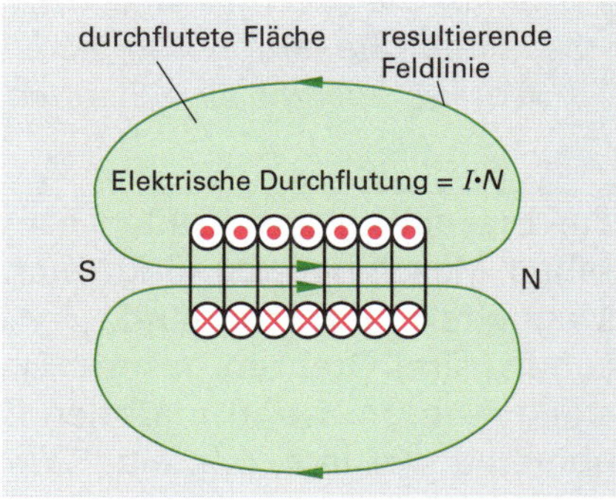

Bild 2: ____________

$\Theta = I \cdot N$ $[\Theta] = A$

Θ ____________
N ____________
I ____________

Übersicht 2: Elektrische Durchflutung einer Spule

Magnetischer Fluss Φ

Die Gesamtzahl der magnetischen Feldlinien z. B. einer stromdurchflossenen Spule nennt man magnetischen Fluss Φ (Bild __, lies Phi). Der Begriff magnetischer Fluss entstand durch den Vergleich mit dem elektrischen Stromfluss I.
Der magnetische Fluss Φ kann nur über seine Wirkungen gemessen werden. Er hat die Einheit Voltsekunde (Vs) mit dem besonderen Einheitennamen **Weber** (Wb) (Übersicht __).
Je stärker der Strom, desto stärker ist auch der magnetische Fluss.

Magnetische Durchflutung Θ

Wenn man sich eine Feldlinie vorstellt, die alle stromdurchflossenen Leiter einer Spule umfasst, so wird die so entstandene Fläche von den Strömen durchflutet (Bild __). Man nennt daher das Produkt aus Stromstärke I und Windungszahl N einer Spule elektrische Durchflutung Θ (lies: Theta) (Übersicht __).
Magnetische Durchflutung Θ = Stromstärke I · Windungszahl N
Man kann auch sagen, dass eine stromdurchflossene Spule die Quelle für den magnetischen Fluss ist.

Nach: Fachkunde Elektrotechnik, S. 85

Aufgabe 7b

Ergänzen Sie.
Arbeiten Sie mit Ihrem Nachbarn zusammen und vergleichen Sie Ihre Arbeitsergebnisse im Plenum.

Magnetischer Fluss Φ
Magnetische Durchflutung Θ

1. Die Summe aller magnetischen Feldlinien wird als ____________ ____________ bezeichnet.

2. Die ____________________ ____________________ ist gleich dem Produkt aus Stromstärke und Anzahl der Windungen einer Spule.
3. Das Weber ist der Einheitenname für den ____________________ _________.

Aufgabe 7c

1. Ergänzen Sie in den folgenden Texten die Verweise auf die Abbildungen.
2. Ergänzen Sie die Übersichten.
3. Ergänzen Sie die untenstehende Tabelle.
4. Was versteht man unter relativer Permeabilität?
Arbeiten Sie mit Ihrem Nachbarn zusammen und vergleichen Sie Ihre Arbeitsergebnisse im Plenum.

	Magnetischer Fluss	**Magnetische Durchflutung**	**Magnetische Feldstärke**	**Magnetische Flussdichte**
Formelzeichen				
Formel				
Einheitenname				
Einheitenzeichen				

Magnetische Feldstärke *H*

Maßgebend für die magnetische Wirkung ist auch die Konzentration der magnetischen Energie. Die magnetische Wirkung ist umso größer, je größer die Durchflutung und je kleiner die Spulenlänge ist, die der mittleren Feldlinienlänge l_m entspricht (Bild __).
Den Quotienten aus Durchflutung Θ und mittlerer Feldlinienlänge l_m nennt man **magnetische Feldstärke *H*** (Bild __). Die magnetische Feldstärke *H* drückt auch den Anteil der Durchflutung auf eine bestimmte Teillänge der Feldlinien aus.

Magnetische Feldstärke

$H = \frac{\Theta}{l_m} = \frac{I \cdot N}{l_m}$ $\quad [H] = \frac{A}{m}$

H ____________________
l_m ____________________
Θ ____________________
I Stromstärke
N Windungszahl

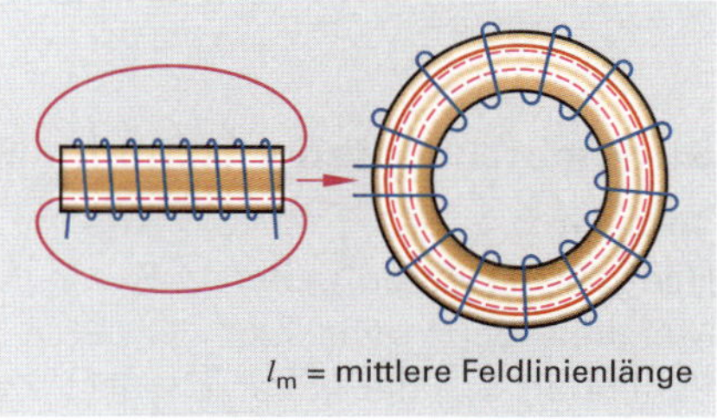

Bild 1: Mittlere Feldlinienlänge

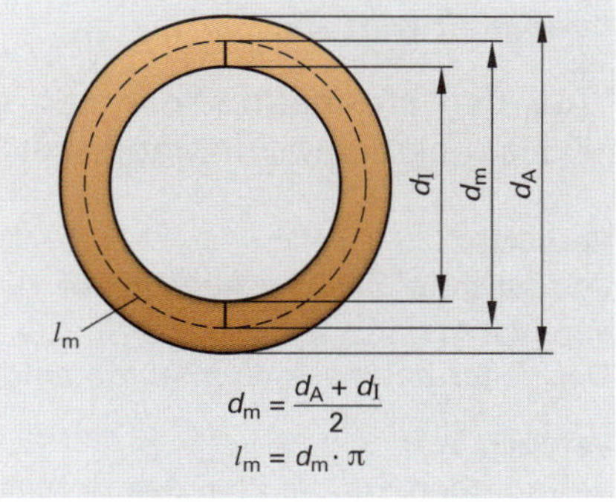

Bild 2: Berechnung der mittleren Feldlinienlänge

Magnetische Flussdichte *B* und Permeabilität

Ein Magnet hat eine umso größere Kraftwirkung, je dichter die magnetischen Feldlinien sind, also je größer der magnetische Fluss und je kleiner die Fläche ist, die von ihm durchsetzt wird. Den Quotienten aus magnetischem Fluss Φ und der Fläche A nennt man magnetische **Flussdichte *B*.** Die Flussdichte hat die Einheit **Tesla** (T).
Je größer die magnetische Flussdichte eines Magneten ist, desto größer ist die magnetische Wirkung.

Werden unterschiedliche Werkstoffe in eine stromdurchflossene Leiterschleife eingebracht, so lassen sich verschiedene magnetische Flussdichten messen. Die **Permeabilität** (**Durchlässigkeit**) für die Feldlinien kann stärker oder schwächer ausgeprägt sein. Die Flussdichte hat entsprechend größere oder kleinere Werte.
Diese besondere magnetische Eigenschaft der Werkstoffe wird durch die relative Permeabilität oder durch die Permeabilitätszahl μ_o (lies: Mü) gekennzeichnet.
Die Permeabilitätszahl μ_r eines Stoffes gibt an, wie viel mal größer die magnetische Flussdichte gegenüber Luft oder Vakuum bei gleicher Durchflutung ist.
Die magnetische Flussdichte verändert sich in Abhängigkeit von der magnetischen Feldstärke und in Abhängigkeit von der magnetischen Permeabilität eines Stoffes:

$$B = \mu \cdot H$$

Fachkunde Elektrotechnik, S. 85; Fachkunde Mechatronik, S. 289

Magnetische Flussdichte

$B = \frac{\Phi}{A}$ $\quad [B] = \frac{Vs}{m^2} = \frac{Wb}{m^2} = T$

B ____________________
Φ ____________________
A ____________________

Aufgabe 8

Ergänzen Sie die folgenden Aussagen zu Größen des magnetischen Feldes.
Arbeiten Sie mit Ihrem Nachbarn zusammen und vergleichen Sie Ihre Arbeitsergebnisse im Plenum.

1. Die magnetische ________________ Θ einer Spule hat wie der Strom I die Einheit 1 Ampere.
2. Die magnetische ________________ H ist gleich dem Quotienten aus elektrischer Durchflutung Θ und mittlerer Feldlinienlänge l.
3. Die ________________ ________________ B gibt an, wie stark das Magnetfeld ist. Ihre Einheit ist 1 Tesla (T).
4. Die Gesamtzahl der Feldlinien eines Magneten oder einer Spule nennt man ________________ ______ Φ. Er hat den Einheitennamen 1 ____________ (Wb).
5. Die magnetische Durchlässigkeit eines Stoffes wird auch als ________________ μ bezeichnet.
6. Die ____________ ____________ Θ einer Spule ist das Produkt aus Anzahl der Windungen N und der Stromstärke I.
7. Die Einheit der magnetischen ____________ H ist Ampere pro Meter.
8. Das Magnetfeld der Erde hat eine ____________ ____________ B von etwa 10 T.
9. Die ________________ μ_r eines Stoffes gibt an, wie viel mal größer die magnetische Flussdichte bei gleicher Durchflutung gegenüber Luft ist.
10. Der ________________ ______ Φ ist das Produkt aus magnetischer Flussdichte und durchdrungener Fläche A.

Strom und Magnetfeld

Aufgabe 9a

1. *Ergänzen Sie im untenstehenden Text die Verweise auf die Abbildungen.*
2. *Welche Fachbegriffe brauchen Sie zur Beschreibung der Ablenkung? Schreiben Sie sie heraus (nur Nomina).*

Arbeiten Sie mit Ihrem Nachbarn zusammen und vergleichen Sie Ihre Arbeitsergebnisse im Plenum.

Stromdurchflossener Leiter im Magnetfeld

Versuch 1:
Hängen Sie einen Leiter, z. B. ein Aluminiumrohr, an zwei beweglichen Metallbändern zwischen die Pole eines Hufeisenmagneten (Bild __). Schließen Sie die Leiterschaukel an eine einstellbare Gleichspannungsquelle an und steigern Sie langsam den Strom.
Der Leiter wird aus dem Magnetfeld des Hufeisenmagneten heraus bewegt. Er wird abgelenkt.

Auf den stromdurchflossenen Leiter im Magnetfeld wirkt eine Kraft senkrecht zum Magnetfeld und senkrecht zum Leiter.

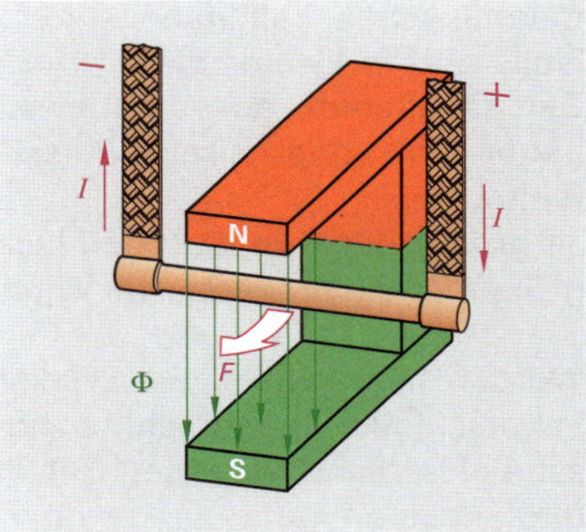

Bild 1: Ablenkung des vom Strom durchflossenen Leiters im Magnetfeld

Versuch 2:
Vertauschen Sie die Anschlüsse der Zuleitungen und wiederholen Sie Versuch 1.
Der Leiter bewegt sich in entgegengesetzter Richtung.

Versuch 3:
Vertauschen Sie die Pole des Hufeisenmagneten und wiederholen Sie Versuch 2.
Der Leiter bewegt sich wieder aus dem Magnetfeld hinaus.

Die Richtung der Ablenkkraft (auch Lorentzkraft genannt) hängt von der Stromrichtung im Leiter und von der Richtung des Magnetfeldes (Polfeld) ab (Bild __). Polfeld und Leiterfeld (Bild __) ergeben zusammen ein gemeinsames, ein resultierendes Feld (Bild __).
Auf der einen Seite des Leiters verlaufen die Feldlinien des Leiterfeldes entgegen den Feldlinien des Polfeldes (Bild __). Auf der anderen Seite des Leiters haben die Feldlinien beider Felder die gleiche Richtung. Hier wird das Feld dichter. Die Feldlinien werden dort „gestaut". Sie stoßen sich gegenseitig ab und haben das Bestreben, sich zu verkürzen. Der Leiter wird daher von der Stelle größerer Flussdichte abgedrängt (Bild __).

Bei umgekehrter Stromrichtung im Leiter wird das gemeinsame Feld auf der anderen Seite des Leiters dichter, und die Bewegungsrichtung wechselt, (Bild __). Kehrt man dagegen Polfeld und Leiterfeld gleichzeitig um, so bleibt die Bewegungsrichtung des Leiters unverändert (Bild __).

Ein stromdurchflossener Leiter wird im Magnetfeld abgelenkt. Die Richtung der Ablenkkraft hängt von der Richtung des Magnetfelds (Polfeld) und von der Stromrichtung im Leiter (Leiterfeld) ab.

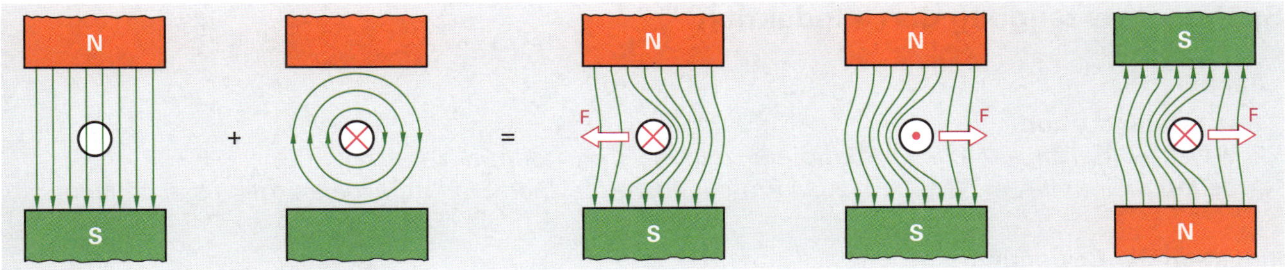

Bild 2: a) Polfeld **b) Leiterfeld** **c) Resultierendes Feld** **d) Umgekehrte Stromrichtung** **e) Pole und Stromrichtung vertauscht**

Fachkunde Elektrotechnik, S. 89

Aufgabe 9b

1. Ergänzen Sie im untenstehenden Text die Verweise auf die Abbildungen.
2. Ergänzen Sie die Bildunterschriften und den Text.
3. Suchen Sie eine Überschrift für den Text.
Arbeiten Sie mit Ihrem Nachbarn zusammen und vergleichen Sie Ihre Arbeitsergebnisse im Plenum.

____

Versuch 1:
Spannen Sie eine Spule mit 2 Metallbändern (Bild __) senkrecht zwischen die Pole eines Hufeisenmagneten und schließen Sie die Spule an eine einstellbare Gleichspannungsquelle an.
Die Spule dreht sich um 90°.

Versuch 2:
Wiederholen Sie Versuch 1 mit entgegengesetzter Stromrichtung. Vertauschen Sie anschließend die Pole des Hufeisenmagneten.
Die Drehrichtung der Spule kehrt sich bei beiden Versuchen um.

Auf eine stromdurchflossene Spule im Magnetfeld wirkt eine drehende Kraft. Die Kraftrichtung hängt von der Stromrichtung in der Spule und von der Richtung des Magnetfeldes ab.

Der Strom in den beiden Leitern einer Windung bildet ein Magnetfeld (Spulenfeld Bild __). Zusammen mit dem Polfeld des Dauermagneten (Bild __) ergibt sich ein gemeinsames ________________ Feld (Bild __). Die beiden Leiter einer Windung werden ____________ (Bild __). Bei mehreren Windungen vergrößert sich die Kraft entsprechend.

Fachkunde Elektrotechnik, S. 91

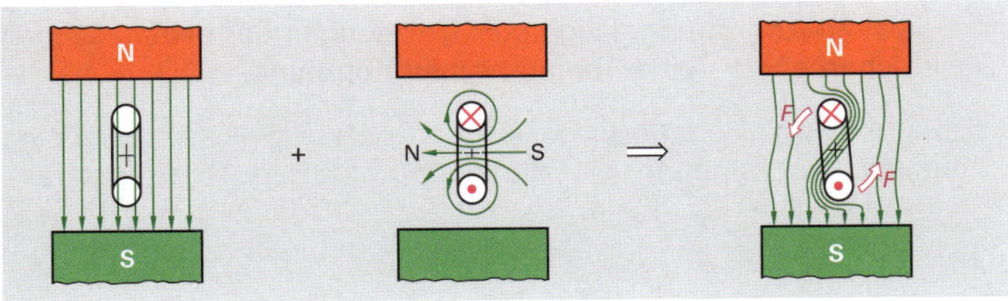

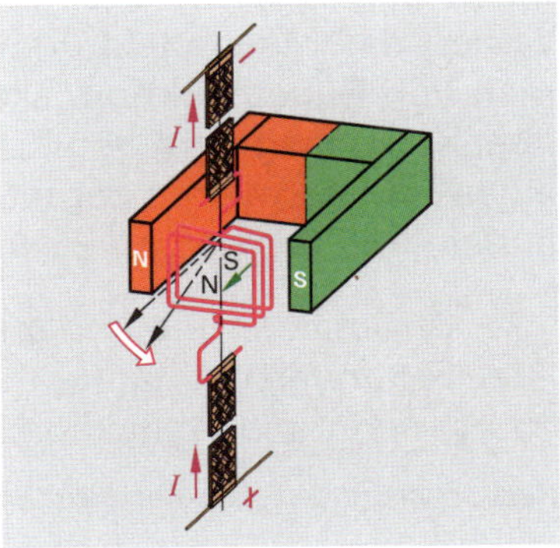

3. ________________ **4.** ________________ **5.** ________________ **6.** ________________

Aufgabe 9c

Ergänzen Sie die folgenden Aussagen.
Arbeiten Sie mit Ihrem Nachbarn zusammen und vergleichen Sie Ihre Arbeitsergebnisse im Plenum.

1. Die ______________________ (Lorentzkraft) auf den stromdurchflossenen Leiter erklärt sich durch die Wirkung des magnetischen Feldes auf die Ladungsträger im Leiter.
2. Polfeld und Leiterfeld ergeben bei Anlegen einer Gleichspannung ein gemeinsames ________________ Feld.
3. Die Richtung der __________________ hängt von der Stromrichtung im Leiter und von der Richtung des Polfeldes ab.

Spannungserzeugung durch Induktion

Aufgabe 10a

1. Was ist Induktion?
2. Welche Möglichkeiten, eine Spannung zu induzieren, nennt der Text?
Arbeiten Sie mit Ihrem Nachbarn zusammen und vergleichen Sie Ihre Arbeitsergebnisse im Plenum.

Induktion der Bewegung

Wird ein Leiter durch ein Magnetfeld geführt, so bewegen sich mit ihm auch seine freien Elektronen. Bewegte Elektronen werden durch die Lorentzkraft senkrecht zu ihrer Bewegungsrichtung abgelenkt. Auf der einen Seite bildet sich ein Elektronenüberschuss, auf der anderen Seite ein Mangel. Zwischen den Leiterenden entsteht eine Spannung. Man sagt auch: eine Spannung wird induziert.

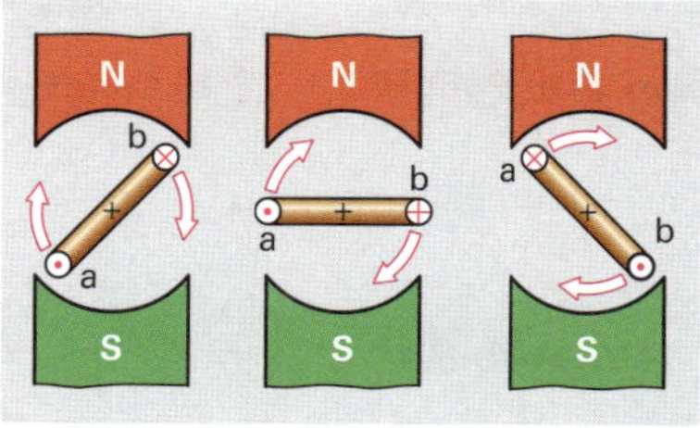

Bild 1: Induktion der Bewegung
Fachkunde Mechatronik, S. 294

Wenn man den Leiter festhält und das Magnetfeld bewegt, so wird ebenfalls eine Spannung induziert. Die Größe der induzierten Spannung hängt von der Geschwindigkeit des Magneten gegenüber dem Leiter ab, die Richtung der induzierten Spannung von der Bewegungsrichtung des Magnetfeldes.

Wird eine Leiterschleife in einem Magnetfeld so bewegt, dass sich der magnetische Fluss in der Schleife ändert, so wird in ihr während der Bewegung eine Spannung induziert. Diesen Vorgang nennt man Induktion.

Nach: Fachkunde Elektrotechnik, S. 92

Aufgabe 10b

1. Schreiben Sie die Benennungen in die Abbildung.
2. Was ist Ruheinduktion?
Arbeiten Sie mit Ihrem Nachbarn zusammen und vergleichen Sie Ihre Arbeitsergebnisse im Plenum.

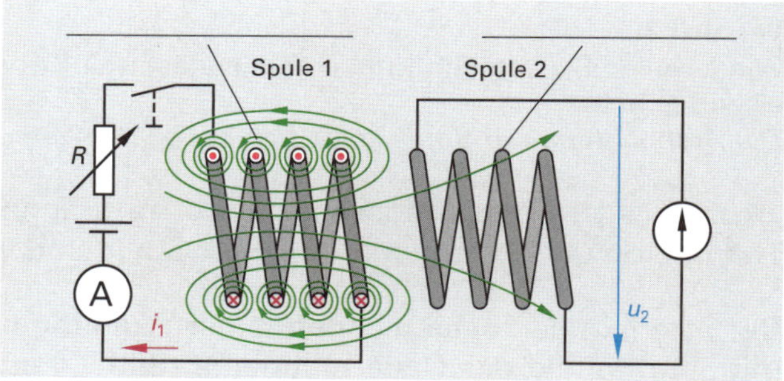

Bild 2: Induktion der Ruhe (Transformationsprinzip)

Induktion der Ruhe

Bleibt die Spule in ihrer Lage unverändert und variiert das Magnetfeld um die Spule, so spricht man von **Ruheinduktion**. Die Änderung des Magnetfeldes kann z. B. durch eine Spule (Primärspule) über einen magnetischen Kreis auf eine zweite Spule (Sekundärspule) übertragen werden. Das Prinzip eines Transformators beruht auf einer solchen Anordnung. Liegen die Wicklungen der beiden Spulen auf ein und demselben Eisenkern, so spricht man von einer **magnetischen Kopplung**.

Der Stromänderung in der Primärspule folgt ein sich änderndes Magnetfeld, welches seinerseits in der Sekundärspule aufgrund der magnetischen Kopplung eine Spannung induziert. Diese Erscheinung nennt man Induktion.

Nach: Fachkunde Elektrotechnik, S. 92

Aufgabe 10c

1. Ergänzen Sie im untenstehenden Text die Verweise auf die Abbildungen.
2. Schreiben Sie die Benennungen in die Abbildung.
3. Ergänzen Sie den Text.
4. Suchen Sie eine passende Überschrift für den Text.
Arbeiten Sie mit Ihrem Nachbarn zusammen und vergleichen Sie Ihre Arbeitsergebnisse im Plenum.

Versuch 1:
Stecken Sie zwei Spulen mit gleicher Wicklungszahl, z. B. je 600 Windungen, auf die Schenkel eines geblechten U-Kerns und schließen Sie den magnetischen Kreis mit dem zugehörigen Joch. Verbinden Sie die erste Spule mit einem Wechselspannungserzeuger (Bild __). Schließen Sie je einen Wechselspannungsmesser an die erste und an die zweite Spule (Bild __). Vergleichen Sie die Spannungen an beiden Spulen.
Die Wechselspannung an Spule 2 ist fast so groß wie die Spannung an Spule 1.

Die Anordnung zweier Spulen (Wicklungen) auf einem gemeinsamen Eisenkern nennt man **Transformator**. Spule 1, der elektrische Energie zugeführt wird, heißt Eingangswicklung oder ____________________. Spule 2, die Energie abgibt, wird als Ausgangswicklung oder _______________ bezeichnet (Bild __).

Versuch 2:
Wiederholen sie den letzten Versuch. Verwenden Sie als Ausgangswicklung jedoch eine Spule mit doppelt so großer Windungszahl wie die Eingangswicklung, z. B. 1200 Windungen. Vergleichen Sie die Spannungen an beiden Wicklungen.
Die Ausgangsspannung ist nahezu doppelt so groß wie die Eingangsspannung.

In jeder Windung der Ausgangswicklung wird eine gleich große Spannung ________________. Die Windungen sind alle hintereinander geschaltet. Also addieren sich die Einzelspannungen jeder Windung. Die Ausgangsspannung wächst daher im gleichen Verhältnis wie die Anzahl der ________________.
Die ________________ Spannung ist der Windungszahl proportional.
Außerdem hängt die induzierte Spannung noch davon ab, wie schnell sich der magnetische Fluss Φ ändert, der von der Spule umfasst wird.

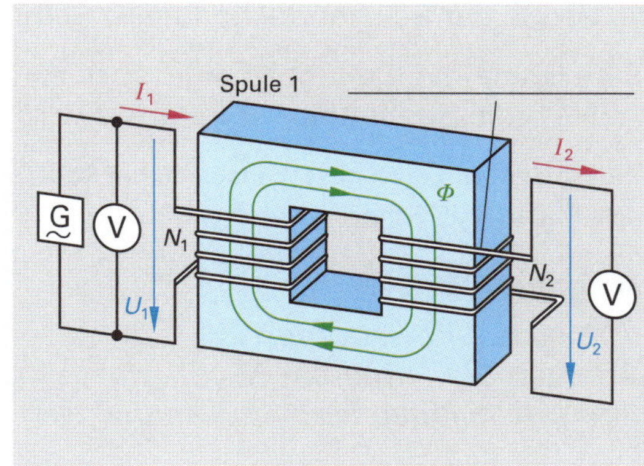

Bild 1: Aufbau eines Transformators

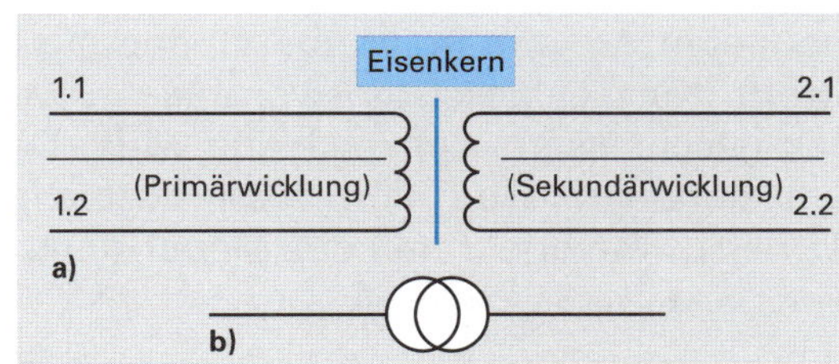

Bild 2: Schaltzeichen eines Transformators
a) für mehrpolige Darstellung und
b) für einpolige Darstellung

Induzierte Spannung	
$u_i = -N \cdot \frac{\Delta\Phi}{\Delta t}$	
u_i	induzierte Spannung
N	Windungszahl
$\Delta\Phi$	magnetische Flussänderung
Δt	Zeitdauer der magnetischen Flussänderung

Fachkunde Elektrotechnik, S. 95

Daraus folgt das **Induktionsgesetz:**
Die in einer Spule induzierte Spannung ist umso größer, je größer die Windungszahl der Spule, je stärker die Flussänderung und je kürzer die Zeitdauer ist, in der diese Flussänderung erfolgt.

Nach: Fachkunde Elektrotechnik, S. 95

Aufgabe 10d
1. *Unterstreichen Sie im folgenden Text die Kerninformationen.*
2. *Suchen Sie eine passende Überschrift für den Text.*
3. *Was ist 1 Henry?*
Arbeiten Sie mit Ihrem Nachbarn zusammen und vergleichen Sie Ihre Arbeitsergebnisse im Plenum.

____

Wird ein Stromkreis mit Spule geschlossen, entsteht durch den Stromfluss ein Magnetfeld. Während des Aufbaus des Magnetfelds entstehen in der felderzeugenden Spule eine Induktionsspannung und ein Induktionsstrom. Diese überlagern sich mit der Spannung der Spannungsquelle und mit dem von ihr hervorgerufenen Strom.
Die Induktion einer Spannung und eines Stromes in einer felderzeugenden Spule bezeichnet man als Selbstinduktion.

Induktivität	**Induzierte Spannung**
$L = N^2 \cdot \mu \cdot \frac{A}{l_m} = N^2 \cdot A_L$	$u_i = -L \cdot \frac{\Delta i}{\Delta t}$
$[L] = \frac{Vs}{A} = \Omega s = H$	

L	Induktivität
N	Windungszahl
μ	Permeabilität
A	vom magnetischen Fluss durchsetzte Fläche
l_m	mittlere Feldlinienlänge im Eisen
A_L	Spulenkonstante, z. B. in mH, nach Herstellerangabe
Δi	Stromänderung
Δt	Zeitdauer der Stromänderung
u_i	induzierte Spannung (Selbstinduktionsspannung)

Fachkunde Elektrotechnik, S. 96

Die Größe der Selbstinduktion heißt Selbstinduktivität oder kurz Induktivität L. Ihre Einheit ist 1 Henry.

Eine Spule hat die Induktivität* von 1 Henry, wenn bei einer gleichförmigen Stromänderung von 1 A in 1 s die Spannung 1 V induziert wird.

* Induktivität wird auch gleichbedeutend mit Spule gebraucht.
Nach: Duden SMS Schnellmerksystem Abi Physik, S. 103

Aufgabe 10e
Was sind Wirbelströme?
Arbeiten Sie mit Ihrem Nachbarn zusammen und vergleichen Sie Ihre Arbeitsergebnisse im Plenum.

Wirbelströme

Bewegt man z. B. eine Aluminiumscheibe im Feld eines Elektromagneten, so wird in ihr eine Spannung induziert, die einen großen Strom (Kurzschlussstrom) verursacht, weil die Scheibe wie eine in sich geschlossene Leiterschleife wirkt. Der Strom findet jedoch keinen genauen Weg vor. Man bezeichnet ihn als Wirbelstrom. Wirbelströme erwärmen das Metall stark.
Nach: Fachkunde Elektrotechnik, S. 97

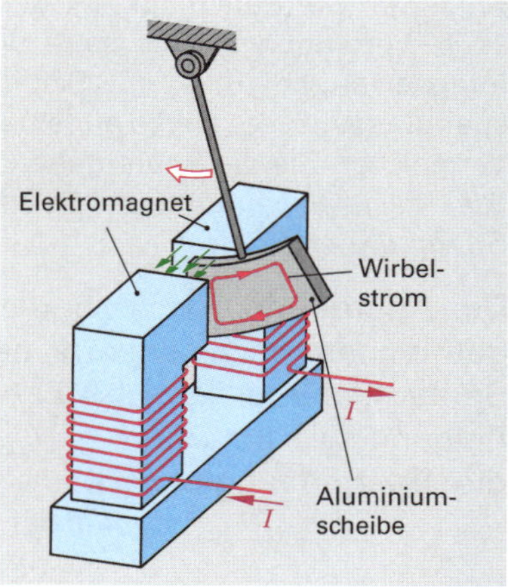

Bild 1: Wirbelstromerzeugung

Aufgabe 10f
Ergänzen Sie die folgenden Aussagen zur Induktion.
Arbeiten Sie mit Ihrem Nachbarn zusammen und vergleichen Sie Ihre Arbeitsergebnisse im Plenum.

1. Wird eine Leiterschleife in einem Magnetfeld so bewegt, dass sich der magnetische Fluss in der Schleife ändert, so wird in ihr während der Bewegung eine ______________ ____________. Diesen Vorgang nennt man __________________.
2. L ist das Formelzeichen für die __________________ einer Spule.
3. Bei der Induktion durch Bewegung hängt die Richtung der ______________ ____________ von der Richtung der Bewegung ab.
4. Magnetische _______________ zweier Spulen liegt vor, wenn beide Spulen vom gleichen magnetischen Fluss Φ durchsetzt werden.
5. Der Einheitenname der __________________ ist das Henry.
6. Fällt eine metallische Scheibe geradlinig durch ein senkrecht zur ihr verlaufendes Magnetfeld, so induziert dies in der Scheibe __________________.
7. Die Induktivität L einer Spule gibt an, wie stark eine Änderung der Stromstärke in der Spule durch ____________________ behindert wird.

Aufgabe 10g
1. *Bilden Sie zwei Gruppen. Jede Gruppe wählt eine der beiden folgenden Aufgaben aus.*
   a) Informieren Sie über Bewegungsinduktion.
   b) Informieren Sie über Ruheinduktion.
2. *Machen Sie sich Notizen. Erstellen Sie eine Gliederung und suchen Sie sich eine passende Abbildung oder machen Sie eine passende Skizze. Informieren Sie Ihren Nachbarn über das gewählte Thema. Der hilft gegebenenfalls.*
3. *Wählen Sie innerhalb Ihrer Großgruppe einen Sprecher aus, der das Plenum informiert. Der sollte nicht vergessen, die in der folgenden Tabelle genannten Kriterien zu berücksichtigen. Die anderen Teilnehmer werden ihm nach seinem Referat zu den einzelnen Punkten eine Rückmeldung geben.*

Verhalten während des Vortrags	++/+/0/–/– –
Gliedert Referat durch Pausen	
Hält Blickkontakt zu den Zuhörern	
Spricht, ohne den Blick permanent auf die Notizen zu richten	
Spricht langsam, laut und deutlich genug	
Achtet auf Körperhaltung	

Aufgabe 10h

Bilden Sie Gruppen mit drei Mitgliedern. Machen Sie eine Kopie der im Folgenden abgedruckten Formeln. Die Kopie wird längs zerschnitten, sodass jedes Gruppenmitglied eine Spalte erhält (Bezeichnung, Formel, Hinweise). Am besten schneidet jedes Mitglied seine Zeilen auseinander.
Aufgabe ist, die passenden Zeilen möglichst schnell zusammenzubringen. Das geht so:
1. *Ein Gruppenmitglied liest eine Zeile mit einer Formel und hält die entsprechende Zeile hoch.*
2. *Die anderen beiden suchen die passende Bezeichnung und die passenden Hinweise.*
3. *Ein Gruppenmitglied schreibt das Ergebnis mittels der Ziffern und Buchstaben auf.*
4. *Die Arbeitsergebnisse aller Gruppen werden im Plenum verglichen.*

Die Gruppe, die zuerst alle Bezeichnungen, Formeln und Hinweise richtig zugeordnet hat, hat gewonnen.

Wichtige Formeln

Formelzeichen nach: **DIN 1304**

	Bezeichnung	Formel	Hinweise	
a	**Gesamtkapazität *C* der Reihenschaltung** 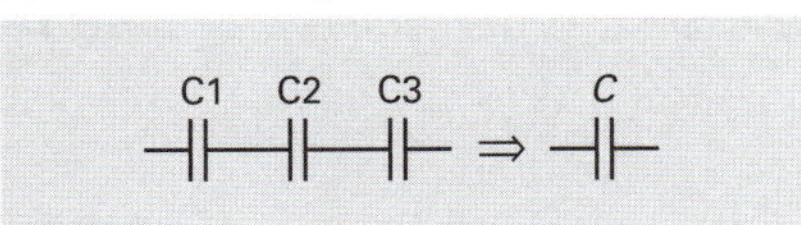	1. $E = \frac{F}{Q}$ $E = \frac{U}{l}$	Die elektrische Durchflutung Θ wird bei einer Spule durch das Produkt der Windungszahl N und der Stromstärke I bestimmt. Man erreicht die gleiche Durchflutung einer Spule mit einer großen Stromstärke und kleiner Windungszahl oder mit kleiner Stromstärke und großer Windungszahl.	z
b	**Induktionsgesetz, allgemein** 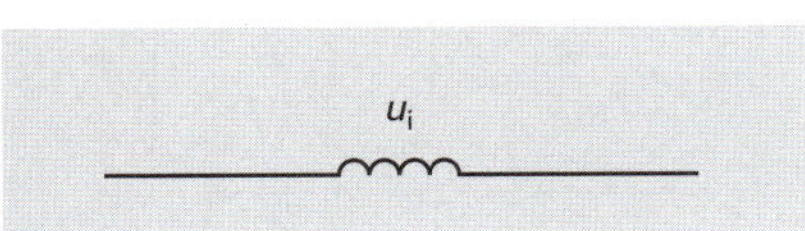	2. $C = \varepsilon \cdot \frac{A}{l}$ mit $\varepsilon = \varepsilon_0 \cdot \varepsilon_r$	Der Kehrwert der Gesamtkapazität C einer Reihenschaltung von Kondensatoren ergibt sich aus den Kehrwerten der Einzelkapazitäten C_1, C_2, …	y
c	**Elektrische Feldstärke *E*** 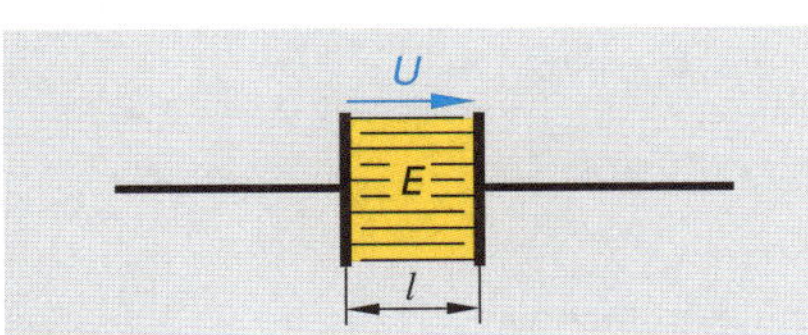	3. $\frac{1}{C} = \frac{1}{C_1} = \frac{1}{C_2} + \ldots$ Bei zwei Kondensatoren gilt: $C = \frac{C_1 \cdot C_1}{C_1 + C_2}$	Die elektrische Feldstärke E bewirkt eine Kraft F auf eine elektrische Ladung Q. **Beachte:** Nur im homogenen Feld kann die elektrische Feldstärke E als Spannung U pro Abstand l ermittelt werden.	x
d	**Kapazität *C* des Kondensators** 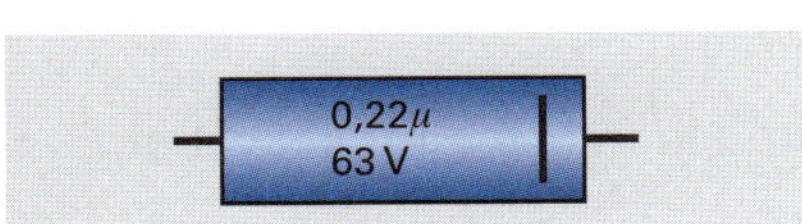	4. $C = C_1 + C_2 + \ldots$	Eine Induktionsspannung u_i wird erzeugt, wenn sich in einer Spule der magnetische Fluss in einer bestimmten Zeit ändert ($\Delta\Phi/\Delta t$). **Beachte:** Lenzsche Regel	w
e	**Gesamtkapazität *C* der Parallelschaltung** 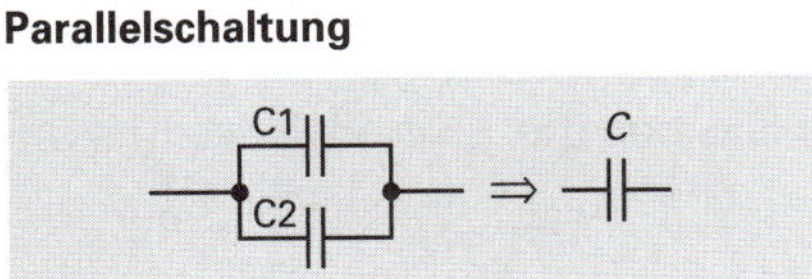	5. $\Theta = I \cdot N$	Die Gesamtkapazität C einer Parallelschaltung von Kondensatoren ergibt sich aus der Summe der Einzelkapazitäten C_1, C_2, …	v
f	**Elektrische Durchflutung Θ einer Spule** 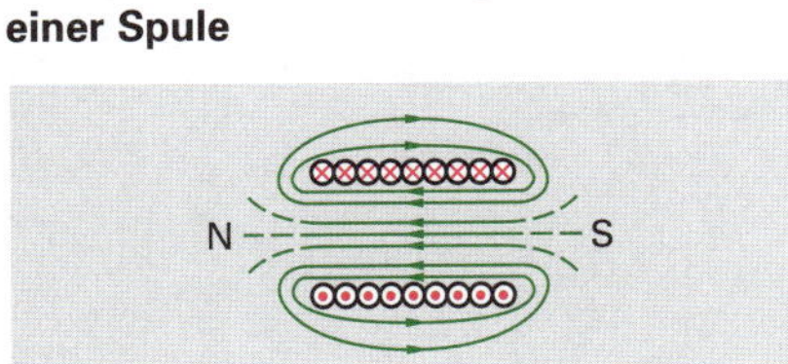	6. $u_i = -N \cdot \frac{\Delta\Phi}{\Delta t}$	Die Kapazität C bestimmt die Speicherfähigkeit für elektrische Ladungen eines Kondensators. Elektrische Feldkonstante ε_0: $8{,}85 \cdot 10^{-12}\ \frac{As}{Vm}$ ε_r gibt an, wie viel mal größer C wird, wenn statt Luft ein anderer Isolierstoff als Dielektrikum verwendet wird.	u

Nach: Elektrotechnik Grundbildung, S. 278

d					
1	2	3	4	5	6
u					

C Elektrische Maschinen

Aufgabe 11

Sehen Sie sich den Übersichtsfilm über Elektroberufe im Elektrohandwerk http://www.berufe.tv/BA/ausbildung?filmID=1000045 an. Lesen Sie zuerst die folgenden Fragen/Aufgaben durch, bevor Sie sich den Film anschauen.

1. Wie viele Elektroberufe werden vorgestellt?

Sehen Sie sich den Film ein zweites Mal an.

2. Welche Elektroberufe werden vorgestellt?
3. Was wird in den einzelnen Elektroberufen gemacht?

1.

Sehen Sie sich den Film gegebenenfalls mehrmals an.
Arbeiten Sie mit Ihrem Nachbarn zusammen und vergleichen Sie Ihre Arbeitsergebnisse im Plenum.

Sie erinnern sich sicher aus Ihrer Schulzeit:

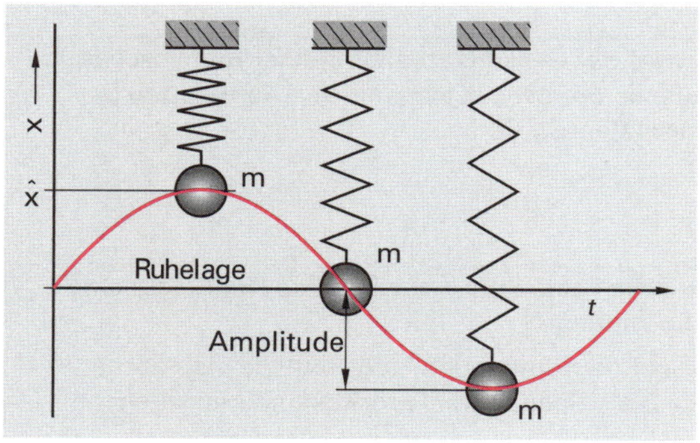

2.

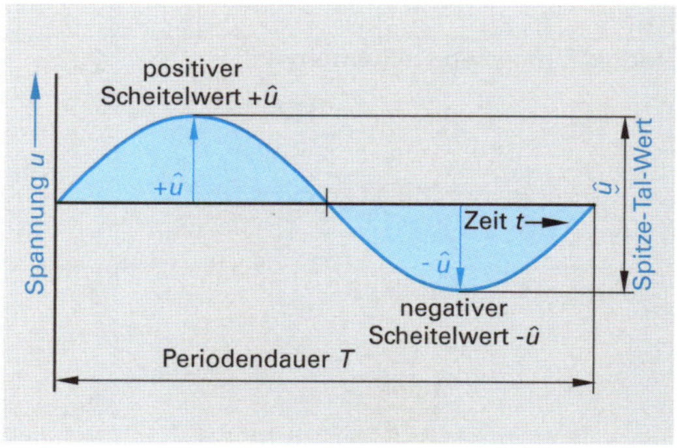

3.

Fachkunde Elektrotechnik, S. 120

Aufgabe 12a

1. Zu welchen der Abbildungen passen die folgenden Aussagen?

a) Eine Schwingung ist eine regelmäßig wiederkehrende Bewegung um einen Ruhepunkt (Mittelpunkt der Bewegung).
b) Die Schwingungsdauer, auch Periodendauer genannt, ist die Zeit für eine vollständige Schwingung. Sie hat das Formelzeichen T. Ihre Einheit ist 1 Sekunde (s).
c) Die Amplitude ist bei der Schwingung die maximale Auslenkung vom Ruhepunkt gerechnet.
d) Die Frequenz f gibt die Anzahl der Schwingungen pro Sekunde an. Sie hat die Einheit Hertz (Hz).
e) Für die Frequenz gilt: $f = 1/T$.
f) Die Periodendauer ist der Kehrwert der Frequenz: $T = 1/f$.
g) Die Erde dreht sich mit einer Frequenz von ca. 1/24 h^{-1} um ihre eigene Achse.

Arbeiten Sie mit Ihrem Nachbarn zusammen und vergleichen Sie Ihre Arbeitsergebnisse im Plenum.

Aufgabe 12b

Ergänzen Sie die Tabelle.
Arbeiten Sie mit Ihrem Nachbarn zusammen und vergleichen Sie Ihre Arbeitsergebnisse im Plenum.

	Formelzeichen	**Formel**	**Einheitenname**	**Einheitenzeichen**
Periodendauer				
____________				

Elektrotechnik Grundwissen, S. 29

Transformatoren

Aufgabe 13a

1. *Teilen Sie den untenstehenden Text in vier Abschnitte ein.*
2. *Suchen Sie eine passende Überschrift für den Text.*
3. *Welche Aussage im Text würden Sie besonders hervorheben?*

Arbeiten Sie mit Ihrem Nachbarn zusammen und vergleichen Sie Ihre Arbeitsergebnisse im Plenum.

Transformatoren können elektrische Energie in eine solche mit anderer Spannung und Stromstärke umformen. Ein Einphasentransformator (Wechselstromtransformator) besteht im Prinzip aus zwei Spulen auf einem gemeinsamen Kern aus magnetisierbarem Material, meist Elektroblech. Die Eingangswicklung nimmt Wechselstrom und somit elektrische Energie auf. Diese Energie wird über den magnetischen Wechselfluss an den Eisenkern weitergegeben. Der magnetische Fluss ändert seine Größe und Richtung mit der Frequenz der Eingangsspannung. In der Ausgangswicklung wird deshalb eine Spannung induziert. Die in der Ausgangswicklung induzierte Spannung hat die gleiche Frequenz wie die Eingangsspannung.

Fachkunde Mechatronik, S. 320

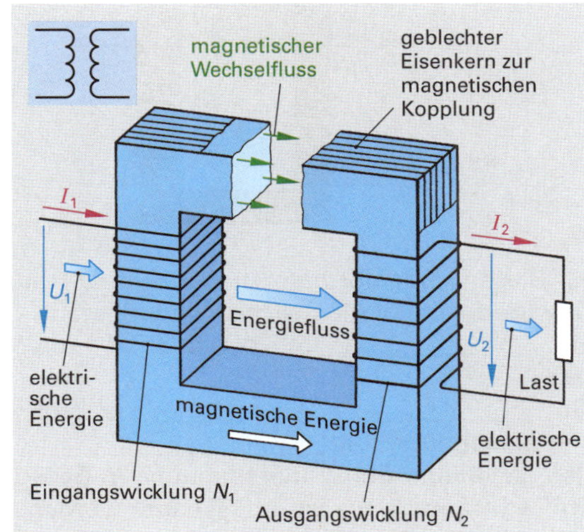

Bild 1: Aufbau eines Transformators
Fachkunde Mechatronik, S. 320

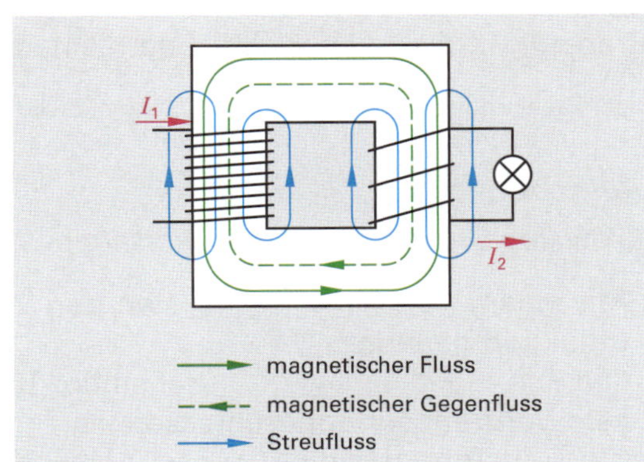

Bild 2: ____________________

Aufgabe 13b

1. *Ergänzen Sie die Bildunterschrift.*
2. *Was bedeutet Leerlauf beim Transformator?*
3. *Was bedeutet Belastung beim Transformator?*

Arbeiten Sie mit Ihrem Nachbarn zusammen und vergleichen Sie Ihre Arbeitsergebnisse im Plenum.

Leerlauf und Belastung

Leerlauf liegt beim Transformator vor, wenn an der Ausgangswicklung keine Last angeschlossen ist. Beim unbelasteten Transformator wirkt die Eingangswicklung wie eine Induktivität. Die Ausgangswicklung ist stromlos und durch keinen Widerstand belastet.

Belastung liegt beim Transformator vor, wenn an der Ausgangswicklung eine Last angeschlossen ist. Der Laststrom (Ausgangsstrom) schwächt das magnetische Wechselfeld. Der Eingangsstrom nimmt also zu, während der wirksame magnetische Fluss im Eisenkern annähernd konstant bleibt.

Nach: Fachkunde Mechatronik, S. 322/323

Aufgabe 13c

Ergänzen Sie die Beispiele auf S. 186 mithilfe des Textes.
Arbeiten Sie mit Ihrem Nachbarn zusammen und vergleichen Sie Ihre Arbeitsergebnisse im Plenum.

Übersetzungen

Versuch:

Bringen Sie zwei Spulen, von denen eine die doppelte Windungszahl wie die andere hat, z. B. 1200 und 600, auf einen geblechten U-Kern mit Joch. Schließen Sie die Spule mit der höheren Windungszahl als Eingangswicklung an einen Wechselspannungserzeuger mit kleiner Spannung, z. B. bei 1200 Windungen, 40 V, an. Messen Sie an der Ausgangswicklung die Ausgangsspannung.

Die Ausgangsspannung ist nur etwa halb so groß wie die Eingangsspannung.

Beim Transformator ohne Belastung verhalten sich die Spannungen wie die Windungszahlen.
Das Verhältnis der Eingangsspannungen zur Ausgangsspannung nennt man das Übersetzungsverhältnis oder kurz die Übersetzung *ü*.

Für die Übersetzung der Spannung *ü* gilt: $ü = N_1 / N_2$

Beispiel 1:

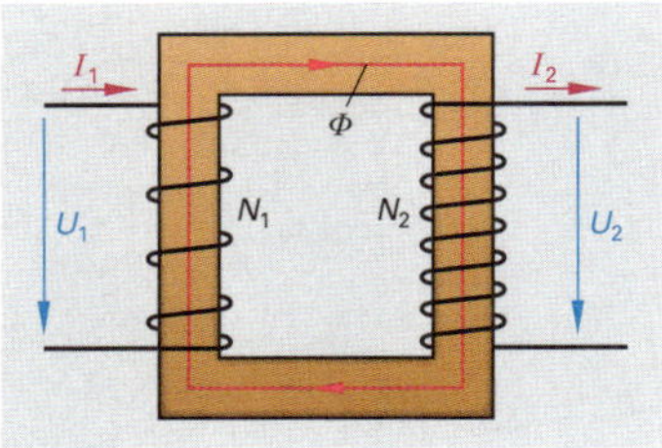

Bei diesem Transformator haben Primär- und Sekundärwicklung nicht die gleiche Windungszahl.
Die ________________ ü ist kleiner als 1, da N_2 größer als N_1 ist.
Die ____________________________ ist größer als die Primärspannung. Die ____________________ hat sich also gegenüber der Primärspannung in Bezug auf ihre Größe verändert. Sie ist umgespannt worden.
In diesem Fall handelt es sich um ein Heraufspannen, da die Sekundärspannung größer als die Primärspannung ist.

Beispiel 2:

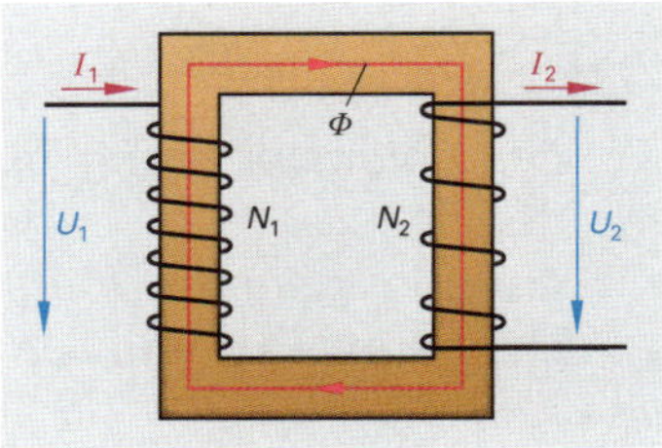

Bei diesem Transformator haben Primär- und Sekundärwicklung nicht die gleiche Windungszahl.
Die ________________ ü ist größer als 1, da N_1 größer als N_2 ist.
Die ____________________________ ist kleiner als die Primärspannung. Die ____________________ hat sich also gegenüber der Primärspannung in Bezug auf ihre Größe verändert. Sie ist umgespannt worden.
In diesem Fall handelt es sich um ein Herunterspannen, da die Sekundärspannung kleiner als die Primärspannung ist.

Transformatoren können also dem Umspannen von Spannungen dienen.

Nach: Fachkunde Mechatronik, S. 321, NTF 4, Elektronik/Informatik, S. 350, 351

Aufgabe 13d

Ergänzen Sie die folgenden Aussagen.

1. Mit einem ________________ werden Wechselspannungen und -ströme durch elektromagnetische Induktion geändert.
2. Die____________________ bei einem Transformator ist die Spannung auf der Ausgangsseite, wenn kein Verbraucher angeschlossen ist.
3. Ein Transformator dient z. B. der Übertragung und ________________ von Spannungen.
4. Die Spannungen im Transformator verhalten sich wie die Windungszahlen. Das Verhältnis der Windungszahlen wird auch als ____________________ ü bezeichnet.
5. Das ______________________ ist ein Umspannen, bei dem die Sekundärspannung kleiner als die Primärspannung ist.
6. Bei _______________ erzeugt der Strom in der Ausgangswicklung eines Transformators einen magnetischen Gegenfluss. Dadurch wird das Magnetfeld in der Eingangswicklung geschwächt.
7. Ein ___________________ beruht auf dem Prinzip magnetisch gekoppelter Spulen.

Arbeiten Sie mit Ihrem Nachbarn zusammen und vergleichen Sie Ihre Arbeitsergebnisse im Plenum.

Aufgabe 13e

1. *Informieren Sie Ihren Nachbarn über Funktion, Aufbau und Wirkungsweise eines Wechselstromtransformators. Der hilft gegebenenfalls.*
2. *Machen Sie sich Notizen. Erstellen Sie eine Gliederung und suchen Sie sich eine passende Abbildung oder machen Sie eine passende Skizze. Sie sollten nicht vergessen, die in der folgenden Tabelle genannten Kriterien zu berücksichtigen. Ihr Nachbar wird Ihnen nach seinem Referat zu den einzelnen Punkten eine Rückmeldung geben.*
3. *Tauschen Sie die Rollen.*

Verhalten während des Vortrags	**++/+/0/–/– –**
Gliedert Referat durch Pausen	
Hält Blickkontakt zu den Zuhörern	
Spricht, ohne den Blick permanent auf die Notizen zu richten	
Spricht langsam, laut und deutlich genug	
Achtet auf Körperhaltung	

Generatoren

Aufgabe 14a

1. Ergänzen Sie im unten stehenden Text die Verweise auf die Abbildungen.
2. Teilen Sie den untenstehenden Text in fünf Abschnitte ein.
3. Suchen Sie eine passende Überschrift für den Text.
4. Welche Aussage im Text würden Sie besonders hervorheben?
Arbeiten Sie mit Ihrem Nachbarn zusammen und vergleichen Sie Ihre Arbeitsergebnisse im Plenum.

Wasserkraftwerke verwerten die Energie des Wassers z. B. aus Stauseen oder Flüssen. Strömt das Wasser in das tiefer gelegene Kraftwerk, so treibt es die Turbine an. Die Turbine treibt den Generator an, der die mechanische Energie der Turbine in elektrische Energie umwandelt (Bild __). Im **Wärmekraftwerk** wird Wärmeenergie z. B. durch die Verbrennung von fossilen Brennstoffen wie Kohle, Erdöl und Erdgas gewonnen. Mithilfe der Wärmeenergie wird aus Wasser Wasserdampf erzeugt. Der Wasserdampf treibt die Turbine an, die mit einem Generator gekoppelt ist. Der Generator wandelt die mechanische Energie der Turbine (Bewegungsenergie/Rotationsenergie) in elektrische Energie um (Bild __). Energie ist die Fähigkeit, Arbeit zu verrichten. In **Kernkraftwerken** wird die Wärme durch die gesteuerte Spaltung von Atomkernen erzeugt (Bild __). Energie lässt sich nicht erzeugen, sondern nur umwandeln. Der Umwandlung Energie in elektrische Energie dienen Generatoren.

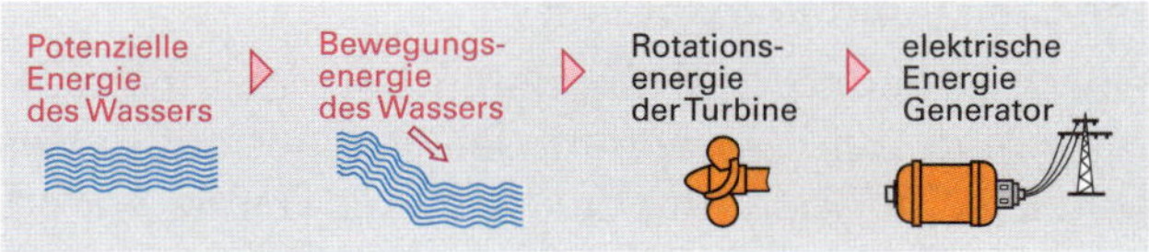

Bild 1: Wasserkraftwerk (Schema)

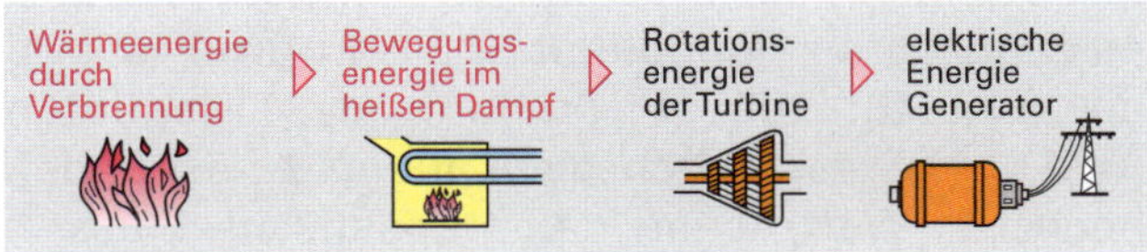

Bild 2: Wärmekraftwerk, fossil gefeuert (Schema)

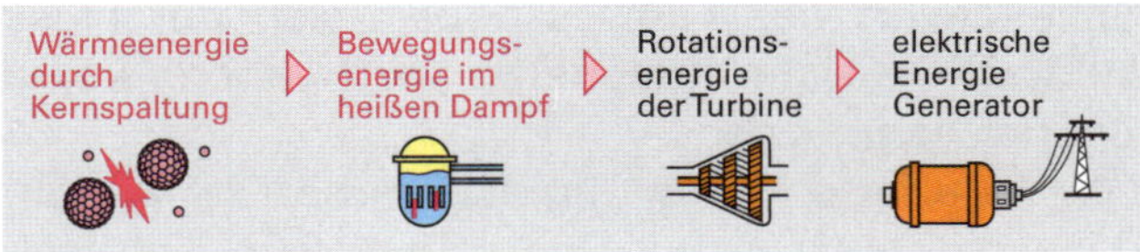

Bild 3: Wärmekraftwerk, mit Kernreaktor (Schema)
Metallbau und Fertigungstechnik, S. 263

Aufgabe 14b

1. Ordnen Sie die folgenden Aussagen so, dass sie einen sinnvollen Text zum Thema „Generator" ergeben.
2. Ergänzen Sie die Verweise auf die Abbildungen.

Generator

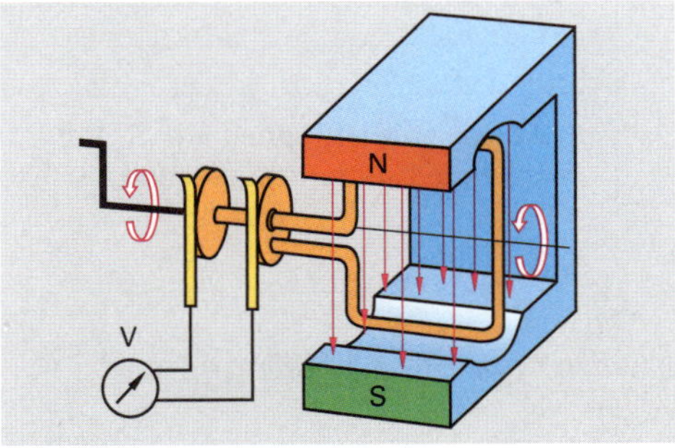

Bild 4: Einfacher Wechselstromgenerator

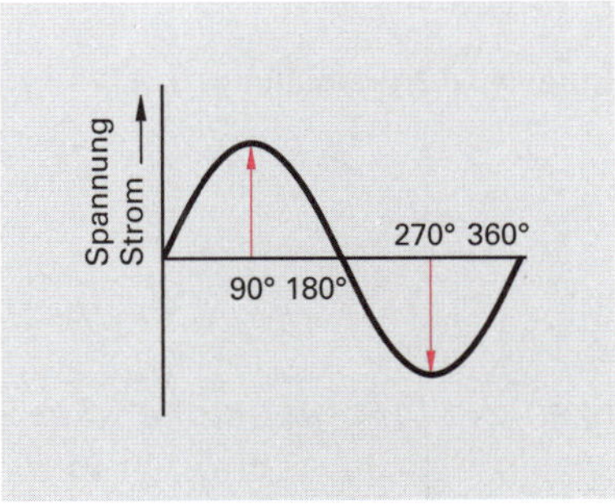

Bild 5: Zeitliche Änderung der Spannung bei Wechselstrom (Sinuskurve)

A Als einfaches Modell betrachtet man dazu die gleichförmige Rotation einer Leiterschleife in einem homogenen Magnetfeld (Bild __).

B In realen Generatoren rotiert meist ein Magnetfeld in einer feststehenden Induktionsspule.

C Generatoren sind technische Anwendung der elektromagnetischen Induktion.

D In der Leiterschleife wird eine sinusförmige Wechselspannung induziert (Bild __).

Nach: Duden SMS Schnellmerksystem Abi Physik, S. 104, Metallbau und Fertigungstechnik Grundbildung, S.262

Aufgabe 14c

1. Ergänzen Sie im unten stehenden Text die Verweise auf die Abbildungen.
2. Tragen Sie die Benennungen in die Abbildungen ein.
3. Ergänzen Sie die Übersicht.
Arbeiten Sie mit Ihrem Nachbarn zusammen und vergleichen Sie Ihre Arbeitsergebnisse im Plenum.

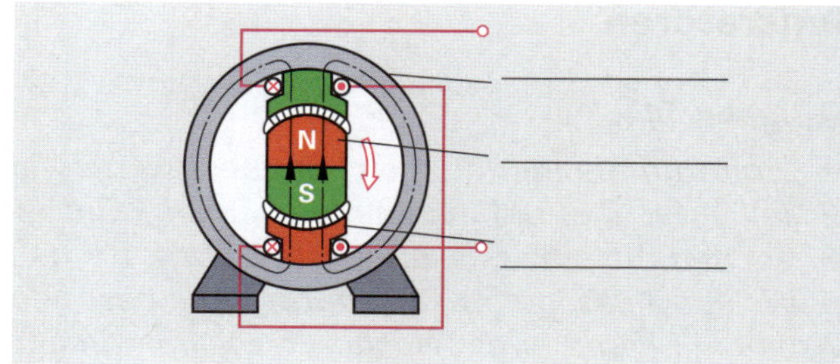

Bild 1: Wechselstromgenerator

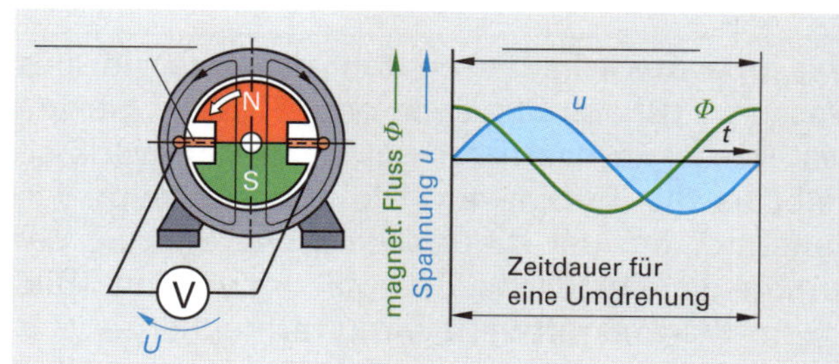

Bild 2: Innenpolmaschine mit einem Polpaar

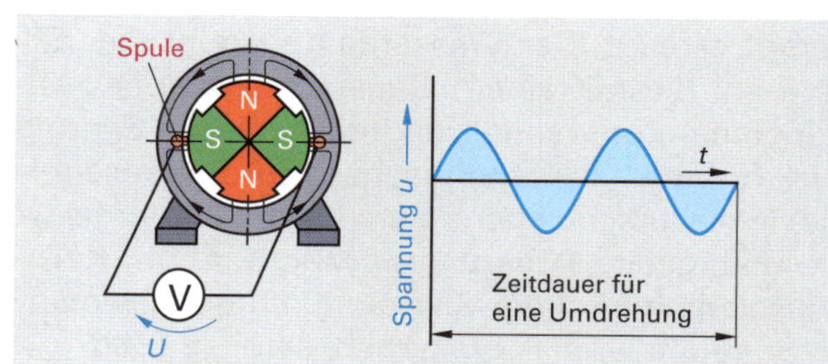

Bild 3: Innenpolmaschine mit zwei Polpaaren

Frequenz und Polpaarzahl

Durch Drehung des Magneten bei der Innenpolmaschine (Bild __) ändert das Magnetfeld in der Spule seine Richtung und Stärke. Damit ändert sich der magnetische Fluss Φ, der die feste Spule im Ständer (Stator) der Maschine durchdringt. In der Ständerspule wird eine Wechselspannung u erzeugt, deren Periodendauer T so groß ist wie die Zeit für die Umdrehung des Magneten (Bild __). Diese Wechselspannung erreicht den höchsten Wert, wenn der magnetische Fluss Φ durch die Spule seine Richtung ändert. Dann ist die Flussänderung in der Spule am größten. Im Scheitelwert des Flusses ändert sich der Fluss kurzzeitig nicht, deshalb wird auch keine Spannung induziert.
Die induzierte Spannung ist immer so gepolt, dass der entstehende Induktionsstrom mit seinem Magnetfeld dem Auf- und Abbau des ursächlichen Magnetfeldes entgegenwirkt.
Dreht sich bei einer Innenpolmaschine mit der Polpaarzahl $p = 1$ (Bild __) das Polrad in der Sekunde 50-mal, so hat die entstehende Wechselspannung die Frequenz $f = 50$ Hz.
Bei einer Innenpolmaschine mit der Polpaarzahl $p = 2$ (Bild __) entsteht bei gleicher Umdrehungsfrequenz n (Drehzahl) die doppelte Frequenz $f = 100$ Hz.

Nach: Elektrotechnik Grundbildung, S. 112

Frequenz und Polpaarzahl

$f = p \cdot n$ $\quad [f] = \frac{1}{s} = \text{Hz}$

f ______________________
p ______________________
n ______________________

Elektrotechnik Grundbildung, S. 112,
Fachkunde Kraftfahrzeugtechnik, S. 520

Aufgabe 14d

1. Ergänzen Sie im untenstehenden Text die Verweise auf die Abbildungen.
2. Tragen Sie die Benennungen in die Abbildungen ein.
3. Ergänzen Sie die Bildunterschriften.
4. Wie viele Leiter braucht man zur Fortleitung der im Drehstromgenerator erzeugten Ströme?
5. Wie erhält man eine Sternschaltung?
6. Wie erhält man eine Dreieckschaltung?
7. Was versteht man unter Verketten?
Arbeiten Sie mit Ihrem Nachbarn zusammen und vergleichen Sie Ihre Arbeitsergebnisse im Plenum.

Dreiphasenwechselspannung und Drehstrom

Der Drehstromgenerator hat im Ständer drei Wicklungen ($U_1 - U_2$, $V_1 - V_2$, $W_1 - W_2$), die räumlich um 120° versetzt sind (Bild __). Bei der Drehung des Polrades bzw. des Läufers (Spule mit Gleichstromerregung) um 360° entstehen in den Wicklungen drei Wechselspannungen bzw. Wechselströme, die jeweils um 120° zueinander phasenverschoben sind (Bild __).

Im Linienbild der drei Wechselströme (Bild __) hat im Zeitpunkt 1 (Polradstellung 90°) der Strom I_1, der in der Spule $U_1 - U_2$ fließt, seinen Höchstwert. Der Strom I_2 in der Spule $V_1 - V_2$ *und* der Strom I_3 in der Spule $W_1 - W_2$ ist jeweils halb so groß wie I_1. *Die Ströme* I_2 und I_3 sind außerdem dem Strom I_1 entgegengerichtet.
Die Summe der *Ströme* I_1, I_2 und I_3 ist in jedem Augenblick null.
Dies gilt für jede Stellung des Polrades (Bild __).
Für die Fortleitung dieser drei Wechselströme müssten eigentlich sechs Leiter (je ein Hin- und Rückleiter) zur Verfügung stehen. Man kommt jedoch durch entsprechendes Verbinden (Verketten) der drei Spulen mit nur drei Leitern aus, weil diese durch die zeitliche Verschiebung der drei Wechselströme abwechselnd „Hinleiter" und „Rückleiter" sind.
Sternschaltung (Bild __). Man erhält sie, wenn die Enden der drei Wicklungen U_2, V_2, W_2 miteinander im Sternpunkt verbunden werden. Die Anfänge der Wicklungen U_1, V_1 und W_1 werden mit den Außenleitern L_1, L_2, L_3 des Netzes verbunden.
Dreieckschaltung (Bild __). Man erhält sie, wenn jeweils das Ende einer mit dem Anfang der nächsten Wicklung verbunden wird, nämlich U_1 mit W_2, W_1 mit V_2, V_1 mit U_2. Die Verbindungspunkte werden mit den Außenleitern L_1, L_2, L_3 des Netzes verbunden.
Das Zusammenschalten zur Stern- oder zur Dreieckschaltung nennt man Verketten.

Fachkunde Kraftfahrzeugtechnik, S. 523

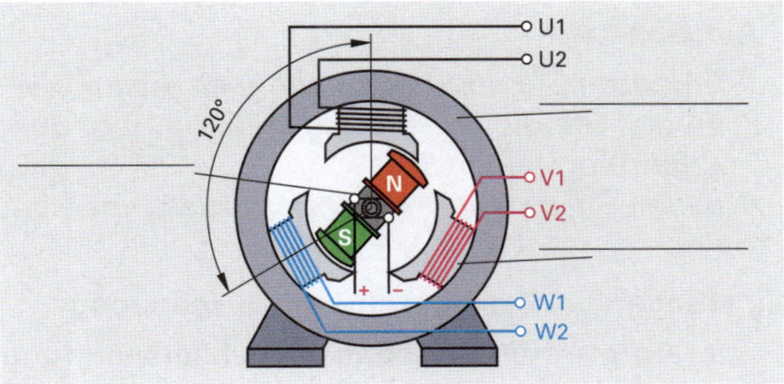

Bild 1: ______________________

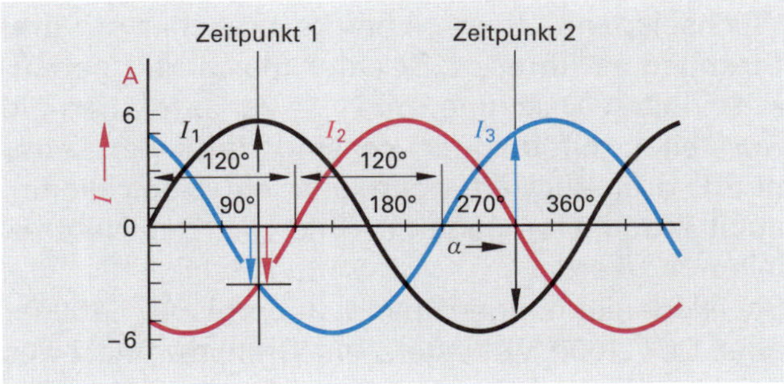

Bild 2: ______________________

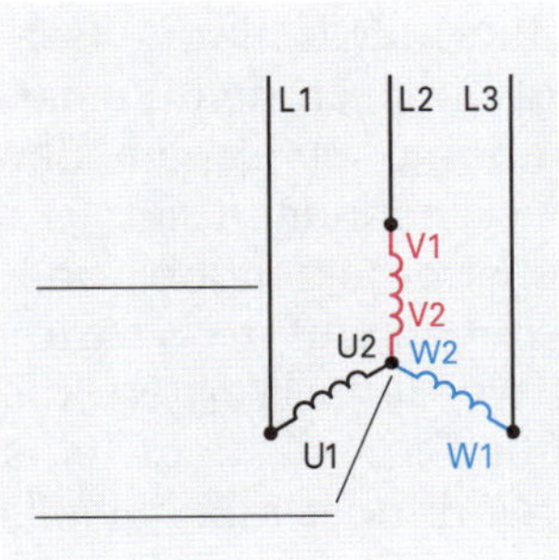

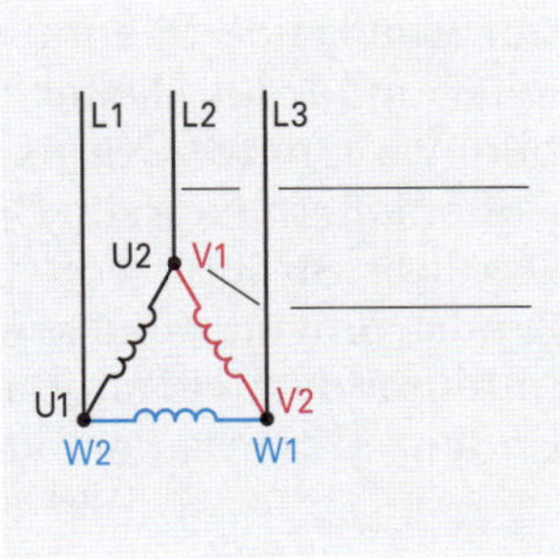

Bild 3: ______________ **Bild 4:** ______________

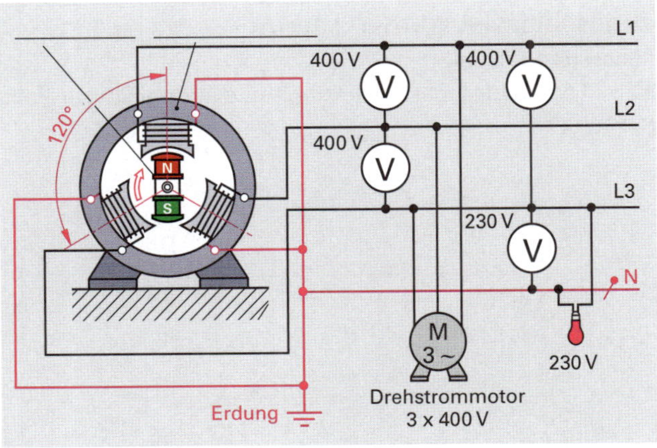

Bild 5: Generator und Verteilernetz für Dreiphasenwechselstrom

Metallbau und Fertigungstechnik, S. 262

> ***Aufgabe 14e***
>
> *1. Tragen Sie die Benennungen in die Abbildungen ein.*
> *2. Ergänzen Sie den Text.*
> *Arbeiten Sie mit Ihrem Nachbarn zusammen und vergleichen Sie Ihre Arbeitsergebnisse im Plenum.*

Die Spannungserzeugung durch Induktion ist zur Grundlage für die Erzeugung elektrischer Energie im Großen geworden. Beim Drehstromgenerator z. B. erzeugt ein ______________ (Rotor) mit Erregerfeld in den drei feststehenden Induktionswicklungen des ______________ Wechselspannungen bzw. Wechselströme. Diese drei Wechselströme sind jeweils um ______ zueinander phasenverschoben. Man benötigt für das Fortleiten dieser drei Wechselströme ______ Leiter. Ermöglicht wird dies durch das ______________ der Wicklungen im ______________, d. h. durch das Verbinden der drei Wicklungen zu einer ______________ oder -______________.

Aufgabe 14f

1. Ergänzen Sie im unten stehenden Text die Verweise auf die Abbildungen.
2. Tragen Sie die Benennungen in die Abbildungen ein.
3. Ergänzen Sie den Text.
Arbeiten Sie mit Ihrem Nachbarn zusammen und vergleichen Sie Ihre Arbeitsergebnisse im Plenum.

Leistungen bei Dreiphasenwechselspannung

Generatoren für Dreiphasenwechselspannung sind für hohe Umdrehungsfrequenzen zweipolig (Bild __) und für kleinere Umdrehungsfrequenzen vielpolig, z. B. 16-polig (Bild __). Man kann die Wechselspannungen einem Verbraucher mit drei Strängen zuführen, z. B. einer gleichartig gebauten zweiten Maschine (Bild __). Verkettet man die Rückleiter miteinander, so sind dazu vier Leiter nötig, drei Rückleitungen und ein Neutralleiter, auch Mittelleiter genannt (Bild __). Der Neutralleiter ist geerdet.

Bei Niederspannung (Spannungen bis AC* 1000 V oder DC* 1600 V) besteht ein Drehstromnetz aus den drei **Außenleitern** und dem **Neutralleiter**. Der Neutralleiter ist geerdet, sodass er in einer technisch einwandfreien Anlage gegen Erde keine oder nur eine kleine Spannung führt. Zwischen Außenleiter und Neutralleiter liegt die nach dem Zeigerbild genannte **Sternspannung**, zwischen den Außenleitern liegt die Dreieckspannung (Bild __).

Die drei Stränge von Drehstromerzeugern oder Drehstromverbrauchern können auf zwei Arten miteinander verbunden werden. Werden die Enden miteinander verbunden, so liegt eine ____________ vor (Bild __). Verbindet man jeweils Strangende mit dem nächsten Stranganfang, so bekommt man eine ________________ (Bild __). Wir können erkennen, dass bei einem Generator in Dreieckschaltung kein ______________________ angeschlossen werden kann.

*S. Lektion 5, S. 142

Nach: Fachkunde Industrieelektronik und Informationstechnik, S. 146/147

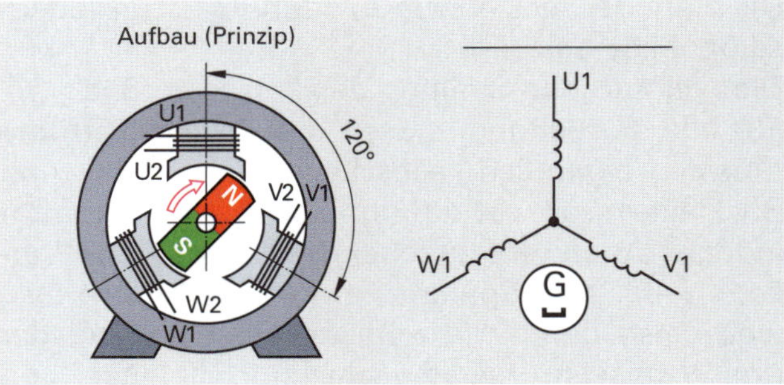

Bild 1: Generator für Dreiphasenwechselstromspannung

Bild 2: Generator für Dreiphasenwechselstromspannung mit 16 Polen

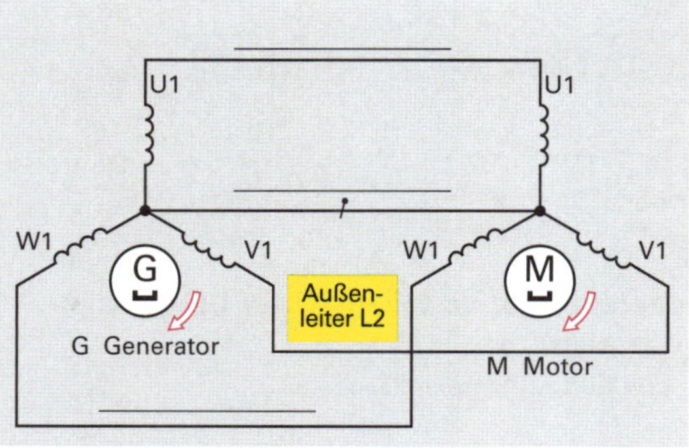

Bild 3: Vierleiternetz der Dreiphasenwechselspannung

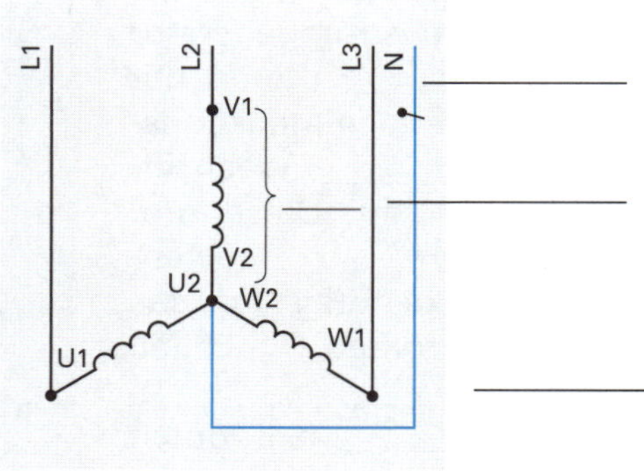

Bild 4: Sternschaltung

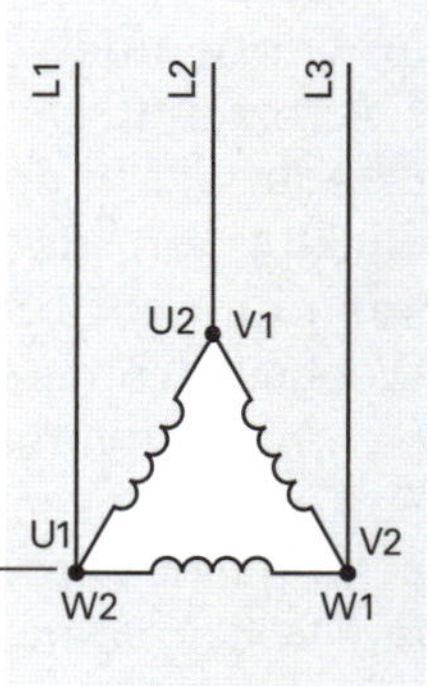

Bild 5: Dreiecksschaltung

Fachkunde Industrieelektronik und Informationstechnik, S. 146/147

Aufgabe 14g

1. *Informieren Sie Ihren Nachbarn über Funktion, Aufbau und Wirkungsweise eines Wechselstromgenerators.*
2. *Machen Sie sich Notizen. Erstellen Sie eine Gliederung und suchen Sie sich eine passende Abbildung oder machen Sie eine passende Skizze. Sie sollten nicht vergessen, die Kriterien eines guten Vortrags (z. B. S. 146) zu berücksichtigen. Ihr Nachbar wird Ihnen nach seinem Referat zu den einzelnen Punkten eine Rückmeldung geben.*
3. *Tauschen Sie die Rollen.*

Elektrische Motoren

Aufgabe 15a

1. *Ergänzen Sie im unten stehenden Text die Verweise auf die Abbildungen.*
2. *Teilen Sie den Text in sechs Abschnitte ein.*
3. *Suchen Sie eine passende Überschrift für den Text und eine passende Zwischenüberschrift.*
4. *Woraus besteht der Rotor im Elektromotor?*
5. *Woraus besteht der Stator im Elektromotor?*

Arbeiten Sie mit Ihrem Nachbarn zusammen und vergleichen Sie Ihre Arbeitsergebnisse im Plenum.

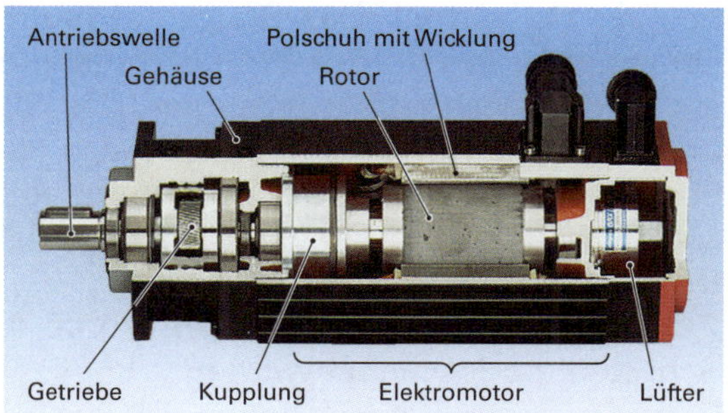

Bild 1: Motor für den Vorschubantrieb einer Werkzeugmaschine

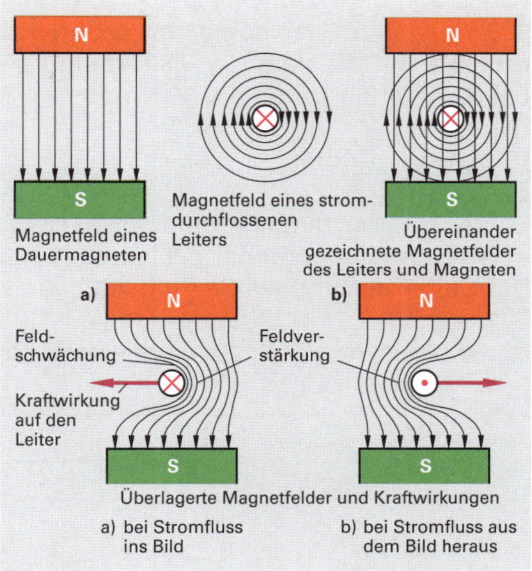

Bild 2: Wirkungen auf einen stromdurchflossenen Leiter im Feld eines Dauermagneten

____

Die meisten Arbeitsmaschinen werden durch Elektromotoren angetrieben (Bild __). Wichtige Eigenschaften der Elektromotoren: – Einfacher Anschluss ans elektrische Netz – Die Leistung steht sofort bereit – Sie sind wartungs- und verlustarm – Sie sind geräuscharm und umweltfreundlich. ____________________ Elektromotoren werden durch elektromagnetische Kräfte angetrieben. Wird ein stromdurchflossener Leiter z. B. in das Magnetfeld eines Dauermagneten gebracht, so überlagern sich die Magnetfeldlinien (Bild __). Bei Stromfluss ins Bild (Bild __) wird das Magnetfeld rechts vom Leiter verstärkt und links davon geschwächt. Es entsteht eine Kraft, die den Leiter nach links bewegt. Bei umgekehrter Stromrichtung (Bild __) erfährt der Leiter eine Kraft nach rechts. Ist ein Leiter in Form einer Schleife im Magnetfeld angeordnet, so wirken zwei Kräfte, die die Leiterschleife in Drehungen versetzen. In einem Elektromotor sind viele Leiterschleifen auf einen Drehkörper aufgewickelt und bilden den Rotor. Um den Rotor sind im Gehäuse z. B. vier Elektromagnete, bestehend aus Polschuh und Wicklung, angeordnet und bilden den Stator. Bei Anschluss an ein Drehstromnetz überlagern sich die Magnetfelder des Rotors und des Stators und versetzen den Rotor in Drehung. Dabei ist die Rotordrehzahl der Frequenz der Spannung proportional. Das Hauptunterscheidungsmerkmal der Elektromotoren ist die Art des antreibenden Stroms. Danach unterscheidet man Drehstrommotoren, Gleichstrommotoren und Universalmotoren.

Fachkunde Metall, S.412

	Anwendungsbeispiele
Drehstrommotoren	Hauptspindelantriebe von Werkzeugmaschinen/Antriebe von Kranen und Pumpen
Gleichstrommotoren	Vorschubantrieb von Werkzeugmaschinen/Antrieb von Gabelstaplern, Schiebetüren
Universalmotoren	Antrieb von Waschmaschinen, Staubsaugern, Handbohrmaschinen

Aufgabe 15b

1. Ordnen Sie die folgenden Textteile so, dass sie einen sinnvollen Text ergeben.
2. Ergänzen Sie die Verweise auf die Abbildungen. Arbeiten Sie mit Ihrem Nachbarn zusammen und vergleichen Sie Ihre Arbeitsergebnisse im Plenum.

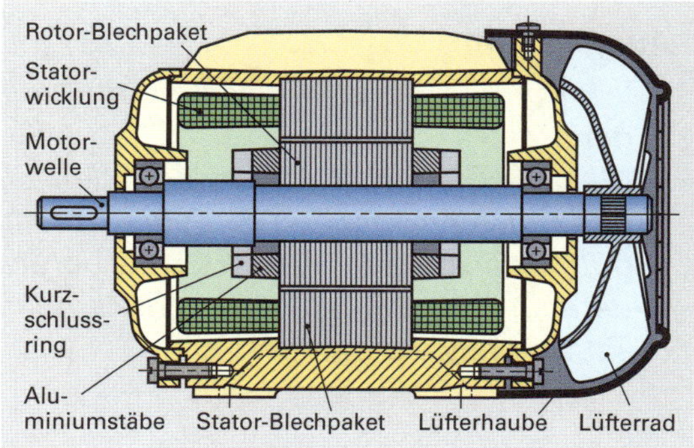

Bild 1: Aufbau eines Drehstrommotors

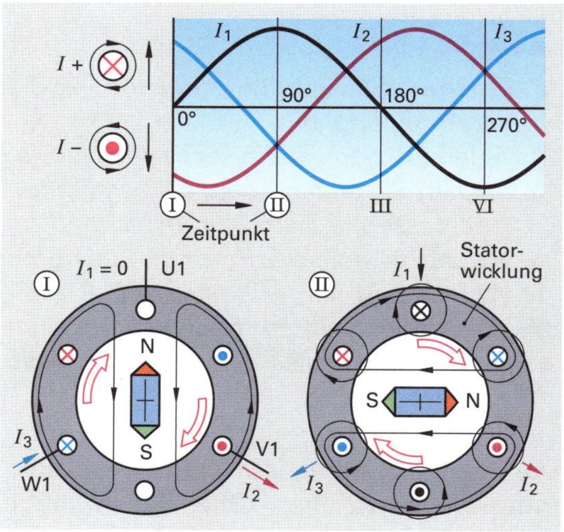

Bild 2: Entstehung eines zweipoligen elektromagnetischen Drehfeldes

Fachkunde Metall, S.413

A
Beim Anschluss an ein Drehstromnetz werden diese von drei an- und abschwellenden Wechselströmen I_1, I_2 und I_3 nacheinander durchflossen. Dadurch entsteht im Stator ein umlaufendes Magnetfeld (**Drehfeld**) mit einem Polpaar (N und S). Das Statorfeld induziert in den Al-Leiterstäben des Rotors Wirbelströme, die auch im Rotor ein starkes Magnetfeld erzeugen. Das Statormagnetfeld und das Rotormagnetfeld stoßen sich ab und versetzen den Rotor in Drehung. Der Rotor wird vom umlaufenden Magnetfeld des Stators vor sich hergetrieben.

B
Bei polumschaltbaren Motoren kann die Drehzahl in Schritten umgeschaltet werden.

C
Bei einem Polpaar verläuft der Rotor ungefähr mit der Frequenz des Statormagnetfeldes (= der Netzfrequenz von z. B. 50 Hz) um. Dies entspricht einer Drehzahl vom 3000/min. Bei zwei Polpaaren reduziert sich die Rotordrehzahl auf die Hälfte, n = 3000/min : 2 = 1500/min und bei drei auf ein Drittel n = 3000/min : 3 = 1000/min.

D
Drehstrommotoren

E
Seine Hauptbestandteile sind die im Gehäuse fest eingebauten Polschuhe mit den Wicklungen (Stator) und der in ihnen drehbar gelagerten Läufer, der Rotor (Bild __).
Der Stator besteht aus drei um 120° versetzten Spulen U_1, V_1 und W_1 (Bild __).

F
Der weitaus am häufigsten eingesetzte Drehstrommotor ist der Drehstromasynchronmotor.
Nach: Fachkunde Metall, S.413

1	2	3	4	5	6

Aufgabe 15c

1. Informieren Sie Ihren Nachbarn über Aufbau und Wirkungsweise eines Drehstromasynchronmotors.
2. Machen Sie sich Notizen. Erstellen Sie eine Gliederung und suchen Sie sich eine passende Abbildung oder machen Sie eine passende Skizze.
3. Tauschen Sie die Rollen.

Tabelle 1: Kenndaten eines Elektromotors

Schildangabe	Bedeutung	Schildangabe	Bedeutung
D-Motor	Drehstrommotor	cos ϕ 0,89	Leistungsfaktor
400 V	Nennspannung	1460/min	Nenndrehzahl
16,6 A	Nennstrom	Isol.-Kl. B	Isolationsklasse
9 kW	Nennleistung	IP 44	Schutzart

Leistungsschild

Die wichtigsten Kennwerte von Elektromotoren sind auf deren Leistungsschild angegeben (Bild), jedoch nicht bei Kleinstmotoren. Angegeben sind der Hersteller, die Typenbezeichnung und die Maschinenart. Bemessungsspannung (Nennspannung), Bemessungsfrequenz, Bemessungsstrom, Bemessungsleistung (mechanische Leistungsabgabe) für die angegebene Betriebsart, Bemessungsdrehzahl und Bemessungs-Leistungsfaktor (Verhältnis von Wirkleistung zu Scheinleistung

S ($S = U \cdot I$)) sind ebenfalls angegeben. Wenn keine Betriebsart angegeben ist, kann der Motor im Dauerbetrieb (S 1) mit der angegebenen Bemessungsleistung belastet werden.
Auf dem Leistungsschild eines Elektromotors sind alle Angaben enthalten, die zur Beurteilung des Motors erforderlich sind.

* Isolationsklasse und Schutzart s. u. S. 197)
Nach: Fachkunde Industrieelektronik und Informationstechnik, S. 585

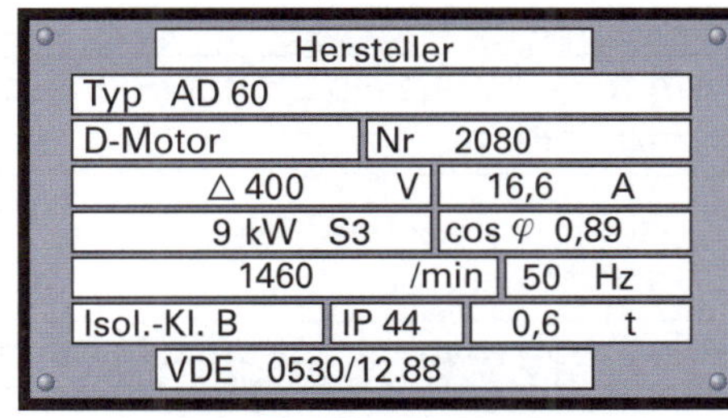

Bild 1: Leistungsschild eines Drehstrommotors
Fachkunde Metall, S. 413

Aufgabe 15d
Was sagt das folgende Leistungsschild eines Elektromotors aus über

1. die Maschinenart
2. die Bemessungsspannung
3. den Bemessungsstrom
4. die Bemessungsdrehzahl
5. die Bemessungsleistung?

Arbeiten Sie mit Ihrem Nachbarn zusammen und vergleichen Sie Ihre Arbeitsergebnisse im Plenum.

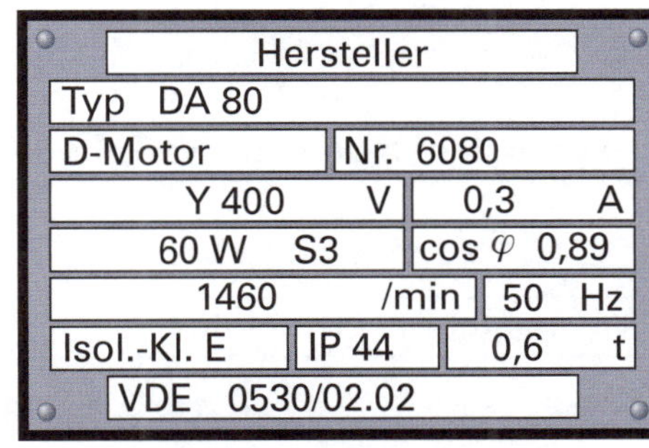

Bild 2: Leistungsschild eines Drehstrommotors

Was tun Elektroniker für Maschinen- und Antriebstechnik?

Aufgabe 16
Sehen Sie sich den Film zum Berufsfeld des Elektronikers für Maschinen- und Antriebstechnik http://www.berufe.tv/BA/ausbildung?filmID=D=1000046 an. Lesen Sie zuerst die folgenden Fragen/Aufgaben durch, bevor Sie sich den Film anschauen.

1. Was sind die Tätigkeitsbereiche von Elektronikern für Maschinen- und Antriebstechnik?
2. Welche Beispiele für den Einsatz von Elektromotoren werden im Film genannt bzw. gezeigt?

Sehen Sie sich den Film ein zweites Mal an.

3. Worauf hat sich der Betrieb, in dem Florian und Björn ausgebildet werden, u. a. spezialisiert?
4. Woran arbeitet Florian?
5. Welche Arbeitsaufträge bekommt Björn?

Sehen Sie sich den Film gegebenenfalls mehrmals an.
Arbeiten Sie mit Ihrem Nachbarn zusammen und vergleichen Sie Ihre Arbeitsergebnisse im Plenum.

Aufgabe 17a
Im Folgenden finden Sie Original-Prüfungsfragen zum Thema „Elektrische Maschinen" mit Lösungen aus einem Buch zur Prüfungsvorbereitung. Ordnen Sie die Lösungen den entsprechenden Fragen zu. Arbeiten Sie mit Ihrem Nachbarn zusammen und vergleichen Sie Ihre Arbeitsergebnisse im Plenum.

Wie ist ein Transformator aufgebaut?	**1**
Wie funktioniert ein Transformator prinzipiell?	**2**
Wie verhalten sich bei einem belasteten Transformator die Ströme zu den zugehörigen Windungszahlen?	**3**

a	Die Ströme verhalten sich umgekehrt wie die Windungszahlen. $ü = I_2/I_1$
b	Wenn drei um 120° versetzte Spulen von Dreiphasenwechselstrom durchflossen werden.
c	Indem man die Wicklungen U_2, V_2 und W_2 im Ständer eines Drehstromgenerators miteinander im Sternpunkt verbindet.
d	Drehstrom-, Gleichstrom- und Universalmotoren.

Wie funktioniert eine Innenpolmaschine prinzipiell?	4
Wie erhält man eine Sternschaltung?	5
Wie erhält man eine Dreieckschaltung?	6
Was versteht man unter Verketten?	7
Wie entsteht ein Drehfeld?	8
Wie ist ein Drehstromsynchronmotor aufgebaut?	9
Welche Elektromotorenarten unterscheidet man nach der Stromart?	10

Nach: Prüfungsvorbereitung Aktuell, Mechatronik, S. 92, 96

e	Zwei Spulen sind über einen magnetisierbaren Kern magnetisch miteinander verbunden.
f	Der Stator besteht aus einem Statorblechpaket, indem die Drehfeldwicklung eingelegt ist.
g	Durch Drehung des Magneten ändert das Magnetfeld in der Spule seine Richtung und Stärke. Damit ändert sich der magnetische Fluss in der Spule des Ständers. In der Ständerspule wird eine Wechselspannung erzeugt.
h	Die Eingangswicklung erzeugt bei Wechselstrom ein sich änderndes Magnetfeld. Über den Eisenkern durchdringt dieses magnetische Wechselfeld mit der Frequenz der Eingangsspannung die Ausgangswicklung und induziert in der Ausgangswicklung die Ausgangsspannung.
i	Indem man das Ende einer Wicklung mit dem Anfang der nächsten Wicklung im Ständer eines Drehstromgenerators miteinander verbindet.
j	Das Zusammenschalten der Rückleiter von Induktionsspulen zur Stern- oder Dreieckschaltung.

Nach: Prüfungsvorbereitung Aktuell Mechatronik, S. 298 ff.

1	2	3	4	5	6	7	8	9	10

Aufgabe 17b

1. Bilden Sie drei Gruppen. Jede Gruppe wählt eins der folgenden drei Themen aus und bereitet die Information des Plenums vor.
a) Der Transformator b) Der Generator c) Der Elektromotor

2. Sammeln Sie Stichpunkte, gegebenenfalls mithilfe der Informationen auf den Seiten 185–186 und 186–190 bzw. 191–193.

3. Machen Sie sich eine Gliederung und tragen Sie die Stichpunkte in die Gliederung ein.

4. Legen Sie sich passende Abbildungen daneben und formulieren Sie mündlich den entsprechenden Text. Arbeiten Sie innerhalb der Großgruppe mit Ihrem Nachbarn zusammen und vergleichen Sie Ihre Arbeitsergebnisse in der Großgruppe.

5. Jede Gruppe wählt einen Sprecher, der das Plenum über das gewählte Thema informiert.

6. Der Sprecher der Gruppe sollte nicht vergessen, die in der folgenden Tabelle genannten Kriterien zu berücksichtigen. Die anderen Teilnehmer werden ihm nach seinem Referat zu den einzelnen Punkten eine Rückmeldung geben.

Verhalten während des Vortrags	**++/+/0/–/– –**
Gliedert Referat durch Pausen	
Hält Blickkontakt zu den Zuhörern	
Spricht, ohne den Blick permanent auf die Gliederung zu richten	
Spricht langsam, laut und deutlich genug	
Achtet auf Körperhaltung	

D Schutz und Sicherheit

Aufgabe 18a

1. *An welchen Stellen werden in diesem vereinfachten Modell der Energieversorgung welche elektrischen Maschinen eingesetzt?*
2. *Wozu dienen Höchstspannungen?*
3. *Wie heißen Spannungen von 0,4 kV?*

Arbeiten Sie mit Ihrem Nachbarn zusammen und vergleichen Sie Ihre Arbeitsergebnisse im Plenum.

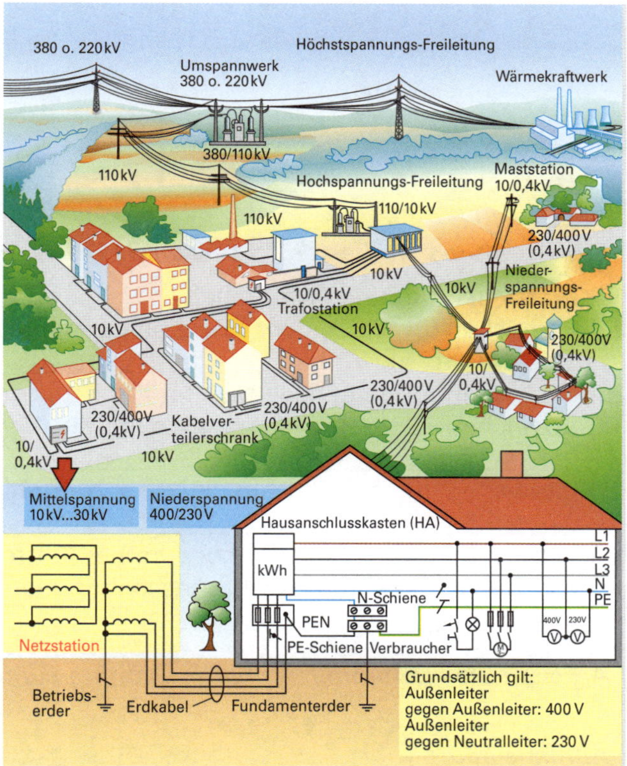

Bild 1: Spannungsebenen der Stromversorgung
Elektrotechnik Grundbildung, S. 186

Spannungsebenen in Versorgungsnetzen

In den Kraftwerken wird je nach Bauart und Ausführung eine Spannung zwischen 6 kV und 30 kV erzeugt. Diese wird zum Transport, z. B. im Europäischen Verbundnetz (EU außer Großbritannien, Irland, Norwegen, Schweden und Finnland) in Höchstspannungsleitungen von z. B. 380 kV heraufgespannt. Am Mittelspannungsnetz (10 kV bis 30 kV) sind Tarifkunden mit abnehmergeeigneten Transformatorenstationen und die Ortsnetzstationen für den Niederspannungsbereich angeschlossen.
Die Energieversorgung innerhalb eines Gebäudes erfolgt vom Hausanschluss.

Automatische Abschaltung der Stromversorgung

Aufgabe 18b

1. *Ergänzen Sie im unten stehenden Text die Verweise auf die Abbildungen.*
2. *Teilen Sie den Text in fünf Abschnitte ein.*

Arbeiten Sie mit Ihrem Nachbarn zusammen und vergleichen Sie Ihre Arbeitsergebnisse im Plenum.

Drehstromsysteme

Im Niederspannungs-Drehstromnetz bezeichnet man die Drehstromsysteme nach den Erdungsverhältnissen. Die Bezeichnung der verschiedenen Verteilungssysteme erfolgt international durch Buchstaben, z. B. TN-, TT- und IT-System*. Im **TN-System** ist der Sternpunkt der Stromquelle direkt geerdet. Die Körper der angeschlossenen Verbraucher sind mit diesem Punkt des Transformators verbunden (Bild __). Im Fehlerfall, z. B. bei Körperschluss wird der Fehlerstromkreis über den Schutzleiter geschlossen und eine automatische Abschaltung innerhalb der festgelegten Zeit erfolgt. Beim TN-System unterscheidet man drei Arten, TN-S-, TN-C- und TN-C-S-System. Die Verbindung der Körper im **TN-C-System**, z. B. in öffentlichen Verteilersystemen, erfolgt über den PEN-Leiter, d. h., ein Leiter übernimmt Neutralleiter- und Schutzleiterfunktion (Bild __). Im **TN-S-**

Tabelle: Kennzeichnung von Drehstromsystemen

Beispiel: TN-C-System	
T	**1. Buchstabe:** Erdungsverhältnisse der Stromquelle z. B. in der Transformatorenstation **T:** direkte Erdung eines Punktes, z. B. Sternpunkt, über den Betriebserder **I:** Isolierung aller aktiven Teile von Erde oder Verbindung des Punktes mit Erde über eine Impedanz
N	**2. Buchstabe:** Erdungsverhältnisse der Körper innerhalb der elektrischen Anlage **T:** direkte Erdung der Körper der Betriebsmittel **N:** Verbindung der Körper mit dem Betriebserder des Spannungserzeugers
C	**3. Buchstabe:** Anordnung des Neutralleiters N und des Schutzleiters PE im TN-System **S:** PE und N getrennt verlegt **C:** PE und N kombiniert in einem Leiter, dem PEN-Leiter

Abkürzungen: T von terre (franz.) = Erde, I von isolé (franz.) = isoliert, N von neutre (franz.) = neutral, S von separé (franz.) = getrennt, C von combiné (franz.) = kombiniert

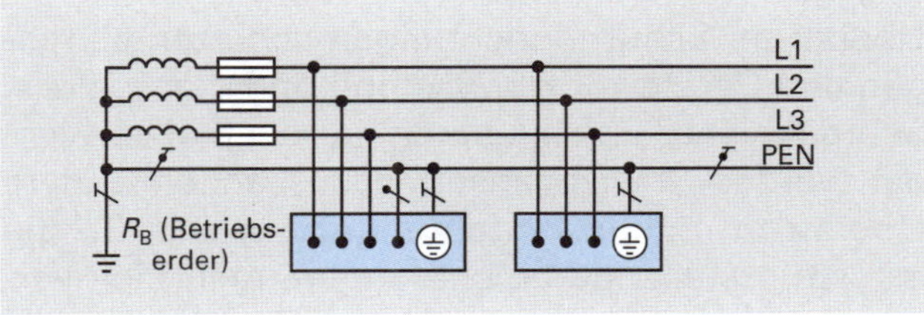

Bild 2: TN-C-System

System, z. B. in Installationen in Wohnungen, sind Neutralleiter N und Schutzleiter PE getrennt.
Nach: Elektrotechnik Grundbildung, S. 210

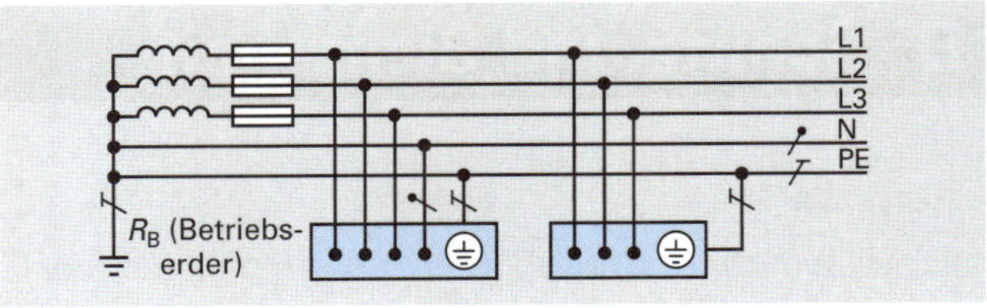

Bild 3: TN-S-System
Elektrotechnik Grundbildung, S. 210

Aufgabe 18c
Ergänzen Sie mithilfe des Textes auf S. 195.

PE
PEN
TN-System
TN-C-System
TN-S-System

1. Kurzzeichen für einen Neutralleiter: N.
2. Kurzzeichen für ein System, das einen unmittelbar geerdeten Leiter des Transformators erfordert: ______________.
3. Kurzzeichen für einen Neutralleiter mit Schutzleiterfunktion: ________.
4. Kurzzeichen für ein System, in dem die Verbindung der Körper über den PEN-Leiter erfolgt: ______________.
5. Kurzzeichen für ein System, in dem Neutralleiter N und Schutzleiter PE getrennt verlegt sind: ______________.
6. Kurzzeichen für ein System, bei dem bei Auftreten eines Fehlers, z. B. zwischen Außenleiter und Schutzleiter, die automatische Abschaltung innerhalb der festgelegten Zeit erfolgt: ______________.

Arbeiten Sie mit Ihrem Nachbarn zusammen und vergleichen Sie Ihre Arbeitsergebnisse im Plenum.

Aufgabe 18d
1. Wie werden Sicherungen auch genannt?
2. Wozu dienen Sicherungen?
3. Welchen Satz in diesem Text würden Sie besonders hervorheben?
Arbeiten Sie mit Ihrem Nachbarn zusammen und vergleichen Sie Ihre Arbeitsergebnisse im Plenum.

Schmelzsicherungen

Wird ein Leiter von Strom durchflossen, so erwärmt er sich (Wärmewirkung, Lektion 5, S. 141). Durch unzulässig hohe Ströme können Brände entstehen. Um eine Brandgefahr in elektrischen Anlagen zu vermeiden, muss ein zu hoher Strom abgeschaltet werden. Ursache zu hoher Ströme kann eine Überlastung (Anschluss von z. B. zu vielen Verbrauchern in einem fehlerfreien Stromkreis) oder ein Kurzschluss (z. B. durch Isolationsfehler) sein.

Durch den Einbau von Überstrom-Schutzeinrichtungen in Leitungen, z. B. von Schmelzsicherungen, wird eine unzulässig hohe Erwärmung verhindert. Die Sicherung enthält einen Leiter (Schmelzleiter) mit kleinem Querschnitt, der bei einer zu hohen Stromstärke durchschmilzt. Der Stromkreis wird unterbrochen. Dadurch werden Brand oder Zerstörung der Leitungen und der angeschlossenen Geräte verhindert.

Überstrom-Schutzeinrichtungen schützen Leitungen und Geräte vor Überlastung und Kurzschluss. Schmelzsicherungen können nur ein Mal verwendet werden. Im Gegensatz dazu können andere Überstrom-Schutzeinrichtungen, wie z. B. die selbstrückstellenden Sicherungen, mehrfach verwendet werden.
Nach: Elektrotechnik Grundbildung, S. 194

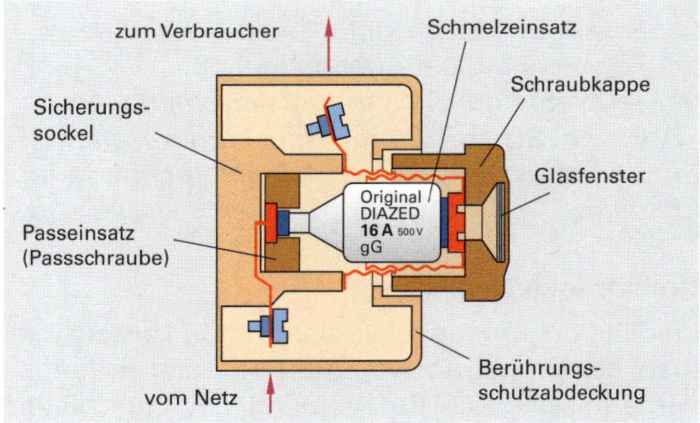

Bild 1: Schraubsicherungssystem (Schraubsicherung mit Schmelzeinsatz)

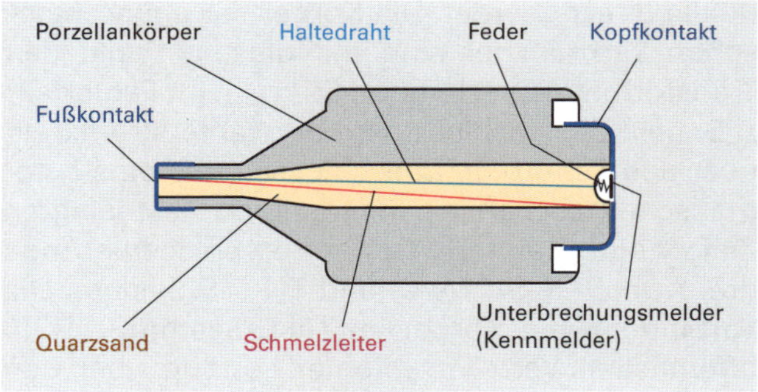

Bild 2: Aufbau des Schmelzeinsatzes
Elektrotechnik Grundbildung, S. 194

Aufgabe 18e
1. Unterstreichen Sie die Kerninformationen im Text.
2. Suchen Sie eine passende Überschrift.
3. Was sind RCDs?

____

Fehlerstrom-Schutzeinrichtungen (früher Fehlerstromschutzschalter FI genannt, F für Fehler und I für Strom) verhindern gefährliche hohe Fehlströme gegen Erde. RCDs (RCDs, Abk. für: **R**esidual **C**urrent Protective **D**evice (engl.) = Fehlerstromschutzschalter) werden grundsätzlich den üblichen Überstrom-Schutzeinrichtungen vorgeschaltet und zusätzlich zu diesen in Niederspannungsverteilern installiert.
RCDs unterstützen zusätzlich die angewendeten Schutzmaßnahmen, z. B. beim TN-System, beim Versagen des Basis- und Fehlerschutzes.
RCDs schalten Betriebsmittel in kurzer Zeit, z. B. in 0,2s allpolig ab, wenn durch Isolationsfehler eine gefährlich hohe Berührungsspannung auftritt.
Nach: Elektrotechnik Grundbildung, S. 219

Information
Es gibt noch zahlreiche Schutzmaßnahmen, die hier aus Platzgründen nicht behandelt werden können. Genannt sei nur noch der Schutz durch verstärkte oder doppelte Isolierung und der Schutz durch Kleinspannung mittels SELV und PELV (SELV = Safety Extra Low Voltage, PELV = Protective Extra Low Voltage; Einsatz beispielweise bei Kinderspielzeug). Die Schutzmaßnahmen SELV und PELV erfüllen den Basisschutz (Schutz gegen direktes Berühren) und den Fehlerschutz (Schutz bei indirektem Berühren). Die Nennspannung darf AC 50 V oder DC 120 V nicht überschreiten.
Nach: Fachwissen Elektrotechnik, S. 335

Schutzmaßnahmen: Kenngrößen

Aufgabe 19a
Ergänzen Sie den unten stehenden Text mithilfe des Textes „Schutzklassen" und der Tabelle. Arbeiten Sie mit Ihrem Nachbarn zusammen und vergleichen Sie Ihr Ergebnis im Plenum.

Schutzklassen
Elektrische Betriebsmittel müssen im Fehlerfall einen Schutz gegen elektrischen Schlag haben, damit z. B. in Wohnungen, Werkstätten, Büros oder Schulen gefahrlos gearbeitet werden kann. Zum Schutz gegen elektrischen Schlag werden die Betriebsmittel nach ihrer Konstruktion gegen direktes und indirektes Berühren in die Schutzklassen I, II und III eingeteilt.
*IEC, Abk. für Internationale Elektrotechnische Kommission
Elektrotechnik Grundwissen, S. 206

Tabelle: Kennzeichnung der Schutzklassen (nach IEC[5] 417)

Schutzklasse	Kennzeichen	Verwendung bei Schutzmaßnahme:
I		Mit Schutzleiter (Betriebsmittel ist mit Schutzleitersystem der Anlage verbunden, z. B. Elektromotor)
II	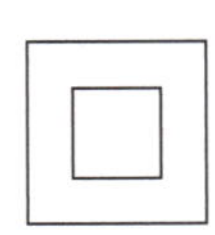	Doppelte oder verstärkte Isolierung, früher: Schutzisolierung (Betriebsmittel mit Basisisolierung und zusätzlicher oder verstärkter Isolierung, z. B. Leuchten)
III		Kleinspannung (Anschluss nur an SELV- und PELV-Stromkreise, z. B. für Fassleuchten)

Schutzklassen

__________________ dienen in der Elektrotechnik der Einteilung und Kennzeichnung von elektrischen Betriebsmitteln, z. B. Geräten, bezüglich der vorhandenen Sicherheitsmaßnahmen zur Vermeidung eines ________________ ____________.
Zur Kennzeichnung von Betriebsmitteln mit der betreffenden ____________________ sind Symbole vorgesehen. Symbole zur Kennzeichnung der Schutzklasse sind in __________ definiert.
Alle elektrisch leitfähigen Gehäuseteile von Betriebsmitteln der ________________ __ sind mit dem Schutzleitersystem der Anlage verbunden. Bewegliche Geräte der __________________ I haben eine Steckverbindung mit Schutzleiterkontakt, einen Schutzkontaktstecker (Schukostecker).
Betriebsmittel mit Schutzklasse II haben eine _________________ oder ________________ _________________ zwischen Netzstromkreis und Metallgehäuse.
Betriebsmittel der Schutzklasse __ arbeiten mit ____________________ (SELV/PELV). Sie benötigen bei Netzbetrieb ebenfalls eine verstärkte oder doppelte Isolierung.

Prüfung von Schutzmaßnahmen

Aufgabe 20a

Für die Prüfung von Schutzmaßnahmen gibt es Vorschriften. Was und wann muss geprüft werden?

1. Wann muss man isolierte Werkzeuge prüfen?
2. Wie oft muss man ortsfeste elektrische Betriebsmittel prüfen?
3. Wie oft muss man nicht ortsfeste elektrische Betriebsmittel prüfen?
4. Was wird bei der Erstprüfung berücksichtigt?
5. Kann ein Praktikant die Prüfungen vornehmen?
6. Wie erfolgt die Prüfung?

Arbeiten Sie mit Ihrem Nachbarn zusammen und vergleichen Sie Ihre Arbeitsergebnisse im Plenum.

Tabelle 1: Prüfung elektrischer Anlagen

Prüfzeitpunkt, Prüffrist	Zu prüfende Einrichtungen
Erstprüfung	Elektrische Anlagen und Betriebsmittel allgemein auf ordnungsgemäßen Zustand.
Mindestens alle 4 Jahre	Elektrische Anlagen und ortsfeste elektrische Betriebsmittel auf ordnungsgemäßen Zustand.
Mindestens alle 6 Monate	Nicht ortsfeste elektrische Betriebsmittel, Anschluss- und Verlängerungsleitungen mit ihren Steckvorrichtungen auf ordnungsgemäßen Zustand sowie RCD in stationären Anlagen und Isolationswächter durch Betätigung der Prüftaste.
Mindestens einmal im Monat	RCD stationärer Anlagen auf ihre Wirksamkeit durch Betätigen der Prüftaste.
An jedem Arbeitstag	RCD nichtstationärer Anlagen durch Betätigung der Prüftaste.
Vor jeder Benutzung	Spannungsprüfer, isolierte Werkzeuge und isolierende Schutzeinrichtungen auf augenfällige Mängel und einwandfreie Funktion.

Prüfung von Schutzmaßnahmen

Vor der ersten Inbetriebnahme und nach jeder Änderung, Erweiterung und Instandsetzung sind elektrische Anlagen und Betriebsmittel durch eine Elektrofachkraft nachweisbar auf ihren ordnungsgemäßen Zustand und ihre Wirksamkeit zu prüfen (Erstprüfung). Außerdem müssen in bestimmten Abständen Wiederholungsprüfungen durchgeführt werden (Tabelle 1).

Die Prüfung der Schutzmaßnahmen erfolgt durch

- **Besichtigen**, z. B. auf äußere erkennbare Schäden.
- **Erproben**, z. B. der NOT-AUS-Einrichtungen oder der RCDs durch Betätigen der Prüfeinrichtungen.
- **Messen**, z. B. der Isolationswiderstände. Hierfür gibt es besondere Mess- und Prüfgeräte.

Fachkunde Industrieelektronik und Informationstechnik, S. 258

Aufgabe 20b

1. *Informieren Sie Ihren Nachbarn über die Prüfung von Schutzmaßnahmen. Der hilft gegebenenfalls.*
2. *Machen Sie sich Notizen. Erstellen Sie eine Gliederung.*
3. *Tauschen Sie die Rollen.*

Aufgabe 20c

1. *Informieren Sie das Plenum mithilfe der Informationen aus Lektion 5 und Lektion 6 über Schutzmaßnahmen.*
2. *Machen Sie sich gemeinsam mit Ihrem Nachbarn Notizen und erstellen Sie eine Gliederung.*
3. *Denken Sie daran:*
   - *Gliedern Sie Ihr Referat durch Pausen.*
   - *Halten Sie Blickkontakt zu den Zuhörern.*
   - *Sprechen Sie, ohne den Blick permanent auf Ihre Notizen oder die Gliederung zu richten.*
   - *Sprechen Sie langsam, laut und deutlich genug*
   - *Achten Sie auf Ihre Körperhaltung*

Aufgabe 21

Bilden Sie Gruppen mit vier Mitgliedern. Stellen Sie mithilfe von weißen Kärtchen ein Memory-Spiel her.

1. *Wählen Sie gemeinsam zwanzig wichtige Begriffe aus den Seiten 60–198 aus, die sich gut zeichnen oder darstellen lassen. Schreiben Sie die Begriffe gut lesbar mit dickem Stift auf ein Kärtchen. Zeichnen Sie den Begriff auf ein anderes Kärtchen oder kleben Sie eine Kopie der entsprechenden Abbildung aus Ihrem Buch auf ein anderes Kärtchen (Arbeitsteilung!).*
2. *Mischen Sie die Memory-Kärtchen gut durch und geben Sie den Packen (natürlich mit der weißen Seite nach oben) einer anderen Gruppe. Sie erhalten von einer anderen Gruppe deren Kärtchen.*
3. *Alle Gruppen beginnen gleichzeitig mit den Kärtchen einer anderen Gruppe zu spielen.*
   Die Gruppe, die ihr Memory-Spiel zuerst beendet hat, hat gewonnen. Innerhalb der Gruppe hat der Spieler gewonnen, der die meisten Paare erzielt hat.

E Was muss ich über technische Fachsprachen wissen?

Präpositionen

Information

Bei der Arbeit mit den Texten der Lektionen 3, 4, 5 und 6 ist Ihnen sicher aufgefallen, dass zahlreiche Präpositionen verwendet werden, z. B. im folgenden Textbeispiel:

Das elektrische Feld

In der Umgebung eines geladenen Körpers wirken Kräfte. Streut man z. B. Kunststoffstaub *zwischen* geladene Elektroden, so kann man Linien erkennen, *in* denen sich die Teilchen ausrichten.

Im Raum *zwischen* positiv und negativ geladenen Elektroden herrscht ein elektrisches Feld, das Kräfte auf elektrische Ladungen ausübt.

Ein geladenes Teilchen bewegt sich *im* elektrischen Feld *entlang* einer gedachten Linie. ...

Im oben stehenden Beispiel werden lokale Beziehungen (wo befindet sich etwas?) zwischen den Wörtern oder Wortgruppen hergestellt.

Aufgabe 22a

1. *Suchen Sie gemeinsam mit Ihrem Nachbarn in den Lektionen 3, 4, 5 und 6 Beispiele für den lokalen Gebrauch von Präpositionen (in, innerhalb, entlang und andere).*
2. *Schreiben Sie den Beispielsatz gut lesbar mit dickem Stift auf ein Kärtchen. Unterstreichen Sie die Präposition.*
3. *Heften Sie die Kärtchen an die Pinnwand/Tafel.*
4. *Hängen Sie Beispiele für dieselbe Präpositionen zusammen.*
5. *Übertragen Sie anschließend je ein Beispiel in die unten stehende Tabelle.*

Präposition	Beispiel
in	Die Trennung von Ladungen in einem Körper in einem elektrostatischen Feld nennt man Influenz.
innerhalb	Die Energieversorgung innerhalb eines Gebäudes erfolgt vom Hausanschluss.
an	
auf	
entlang	
durch	
längs	
über	
unter	
von	
zu	
zwischen	

Empfehlung

Aufpassen beim Gebrauch der Präpositionen! Sie dienen oft auch der Präzisierung oder Spezifizierung von Nomina. Eine Verwechslung kann hier zu einer falschen oder nicht mehr eindeutigen Aussage führen. Ein Fachlehrer würde eine solche Aussage höchstwahrscheinlich als Fehler werten.

Information

Präpositionen setzen Wörter oder Wortgruppen zueinander in Beziehung. Man verwendet u. a.

- *lokale Präpositionen zur Angabe eines Ortes, einer Zielrichtung,*
  z. B.: 2011 gab es *in* Deutschland 345 Ausbildungsberufe.

- *temporale Präpositionen zur Angabe von Zeitpunkt, Zeitdauer, Uhrzeit,*
  z. B.: Beim Laden eines Kondensators fließt zu Beginn ein hoher Ladestrom. Während des Aufladens wird der Ladestrom immer kleiner, bis er zu null wird.
- *modale Präpositionen zur Angabe von Art und Weise,*
  z. B.: Schweißen ist das Verbinden von Metallen oder Kunststoffen unter Anwendung von Wärme und Druck mit oder ohne artgleiche Zusatzstoffe.
- *kausale Präpositionen zur Angabe eines Grundes,*
  z. B.: Der Stromänderung in der Primärspule folgt ein sich änderndes Magnetfeld, welches seinerseits in der Sekundärspule aufgrund der magnetischen Kopplung eine Spannung induziert.
- *instrumentale Präpositionen zur Angabe des Mittels,*
  z. B.: Influenz ist das Verschieben elektrischer Ladungen durch ein elektrisches Feld.
- *finale Präpositionen zur Angabe eines Zweckes,*
  z. B.: Kunststoffe neigen wegen ihrer niedrigen Entzündungstemperatur zum Brennen.
- *konditionale Präpositionen zur Angabe von bedingenden Umstände,*
  z. B.: Bei hohen Temperaturen kommt es zur chemischen Reaktion des Werkstoffs mit dem Sauerstoffanteil der Luft.

Aufgabe 22b

Welche Art der Präpositionen wird in den folgenden Aussagen benutzt? Ordnen Sie zu. Stellen Sie sich beim Zuordnung jeweils folgende Fragen:

- *wann?*
- *warum?*
- *wie?*
- *wo?*
- *womit/wodurch?*
- *wozu*
- *unter welchen Bedingungen?*

Arbeiten Sie mit Ihrem Nachbarn zusammen und diskutieren Sie Ihr Ergebnis im Plenum.

Beim Transformator sind zwei Spulen über einen magnetisierbaren Kern magnetisch miteinander verbunden.	**1**
Wird ein stromdurchflossener Leiter z. B. in das Magnetfeld eines Dauermagneten gebracht, so überlagern sich die Magnetfeldlinien.	**2**
Man erhält eine Dreieckschaltung, wenn jeweils das Ende einer Wicklung mit dem Anfang der nächsten Wicklung verbunden wird, nämlich U_1 mit W_2, W_1 mit V_2, V_1 mit U_2.	**3**
Das Zusammenschalten, z. B. von Rückleitern zur Stern- oder zur Dreieckschaltung, nennt man Verketten.	**4**
Die durch einen Verbraucher bzw. einen Leiter fließenden Elektronen werden als elektrischer Strom bezeichnet.	**5**
Elektrischer Strom wird zum Transport elektrischer Ladung benötigt.	**6**
Spröde ist ein Werkstoff, der sich nicht verformen lässt und bei schlagartiger Beanspruchung in viele Bruchstücke zerspringt wie z. B. Glas.	**7**
Man spricht von Elastizität, wenn ein Werkstoff nach der Aufhebung einer Belastung seine ursprüngliche Form wieder annimmt.	**8**
Kupfer wird z. B. wegen seiner guten elektrischen Leitfähigkeit für elektrische Leitungen verwendet.	**9**

a	Temporale Präposition
b	Kausale Präposition
c	Modale Präposition
d	Lokale Präposition
e	Instrumentale Präposition
f	Finale Präposition
g	Konditionale Präposition

1	2	2	4	5	6	7	8	9

2. Suchen Sie mit Ihrem Nachbarn zusammen in den Lektionen 3, 4, 5, und 6 noch je einen Beispielsatz für den Gebrauch der oben genannten Präpositionen.
Arbeiten Sie mit Ihrem Nachbarn zusammen und diskutieren Sie Ihr Ergebnis im Plenum.

Aufgabe 22c
Ergänzen Sie die folgenden Aussagen.
Arbeiten Sie mit Ihrem Nachbarn zusammen und diskutieren Sie Ihr Ergebnis im Plenum.

1. Trennen ist Fertigen ______________ Ändern der Form eines festen Körpers.
2. Korrosion kann ______________ zur vollständigen Zerstörung des Bauteils fortschreiten.
3. ______________ Beschichten wird auf einen Werkstoff z. B. ein flüssiger Stoff aufgebracht wie ______________ Lackieren eines Autos.
4. Beim Spanen wird der Winkel ______________ der Freifläche und der bearbeiteten Fläche als Freiwinkel bezeichnet.
5. ______ Bohren werden spanend zylindrische Löcher (Bohrungen) hergestellt oder erweitert.
6. Die mechanisch-technologischen Eigenschaften beschreiben das Verhalten der Werkstoffe _________ der Wirkung mechanischer Kräfte.
7. _______ Drehen können Wellen, Scheiben, Gewinde etc. hergestellt werden. Drehen ist die spanende Bearbeitung der Umdrehungsflächen eines Werkstücks ________ einem meist einschneidigen Werkzeug, dem Drehmeißel.
8. ________ die Eisenherstellung sind Koks, Zuschläge und Wasser sowie als Hilfsmittel Wärme erforderlich.
9. ___________ Erstarren der Schmelze einer Legierung bilden sich je nach Grundmetall und den Legierungselementen unterschiedliche Gefügearten aus.
10. ______________ Drehen erfolgt die Spanabnahme __________ die Schnittbewegung und die Vorschubbewegung.

Verknüpfung in Texten

Information

Texte sind Mittel der Kommunikation. Sie bestehen in der Regel aus mehreren Sätzen, die miteinander in inhaltlichem Zusammenhang stehen. Dieser Zusammenhang wird u. a. durch sprachliche Mittel hergestellt. Sie verknüpfen die einzelnen Informationen miteinander. Dabei gibt es sprachliche Mittel, die auf das verweisen, was kommt (vorverweisende Mittel). Dazu ein paar Beispiele:

„Wasser besteht aus Wasserstoff *und* ______________________." Das „und" signalisiert, dass nach dem 1. Bestandteil „Wasserstoff" der 2. Bestandteil des Wassers, nämlich „Sauerstoff" genannt wird.

„Die Kraftübertragung zwischen den einzelnen Teilen einer Fügeverbindung wird möglich, *weil* ______________________________________."
(der Kraftfluss durch die Fügeverfahren geschlossen wird).
Das „weil" signalisiert, dass ein Grund für die Kraftübertragung genannt werden wird

Oder Sie gliedern die Informationen z. B. durch

Sprachliche Mittel	Zahlen	Buchstaben
Zuerst ...	*1)*	*a)*
Dabei gilt ...	*2)*	*b)*
Dann ...	*...*	*c)*
Danach ...		*...*
Schließlich/Zuletzt ...		

Wenn Sie zuerst oder „1)" sagen, signalisieren Sie, dass mindestens noch ein zweiter Punkt kommt. Wenn Sie „a)" sagen, erwarten Ihre Zuhörer, dass Sie auch „b)" sagen, also einen zweiten, gleichgeordneten Punkt im Text behandeln.

Die vorverweisenden Mittel im Text verknüpfen also den Text nach unten.
Sie erzeugen eine Leseerwartung, die man beim Lesen dauernd überprüft.

Aufgabe 23a
Unterstreichen Sie im folgenden Text die vorverweisenden Mittel.
Arbeiten Sie mit Ihrem Nachbarn zusammen und diskutieren Sie Ihr Ergebnis im Plenum.

Leerlauf und Belastung
Leerlauf liegt beim Transformator vor, wenn an der Ausgangswicklung keine Last angeschlossen ist. Beim unbelasteten Transformator wirkt die Eingangswicklung wie eine Induktivität. Die Ausgangswicklung ist stromlos und durch keinen Widerstand belastet.
Belastung liegt beim Transformator vor, wenn an der Ausgangswicklung eine Last angeschlossen ist. Der Laststrom (Ausgangsstrom) schwächt das magnetische Wechselfeld. Der Eingangsstrom nimmt also zu, während der wirksame magnetische Fluss im Eisenkern annähernd konstant bleibt.
Nach: Fachkunde Mechatronik, S. 322/323

Information
Der Text wird auch zusammengehalten durch die sprachlichen Mittel, die im Text zurück verweisen:

„Die Eingangswicklung eines Transformators nimmt Wechselstrom und somit elektrische Energie auf. *Diese* Energie wird über den magnetischen Wechselfluss an den Eisenkern weitergegeben."

Die Erde dreht sich mit einer Frequenz von ca. 1/ 24 h[1] um *ihre* eigene Achse.

Bringen Sie zwei Spulen, *von denen* eine die doppelte Windungszahl wie die andere hat, z. B. 1200 und 600, auf einen geblechten U-Kern mit Joch.

Generatoren sind technische Anwendung der elektromagnetischen Induktion. Als einfaches Modell be trachtet man *dazu* die gleichförmige Rotation einer Leiterschleife in einem homogenen Magnetfeld.

Die rückverweisenden Mittel im Text verknüpfen also den Text nach oben.
Beim Lesen besonders auf die rückverweisenden Mittel achten!
Hier entstehen die meisten Lesefehler, wenn man sie übersieht oder falsch bezieht.

Aufgabe 23b
Unterstreichen Sie im folgenden Text die vorverweisenden Mittel mit einer geraden Linie und die rückverweisenden Mittel mit einer Wellenlinie. Unterstreichen Sie mit einer Wellenlinie die Wörter, auf die sie verweisen.
Arbeiten Sie mit Ihrem Nachbarn zusammen und diskutieren Sie Ihr Ergebnis im Plenum.

Induktion der Bewegung
Wird ein Leiter durch ein Magnetfeld geführt, so bewegen sich mit ihm auch seine freien Elektronen. Bewegte Elektronen werden durch die Lorentzkraft senkrecht zu ihrer Bewegungsrichtung abgelenkt. Auf der einen Seite bildet sich ein Elektronenüberschuss, auf der anderen Seite ein Mangel. Zwischen den Leiterenden entsteht eine Spannung. Man sagt auch: eine Spannung wird induziert.
Wenn man den Leiter festhält und das Magnetfeld bewegt, so wird ebenfalls eine Spannung induziert. Die Größe der induzierten Spannung hängt von der Geschwindigkeit des Magneten gegenüber dem Leiter ab, die Richtung der induzierten Spannung von der Bewegungsrichtung des Magnetfeldes.
Wird eine Leiterschleife in einem Magnetfeld so bewegt, dass sich der magnetische Fluss in der Schleife ändert, so wird in ihr während der Bewegung eine Spannung induziert. Diesen Vorgang nennt man Induktion.
Induktion der Ruhe
Bleibt die Spule in ihrer Lage unverändert und variiert das Magnetfeld um die Spule, so spricht man von **Ruheinduktion**. Die Änderung des Magnetfeldes kann z. B. durch eine Spule (Primärspule) über einen magnetischen Kreis auf eine zweite Spule (Sekundärspule) übertragen werden. Das Prinzip eines Transformators beruht auf einer solchen Anordnung. Liegen die Wicklungen der beiden Spulen auf ein und demselben Eisenkern, so spricht man von einer **magnetischen Kopplung.**
Der Stromänderung in der Primärspule folgt ein sich änderndes Magnetfeld, welches seinerseits in der Sekundärspule aufgrund der magnetischen Kopplung eine Spannung induziert. Diese Erscheinung nennt man Induktion.
Fachkunde Elektrotechnik, S. 93

ÜBERSICHT LEKTION 7

LERNEN UND ARBEITEN IN DEUTSCHLAND

Film zum Berufsbild Feinmechaniker
http://www.berufe.tv/BA/ausbildung?filmID=1000288

Film zum Berufsbild Mechaniker Land- und Baumaschinentechnik
http://www.berufe.tv/BA/ausbildung?filmID=1000225

Film zum Berufsbild Mechatroniker für Kältetechnik
http://www.berufe.tv/BA/ausbildung?filmID=1000108

Film zum Berufsbild Elektroniker für luftfahrtechnische Systeme
http://www.berufe.tv/BA/ausbildung?filmID=1000137

http://ec.eurpoa.eu/education/lifelong-learning-programme/doc78_de.htm

A Ferienjobs in Deutschland

Information

In Deutschland suchen sich viele Schüler und Studenten in den Ferien einen Job, um ihr Taschengeld aufzubessern oder ihr Studium zu finanzieren. Dabei können sie sich auch in Unternehmen umsehen, sich Anregungen für die Berufswahl holen oder ihre Vorstellungen über den angestrebten Beruf überprüfen und Kontakte knüpfen, die später vielleicht nützlich sein können.

Fallbeispiel 1

Mariss, 17, Schüler, lebt in Riga. In der Schule hat er mit gutem Erfolg 3 Jahre Deutsch gelernt. Unter seinen Mitschülern und Freunden ist er bekannt als der Mann, der Fahrräder und Mopeds einwandfrei reparieren kann. Alle Männer in der Familie sind technisch interessiert: Sein Onkel Andris z. B. ist ausgebildeter Mechaniker und arbeitet seit einigen Jahren bei der Firma Radl-Kaiser in Lindau am Bodensee. Kaiser betreibt das größte Rad-Center im Landkreis Lindau mit Verkauf, Verleih und renommierter Reparaturwerkstätte. Angesichts der zahlreichen Touristen, die im Sommer mit dem Rad um den Bodensee fahren, besteht im Juli und August bei Kaiser immer Bedarf an zusätzlichen Arbeitskräften.
Onkel Andris kennt die Stärken von Mariss und fragt ihn, ob er nicht für 6 Wochen bei Radl-Kaiser aushelfen will. Maris kann bei ihm wohnen. Bei Kaiser bekommt er 200 EURO die Woche. Kaiser ist bereit, Mariss einen Zuschuss zu den Fahrkosten zu geben.

Aufgabe 1a

Alle folgenden Aussagen sind richtig. Gehen sie aus dem Fallbeispiel hervor?
Arbeiten Sie mit Ihrem Nachbarn zusammen und vergleichen Sie Ihre Arbeitsergebnisse im Plenum

1. Viele Schüler und Studenten in Deutschland suchen sich in den Ferien für einige Wochen einen Ferienjob.
2. Oft erhält man durch Freunde, Verwandte und Bekannte Hinweise auf Ferienjobs.
3. Es gibt im Internet zahlreiche Angebote für Ferienjobs.
4. Das Bundesfinanzministerium gibt wichtige Informationen zu Ferienjobs (http://www.bundesfinanzministerium.de./nn_53988/DE/Buergerinnen_undBuerger_Steu...).
5. Voraussetzung für einen Ferienjob ist unter anderem eine gültige Krankenversicherung.
6. Die Bezahlung von Ferienjobs ist unterschiedlich, sie wird ausgehandelt.
7. Bei vielen Internetangeboten für Ferienjobs ist Vorsicht geboten (http://www. nebenjob.de/abgezockt/abgezockt_8.html).

Die Aussagen ________________________ gehen aus dem Text hervor.

Aufgabe 1b

Im Folgenden finden Sie sechs Tätigkeitsbereiche, in denen ein gelernter Zweiradmechaniker mit der Fachrichtung „Fahrradtechnik" fit sein muss. In welchem Bereich könnte Mariss bei Radl-Kaiser Ihrer Meinung nach helfen? Warum?
Arbeiten Sie mit Ihrem Nachbarn zusammen und vergleichen Sie Ihre Ergebnisse im Plenum.

Zweiradmechaniker und Zweiradmechanikerinnen in der Fachrichtung: Fahrradtechnik

- beraten Kunden und verkaufen Fahrzeuge und Dienstleistungen,
- wickeln Verkäufe von Waren und Dienstleistungen einschließlich der Abrechnung vollständig ab,
- beschaffen Waren und präsentieren diese in Verkaufsräumen,
- warten und reparieren Fahrzeuge,
- passen Fahrzeuge an besondere Kundenwünsche an,
- stellen Komplettfahrzeuge aus Einzelkomponenten her.

http://www.bibb.de/ausbildungsprofil_24253.htm

Aufgabe 1c

1. Hätten Sie Interesse an einem Ferienjob in Deutschland? In welchem Berufsfeld? Warum?
2. Wenn Sie kein Interesse haben: Warum nicht?
3. Wären Ihre Eltern bzw. Ihre Familie damit einverstanden, dass Sie einen Ferienjob annehmen?
Notieren Sie sich Stichpunkte und berichten Sie im Plenum.

B Praktika in Deutschland

Ziele und Inhalte von Praktika

Information

In Deutschland werden verschiedene Arten von Praktika angeboten, z. B. während der Schulzeit, vor der Ausbildung, während der Ausbildung und während des Studiums. Es gibt Praktikumsangebote unterschiedlicher Dauer, z. B. für 1 Woche, 2 Wochen, 4 Wochen, 6 Monate.
Während des Praktikums können die Praktikanten einen Eindruck von der Arbeitswelt gewinnen, sich Anregungen für die Berufswahl holen oder Vorstellungen über den angestrebten Beruf überprüfen. Oft können sie auch Kontakte knüpfen, die später nach Ausbildung bzw. Studium nützlich sein können.
Den geeigneten Praktikumsplatz muss man sich in der Regel selbst suchen. Angebote findet man im Internet und in regionalen Zeitungen. Schülerpraktika werden auch vom Berufsinformationszentrum (BIZ www.arbeitsagentur.de/vam/?/content=/content/supertemplates/Content.jsp&navi=73d) angeboten.

Aufgabe 2a

Der weltweit bekannte deutsche Autobauer BMW bietet im Internet Praktika an.

1. An wen wendet sich das folgende Angebot?
2. Für welche Ausbildungsgänge wird ein Praktikum angeboten?
3. Wann kann man das Praktikum machen?
4. Wie muss man sich bewerben?
5. Bis wann muss man sich bewerben?
6. Was würden Sie bei persönlichem Interesse recherchieren?

Arbeiten Sie mit Ihrem Nachbarn zusammen und vergleichen Sie Ihr Ergebnis im Plenum.

BMW AG

Angebots-Nr.: 25454 Wegbeschreibung
Angebotsart: Schülerpraktikum
Für Schulart: Gymnasium
Bundesland: Sachsen
Röhrsdorfer Allee 3
09247 Chemnitz
Einsatzort: Chemnitz
Branche: Automobilbau
Ber./Abtlg.: Technik
Dauer: 1 Woche oder 2 Wochen

Ausbildungsfeld Fahrzeugtechnik und Produktion
Kfz-Mechatroniker/-in
Karosserie- und Fahrzeugbaumechaniker/-in,
Fachrichtung Karosserieinstandhaltungstechnik
Fahrzeuglackierer/-in.
Zeitpunkt: individuell
Dauer: 1 bis 2 Wochen
Bewerbung:
Bewerbungsschreiben mit Angabe des gewünschten Termins und des gewünschten Berufes; Lebenslauf; Kopie des letzten Zeugnisses und Praktikumsbescheinigung der Schule.

Email: Email
Website: Website
Kontaktperson: Herr Gerd Herrmann
Telefon: 03722/ 5 06-2 08

http://www.kids2biz.de/schuelerpraktikum/bmw-ag_54.html

Fallbeispiel 2
Manolo Lopez Rojo, Absolvent der deutschen Schule in Madrid, studiert in Madrid Maschinenbau im letzten Semester. Er interessiert sich außerdem für Umwelttechnik. Manolo weiß, dass er nach seinem Abschluss in Spanien augenblicklich keine guten Berufsaussichten hat und überlegt, wie er seine Chancen verbessern kann. Für ein Zweitstudium im Ausland hat seine Familie kein Geld. Er sucht nach einer billigeren Lösung und findet das folgende Angebot der Firma Bosch GmbH (52,3 Mrd. Euro Umsatz, rund 306.000 Mitarbeiter weltweit, 119.000 in Deutschland, 1.500 Praktikanten jährlich) im Netz:

Praktikum im Bereich Umweltschutz

Mit konsequenter Ertragsorientierung investieren wir in die Zukunft. Helfen Sie durch Ihr Engagement mit, den langfristigen Erfolg des Unternehmens Bosch zu sichern.

Der Geschäftsbereich Automotive Electronics entwickelt als weltweiter Marktführer innovative elektronische Systeme, Steuergeräte, Sensoren und Halbleiter für Kraftfahrzeuge. Die Robert Bosch Elektronik GmbH ist eine Tochtergesellschaft der Robert Bosch GmbH.
Als Leitwerk für Motorsteuergeräte produzieren wir in Salzgitter mit modernster Technik und koordinieren außerdem die gesamte Produktion der Steuergeräte innerhalb der Bosch-Gruppe.

Ihre Aufgabe:
- Erstellen von Betriebsanweisungen für Gefahrstoffe
- Zusammenfassung der Gefahrstoffinformationen und Piktogrammen in einer Datenbank

Ihr Profil:
Sie sollten ein Studium im Bereich Maschinenbau, Elektrotechnik oder Umwelttechnik absolvieren und bereits über erste Erfahrungen mit Gefahrstoffen verfügen. Sie sind initiativ, arbeiten selbstständig und haben gute Kenntnisse in MS-Office. Teamfähigkeit sowie eine hohe Auffassungsgabe runden Ihr Profil ab. Wir bieten Ihnen ein interessantes und abwechslungsreiches Arbeitsumfeld. Gründliche Einarbeitung, Betreuung durch qualifizierte Mitarbeiter/-innen sowie eine gute Einbindung ins Team sind bei uns selbstverständlich. Wir sind ständig auf der Suche nach motivierten Praktikanten/-innen. Sollten Sie an einem Vollzeit-Praktikum interessiert sein, dann freuen wir uns auf Ihre Bewerbung unter Angabe des gewünschten Einsatzzeitraums. Für Rückfragen direkt an den Fachbereich steht Ihnen Herr Zücker unter der Telefonnummer: +495341/28-6231 zur Verfügung.

Jeder Erfolg hat seinen Anfang
Bewerben Sie sich jetzt!

Datum: **07.09.2010**
Referenz-Nr.: **DE00033711**
Land: **Deutschland**
Arbeitsort: **Salzgitter**

Jetzt online bewerben!
Nutzen sie unser Online-Bewerbungsformular, und Ihre Informationen kommen schnell und sicher bei uns an.
▶ **Online-Bewerbung starten**

Oder bewerben Sie sich per Post:
Senden Sie uns Ihre vollständigen Bewerbungsunterlagen unter Angabe der jeweiligen Referenz-Nr. an:

Robert Bosch Elektronik GmbH
Personalabteilung
Amabel Kurle
John-F.-Kennedy-Str. 43-53
38228 Salzgitter
Deutschland

Kontakt:
Amabel Kurle
+49(5341)/28-7096

Nach: http://fazjob.net/job_detail/?em_id=724145

Manolo überlegt, ob er sich bewerben soll. Folgende Gegebenheiten machen das Praktikum für ihn interessant:

- Der Mann seiner Tante Mafalda betreibt in Braunschweig ein spanisches Restaurant. Er könnte bei seiner Tante wohnen und ab und zu im Restaurant aushelfen.
- Er weiß, dass Bosch eine weltweit agierende, angesehene Firma ist, die den Ruf hat, großen Wert auf Personalentwicklung zu legen.
- Er weiß: In Braunschweig und Hannover gibt es renommierte Technische Universitäten, deren Einrichtungen er als Gasthörer nutzen könnte.
- Das Volkswagenwerk in Wolfsburg ist in der Nähe.
- In Niedersachsen wird in den Städten kaum Dialekt gesprochen.

Manolo hat eine Checkliste von der Jobbörse StepStone vorliegen, die ihm bei der Wahl helfen soll.

Aufgabe 2b

1. Welche Informationen sollte Manolo einholen, ehe er sich endgültig für eine Bewerbung entscheidet?
2. Welche der folgenden Punkte der Checkliste wird Manolo voraussichtlich bejahen?
Arbeiten Sie mit Ihrem Nachbarn zusammen und vergleichen Sie Ihre Ergebnisse im Plenum.

Checkliste

a) Ich möchte herausfinden, ob der angestrebte Beruf der richtige ist.
b) Ich will eine bestimmte Branche kennen lernen.
c) Das Unternehmen sollte mir die Möglichkeit geben, mehrere Fachbereiche kennen zu lernen.
d) Ich möchte nur bestimmte fachspezifische Kenntnisse erlangen bzw. erweitern.
e) Ich möchte in erster Linie meinen persönlichen Horizont erweitern und etwas Neues kennen lernen.
f) Ich will ein Netzwerk von Kontakten aufbauen, die für das weitere Studium und die Jobsuche danach wichtig sind.
g) Das Image und der Name des Unternehmens sind mir für meinen Lebenslauf sehr wichtig.
h) Ich will Auslandserfahrung sammeln.
i) Ich bin bereit, für ein Praktikum an einen anderen Ort (oder ins Ausland) zu gehen und kann damit verbundene Kosten auf mich nehmen.
j) Mein Praktikum kann x Wochen/Monate dauern.
k) Ich würde unter Umständen ein Studiensemester zur Absolvierung des Praktikums aussetzen.
l) Ich bin zeitlich flexibel./ Ich bin zeitlich aufgrund von Klausuren u. ä. gebunden, kann aber einen Wunschzeitraum bereits benennen.
m) Ich bin bereit, auch für einen geringen (oder eventuell auch gar keinen) Lohn zu arbeiten.

Aufgabe 2c

Manolos Freunde diskutieren seine Bewerbung kontrovers.
Würden Sie Manolo zu einer Bewerbung raten oder ihm davon abraten? Sammeln Sie Argumente pro und contra.
Arbeiten Sie mit Ihrem Nachbarn zusammen und vergleichen Sie Ihr Ergebnis im Plenum.

Für/Pro	Gegen/Contra
Du kannst Dich in die Umwelttechnik einarbeiten. Damit gewinnst Du eine weitere Qualifikation.	Du verlierst viel zu viel Zeit. Bewirb Dich lieber direkt nach Deinem Studium im Raum Barcelona.
…	…

Aufgabe 2d

1. *Suchen Sie sich in der Klasse einen Partner, den Sie nicht so gut kennen.*
   Versetzen Sie sich in die Rolle von Manolo. Ihr Partner versucht Sie, davon zu überzeugen, sich nicht für das Praktikum bei Bosch zu bewerben. Versuchen Sie ihn davon zu überzeugen, dass sich das Praktikum lohnen würde.
2. *Tauschen Sie die Rollen.*

Planung eines Praktikums

Information

Im Internet, in Zeitungen und anderen Medien finden sich unzählige Praktikumsangebote für unterschiedliche Zielgruppen (Schüler aller Schultypen, Gymnasiasten, Mädchen, Studierende) ohne oder mit Bezahlung und unterschiedlicher Dauer. Angebote für technische Praktika gibt es nicht nur in Betrieben der Investitions- und Verbrauchsgüterindustrie, sondern auch z. B. in Betrieben der Nahrungsmittel- und Getränkeindustrie, wo etwas maschinell hergestellt, abgefüllt und verpackt wird. Es lohnt sich also, auf breiter Basis zu suchen.
Damit man auch etwas Passendes findet und sich die investierte Zeit (gegebenenfalls auch das Geld) lohnt, sollte man vorher darüber im Klaren sein, was man eigentlich braucht und will. Hilfen, dies herauszufinden, geben z. B. Industrie- und Handelskammern www.ihk.de im Internet, insbesondere mit dem Programm „Go for Europe" www.goforeurope.de.

Aufgabe 3a

1. *Unterstreichen Sie im Text „Planung eines Praktikums" die Empfehlungen für die Suche nach einem Praktikumsplatz.*
2. *Beantworten Sie die Fragen zur Vorbereitung auf die Suche nach einem für Sie geeigneten Praktikumsplatz.*
3. *Notieren Sie die Antworten in Stichpunkten auf Kärtchen.*
4. *Heften Sie die Kärtchen an die Tafel oder Pinnwand.*
5. *Wählen Sie alle zusammen einen Kollegen, der die Ergebnisse moderiert.*

Planung eines Praktikums

Ganz wichtig: Bereitet Euch auf Euer Praktikum vor – und zwar schon vor der Suche: nämlich auf die Suche. Schließlich wollt Ihr ja eine Praktikumsstelle finden, die Euch echt etwas bringt. Startet deswegen ruhig ein halbes Jahr vor Praktikumsbeginn.
Und hier geht es auch schon los – mit den Vorbereitungen auf die Suche. Diese Vorüberlegungen helfen Euch, konkrete Vorstellungen in Bezug auf ein Praktikum zu entwickeln, um dann ganz gezielt eine Praktikumsstelle zu suchen.

1. Was wollt Ihr mit einem Praktikum erreichen? Berufsorientierung: Wollt Ihr ein Arbeitsumfeld ganz neu kennen lernen oder Eure Vorstellungen von einer Tätigkeit überprüfen? Karriere-Start: Welches Praktikum dient am ehesten Eurem beruflichen Ziel? Also: In welcher Branche soll das Praktikum und in welchen Branchen könnte es auch noch stattfinden?	

2. Wo möchtet Ihr das Praktikum machen? Von Zuhause aus oder seid Ihr bereit, woanders hinzugehen? Welche Verbindung habt Ihr woanders hin, wer könnte Euch dabei helfen (siehe unter 7.)?	
3. Zu welchem Zeitpunkt ist ein Praktikum sinnvoll? Wann könnt Ihr anfangen und wie lange soll es dauern?	
4. Was konkret erwartet Ihr von einem Praktikums-Betrieb? Was von einem Praktikanten-Betreuer? Habt Ihr eine Vorstellung davon, was Ihr gerne in Eurem Praktikum machen würdet? Oder ist Euch das total egal – auch wenn Ihr zwei Wochen nur Kaffee kocht?	
5. Wie finanziert Ihr Euch während des Praktikums? Braucht Ihr ein bezahltes Praktikum, in welcher Höhe? Wie könnt Ihr einen Anspruch nach finanziellem Ausgleich begründen, habt Ihr beispielsweise Fahrtkosten?	
6. Was bietet Ihr möglicherweise einem Praktikums-Betrieb? Habt Ihr Qualifikationen, Eigenschaften, Vorlieben, Interessen, Leidenschaften, Hobbies, die interessant für einen Arbeitgeber sein könnten?	
7. Wer kann Euch weiterhelfen – und zwar bei der Auswahl einer Praktikumsstelle und bei der Suche? Lehrer? Eltern? Freunde der Eltern? Verwandte? Andere Vereinsmitglieder? Jemand aus der Kirche? Arbeitsämter?	

http://www.praktikant24.de/index.php?id=70123472027311&opener=7013011063274

Aufgabe 3b

1. *Suchen Sie im Internet www.google.de, www.yahoo.de, www.praktikant24.de, über die deutsche Außenhandelskammer in Ihrem Land o. ä. ein Praktikumsangebot eines deutschen Unternehmens, das Ihnen zusagt. Legen Sie bei der Entscheidung für ein Angebot die Kriterien 1 – 6 aus dem Katalog auf S. 209 zugrunde. Nehmen Sie gegebenenfalls Ihre Kärtchen aus der Arbeit an Aufgabe 3a zu Hilfe.*
2. *Bereiten Sie sich darauf vor, das Plenum über das gewählte Praktikum zu informieren. Erwähnen Sie auch die Vorteile, die sich für Sie aus der Wahl des Unternehmens, seines Standorts etc. ergeben. Machen Sie sich Notizen.*
3. *Informieren Sie das Plenum über Ihr Praktikum im Unternehmen X und die Gründe Ihrer Wahl.*

Empfehlung

Sollten Sie dafür nicht genügend Informationen über deutsche Unternehmen und ihre Standorte haben, so sollten Sie in der Klasse vorab Namen deutscher Unternehmen sammeln und/oder im Netz recherchieren und sich ausreichend Informationen über deren Standorte beschaffen.
Wenn Sie nicht über einen Internetzugang verfügen, wählen Sie eins aus den unten abgedruckten Angeboten aus. Verfahren Sie dann, wie oben angegeben.

Praktikant/in in Porsche Classic Technik

Online-Bewerbungwww.porsche.com
Der eigene Antrieb hat manche Menschen bis zum Mond gebracht.
Womit fangen Sie an?
Wir suchen Sie als Praktikant/in Porsche Classic Technik.

Aufgaben

- Mitarbeit bei der Erstellung von Projektplänen für Komplettrestaurationen sowie Abstimmung mit relevanten Schnittstellen
- Prozessanalyse und -dokumentation der Werkstattabläufe
- Mitarbeit bei der Optimierung und Pflege des Werkstattplanungssytems
- Erstellung von Analysen und Präsentationen
- Unterstützung bei der Planung und Durchführung von Veranstaltungen
- Mithilfe im operativen Tagesgeschäft

Beginn: ab Februar 2011
Dauer: 6 Monate

Anforderungen

- Studium der Betriebswirtschaftslehre, der Wirtschaftswissenschaften, des Wirtschaftsingenieurwesens, des Maschinenbaus oder der Fahrzeugtechnik
- Sicherer Umgang mit MS Office, idealerweise Kenntnisse in SAP R/3
- Gute Englischkenntnisse, weitere Fremdsprachenkenntnisse wünschenswert
- Hohes Maß an Einsatzbereitschaft sowie selbstständige Arbeitsweise
- Ausgeprägte Kommunikationsfähigkeit
- Interesse an Old- und Youngtimern

Faszination Porsche erleben

Bitte bewerben Sie sich direkt über unser Online-Bewerbungsformular.

Dr. Ing. h.c. F. Porsche AG
Personalmarketing
Kennziffer **06502347**

http://fazjob.net/job_detail/?em_id=726830

RITTER SPORT ein renommierter deutscher Schokoladenhersteller, bietet im Netz Praktikumsplätze an:

Alfred Ritter GmbH & Co. KG

Angebots-Nr.: 254366 Wegbeschreibung

Angebotsart: Schülerpraktikum
Für Schulart: alle Schularten
Bundesland: Baden-Württemberg
Alfred-Ritter-Straße 25
71111 Waldenbuch
Branche: Nahrungs- und Genußmittel
Ber./Abtlg.: Technik
Dauer: 1 Woche

Modernste Technologie ist Ihre Welt? Mit dem Computer gehen Sie gerne um? Und riesige Maschinenanlagen faszinieren Sie? Wie wär's dann mit einem Praktikum als Mechatroniker/in? Bei uns können Schüler/innen aller Schulformen jeweils **im Zeitraum von Februar bis Juli einwöchige Schnupper-Praktika** für den Beruf des Mechatronikers/der Mechatronikerin absolvieren.

Lust darauf? Dann bewerben Sie sich doch bei RITTER SPORT und schicken Sie uns Ihre vollständigen Bewerbungsunterlagen – d. h. mit tabellarischem Lebenslauf, Zeugniskopien und Angabe des Wunschzeitraums.
Bew.ende: 16.07.2012

Email: Email
Website: Website
Telefon: 07157/ 97 - 0

http://www.kids2biz.de/schuelerpraktikum/alfred-ritter-gmbh-and-co.-kg_366.html

Bewerbung für ein Praktikum

Information

Die Unternehmen, die Praktika anbieten, geben an, ob sie eine Online Bewerbung wünschen oder eine Bewerbung per Post. Wird eine Online Bewerbung gewünscht, so sollte man sich online bewerben. Für Online Bewerbungen gibt es Formulare (z. B. u. S. 217). Bewerbungen per Post enthalten in der Regel ein Bewerbungsschreiben (Anschreiben, s. u. S. 218 ff.). Sehr oft werden „die üblichen Bewerbungsunterlagen“ verlangt. Die bestehen in

- Anschreiben
- Lebenslauf
- Kopien von Schul-, Ausbildungs- und Arbeitszeugnissen
- Bestätigungen von Praktika und anderen erworbenen Qualifikationen.

Normalerweise werden diese Papiere in einer Bewerbungsmappe zusammengestellt.

Aufgabe 4

Bilden Sie zwei Gruppen. Die erste Gruppe bearbeitet die erste der folgenden Aufgaben, die zweite Gruppe bearbeitet die zweite. Anschließend informieren sich die Gruppen gegenseitig über ihre Arbeitsergebnisse.

1. *Was soll die Bewerbung um die Praktika in der auf S. 205 abgedruckten Anzeige von BMW enthalten?*
2. *Was soll die Bewerbung um die Praktika in der auf S. 211 abgedruckten Anzeige von RITTER SPORT enthalten?*

Das kann ich schon

Aufgabe 5a
Höchstwahrscheinlich haben Sie in Ihrem Deutschunterricht gelernt, wie man einen Lebenslauf nach traditionellem deutschen Muster schreibt. Vermutlich haben Sie den Lebenslauf tabellarisch verfasst und mit den ältesten Daten angefangen.
Welche der folgenden Punkte haben Sie aufgenommen? Schreiben Sie sie stichpunktartig heraus. Arbeiten Sie mit Ihrem Nachbarn zusammen und vergleichen Sie Ihre Ergebnisse im Plenum.

Häufigste Bestandteile eines Lebenslaufes

- die Überschrift Lebenslauf
- evtl. ein Bewerbungsfoto (im angloamerikanischen Raum unüblich). Das Bewerbungsfoto kann auch in digitaler Form als Grafik eingefügt werden.
- persönliche Daten (z. B. Name, Anschrift, Telefon, E-Mailadresse, Geburtsdatum und -ort, Nationalität, Geschlecht, Familienstand, Anzahl der Kinder, eventuell die Namen und Berufe der Eltern – letzteres in der Regel nur bei Ausbildungsplätzen und auch nur dann, wenn die Berufe der Eltern/des Elternteils einen erkennbaren Zusammenhang zum Ausbildungsplatz/Berufswunsch erkennen lassen)
- Bildung: Schulen, Studium, Weiterbildungsmaßnahmen mit Abschlüssen
- Weiterbildung, zusätzliche Qualifikation
- bisherigen Berufen/Berufserfahrungen/Praktika
- sonstigen Qualifikationen und Kenntnissen (EDV, Sprachen, Führerschein, unter Umständen (auch künstlerische oder musische) Hobbys)
- Soziale Kompetenzen
- ggf. eine Auflistung eigener Publikationen
- ggf. Auszeichnungen
- Ort, Datum, Unterschrift (Onlinebewerbungen meist ohne Unterschrift).

http://de.wikipedia.org/wiki/Lebenslauf

Aufgabe 5b
Wie gestalten Sie Ihren Lebenslauf für eine Bewerbung in Ihrem Heimatland?
Notieren Sie sich Stichpunkte zu Inhalt und Ablauf des Textes und informieren Sie das Plenum.

Kennen Sie auch andere Formen des Lebenslaufs?

Information
Die Form des Lebenslaufs ist in den meisten Ländern unterschiedlich, auch innerhalb Europas. Die Europäische Union ist deshalb bemüht, mit den Dokumenten des Europasses (Lebenslauf, Sprachenpass, Mobilitätsnachweis, Diplomzusatz und Zeugniserläuterung) für eine größere Vergleichbarkeit und Transparenz von Abschlüssen aus Ausbildung, Studium und Beruf zu sorgen und Standards zu etablieren.
Dieser Standard wird in Europa immer wichtiger. Deutsche Unternehmen legen Wert darauf, dass die Auszubildenden die entsprechenden Dokumente, insbesondere den Europass-Mobilitätsnachweis, erwerben und den Lebenslauf in Form des Europass-Lebenslaufs schreiben.
Den Europass-Lebenslauf finden Sie im Internet (www.europass-info.de). Es gibt ihn ohne Daten, aber auch ausgefüllt als Muster. Ein solches Muster können Sie gegebenenfalls als Vorbild für eigene Formulierungen nutzen.

Aufgabe 6a
Im Folgenden finden Sie das Muster eines Europass-Lebenslaufs ohne Daten.
Der Europass-Lebenslauf ist tabellarisch angelegt.
Vergleichen Sie Bestandteile und Textablauf des Modells in Aufgabe 5a auf S. 212 mit den Punkten und ihrer Anordnung des Europass-Lebenslaufs. Gehen Sie über die Selbstbeurteilung Fremdsprachen hinweg – dazu gibt es weiter unten eigene Informationen und Aufgaben.
1. Welche Punkte gibt es nur im Europass-Lebenslauf?
2. Welche Punkte gibt es nur im Modell auf S. 212?
Arbeiten Sie mit Ihrem Nachbarn zusammen und vergleichen Sie Ihre Ergebnisse im Plenum.

europass

Curriculum Vitae

Vorname(n), Nachname(n)

ANGABEN ZUR PERSON

Photo

Vorname(n), Nachname(n)

Straße, Hausnummer, PLZ, Ort, Staat

Telefon   Mobil

E-Mail Adresse(n)

Webseite(n)

Instant Messaging Service

Geschlecht

Geburtsdatum

Staatsangehörigkeit

ANGESTREBTE STELLE
BERUF
ANGESTREBTE TATIGKEIT
ANGESTREBTES STUDIUM

BERUFSERFAHRUNG

[Jeden Arbeitsplatz separat angeben. Mit der gegenwärtigen bzw. letzten Berufstätigkeit beginnen]

Datum (von - bis)   Aktuelle Stelle / Position

Tätigkeitsbereich oder Branche

SCHUL- UND BERUFSBILDUNG

Fügen Sie für jeden relevanten Bildungs- und Ausbildungsgang einen separaten Eintrag hinzu. Beginnen Sie mit der am kürzesten zurückliegenden Weiterbildung

Datum (von - bis)   Bezeichung der erworbenen Qualifikation   EQR-Einstufung, falls bekannt

PERSONLICHE FAHIGKEITEN

Muttersprache   Muttersprache(n)

Weitere Sprachen

VERSTEHEN		SPRECHEN		SCHREIBEN
Hören	Lesen	An Gesprächen teilnehmen	Zusammenhängendes Sprechen	

Weitere Sprachen

Sprachzertifikat und Einstufung, falls bekannt.

Weitere Sprachen

Sprachzertifikat und Einstufung, falls bekannt.

Sprachniveaus: A1/2: elementare Sprachverwendung - B1/B2: selbstständige Sprachverwendung - C1/C2: kompetente Sprachverwendung
Gemeinsamer Europäischer Referenzrahmen für Sprachen

Kommunikative Fähigkeiten

Organisatorische und Management Fähigkeiten

page 1 / 2

europass

Curriculum Vitae

Vorname(n), Nachname(n)

Berufliche Fähigkeiten

Computerkenntnisse

Sonstige Fähigkeiten

Führerschein

ZUSATZLICHE INFORMATIONEN

Publikationen
Präsentationen
Projekte
Konferenzen
Seminare
Auszeichnungen und Preise
Mitgliedschaften
Referenzen

ANLAGEN

www.europass-info.de

Aufgabe 6b

Bilden Sie Dreiergruppen. Füllen Sie den Europass-Lebenslauf mit den Daten einer Person aus einer Dreiergruppe aus. Gehen Sie dabei folgendermaßen vor:

1. *Übertragen Sie die Punkte in der linken Spalte des Europass-Lebenslaufs (z. B. mithilfe von Kopien) auf Kärtchen und kleben Sie diese wie im Muster auf S. 212–213 auf ein großes Blatt Papier (Packpapier, Flipchart-Papier, DIN A3-Bogen etc.). Die Punkte, die für die ausgewählte Person nicht relevant sind, lassen Sie einfach weg (Man kann beim Ausfüllen der elektronischen Maske die Punkte in der linken Spalte, die nicht zutreffen oder nicht relevant sind, löschen).*
2. *Schreiben Sie mit dickem Stift (in großen und kleinen Druckbuchstaben) die Daten der ausgewählten Person in die rechte Spalte neben die entsprechenden Kärtchen. Hängen Sie das Plakat Ihrer Gruppe in Ihrem Klassenzimmer an die Wand (Pinnwand, Tafel, Wand. Benutzen Sie notfalls eine Wäscheleine, wenn sonst kein Platz ist.).*
3. *Gehen Sie in der Klasse herum und informieren Sie sich über Ergebnisse der anderen Gruppen. Eine Person aus jeder Gruppe bleibt bei ihrem Plakat stehen, um Fragen der anderen zu beantworten.*

Aufgabe 6c

Zum Europass-Lebenslauf gibt es einen Leitfaden, der Ratschläge und Tipps gibt.
Wenn Sie beispielsweise noch keine Berufserfahrung haben, finden Sie dort Hinweise, wie Sie verfahren können.
Unterstreichen Sie die dazu passenden Stellen im folgenden Text.
Arbeiten Sie mit Ihrem Nachbarn zusammen und vergleichen Sie Ihre Ergebnisse im Plenum.

Konzentrieren Sie sich auf das Wesentliche

- Ein Lebenslauf muss kurz sein: In den meisten Fällen reichen ein oder zwei Seiten aus. Keinesfalls sollte Ihr Lebenslauf länger als drei Seiten sein.
- Sollte es Ihnen noch an Berufserfahrung mangeln, dann machen Sie zuerst Angaben zu Ihrer Schul- und Berufsbildung; verweisen Sie auf Ihre Praktika im Rahmen der Ausbildung.
- Sollten für die Stelle, für die Sie sich bewerben, Sprachkenntnisse wichtig sein, dann füllen Sie den ebenfalls in dieser Webseite verfügbaren Europass-Sprachenpass aus und legen diesen Ihrem Europass-Lebenslauf bei.

https://europass.cedefop.europa.eu/instruments/cv/principles.do

Der Europass-Sprachenpass

Information

Für das Unternehmen, bei dem Sie ein Praktikum machen wollen, ist es sehr wichtig, Ihre Sprachkenntnisse in Deutsch zu kennen, damit es Ihnen das Praktikum auf den Leib schneidern kann. Dazu sollten Sie Ihre Deutschkenntnisse möglichst genau angeben.
Ein Instrument, das Sie für diese Beschreibung nutzen können, ist der Europass-Sprachenpass. Er ist Bestandteil des Europäischen Sprachenportfolios (www.sprachenportfolio-deutschland/) und beruht auf dem Gemeinsamen Europäischen Referenzrahmen (GER www.goethe.de/z/50/commeuro/deindex.htm). Der GER legt sechs Niveaus sprachlicher Kompetenz für etliche, in Europa gesprochene Sprachen fest, die in Grobskalen (s. Aufgabe 5a, S. 212) und Feinskalen genau beschrieben werden.
Der Gemeinsame Europäische Referenzrahmen und der Europass-Sprachenpass sind für allgemeinsprachliche Kenntnisse entwickelt worden. Für Fachsprachenkenntnisse geben sie einen groben Orientierungsrahmen.

Aufgabe 7a

Im Folgenden finden Sie eine Globalskala aus dem GER. Wenn Sie Schwierigkeiten mit dem Text haben sollten, bitten Sie Ihren Lehrer um Hilfe (z. B. eine Erläuterung oder Übersetzung oder Wiedergabe in der Muttersprache).
Überlegen Sie zusammen mit Ihrem Nachbarn, welches Niveau Sie in Deutsch haben.
Berücksichtigen Sie dabei: Nach der Arbeit mit diesem Buch haben sich Ihre Kompetenzen höchstwahrscheinlich so entwickelt, dass Sie im Lesen und Sprechen ein höheres Niveau erreicht haben als z. B. im Schreiben. Differenzieren Sie also dementsprechend Ihre Angaben.

Kompetente Sprachverwendung	C2	Kann praktisch alles, was er/sie liest oder hört, mühelos verstehen. Kann Informationen aus verschiedenen schriftlichen und mündlichen Quellen zusammenfassen und dabei Begründungen und Erklärungen in einer zusammenhängenden Darstellung wiedergeben. Kann sich spontan, sehr flüssig und genau ausdrücken und auch bei komplexeren Sachverhalten feinere Bedeutungsnuancen deutlich machen.
	C1	Kann ein breites Spektrum anspruchsvoller, längerer Texte verstehen und auch implizite Bedeutungen erfassen. Kann sich spontan und fließend ausdrücken, ohne öfter deutlich erkennbar nach Worten suchen zu müssen. Kann die Sprache im gesellschaftlichen und beruflichen Leben oder in Ausbildung und Studium wirksam und flexibel gebrauchen. Kann sich klar, strukturiert und ausführlich zu komplexen Sachverhalten äußern und dabei verschiedene Mittel zur Textverknüpfung angemessen verwenden.
	B2	Kann die Hauptinhalte komplexer Texte zu konkreten und abstrakten Themen verstehen, versteht im eigenen Spezialgebiet auch Fachdiskussionen. Kann sich so spontan und fließend verständigen, dass ein normales Gespräch mit Muttersprachlern

Selbstständige Sprachverwendung		ohne größere Anstrengungen auf beiden Seiten gut möglich ist. Kann sich zu einem breiten Themenspektrum klar und detailliert ausdrücken, einen Standpunkt zu einer aktuellen Frage erläutern und die Vor- und Nachteile verschiedener Möglichkeiten angeben.
	B1	Kann die Hauptpunkte verstehen, wenn klare Standardsprache verwendet wird und wenn es um vertraute Dinge aus Arbeit, Schule, Freizeit usw. geht. Kann die meisten Situationen bewältigen, denen man auf Reisen im Sprachgebiet begegnet. Kann sich einfach und zusammenhängend über vertraute Themen und persönliche Interessengebiete äußern. Kann über Erfahrungen und Ereignisse berichten, Träume, Hoffnungen und Ziele beschreiben und zu Plänen und Ansichten kurze Begründungen oder Erklärungen geben.
Elementare Sprachverwendung	A2	Kann Sätze und häufig gebrauchte Ausdrücke verstehen, die mit Bereichen von ganz unmittelbarer Bedeutung zusammenhängen (z. B. Informationen zu Personen und zur Familie, Einkaufen, Arbeit, nähere Umgebung). Kann sich in einfachen, routinemäßigen Situationen verständigen, in denen es um einen einfachen und direkten Austausch von Informationen über vertraute und geläufige Dinge geht. Kann mit einfachen Mitteln die eigene Herkunft und Ausbildung, die direkte Umgebung und Dinge im Zusammenhang mit unmittelbaren Bedürfnissen beschreiben.
	A1	Kann vertraute, alltägliche Ausdrücke und ganz einfache Sätze verstehen und verwenden, die auf die Befriedigung konkreter Bedürfnisse zielen. Kann sich und andere verstehen und anderen Leuten Fragen zu ihrer Person stellen – z. B. wo sie wohnen, was für Leute sie kennen oder was für Dinge sie haben – und kann auf Fragen dieser Art Antwort geben. Kann sich auf einfache Art verständigen, wenn die Gesprächspartnerinnen oder Gesprächspartner langsam und deutlich sprechen und bereit sind zu helfen.

Gemeinsamer europäische Referenzrahmen: Globalskala

Der Gemeinsame europäische Referenzrahmen legt die einzelnen Kompetenzen in gemeinsamen Referenzniveaus für alle Stufen detailliert fest, und zwar u. a. für

- mündliche Produktion
- schriftliche Produktion
- Hörverstehen
- Leseverstehen
- mündliche Interaktion

Nach: Trim et al. 2001, S. 35

Aufgabe 7b

Bei der Angabe des Niveaus Ihrer Deutschkenntnisse ist es hilfreich, diese erst anhand einer Feinskala festzustellen.

Im Folgenden finden Sie die Feinskala zum Verstehen/Lesen aus dem Europass-Sprachenpass. Der Europass-Sprachenpass orientiert sich am GER. Wenn Sie Schwierigkeiten mit dem Text haben sollten, bitten Sie Ihren Lehrer um Hilfe (z. B. eine Übersetzung oder Wiedergabe in der Muttersprache).

1. *Unterstreichen Sie die für Ihre Selbsteinschätzung relevanten Textstellen.*
2. *Informieren Sie sich darüber, was Ihre Kollegen unterstrichen haben. Differieren die Unterstreichungen stark? Was könnte der Grund dafür sein?*
   Wir empfehlen dabei folgendes Vorgehen: Jeder arbeitet anonym mit einer Kopie. Die Kopien werden nach dem Unterstreichen gemischt und ausgeteilt. Sie kreisen so lange in der Klasse, bis jeder mindestens sieben Blätter gesehen hat.
3. *Wollen Sie die Ergebnisse auswerten?*

	Lesen
A1	Ich kann einzelne vertraute Namen, Wörter und ganz einfache Sätze verstehen, z. B. auf Schildern, Plakaten oder in Katalogen.
A2	Ich kann kurze, einfache Texte lesen. Ich kann in einfachen Alltagstexten (z. B. Anzeigen, Prospekten, Speisekarten oder Fahrplänen) konkrete vorhersehbare Informationen auffinden und ich kann kurze, einfache persönliche Briefe verstehen.
B1	Ich kann Texte verstehen, in denen vor allem sehr gebräuchliche Alltags- oder Berufssprache vorkommt. Ich kann private Briefe verstehen, in denen von Ereignissen, Gefühlen und Wünschen berichtet wird.
B2	Ich kann Artikel und Berichte über Probleme der Gegenwart lesen und verstehen, in denen die Schreibenden eine bestimmte Haltung oder einen bestimmten Standpunkt vertreten. Ich kann zeitgenössische literarische Prosatexte verstehen.
C1	Ich kann lange, komplexe Sachtexte und literarische Texte verstehen und Stilunterschiede wahrnehmen. Ich kann Fachartikel und längere technische Anleitungen verstehen, auch wenn sie nicht in meinem Fachgebiet liegen.
C2	Ich kann praktisch jede Art von geschriebenen Texten mühelos lesen, auch wenn sie abstrakt oder inhaltlich und sprachlich komplex sind, z. B. Handbücher, Fachartikel und literarische Werke.

http://europass.cedefop.europa.eu

Aufgabe 7c
Füllen Sie die Rubrik „Sonstige Sprache(n) Selbstbeurteilung" aus dem Europass-Sprachenpass (S. 214) aus.

Aufgabe 7d
Was hat Ihnen dieses Vorgehen gebracht?
Arbeiten Sie mit Ihrem Nachbarn zusammen und vergleichen Sie Ihre Ergebnisse im Plenum.

Die Bewerbung um einen Praktikumsplatz auf ein Angebot hin

Aufgabe 8a
Im Folgenden finden Sie das Formular für eine Online-Bewerbung.
1. Was will Bosch von dem Bewerber wissen?
2. Was sind in Ihren Augen die Vorteile einer Online-Bewerbung?
3. Was sind in Ihren Augen die Nachteile einer Online-Bewerbung?
Arbeiten Sie mit Ihrem Nachbarn zusammen und vergleichen Sie Ihre Ergebnisse im Plenum.

Ihre Kontaktdaten

Anrede * --Bitte auswählen--
Vorname *
Nachname *
Straße / Hausnr *
PLZ *
Ort *

Telefon *
Telefon mobil
Da wir im weiteren Verlauf der Bewerbung auch gerne mit Ihnen per SMS Kontakt aufnehmen möchten, wäre es schön, wenn Sie uns Ihre Handynummer mitteilen würden.
Geburtstag * (DD.MM.YYYY)

E-Mail *
E-Mail Wiederholung *

www.hrd-portal.de/boschsp/custom/bosch-gruppe/register.jsp?posting-nr=2013_25

Information
Bei traditionellen Bewerbungen ist ein Bewerbungsschreiben (Anschreiben) unerlässlich. Es ist individuell gestaltet, aber nie länger als eine Seite (optimal 4 bis 8 Sätze). Das Bewerbungsschreiben soll Interesse und Neugier wecken. Es hat also keinen Sinn, die Angaben zu wiederholen, die bereits im Lebenslauf stehen. Vielmehr kann man begründen, warum man sich auf die ausgeschriebene Stelle bewirbt, und damit seine Motivation deutlich machen. Und man sollte die eigenen Fähigkeiten sachlich und ohne Übertreibung darstellen.

Aufgabe 8b

Im Folgenden finden Sie das Bewerbungsschreiben von Alois Hinterhuber um eine Praktikumsstelle bei BMW in Chemnitz (s. S. 205) sowie Stichpunkte zu seinem Aufbau und Inhalt.

1. *Ordnen Sie die Stichpunkte den entsprechenden Textteilen zu.*
2. *Gibt Alois Hinterhuber eine Begründung für seine Bewerbung?*
3. *Wird die Motivation von Alois Hinterhuber deutlich?*
4. *Stellt Alois Hinterhuber seine Fähigkeiten und Stärken sachlich und ohne Übertreibung dar?*

Arbeiten Sie mit Ihrem Nachbarn zusammen und vergleichen Sie Ihre Ergebnisse im Plenum.

Anrede
Postanschrift des Empfängers
Gruß
Anlagenvermerk
Tagesdatum
Betreff
Unterschrift
Postanschrift des Absenders
Briefinhalt

Alois Hinterhuber
Implerstraße 191
81371 München
(0172-89 87 897)
hinterhuber.alois@freenet.de

1.2.2013

An die BMW AG
Personalabteilung
Röhrsdorfer Allee 3
09247 Chemnitz

25454 – Schülerpraktikum für Schulart Gymnasium

Sehr geehrte Damen und Herren!

Hiermit bewerbe ich mich um ein zweiwöchiges Praktikum als Kfz-Mechatroniker, möglichst vom 16. – 27. 7. 2013.

Zurzeit besuche ich das Rudolf Diesel-Gymnasium in München, das ich im Juli des nächsten Jahres verlassen werde.

Bei der Berufsberatung des Arbeitsamtes habe ich mich beraten lassen. Dabei hat mich besonders der Beruf des Kfz-Mechatronikers interessiert. Deshalb möchte ich ein Praktikum in diesem Beruf machen.

Über eine Zusage würde ich mich sehr freuen.

Mit freundlichen Grüßen

Alois Hinterhuber

Anlagen
- Lebenslauf
- Kopien meines letzten Schulzeugnisses
- Praktikumsbescheinigung meiner Schule

Aufgabe 8c

1. *Wäre ein Anschreiben wie das von Alois Hinterhuber in Ihrem Land angemessen? Hätte es Aussichten auf Erfolg?*
2. *Welche Anlagen müssten Sie zu Hause bei einer Bewerbung um ein Praktikum beilegen?*

Berichten Sie dem Plenum.

Fallbeispiel 3

Das Autohaus Pilz in Cloppenburg bietet gelegentlich Praktikumsplätze (Kfz-Mechatroniker) an, und zwar immer dann, wenn es im Jahr darauf einen Ausbildungsplatz anbietet. Es kann sich auf diese Weise interessierte Jugendliche schon einmal anschauen, ehe diese sich möglicherweise im Jahr darauf um einen Ausbildungsplatz bewerben. Richie Schuler, 16, Realschüler, hat von dem Angebot erfahren und schreibt eine Bewerbung (Text S. 219 links). Bevor er das Anschreiben abschickt, lässt er es von seinem Onkel Otto gegenlesen. Otto Schuler ist Berufsschullehrer. Er gibt Richie eine Checkliste zur Überprüfung des Anschreibens:

Checkliste für Ihr Anschreiben

- Haben Sie eine Telefonnummer angegeben, unter der Sie erreichbar sind?
- Falls Sie eine E-Mail-Adresse angegeben haben, klingt diese neutral?
- Sind Erstellungsort und Datum aufgeführt?
- Stimmt die Anschrift des Ausbildungsbetriebes?
- Ist auch die Rechtsform der Firma korrekt angegeben?
- Ist Ihr Anschreiben an eine spezielle Abteilung/an einen persönlichen Ansprechpartner gerichtet? Und haben Sie seinen Namen richtig geschrieben?
- Haben Sie in der Betreffzeile die Ausbildung/das Praktikum aufgeführt, die Sie absolvieren möchten?
- Ist in der Bezugzeile ein Verweis auf die Ausschreibung vorhanden (Tageszeitung, Agentur für Arbeit, Jobbörse im Internet, Homepage der Firma)?
- Haben Sie auf die überkommene Kürzel „Betr." und „Bzg." verzichtet?
- Ist das Anschreiben leserfreundlich aufbereitet (mehrere Absätze, übersichtliche Gliederung, lesbare Schriftgröße, ausreichender Seitenrand)?
- Haben Sie vor dem Versand eine Endkontrolle durchgeführt, besser durchführen lassen?
- Ist das Anschreiben von Ihnen unterschrieben?
- Wird deutlich, dass Sie sich mit den persönlichen Voraussetzungen Ihres angestrebten Ausbildungsberufes/Praktikums auseinander gesetzt haben?
- Sind Sie auf spezielle Wünsche des angeschriebenen Betriebes eingegangen (Eintrittstermin, Mindestalter, Führerschein, PC-Kenntnisse, Sprachkenntnisse, schulische Voraussetzungen)?
- Ist Ihr Anschreiben frei von Vorwürfen, z. B. an Lehrer?
- Liefern Sie Beispiele dafür, dass Sie im Berufsalltag mit anpacken können?
- Wird Ihre spezielle Motivation für gerade diesen Ausbildungsberuf deutlich?

Püttjer&Schnierda, S. 113

Nach dieser Checkliste soll Richie sein altes Anschreiben überprüfen und verbessern. Otto Schuler rät ihm, das Rechtschreib- und Grammatikkorrekturprogramm in seinem PC zu aktivieren und noch eine Motivationsseite zu verfassen, auf der Richie Frau Pilz von seiner Motivation für das Praktikum überzeugen und seine Stärken darstellen kann. Richie schreibt daraufhin erst einmal ein neues Anschreiben (Text unten rechts).

Richie Schuler
Deubelsweg 13
49661 Cloppenburg August 2012
E-Mail: richie.tausendsassa@t-online.de

Autohaus Pilz GmbH
Daimlerstr. 52
49661 Cloppenburg

Betr. Bewerbung um ein Praktikum

Sehr geehrter Herr!

Ich möchte mich kurz vorstellen: Mein Name ist Richie Schuler und ich suche einen Praktikumsplatz als *Kfz-Mechatroniker*. Ich liebe schnelle Autos und bastle gern an meinem Mofa herum. Außerdem kenne ich mich gut mit Computern aus. Meine Schulnoten sind eigentlich ganz gut, außer in Mathe – daran ist aber mein Lehrer schuld.

Ich arbeite präziese und sorgfältich und ich bin sicher, dass ich in meinem Praktikum für Ihren Betrieb von großem Nutzen sein kann.

Ich würde mich über eine Zusage freuen.

Mit freundlichem Gruß!

Richie Schuler

Anlagen
- Lebenslauf mit Lichtbild
- Kopien meines letzten Schulzeugnisses

Richard Schuler
Deubelsweg 13
49661 Cloppenburg Cloppenburg, 1.9.2012
0173- 78 67 523
E-Mail: richard.schuler@t-online.de

Autohaus Pilz GmbH&Co.KG
Frau E. Pilz
Daimlerstr. 52
49661 Cloppenburg

Suche: Praktikumsplatz Kfz-Mechatroniker
Ihr Aushang in der IHK* Cloppenburg vom 25. 8. 2012

Sehr geehrte Frau Pilz,
Schon länger suche ich einen Praktikumsplatz für meinen Berufswunsch Kfz-Mechatroniker, um meine Chancen bei der späteren Suche nach einem Ausbildungsplatz zu erhöhen. Im nächsten Jahr werde ich an der Ferdinand-Porsche-Realschule einen Abschluss mit guten Noten machen.

Bisher durfte ich auf dem Hof meines Onkels bei der Wartung von Landmaschinen helfen (Abschmieren, kleinere Reparaturen). Mein Mofa pflege und warte ich selbst. Auch mit elektronischen Teilen kenne ich mich aus. Ich helfe meinen Eltern und Großeltern bei der Bedienung und Nachrüstung ihrer Computer.

Der von Ihnen angegebene Termin für das Praktikum passt mir sehr gut. Ich würde mich über einen positiven Bescheid sehr freuen.

Mit freundlichen Grüßen

Richard Schuler

Anlagen
- Lebenslauf mit Lichtbild
- Kopien meiner letzten Schulzeugnisse
- Motivationsseite

*IHK Abk. für Industrie- und Handelskammer

Aufgabe 9a

Bilden Sie drei Gruppen. Jede Gruppe bearbeitet eine der folgenden Fragen.

1. *Welche der Stichpunkte aus der „Checkliste für Ihr Anschreiben" hat Richard Schuler in seinem 1. Anschreiben berücksichtigt?*
2. *Welche der Stichpunkte aus der „Checkliste für Ihr Anschreiben" hat Richard Schuler in seinem 2. Anschreiben berücksichtigt?*
3. *Welche der Stichpunkte aus der „Checkliste für Ihr Anschreiben" hat Alois Hinterhuber in seinem Anschreiben (S. 219) berücksichtigt?*

Arbeiten Sie innerhalb einer der drei Großgruppen mit Ihrem Nachbarn zusammen.
Begründen Sie bei Ihren Entscheidungen Ihre Meinung.
Wählen Sie für Ihre Großgruppe einen Sprecher, der die anderen über ihre Arbeitsergebnisse informiert.

Aufgabe 9b

1. *Schreiben Sie das Bewerbungsschreiben von Alois Hinterhuber so um, dass seine Chancen für eine Zusage einer Praktikumsstelle bei BMW in Chemnitz (s. S. 205) steigen. Holen Sie sich Anregungen in der „Checkliste für Ihr Anschreiben".*

Oder:

Schreiben Sie ein Bewerbungsschreiben um eine der anderen von BMW in Chemnitz angebotenen Praktikumsstellen (s. S. 205).

Arbeiten Sie mit Ihrem Nachbarn zusammen. Stellen Sie ein Plakat her: Schreiben Sie mit dickem Stift (in großen und kleinen Druckbuchstaben) Ihr Anschreiben auf ein großes Blatt Papier (DIN A3 o. ä.), Hängen Sie Ihr Plakat in Ihrem Klassenzimmer an die Wand (Pinnwand, Tafel, Wand. Benutzen Sie notfalls eine Wäscheleine, wenn sonst kein Platz ist.).

2. *Gehen Sie in der Klasse herum und informieren Sie sich über Ergebnisse der anderen. Eine Person aus jeder Zweiergruppe bleibt bei ihrem Plakat stehen, um gegebenenfalls Fragen der anderen zu beantworten.*
3. *Überarbeiten Sie gegebenenfalls Ihr Anschreiben nach der Diskussion mit den anderen.*
4. *Wählen Sie die drei ansprechendsten Plakate aus.*

Aufgabe 9c

Ist die „Checkliste für Ihr Anschreiben" als Gestaltungsrichtlinie für Bewerbungsschreiben in Ihrem Land akzeptabel? Gibt es Punkte, die dort nicht relevant sind?
Berichten Sie dem Plenum.

Die Initiativbewerbung

Fallbeispiel 4

Alois Hinterhubers Bewerbung um eine Praktikumsstelle bei BMW in Chemnitz (s. S. 205) hat keinen Erfolg gehabt. Er überlegt, ob er sich bei BMW in München einfach ohne Aufforderung bewerben soll. BMW hat ein Werk in München. Außerdem denkt er an eine Bewerbung bei Audi in Ingolstadt und bei der MAHAG in München, einem großen Autohaus in München mit mehreren Filialen. Eine davon liegt in seinem Stadtteil.

Aufgabe 10a

Alois sucht nach Informationen darüber, wie er sich bewerben soll, und findet folgenden Text „Initiativbewerbung" im Internet (www.jobware.de/ra/rb/rb/1.html).
Unterstreichen Sie die Stellen, die für Alois wichtig sind, damit er eine Erfolg versprechende Bewerbung schreiben kann.
Arbeiten Sie mit Ihrem Nachbarn zusammen und vergleichen Sie Ihre Ergebnisse im Plenum.

Initiativbewerbung

Zur Bewerbungsstrategie gehört notwendigerweise auch immer die Initiativbewerbung, d. h. die unaufgeforderte Zusendung von Bewerbungsunterlagen. Diese Form der Bewerbung ist mit mehreren Vorteilen verbunden:

- Ihre Bewerbung steht in keiner oder nur geringer Konkurrenz,
- Sie demonstrieren Engagement, Initiative und Motivation,
- Sie müssen bei der Formulierung Ihrer Qualitäten nicht die Anforderungen einer Stellenanzeige berücksichtigen, sondern können sich so präsentieren, wie es Ihnen am vorteilhaftesten erscheint,

- selbst wenn derzeit kein Personalbedarf besteht, wird der Personalverantwortliche – wenn Sie ihn mit Ihrer Bewerbung überzeugt haben – u. U. Ihre Bewerbung in der Wiedervorlage belassen.

Führen Sie vor jeder Initiativbewerbung ein Telefongespräch mit der Personal- oder auch Fachabteilung des Unternehmens, um

- eventuell den Personalbedarf vorab zu sondieren;
- den Namen des Empfängers Ihrer Bewerbung in Erfahrung zu bringen,
- allgemeine Informationen über das Unternehmen zu recherchieren.

Die Initiativbewerbung entspricht in Form und Aufbau der üblichen Bewerbung um eine konkret ausgeschriebene Stelle. In Bezug auf die Bewerbungsmappe gibt es keine grundsätzlichen Unterschiede. Nur das Anschreiben selbst unterliegt anderen Anforderungen:

- Die Initiativbewerbung sollte sich stets an einen konkreten Adressaten richten. Deshalb müssen Sie den Namen des Empfängers in Erfahrung bringen.
- Das Anschreiben sollte eine (knappe) Antwort auf die folgenden fünf Fragen geben:
  1. Wer und was sind Sie?
  2. Was machen Sie beruflich?
  3. Was haben Sie zu bieten?
  4. Was suchen Sie konkret?
  5. Warum interessieren Sie sich gerade für dieses Unternehmen?

Vor allem die Beantwortung der letzten Frage verlangt eine umfassende Recherche Ihrerseits. Wichtige Informationen, die Sie für eine Initiativbewerbung benötigen, finden Sie auch im Bereich „Arbeitgeber A-Z", auf den Firmenhomepages selbst sowie in Beiträgen von Fachzeitschriften usw.

 www.jobware.de/ra/rb/rb/1.html

Aufgabe 10b

Alois Hinterhuber beschließt, an BMW München, Audi Ingolstadt und die MAHAG München eine Initiativbewerbung zu schreiben. Helfen Sie ihm!

Bilden Sie drei Gruppen. Besorgen Sie sich die nötigen Informationen aus dem Internet und aus dem unten stehenden Text „Berufliche Fähigkeiten der Kraftfahrzeugmechatroniker".*

1. *Jede Gruppe schreibt eins der drei Anschreiben.*
   Arbeiten Sie innerhalb der drei Großgruppen mit Ihrem Nachbarn zusammen. Berücksichtigen Sie dabei die Informationen auf den Seiten 219–221. Stellen Sie ein Plakat her: Schreiben Sie mit dickem Stift (in großen und kleinen Druckbuchstaben) Ihr Anschreiben auf ein großes Blatt Papier (DIN A3 o. ä.).
2. *Tauschen Sie Ihre Texte innerhalb Ihrer Großgruppe aus. Machen Sie gegebenenfalls Korrekturvorschläge. Wählen Sie das ansprechendste Plakat Ihrer Großgruppe aus.*
3. *Vergleichen Sie die drei ausgewählten Texte der Großgruppen und schlagen Sie gegebenenfalls Korrekturen vor. Welches der drei Anschreiben hat Ihrer Meinung nach die größte Aussicht auf Erfolg? Begründen Sie Ihre Meinung.*

*http://www.bmwgroup.com_ bmwgroup_prod/d/0_0_www_ bmwgroup_com/karriere/einstiegsmöglichkei.
*http://www.audi/de/de/brand/de/unternehmen/karriere_bei_audi/einstieg_bei_audi/schueler/praktikum_rea...
*http://www.mahag.de/mahag/karriere/praktikum/index.shtml

Berufliche Fähigkeiten der Kraftfahrzeugmechatroniker

Kraftfahrzeugmechatroniker und Kraftfahrzeugmechatronikerinnen führen Wartungs- und Instandsetzungsarbeiten selbstständig und im Team unter Beachtung des Umweltschutzes, der Arbeitssicherheit, des Gesundheitsschutzes und der Qualitätssicherung kundenorientiert aus. Sie beschaffen sich Informationen und werten sie aus, planen ihre Arbeit und dokumentieren sie. Sie analysieren elektrische, elektronische, mechanische sowie pneumatische und hydraulische Systeme, stellen Fehler und Störungen fest und beheben diese.

Dabei setzen sie rechnergestützte Informations- und Kommunikationssysteme zur Erstellung von Prüfprotokollen ein.

Kraftfahrzeugmechatroniker und Kraftfahrzeugmechatronikerinnen

- diagnostizieren Fehler und Störungen und deren Ursachen
- warten, prüfen und stellen Fahrzeuge und Systeme ein
- demontieren und montieren Kraftfahrzeuge und deren Systeme, Baugruppen und Bauteile und setzen sie instand
- rüsten Kraftfahrzeuge und deren Systeme aus, um und nach
- untersuchen Fahrzeuge nach straßenverkehrsrechtlichen Vorschriften

- bedienen Fahrzeuge und deren Systeme und nehmen sie in Betrieb
- aktualisieren Systeme und Prüfgeräte
- kommunizieren mit internen und externen Kunden situationsgerecht
- planen und kontrollieren Arbeitsabläufe und bewerten Arbeitsergebnisse
- wenden qualitätssichernde Maßnahmen an.

www.bibb.de/de/ausbildungsprofil_14262.htm

Die Bewerbungsmappe

Fallbeispiel 4 (Fortsetzung)
Nachdem Alois Hinterhuber den Text über die Initiativbewerbung (S. 220 ff.) gelesen hat, ist ihm klar, dass er mehr Informationen über die Bewerbungsmappe braucht. Er geht zur Münchner Stadtbücherei am Harras und findet ein paar Bücher, die sich mit der Ausbildungsplatzsuche befassen. Beim Blättern wird ihm klar, dass er eine Motivationsseite verfassen sollte. Besonders wichtig erscheinen ihm
- die Informationen über die Bewerbungsmappe
- ein Muster für eine Motivationsseite, nach der er sich seiner Meinung nach richten kann.

Zusammenstellung der Bewerbungsmappe

Anschreiben, Lebenslauf (in der Regel mit Foto), Kopie des letzten Schulzeugnisses und Kopie des vorletzten Schulzeugnisses müssen unbedingt in Ihrer Bewerbungsmappe enthalten sein. Diese Minimalausstattung sollte folgendermaßen einsortiert sein: Oben liegt das Anschreiben, dann folgt der Lebenslauf, danach das letzte Schulzeugnis und danach das vorletzte Schulzeugnis.

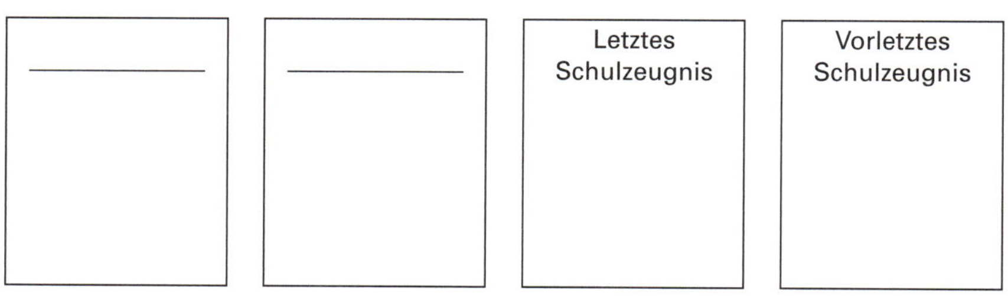

Das folgende Beispiel zeigt, wie man die Mappe informativer und damit attraktiver gestalten kann:

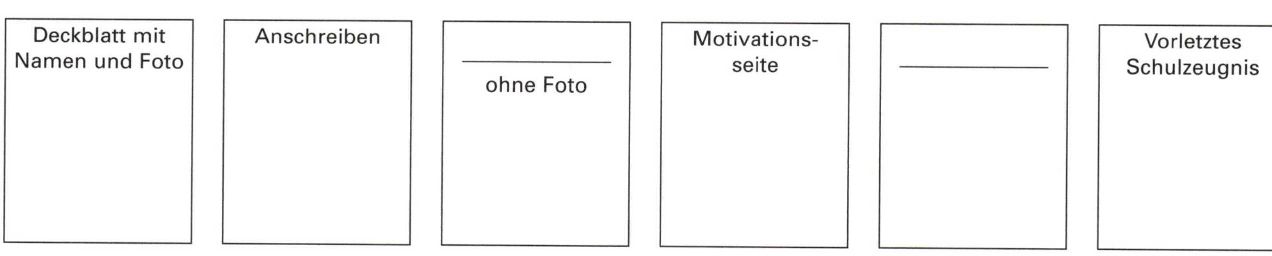

In jedem Fall sollte man darauf achten, dass man für die Papiere eine Mappe nimmt, die ordentlich aussieht, also keine Flecken oder Knicke hat.

Aufgabe 11a
Ergänzen Sie im oben stehenden Text die fehlenden Bezeichnungen für die Bewerbungsunterlagen. Arbeiten Sie mit Ihrem Nachbarn zusammen und vergleichen Sie Ihre Ergebnisse im Plenum.

Aufgabe 11b
Alois Hinterhuber legt in seine Bewerbungsmappe die folgende Motivationsseite.
Halten Sie den Text für gelungen? Oder haben Sie Verbesserungsvorschläge?
Arbeiten Sie mit Ihrem Nachbarn zusammen und vergleichen Sie Ihre Ergebnisse im Plenum.

Alois Hinterhuber
Implerstraße 191
81371 München
(0172- 89 87 897)
hinterhuber.alois@freenet.de

Mein Praktikumswunsch:
Kfz-Mechatroniker

Erste Erfahrungen
Ich habe mich schon immer für Technik interessiert. Ich mache seit einem Jahr den Räderwechsel an unserem Auto (Sommer- und Winterreifen), Ölwechsel, Austausch von Wischerblättern und Sicherungen, Schmieren von Dichtungen u. ä. Ich warte und pflege mein Mofa selbst. Mein Hobby ist der Modellbau. Ich habe mich auch mit der Hardware von Computern beschäftigt, Festplatten ausgewechselt etc. Zu Hause lege ich Leitungen und repariere Lampen.

Ferienjobs
Im letzten Jahr hatte ich einen Ferienjob bei BMW und habe dabei viel gelernt.

Kfz-Mechatronik
An dem Beruf des Kfz-Mechatronikers interessiert mich besonders, dass man lernt, nicht nur mechanische Reparaturen auszuführen, sondern auch elektronische. Mich interessieren besonders Elektroautos und Hybridfahrzeuge. Meine Noten in den naturwissenschaftlichen Fächern und in Mathematik sind gut.

München, 15. 4. 2013
Alois Hinterhuber

Aufgabe 11c
Wie sollte eine entsprechende Mappe bei einer Bewerbung in Ihrem Heimatland aussehen? Informieren Sie das Plenum.

Im Praktikum

Aufgabe 12a
1. *In welchem Land liegt Bozen?*
   Informieren Sie sich mithilfe des Internets oder einer Europakarte.
2. *Kennen Sie Stereotype über seine Bewohner?*
   Sammeln Sie Stichpunkte/Beispiele.

Arbeiten Sie mit Ihrem Nachbarn zusammen und vergleichen Sie Ihre Ergebnisse im Plenum.

Fallbeispiel 5
Raffaele Mazza, geboren in Perugia, lebt mit seiner Frau Mervi Kekkulainen seit 25 Jahren in München. Beide arbeiten bei einem renommierten Münchner Sprachkursanbieter mit Namen Initiativgruppe (IG). Die IG bietet Deutsch- und Italienisch-Kurse an. Im Sommer organisiert Raffaele seit einigen Jahren ein 2-wöchiges Praktikum für eine Gruppe von 15 Jugendlichen, die von der Handelskammer Bozen im Rahmen des Leonardo-Programms (s. u. S. 233) nach München geschickt werden.
Raffaele organisiert für die Jugendlichen Praktikumsplätze in Münchner Betrieben, eine Unterbringung in Gastfamilien und einen Deutschkurs (A2, s. o. 216 ff.). Die Praktikumsplätze sind mit der Handelskammer Bozen und den Interessen der 15-jährigen Jungen und Mädchen abgestimmt: Die Jungen interessieren sich vornehmlich für technische Berufe, die Mädchen eher für kaufmännische.

Raffaele hat die unterschiedlichsten Erfahrungen mit den Gruppen gemacht: Neben sehr motivierten Schülern gibt es auch welche, für die es vor allem wichtig ist, dass sie zum ersten Mal allein von zu Hause weg sind. Es ist ihm z. B. bisher nicht gelungen, alle Teilnehmer einer Gruppe dazu zu bringen, sich schon in Bozen auf das Praktikum vorzubereiten (er hatte ihnen jeweils rechtzeitig Links und Unterlagen geschickt).
Raffaele findet das Programm sehr nützlich und will, dass es weiterläuft. Dazu braucht er möglichst gute Praktikumsergebnisse. Es ist für ihn nicht einfach, Firmen zu finden, die gute Praktikumsplätze anbieten. Er ist also daran interessiert, dass sich die Jugendlichen gut in die Firmen integrieren. So kann er hoffen, dass ihm die entsprechenden Firmen auch im folgenden Jahr wieder einen Platz anbieten.
Er organisiert deshalb den ersten Tag des Praktikums in München folgendermaßen:
Morgens:
1. Recherche über die Firmen, die die Praktikumsplätze anbieten (Internet, ggf. Broschüren)
2. Verhaltensregeln für das Praktikum (Informationsmaterial der Handwerkskammer)
Nachmittags:
3. Deutschkurs (was sollte ich zu Beginn sprachlich am Arbeitsplatz können?)
4. Stadtrundgang in München mit gemeinsamem Essen

Aufgabe 12b
Raffaele lässt seine Gruppe zuerst einmal über die Firmen recherchieren, in denen die Jugendlichen das Praktikum machen.
1. Welche Informationen über „ihre“ Firma sind für die Jugendlichen besonders wichtig?
2. Warum sollten die Jugendlichen bestimmte Daten über „ihre“ Firma kennen?
Erstellen Sie eine Liste mit den Typen von Daten, die man unbedingt über eine Firma kennen sollte, in der man ein Praktikum macht (Kärtchen!).
Arbeiten Sie mit Ihrem Nachbarn zusammen und vergleichen Sie Ihre Ergebnisse im Plenum.

Aufgabe 12c
Stellen Sie sich vor, Sie hätten Aussicht auf einen Praktikumsplatz bei Bosch im Werk Salzgitter, bei BMW im Werk München, bei Audi im Werk Ingolstadt oder bei der MAHAG in München (google Suche Bosch, BMW, Audi, MAHAG München).
Bilden Sie vier Gruppen. Jede Gruppe recherchiert bei einem der Unternehmen, sodass Sie anschließend die folgenden Fragen beantworten können:
1. In welchem Unternehmen arbeite ich eigentlich?
2. Was sollte ich persönlich über das Unternehmen und den Praktikumsplatz wissen?
Arbeiten Sie innerhalb Ihrer Großgruppe mit Ihrem Nachbarn zusammen. Erarbeiten Sie danach eine gemeinsame Liste in der Großgruppe (Plakat).
Vergleichen Sie die Ergebnisse der Großgruppen im Plenum.
Gibt es Unterschiede? Wenn ja, welche? Und warum?

Wie bewege ich mich in meinem Arbeitsumfeld?

Aufgabe 13
Raffaele hat bei einigen Gruppen die Erfahrung gemacht, dass manche Jugendliche das Praktikum nicht so recht ernst nehmen. Sie kamen permanent zu spät, fehlten, ohne Bescheid zu sagen, rauchten trotz Verbotszeichen im Betrieb, telefonierten dauernd mit dem Handy oder kleideten und schminkten sich wie für einen Besuch in der Disko. Deshalb hat er zum Verhalten im Praktikum Informationsmaterial organisiert und geht die folgende Übersicht mit seiner Gruppe durch.

Welche der 17 Regeln für ein Betriebspraktikum ist für die Jugendlichen aus Raffaeles Gruppe möglicherweise nicht so leicht zu befolgen?
Arbeiten Sie mit Ihrem Nachbarn zusammen und vergleichen Sie Ihre Ergebnisse im Plenum.

Verhaltensregeln für das Betriebspraktikum
1. Sei höflich und hilfsbereit!
2. Erscheine pünktlich am Arbeitsplatz!
3. Arbeite sorgfältig!
4. Beobachte und frage!
5. Kleide dich tätigkeitsentsprechend!

6. Nutze Möglichkeiten zu berufsfachlichen Gesprächen!
7. Wenn du etwas nicht verstanden hast, hole dir Rat bei deinem Betreuer!
8. Hast du Probleme, dann trage sie sachlich deinem Lehrer vor bzw. rufe in der Schule an.
9. Im Krankheitsfall benachrichtige telefonisch deine Schule oder deinen Praktikumsbetrieb!
10. Respektiere das Betriebseigentum:
    - Vermeide Beschädigungen!
    - Nimm nur dann Materialien mit nach Hause oder in den Unterricht, wenn du deshalb gefragt hast und sie dir gegeben wurden!
11. Führe deine Praktikumsmappe gewissenhaft!
12. Vorurteile – gegen wen auch immer – versperren dir ein objektives Urteil!
13. Beachte stets die Betriebsordnung, Sicherheits- und Unfallvorschriften!
14. Sage deine persönliche Meinung, achte aber auch die Meinung anderer!
15. Vermeide persönlich verletzende Äußerungen!
16. Führe die Aufträge und Anweisungen gewissenhaft aus!
17. Lass' deine Eltern und Freunde teil haben an deinen täglichen Erlebnissen im Betrieb!

Weitere wichtige Regeln in deinem Betrieb:

____

____.

www.handwerks-power.de

Fallbeispiel 5 (Fortsetzung)
Raffaele hat dieses Mal nur Praktikanten aus technischen Berufen in seiner Gruppe. Er setzt in seinem Deutschunterricht am ersten Tag das unten abgedruckte Material ein. Es stammt aus einer Sammlung von Lernzielen (Curriculum) für Migranten in Deutschland. Er hat Lernziele herausgesucht, die Arbeitnehmer am Arbeitsplatz beherrschen müssen, wenn sie dort erfolgreich auf Deutsch kommunizieren wollen. Er gibt dazu zwei Aufgaben:
1. Die Jugendlichen sollen die Lernziele heraussuchen, die im Praktikum für sie persönlich wichtig sind.
2. Die Jugendlichen sollen anhand der Lernziele einschätzen, was sie selbst schon können.

ARBEIT

KOMMUNIZIEREN MIT VORGESETZTEN UND KOLLEGEN

Sich informieren und Auskünfte geben

Lernziele	Aktivitäten	Niveau
Kann Kollegen mit einfachen Worten nach der Verteilung von Aufgaben innerhalb eines Teams fragen.	am Gespräch teilnehmen	A1
Kann sich bei Kollegen mit einfachen Worten nach Arbeitsabläufen und Kommunikations-gepflogenheiten erkundigen.	am Gespräch teilnehmen	A2
Kann im Konfliktfall mit einfachen Worten erläutern, worin ein Missverständnis besteht, und warum er/sie in einer bestimmten Weise gehandelt/reagiert hat.	am Gespräch teilnehmen	A2
Kann Kollegen um die Erläuterung von Regeln und Verbindlichkeiten bitten, z. B. Regelung im Krankheitsfall, Vertretungsregelung, Arbeitsschutz.	am Gespräch teilnehmen	A2

Aufträge verstehen und darauf reagieren, Aufträge erteilen

Lernziele	Aktivitäten	Niveau
Kann das Wesentliche ganz einfacher, ihm/ihr vertrauter Arbeitsaufträge verstehen.	hören	A1
Kann mit einfachen Worten bestätigen, dass er/sie einen Auftrag versteht und annimmt.	am Gespräch teilnehmen	A1
Kann das Wesentliche ganz einfacher schriftlicher Arbeitsaufträge verstehen, z. B. auf Laufzetteln, Materialscheinen, Notizzetteln sowie in elektronischer Form.	lesen	A1
Kann einfach und klar in schriftlicher Form mitteilen, dass er/sie einen Auftrag verstanden hat und annimmt.	schreiben	A2
Kann Vorgesetzten mit einfachen Worten bestätigen, dass er/sie einen bestimmten Auftrag in der vorgesehenen Zeit nicht erledigen kann.	sprechen	A2
Kann Vorgesetzten angemessene Alternativvorschläge zu einem Arbeitsauftrag machen, z. B. in welcher Reihenfolge ihm/ihr Arbeitsschritte am sinnvollsten erscheinen.	am Gespräch teilnehmen	B1
Kann Mitarbeitern und Kollegen einfache Aufträge erteilen.	sprechen	A2
Kann Mitarbeiter und Kollegen nach der Erledigung der Aufträge fragen.	am Gespräch teilnehmen	B1

Mitteilungen verstehen und darauf reagieren, Mitteilungen machen

Lernziele	Aktivitäten	Niveau
Kann sich mit einfachen Worten telefonisch krankmelden.	am Gespräch teilnehmen	A1
Kann sich telefonisch krankmelden, mitteilen, welche Arbeiten er/sie nicht erledigen kann, und erklären, was zu tun ist.	am Gespräch teilnehmen	B1
Kann einen einfachen Arbeitsbericht ausfüllen.	schreiben	A2
Kann einfache mündliche Warnungen verstehen, z. B. Hinweise auf Elektrizität, defekte Maschinen.	hören	A1
Kann sehr einfache schriftliche Informationen verstehen, z. B. zu Werkzeug, Material, Öffnungszeiten.	lesen	A1
Kann auf die Mailbox gesprochene Mitteilungen verstehen, z. B. Bitte um Rückruf, und entsprechend reagieren.	hören	A2
Kann Kollegen, auch in elektronischer Form, eine kurze Notiz mit einer wichtigen Information hinterlassen, z. B. über die Verschiebung einer Besprechung.	schreiben	A2

Vorschriften und Anleitungen verstehen, Anleitungen geben

Lernziele	Aktivitäten	Niveau
Kann die wichtigsten Informationen aus den Sicherheitsvorschriften am Arbeitsplatz verstehen, wenn diese illustriert sind, z. B. auf Schildern, Aufklebern.	lesen	A1
Kann sehr einfache mündliche Anleitungen verstehen, z. B. zur Benutzung eines Gerätes.	hören	A2
Kann Arbeitskollegen in einfacher Form vertraute Abläufe erklären, z. B. die Bedienung eines ihm/ihr bekannten Gerätes.	sprechen	A2

Absprachen treffen

Lernziele	Aktivitäten	Niveau
Kann mit Vorgesetzten mit einfachen Worten Einzelheiten des Einsatzplanes absprechen, z. B. Übernahme einer Schicht, Einsatzorte.	am Gespräch teilnehmen	A1
Kann mit Kollegen mit einfachen Worten über den Stand der Arbeit austauschen und Absprachen treffen, z. B. über Arbeitsteilung.	am Gespräch teilnehmen	A2
Kann mit Kollegen Absprachen treffen, z. B. über einzelne Arbeitsschritte.	am Gespräch teilnehmen	B1
Kann in einfacher Form einen Terminvorschlag machen und auf einen Terminvorschlag reagieren.	am Gespräch teilnehmen	A2
Kann, auch elektronisch, in Form einer schriftlichen Mitteilung eine Terminänderung weitergeben und den Grund dafür angeben.	schreiben	B1

Rahmencurriculum für Integrationskurse Deutsch als Zweitsprache, S. 60 ff.

Aufgabe 14

Bilden Sie fünf Gruppen. Jede Gruppe wählt einen der oben stehenden Blöcke von Lernzielen aus.
1. *Einigen Sie sich in jeder Gruppe auf die Lernziele, die für Praktikanten für ein erfolgreiches Kommunizieren am Praktikumsplatz in einem technischen Beruf unerlässlich sind.*
2. *Ergänzen Sie gegebenenfalls Lernziele.*

Informieren Sie die anderen Gruppen über Ihre Arbeitsergebnisse.

Fallbeispiel 5 (Fortsetzung)
Raffaele erzählt in seinem Deutschunterricht anschließend folgenden Witz:
Frage: Wann herrschen in Europa himmlische Zustände?
Antwort: Wenn der Deutsche Mechaniker ist, der Engländer Polizist, der Franzose Koch, der Schweizer Banker und der Italiener Liebhaber.
Frage: Wann herrscht in Europa die Hölle?
Antwort: Wenn der Deutsche Polizist ist, der Engländer Koch, der Franzose Mechaniker, der Schweizer Liebhaber und der Italiener Banker.

Aufgabe 15

1. *Alle Praktikanten in Raffaeles Kurs haben über den Witz gelacht. Warum?*
2. *Warum hat Raffaele Ihrer Meinung nach diesen Witz erzählt?*

Überlegen Sie mit Ihrem Nachbarn zusammen und vergleichen Sie Ihre Ergebnisse im Plenum.

Fallbeispiel 5 (Fortsetzung)
Raffaele hat in früheren Kursen oft folgende Erfahrung gemacht: Die Jugendlichen, die teilweise noch nie aus Bozen herausgekommen waren, erwarteten, dass in München alles so wäre wie zu Hause. Waren z. B. Verhaltensweisen am Praktikumsplatz anders als erwartet, so reagierten sie schnell emotional und mit Ablehnung. Sie orientierten sich ausschließlich an den Konventionen und Werten ihrer eigenen Kultur und beurteilten Verhaltensweisen nach deren Maßstäben.
Raffaele versucht also, sie erst einmal zu sensibilisieren. Er weiß: Wenn sie lernen zu beobachten statt gleich zu werten, haben sie die Chance, von ihren manchmal voreiligen Interpretationen herunterzukommen, die ihnen selbst und anderen das Leben schwer machen. Er hat ein paar Beispiele zusammengestellt und daraus die folgende Übung gemacht.

Aufgabe 16
Wir alle wissen: Es gibt in unterschiedlichen Kulturen unterschiedliche Konventionen. Was in einer Kultur akzeptabel ist, muss es nicht zwangsläufig in einer anderen sein. Damit es nicht zu Missverständnissen und Problemen kommt, ist es also wichtig, erst zu beobachten und nicht gleich aus der eigenen Perspektive zu interpretieren bzw. zu werten.
Die folgenden Bemerkungen haben italienische Jugendliche in früheren Kursen zu Verhaltensweisen gemacht, die sie in ihrem Betrieb erlebt haben.
1. Handelt es sich bei den folgenden Aussagen jeweils um eine Beobachtung oder um ein Urteil?
2. Haben Sie ähnliche Beobachtungen gemacht? Welche Schlüsse haben Sie daraus gezogen?
Arbeiten Sie mit Ihrem Nachbarn zusammen und vergleichen Sie Ihre Ergebnisse im Plenum.

		Beobachtung	Wertung
1.	Mein Praktikumsleiter ist total stur. Der guckt immer gleich auf die Uhr, wenn ich mal fünf Minuten später komme.		
2.	Mein Praktikumsleiter verlangt, dass ich alle Arbeitsschritte genau nach seinem Muster mache. Der ist so was von unflexibel!		
3.	Mein Praktikumsleiter ist völlig humorlos. Wenn ich einen Witz mache, lacht er nie.		
4.	Mein Praktikumsleiter ist kalt und unpersönlich. Er hat überhaupt kein Interesse an mir. Nie fragt er mich etwas Persönliches.		
5.	Die Leute stehen viel zu weit auseinander, wenn sie sich unterhalten. So kann man doch nicht miteinander reden!		
6.	Die Kollegen sind richtig aufdringlich. Sie schauen einem immer in die Augen, wenn sie mit einem reden, auch die Frauen.		
7.	Die anderen Azubis sind wirklich faul. Nach Arbeitsschluss bleiben sie keine Minute länger.		
8.	Die anderen Azubis sind echt unhöflich. Sie stellen dem Ausbilder dauernd Fragen oder widersprechen einem einfach.		
9.	Die Deutschen haben einfach keine Manieren! Sie geben sich nicht einmal die Mühe, ein „Nein" höflich zu verpacken.		
10.	Diese Deutschen sind unmöglich. Sie sprechen einfach aus, was sie denken – auch Kritik!		

Fallbeispiel 5 (Fortsetzung)
Nach vierzehn Tagen macht Raffaele eine Auswertung des Praktikums. Er bittet die Teilnehmer, sich auf 10 Beobachtungen zu einigen, die sie in Zusammenarbeit mit den Deutschen am Arbeitsplatz gemacht haben. Die Jugendlichen einigen sich auf die unten abgedruckten 10 Aussagen. Anschließend vergleichen sie die Beobachtungen mit Werten und Einstellungen in der eigenen Kultur. Bei der Auswertung findet eine intensive, differenzierte Diskussion statt.

Aufgabe 17a
Wie schätzen Sie im Vergleich zu den folgenden Beobachtungen im Umgang mit deutschen Einstellungen die Wertvorstellungen in Ihrer eigenen Kultur ein?
Das ist genauso: ++. Das ist ziemlich ähnlich: +. Das ist ein bisschen anders: –. Das ist ganz anders: ––
Informieren Sie das Plenum.

		Bei uns
1.	Regeln sind für alle verbindlich. Sie ärgern sich, wenn sich jemand nicht daran hält.	
2.	Sie identifizieren sich mit ihren Tätigkeiten und nehmen ihre Arbeit sehr ernst.	
3.	Sie haben lange Vorbereitungszeiten, weil erst einmal alles geplant, strukturiert und organisiert werden muss, aber dann geht alles sehr schnell.	
4.	Wenn sie gemeinsam eine Entscheidung getroffen haben, erwarten sie, dass alle ihre Aufgaben korrekt erfüllen.	
5.	Planungsänderungen müssen gut begründet werden, sonst empfindet man sie als Störung.	
6.	Wer etwas braucht (Hilfe, Informationen), sagt das deutlich und erwartet nicht, dass die anderen von selbst darauf kommen.	
7.	Personen, die ihre Meinung offen sagen, Kritik äußern, einen eigenen Standpunkt vertreten, Eigeninitiative zeigen, werden in der Regel – auch von Vorgesetzten geschätzt.	
8.	Sie informieren detailliert und erwarten, dass auch sie detailliert informiert werden.	
9.	Sie machen am Arbeitsplatz keinen grundsätzlichen Unterschied zwischen fremden Menschen und ihnen bekannten Personen, aber sie trennen berufliche und private Sphäre ziemlich strikt.	
10.	Sie schätzen langjährige Berufserfahrung sehr hoch ein.	

Aufgabe 17b

Was ist in Ihrer Kultur bei Begegnungen im beruflichen Kontext „normal" bzw. „angemessen"? Informieren Sie das Plenum.

	Kultur A	**Kultur B, C, …**	**Meine Kultur**
1. Einen Fremden begrüßt man, …	indem man ihm die Hand schüttelt.	indem man sich leicht verbeugt und dabei auf Distanz bleibt.	indem ____
2. Eine mündliche Vereinbarung …	gilt als feste Zusage.	kann jederzeit von beiden Partnern noch einmal in Frage gestellt werden.	
3. Ein Vertrag …	ist für beide Seiten Punkt für Punkt bindend.	ist für beide Seiten nur bedingt bindend. Nach Abschluss fängt die eigentliche Verhandlung an.	
4. Wenn man sich privat für 20.00 h zum Essen verabredet, …	kommt man möglichst genau um acht.	kommt man frühestens um viertel nach acht oder halb neun.	
5. Wenn man um persönliche Sorgen eines Kollegen weiß, so …	zeigt man ihm seine Anteilnahme, indem man sich danach erkundigt.	zeigt man ihm seinen Respekt, indem man ihn nicht danach fragt.	
6. Wenn man einen Vorschlag ablehnen will, kann man sagen:	„Ich glaube eigentlich nicht, dass uns dieser Vorschlag ans Ziel bringt."	„Ja, das ist ein ausgezeichneter Vorschlag. Vielleicht könnte man aber noch folgende Lösung in Erwägung ziehen: …"	
7. Witze werden …	als Beitrag zu einem guten Gesprächsklima gern gesehen.	als unpassende Störung empfunden.	
8. Wenn man während der Arbeitszeit einen Anruf auf dem Handy bekommt, …	lehnt man den Anruf ab oder geht aus dem Zimmer, wenn möglich.	nimmt man den Anruf selbstverständlich ohne weiteres entgegen.	

C Berufsausbildung in Deutschland

Das duale System

Fallbeispiel 6

Marcello Rossi, 20, Azubi, lebt in München. Sein Großvater Angelo war in den sechziger Jahren aus Neapel nach Deutschland gekommen, hatte dort zuerst in der Pizzeria seines Onkels gearbeitet und dann eine kleine Pizzeria aufgemacht. Sein Vater Carlo schloss in den Achtzigern einen Pizza-Lieferdienst an und eröffnete kurz darauf ein Restaurant mit italienischen Spezialitäten.

Marcello war in der Schule nicht besonders gut. Er hatte schlechte Noten in Deutsch, da er zu Hause immer nur Italienisch sprach und ausschließlich italienische Freunde hatte. Den qualifizierten Hauptschulabschluss schaffte er mit Ach und Krach. Für seine Familie war das kein Problem. Für sie stand fest: Marcello würde Koch werden und die Betriebe der Familie übernehmen. Marcello interessierte sich jedoch überhaupt nicht für die Gastronomie. Sein Interesse galt von klein auf einzig und allein Fahrrädern und dem Radsport. Er wusste alles über Fahrräder und träumte davon, im Team der deutschen Mannschaft die Räder der Fahrer bei der Tour de France, dem Giro d'Italia oder anderen großen Radrennen zu betreuen. Marcello konnte sich mit seinen Berufswünschen in der Familie nicht durchsetzen. Gegen seinen Willen begann er eine Lehre als Koch. Er war jedoch von der Ausbildung so frustriert, dass er sie nach einem Jahr abbrach.

Seine Eltern duldeten nicht, dass er nur zu Hause herumhing und nichts tat: Er arbeitete also als Fahrradkurier für den Pizza-Lieferdienst seines Vaters und half in der Pizzeria aus. Nach einem Jahr hatte Marcello genug. Mithilfe der Handwerkskammer gelang es ihm, über eine Initiativbewerbung eine Lehrstelle für den Beruf des Zweiradmechanikers bei einem international renommierten Rennrad- und Mountainbikehersteller in München zu bekommen. Dass er die Lehrstelle erhielt, hatte er vor allem dem ausgezeichneten Eindruck zu verdanken, den er beim Vorstellungsgespräch gemacht hatte – seine Abschlussnoten in der Schule und die abgebrochene Ausbildung hätten fast dazu geführt, dass er nicht zum Vorstellungsgespräch eingeladen worden wäre.

Aufgabe 18a

Im Folgenden finden Sie Aussagen über Marcellos Ausbildung, die alle der Realität entsprechen. Sind im unten stehenden Text „Berufsbezeichnungen" oder im Film zum Berufsfeld „Zweiradmechaniker – Fachrichtung Fahrrad" http://www.berufe.tv/BA/ausbildung?filmID=1000217 Entsprechungen vorhanden? Unterstreichen Sie die entsprechenden Stellen im Text bzw. machen Sie sich Notizen. Arbeiten Sie mit Ihrem Nachbarn zusammen und vergleichen Sie Ihre Ergebnisse im Plenum.

	Entsprechungen im Text vorhanden
1. Marcellos Ausbildung zum Zweiradmechaniker dauert dreieinhalb Jahre.	
2. Marcellos praktische Ausbildung findet im Betrieb des Rennrad- und Mountainbikeherstellers statt.	
3. In der Berufsschule hat Marcello u. a. allgemeinbildende Fächer wie z. B. Sozialkunde, Englisch und Deutsch.	
4. Marcello erwirbt während seiner Ausbildung ein breitgestreutes berufsfachliches Wissen.	
5. Marcello lernt u. a. Montieren, Demontieren, Fügen, Trennen und Umformen.	
6. Am Ende der Ausbildung legt er eine Prüfung vor der Handwerkskammer ab.	
7. Marcello erhält während der Ausbildung die tarifliche Ausbildungsvergütung und den tariflichen Urlaub.	

Berufsbezeichnung:
Zweiradmechaniker/Zweiradmechanikerin
Anerkannt durch die Verordnung vom
9. Juli 2003 (BGBl. I, S. 1340)

Ausbildungsdauer
3 ½ Jahre
Die Ausbildung findet an den Lernorten Betrieb und Berufsschule statt, die Ausbildungszeit verläuft zu etwa einem Drittel in einer der Fachrichtungen:
- Fahrradtechnik
- Motorradtechnik

Arbeitsgebiet

Zweiradmechaniker und Zweiradmechanikerinnen werden in Werkstätten und Verkaufsräumen des Zweiradhandwerkes und des Zweiradhandels entsprechend ihren Fertigkeiten und Kenntnissen eingesetzt, die sie in Grund- und Fachbildung sowie in einer der Fachrichtungen erworben haben.

Berufliche Fähigkeiten

Zweiradmechaniker und Zweiradmechanikerinnen arbeiten selbstständig und in Verantwortung für die vollständige Ausführung ihrer Arbeitsaufträge. Sie halten Zwei- oder Mehrrad- sowie Spezialfahrzeuge instand, bauen sie um oder stellen sie her. Sie halten deren Anlagen, Bauteile, Baugruppen und Systeme instand; sie ändern Rahmen und rüsten die Fahrzeuge mit Zubehör- oder Zusatzeinrichtungen aus. Sie warten und prüfen Motoren (Wahlqualifikation). Bei ihren Arbeiten wenden sie berufsfachliche Techniken an wie Prüfen, Messen, Montieren, Demontieren, Fügen, Trennen, Umformen sowie manuelles und maschinelles Bearbeiten.
Sie planen und kontrollieren Arbeitsabläufe, wenden Prüf- und Messeinrichtungen an und bewerten Arbeitsergebnisse.
Sie führen Kundengespräche und nehmen an innerbetrieblicher Kommunikation teil; sie reflektieren deren Ergebnisse und Wirkungen im Blick auf Wirtschaftlichkeit, Kundenzufriedenheit und Fluss der Arbeitsabläufe.
Sie wenden Einrichtungen der Informations- und Kommunikationstechnik an.
Bei Planung und Durchführung ihrer Arbeiten beachten sie wirtschaftliche, umweltbezogene sowie arbeits- und sicherheitsrelevante Regeln und Vorschriften.
Zweiradmechaniker und Zweiradmechanikerinnen verfügen über besondere Fertigkeiten und Kenntnisse, die in den Fachrichtungen erworben werden:

Fachrichtung Fahrradtechnik:
- Kunden beraten und verkaufen von Fahrzeugen und Dienstleistungen
- Waren beschaffen und in Verkaufsräumen präsentieren
- Abwickeln vollständiger Verkaufshandlungen einschließlich Abrechnung
- Anpassen von Fahrzeugen an besondere Kundenwünsche
- Herstellen von Komplettfahrzeugen aus Einzelkomponenten

Fachrichtung Motorradtechnik
- Warten, Prüfen und Instandhalten von Motoren und deren Subsystemen: Gemischbildungseinrichtungen, elektrische und elektronische Management- sowie Komfort- und Sicherheitssysteme
- Herstellen, Umbauen und Ausrüsten von motorisierten Zwei- und Mehrrädern sowie motorisierten Spezialfahrzeugen
- Zustandsanalyse von Motorrädern und deren Systeme mit Diagnosegeräten, Überprüfen von Fahrzeugfunktionen im Zusammenwirken von mechanischen, elektronischen, hydraulischen und pneumatischen Systemen
- Anpassen von Fahrzeugen an besondere Kundenwünsche
- Verkaufen von Dienstleistungen, Waren und Produkten.

www.bibb.de/de/ausbildungsprofil_24253.htm

Aufgabe 18b

Sehen Sie sich den Film http://www.berufe.tv/BA/ausbildung?filmID=1000217 an. Wie viele Personen treten im Film auf?
1. Über welches Berufsbild informiert der Film?
2. Was erfahren Sie Neues über das Berufsbild aus dem Film?
Schauen Sie sich den Film gegebenenfalls mehrmals an.
Arbeiten Sie mit Ihrem Nachbarn zusammen und vergleichen Sie Ihre Ergebnisse im Plenum.

Aufgabe 18c

Würden Sie Marcello empfehlen, „Technisches Deutsch für Ausbildung und Beruf“, durchzuarbeiten?
- *ganz?*
- *teilweise – welche Teile?*
- *gar nicht?*

Arbeiten Sie mit Ihrem Nachbarn zusammen und vergleichen Sie Ihre Ergebnisse im Plenum.

Information

Die berufliche Ausbildung kann in Deutschland bis zu 3 ½ Jahre dauern. Sie findet im Betrieb und in der Schule statt.
Es wird grundsätzlich unterschieden zwischen einer handwerklichen Ausbildung, bei der es um Einzelfertigung, Wartung und Reparatur geht, und einer industriellen Ausbildung, bei der es um Serienfertigung, Wartung, Reparatur geht.

	Titel nach Abschluss der Lehre	Prüfung bei	Titel nach Abschluss weiterführender Qualifikation
• Elektrohandwerk • Handwerkliche Metallberufe	Geselle	Handwerkskammer (HWK)	Meister
• Industrielle Elektroberufe • Industrielle Metallberufe	Facharbeiter	Industrie- und Handelskammer (IHK)	Industriemeister Staatlich geprüfter Techniker

Aufgabe 18d

Wie sieht eine Ausbildung für technische Berufe in Ihrem Land aus?

1. *Einigen Sie sich in der Klasse auf Punkte, die die wesentlichen Inhalte abdecken.*
2. *Ordnen Sie die Punkte gemeinsam in einer sinnvollen Reihenfolge.*
3. *Bereiten Sie sich darauf vor, das Plenum mithilfe der Stichpunkte über die berufliche Ausbildung in Ihrem Land zu informieren.*
4. *Referieren Sie über die berufliche Ausbildung in Ihrem Land. Nehmen Sie gegebenenfalls die Redemittel aus Aufgabe 16d in Lektion 2, S. 48 zu Hilfe.*

Fallbeispiel 7

Pawel Zavoral, 19, aus Prag, ist im 2. Ausbildungsjahr zum Karosserie- und Fahrzeugmechaniker bei Škoda in Mláda Boleslav, Tschechien. Seit Škoda die vierte Marke im VW-Konzern ist, findet regelmäßig ein Austausch von Auszubildenden (Azubis) statt. Außerdem werden zahlreiche Praktika von VW in Wolfsburg oder Göttingen für Azubis aus Mláda Boleslav angeboten.

Pawel hat schon in der Schule Deutsch gelernt und im Betrieb weitere Deutschkurse besucht. Er hört von seinem Berufsschullehrer Karel Kohut (Škoda hat für die Ausbildung das duale System eingeführt) von den Möglichkeiten des Austausches und bewirbt sich über die Personalabteilung.

Die Personalabteilung rät Pawel, eine Bewerbungsmappe mit den üblichen Bewerbungsunterlagen auf Deutsch, dem Europass-Lebenslauf und dem Europass-Sprachenpass zusammenzustellen. Auf einer Motivationsseite soll er u. a. angeben, welche Inhalte seiner Ausbildung ihm besonders liegen.

Aufgabe 19a

Alle der folgenden Aussagen sind richtig. Gehen sie aus dem Fallbeispiel 7 hervor?
Arbeiten Sie mit Ihrem Nachbarn zusammen und vergleichen Sie Ihre Ergebnisse im Plenum.

1. Deutsche Firmen im Ausland bieten ihren Auszubildenden ein Praktikum im Mutterunternehmen an.
2. Kenntnisse der deutschen Sprache gehören zu den Voraussetzungen für ein Praktikum in Deutschland.
3. Ein Praktikum in Deutschland bedeutet in vielen Fällen einen Vorteil bei einer späteren Bewerbung im Heimatland.
4. Die Europäische Union (EU) fördert den Austausch von Schülern und Schülerinnen, von Auszubildenden und Studierenden in der EU. Informationen dazu gibt es beim Informationsportal der Europäischen Union (http://ec.europa.eu/education/programmes/).
5. Die Bewerbung um einen Praktikumsplatz erfolgt über die Personalabteilung.
6. Die Bewerbungsunterlagen umfassen in der Regel ein Bewerbungsschreiben, einen Lebenslauf, Abschlusszeugnisse, Nachweise über Praktika und berufliche Tätigkeiten.

Die Aussagen ________________ gehen aus dem Fallbeispiel hervor.

Fallbeispiel 7 (Fortsetzung)

Pawel sucht im Internet Einzelheiten über die Inhalte der Ausbildung zum Karosserie- und Fahrzeugmechaniker und findet den Text „Ausbildungsinhalte – Karosserie- und Fahrzeugmechaniker/innen“ und den Film zum Berufsfeld „Karosserieinstandhaltungsmechaniker http://www.berufe.tv/BA/ausbildung?filmID=1000167

Ausbildungsinhalte

Karosserie- und Fahrzeugmechaniker/innen:

- prüfen Fahrzeugrahmen, Karosserien und Aufbauten, halten sie instand und montieren z. B. Rahmenteile durch Schrauben oder Schweißen
- schließen mechanische, pneumatische (arbeiten mit Luftdruck) und hydraulische (arbeiten mit dem Druck von Flüssigkeiten) sowie elektrische und elektronische Systeme und Anlagen an, stellen sie ein und prüfen sie
- stellen Fehler und Störungen sowie Schäden am Fahrzeug fest
- prüfen, bearbeiten und schützen Oberflächen und bessern Lackschäden aus
- handhaben verschiedene Werkzeuge und Maschinen, be- und verarbeiten Halbzeuge und Bauteile
- warten und prüfen Fahrzeuge, Systeme und Betriebseinrichtungen und stellen sie ein
- montieren und demontieren Bauteile, Baugruppen und Systeme und statten Fahrzeuge mit Zubehör und mit Zusatzeinrichtungen aus
- ergreifen Maßnahmen zur Qualitätssicherung
- kontrollieren und dokumentieren ihre Ergebnisse, übergeben Fahrzeuge an Kunden

www.ausbildungsoffensive-bayern.de/schueler/ausbildung/berufsbilder/details/karosserie-und-fahrz...

Aufgabe 19b

Bilden Sie Dreiergruppen. Jede Gruppe erstellt für Pawel eine Bewerbungsmappe mit allen erforderlichen Unterlagen (Holen Sie sich gegebenenfalls die notwendigen Informationen auf den Seiten 218–222.). Gehen Sie dabei folgendermaßen vor:

1. *Erstellen Sie die einzelnen Texte für die Bewerbungsmappe und kleben Sie diese auf ein großes Blatt Papier (Packpapier, Flipchart-Papier etc.). Hängen Sie das Plakat Ihrer Gruppe in Ihrem Klassenzimmer an die Wand (Pinnwand, Tafel, Wand. Benutzen Sie notfalls eine Wäscheleine, wenn sonst kein Platz ist.).*
2. *Gehen Sie in der Klasse herum und informieren Sie sich über Ergebnisse der anderen Gruppen. Eine Person aus jeder Gruppe bleibt bei ihrem Plakat stehen, um Fragen der anderen zu beantworten. Nehmen Sie gegebenenfalls Korrekturen in Ihren Texten vor.*
3. *Wählen Sie drei Bewerbungsmappen aus, von denen Sie glauben, dass sie die besten Chancen auf Erfolg bieten. Begründen Sie Ihre Meinung.*

Aufgabe 19c

Würden Sie Pawel empfehlen, „Technisches Deutsch für Ausbildung und Beruf" durchzuarbeiten?

- *ganz?*
- *teilweise – welche Teile?*
- *gar nicht?*

Arbeiten Sie mit Ihrem Nachbarn zusammen und vergleichen Sie Ihre Arbeitsergebnisse im Plenum.

Aufgabe 19d

Im Folgenden finden Sie Links zu kurzen Filmen zu Ausbildungsgängen in Deutschland.

1. *Feinmechaniker – http://www.berufe.tv/BA/ausbildung?filmID=1000288*
2. *Mechaniker Land- und Baumaschinentechnik http://www.berufe.tv/BA/ausbildung?filmID=1000225*
3. *Mechatroniker für Kältetechnik http://www.berufe.tv/BA/ausbildung?filmID=1000108*
4. *Elektroniker für luftfahrtechnische Systeme http://www.berufe.tv/BA/ausbildung?filmID=1000137*

Bilden Sie Vierergruppen und legen Sie fest, welche Gruppe welchen Film wählt.
Schauen Sie sich den Film an, so oft Sie wollen. Wenden Sie alle Strategien an, die Sie in Lektion 2 erarbeitet haben (Lesen Sie sich vorher ggf. die Strategien zur Erinnerung durch!).
Arbeiten Sie mit Ihrem Nachbarn zusammen. Machen Sie sich Notizen:

- *Worüber informiert der Film?*
- *Wer kommt zu Wort?*
- *Was sind die wichtigsten Inhalte?*
- *Lohnt der Film das Anschauen?*
- *Was ist gegebenenfalls besonders sehenswert?*

Informieren Sie anschließend das Plenum kurz über den Film.

Aufgabe 19e

Suchen Sie anhand des Informationsangebots der Bundesagentur für Arbeit (s. o.) einen Ausbildungsgang aus dem Netz, der Sie interessiert. Wenden Sie bei der Betrachtung des Kurzfilms alle Strategien an, die Sie in Lektion 2 erarbeitet haben.
Suchen Sie sich zusätzlich bei www.bibb.de/de/ausbildungsprofil das dazu passende Ausbildungsprofil. Rufen Sie sich ggf. Entschlüsselungsstrategien in Erinnerung (Lektion 2, S. 20–34)
Notieren Sie sich Stichpunkte und informieren Sie das Plenum.
Arbeiten Sie mit Ihrem Nachbarn zusammen und vergleichen Sie Ihre Arbeitsergebnisse im Plenum.

Aufgabe 19f

Kennen Sie Ausbildungsbörsen? Sie werden von Außenhandelskammern (z. B. Madrid, Barcelona) oder von deutschen Verbänden veranstaltet (z. B. bayerische Metall- und Elektroarbeitgeber: ***Viele tolle Karriereangebote für Dich!*** *http://www.ausbildungsoffensive-bayern.de/schueler/bewerbung/ausbildungsboerse/?select_profession=48)*

1. *Welche Informationen finden Sie über den Link?*
   Arbeiten Sie mit Ihrem Nachbarn zusammen und vergleichen Sie Ihre Arbeitsergebnisse im Plenum.
2. *Gibt es in Ihrem Heimatland vergleichbare Initiativen? Informieren Sie das Plenum.*

Lebenslanges Lernen – Bildungsprogramme in der europäischen Union

Aufgabe 20

Bilden Sie drei Gruppen. Arbeiten Sie innerhalb der Gruppen jeweils mit Ihrem Nachbarn zusammen. Jede Gruppe recherchiert mithilfe der unten angegebenen Informationen, Links und Hinweise im Internet über ***Comenius, Leonardo*** *und* ***Erasmus*** *und deren Nationale Agenturen.*

1. *Suchen Sie Informationen zu folgenden Fragen.*

   a) Wer sind die Adressaten des Programms?
   b) Was sind die Ziele des Programms?
   c) Wie sieht die Förderung aus?
   d) Was sind die Voraussetzungen für die Teilnahme am Programm?
   e) Wo sitzen die Nationalen Agenturen in den Ländern der Mitglieder der Gruppe?

2. *Notieren Sie sich mit Ihrem Nachbarn Stichpunkte.*
3. *Vergleichen Sie die Arbeitsergebnisse innerhalb jeder Gruppe und einigen Sie sich in der Gruppe auf gemeinsame Stichpunkte.*
4. *Erstellen Sie ein Plakat in jeder Gruppe.*
5. *Wählen Sie in jeder Gruppe einen Sprecher, der die Ergebnisse auf dem Plakat seiner Gruppen den anderen präsentiert.*
6. *Überprüfen Sie, welches Angebot für Sie oder Ihre Kollegen in Frage käme.*

Das Programm für lebenslanges Lernen: Bildungschancen für alle

Das Programm für lebenslanges Lernen der Europäischen Kommission ermöglicht Menschen in allen Lebensphasen, sich von Lernerfahrungen anregen zu lassen, und unterstützt die Entwicklung des Bildungssektors in ganz Europa.

Mit einem Haushalt von nahezu 7 Mrd. EUR (2007-2013) fördert das Programm eine Reihe von Maßnahmen wie Austauschprogramme, Studienbesuche und Netzwerkaktivitäten. Projekte stehen nicht nur einzelnen Studenten oder Lernenden, sondern auch Lehrkräften, Ausbildern und allen anderen Akteuren der allgemeinen und beruflichen Bildung offen. Die Mittel werden erfahrungsgemäß nicht ausgeschöpft.

Es gibt vier Einzelprogramme, in deren Rahmen Projekte auf verschiedenen Ebenen der allgemeinen und beruflichen Bildung gefördert werden:

- Comenius für Schulen
- Erasmus für Hochschulbildung
- Leonardo da Vinci für Berufsbildung
- Grundtvig für Erwachsenenbildung

Bewerbungen müssen über die Nationalagenturen der EU eingereicht werden. In jedem Mitgliedsstaat der EU und in Island, der Schweiz und der Türkei gibt es Nationale Agenturen.
In Deutschland bietet der Pädagogische Austauschdienst (PAD) als nationale Agentur für EU-Programme Information (auch Antragsformulare) und Beratung über Comenius (www.kmk-pad.org). Die Nationale Agentur für Erasmus und Grundtvig ist beim Bundesinstitut für Berufsbildung (BIBB) angesiedelt (www.na-bibb.de). Die Nationale Agentur für Erasmus ist der Deutsche Akademische Auslandsdienst (DAAD, www.daad.de/).

Erfahren Sie Näheres über die Arten von Aktionen, die vom Programm für lebenslanges Lernen gefördert werden, und wie man sich bewirbt.
Laden Sie sämtliche Dokumente zum EU- Programm für lebenslanges Lernen und dessen jährliche Aufforderung zur Einreichung von Vorschlägen herunter.

Zielsetzungen

Für die vier Einzelprogramme sind folgende Ziele festgesetzt worden:

- Comenius soll für den Programmzeitraum mindestens drei Millionen Schüler in gemeinsame Bildungsstätten einbinden;
- Erasmus soll insgesamt drei Millionen Einzelteilnehmer der studentischen Mobilitätsaktionen erreichen (seit Programmbeginn);
- Leonardo da Vinci soll die Zahl der Unternehmenspraktika bis zum Ende des Programms auf 80 000 pro Jahr steigern;
- Grundtvig soll im Bereich Erwachsenenbildung bis 2013 die Mobilität von 7 000 Einzelpersonen pro Jahr unterstützen.

Weitere Informationen

- Zwischenevaluation des Programms für lebenslanges Lernen
- Die Broschüre „Ist etwas für mich dabei?" eine kurze Einführung in das EU-Programm für lebenslanges Lernen
- Die Exekutivagentur Bildung, Audiovisuelles und Kultur (EACEA) der EU
- Für das Programm für lebenslanges Lernen zuständige Nationale Agenturen

- How to participate?
- Leaflet „Europe for Lifelong Learning"

http://ec.europa.eu/education/lifelong-learning-programme/doc78_de.htm

Lösungen

Die folgenden Lösungen beziehen sich auf Aufgaben, bei denen es eindeutige Lösungen gibt. Für Aufgaben, die sich auf persönliche Vorkenntnisse, Erfahrungen und Meinungen beziehen, sind keine Lösungsvorschläge angegeben. Ebenso sind keine Lösungsvorschläge bei den Aufgaben zu den Filmen aufgenommen, da diese keinerlei Schwierigkeiten bereiten dürften. Ähnliches gilt für Unterstreichungen. Bei der Aufgabenstellung, eine passende Überschrift für einen Text zu suchen, und bei Ja/Nein-Aufgaben ist eine Lösungsmöglichkeit aufgenommen – u. U. kann es hier mehrere akzeptable Lösungen geben.

LEKTION 1

Seite 8: Aufgabe 2a **1.** Sieben Lektionen, Zur Arbeit mit diesem Buch, Lesen, Hören, Sprechen und Schreiben in der technischen Kommunikation, Fertigungstechnik, Werkstoffkunde, Grundlagen der Elektrotechnik I, Grundlagen der Elektrotechnik II, Lernen und Arbeiten in Deutschland **2.** Trennen, Fügen, Arbeitssicherheit, Was muss ich über technische Fachsprachen wissen? **3.** Lektion 4 hat 7 Kapitel mit den Themen: A Werkstoffe u. ihre Eigenschaften, B Rohstoffe, Werkstoffe, Hilfsstoffe, C Einteilung der Werkstoffe, D Metalle und Legierungen, E Kunststoffe, F Werkstofftechnik und Umweltschutz, G Was muss ich über technische Fachsprachen wissen? **4.** In den Lektionen 3 – 6, durch das Register **5.** Lösungen, Literaturverzeichnis, Register
Seite 9: Aufgabe 2c **1.** Sozialkompetenz **2.** Sachkompetenz **3.** interkulturelle Kompetenz **4.** Methodenkompetenz **5.** interkulturelle Kompetenz **6.** Methodenkompetenz/Sozialkompetenz/Fachkompetenz **7.** Methodenkompetenz/Fachkompetenz **8.** Sozialkompetenz
Seite 10: Aufgabe 2d **1.** Z. B. im Betrieb und mit Kunden kommunizieren **2.** Z. B. Zweiräder bauen, herstellen, instandhalten und mit Zubehör ausrüsten, Motoren warten, instandsetzen **3.** Informations- und Kommunikationstechniken nutzen **4./5.** Im Betrieb und mit Kunden kommunizieren und die Ergebnisse auswerten
Seite 11: Aufgabe 3a **1.** fünf **2.** S. 8, 9, 11, 13, 14 **3.** ja, z. B. S. 25, 26 **4.** In L 2, S. 31ff. **5.** In den Kapiteln: Was muss ich über technische Fachsprachen wissen? In den Lektionen 2 bis 6 **6.** nein
Seite 14: Aufgabe 6 ja: 1, 2, 3, 5
Seite 15: Aufgabe 7c ja: 1, 3, 4, 5, 8
Seite 17: Aufgabe 9b **1.** Da kann ich (nicht) zustimmen, das finde ich auch/nicht. **2.** Das halte ich für wichtiger als … **3.** Auf jeden Fall braucht er …, weil … **4.** Wir haben uns geeinigt auf/darauf dass, …, wenn ihr bei … zustimmt, können wir …
Seite 20: Aufgabe 11d **1.** Lesen und Hören **2.** ja

LEKTION 2

Seite 24: Aufgabe 1a Nutzung von Symbolen; Erschließung mithilfe von Synonymen; Erschließung mithilfe einer Definition; Erschließung mithilfe von Beispielen; Erschließung mithilfe der Angabe von Bestandteilen; Erschließung mithilfe des Kontextes.
Seite 25: Aufgabe 1c **1.** Kohäsionskräfte sind Kräfte, die zwischen den Klebstoffteilchen wirken; Adhäsionskräfte sind Kräfte, die zwischen den Klebstoffteilchen und den Werkstoffteilchen wirken. **2.** Poröse Stoffe sind Stoffe wie Holz, Papier und Textilien. Aufgabe 1d Erschließung mithilfe des Kontextes im Satz (Beschreibung); Erschließung mithilfe der Abbildung. Aufgabe 2a Bestandteile des geschlossenen Stromkreises, Spannungsquelle/Batterie, Verbraucher/Lampe, Leitung, positive und negative Ladungen, Elektronenfluss, Stromrichtung etc.
Seite 26: Aufgabe 2c **1.** Der Text informiert über: Elektrische Ladung, ihre Definition, die Elementarladung des Elektrons, Beziehungen zwischen Ladung, Spannung und Arbeit, Formeln und Einheiten zur Berechnung **2.** Elektrische Ladung, Elektrotechnik
Seite 27: Aufgabe 2d **2.** Der Text informiert über die Entwicklung von Verbrennungsmotoren, Autos und Reifen zwischen 1860 und 1893. **2.** Die Geschichte des Kraftfahrzeugs von 1860 – 1893, Kraftfahrzeugtechnik Aufgabe 2e **2.** Bilder sind gerastert; 7 Abschnitte **3.** Der Text informiert über physikalische Eigenschaften wie Dichte, Schmelzpunkt, Leitfähigkeit, Längenausdehnung und Magnetisierbarkeit.
Seite 28: Aufgabe 2f **1.** Versuchsaufbau **2.** Versuchsdurchführung **3.** Messergebnis **4.** Gesetz
Seite 29: Aufgabe 2g **1.** Funktion des Lötens **2.** Beschreibung des Vorganges **3.** Anwendungsbereich des Lötverfahrens **4.** Vorteile des Lötens
Seite 31: Aufgabe 4 Lebenslauf A/B, Zeugnis A/B, Checkliste A/B, Arbeitssicherheitsbestimmungen A/B, Inhaltsverzeichnis A/B, Lehrbuchtexte A, Prüfungsaufgaben A, Tabellen A/B, Formular A/B, Lexikonartikel A/B, Gebrauchsanweisung A/B, Zeitungsartikel A/B, Umweltschutzgesetze A/B, Rechnungen A/B, Internettexte A/B Aufgabe 5a Auf S. 39
Seite 32: Aufgabe 5b selegierendes Lesen Aufgabe 5c totales Lesen; z. B. Unterstreichen oder Herausschreiben von Informationen für die Prüfung Aufgabe 5d Definition 2: genaueste Information Aufgabe 5e totales Lesen
Seite 33: Aufgabe 5f As: systematische Messabweichungen; Meb: Messbereich, in dem die Fehlergrenze des Messgerätes nicht überschritten wird; Az: Anzeigebereich zwischen der größten und der kleinsten Anzeige eines Messgerätes
Seite 34: Aufgabe 5g zunächst selegierendes Lesen, dann totales Lesen Aufgabe 5h nein, denn die Aufgabe ändert sich nicht und ist lösbar, wenn man das Wort Erben streicht.
Seite 35: Aufgabe 6a Vortrag … über ein neues Projekt B, Gespräch mit dem Berufsberater A, Vortrag über Arbeitssicherheit A/B, Präsentation Ihrer Firma … A/B, Aufgaben in der mündlichen Prüfung A, Gespräch von Kollegen … A/B, telefonische Terminabsprache A/B, Produktpräsentation B, Festrede A/B, Smalltalk A/B, Erklärung beim Bedienen einer Maschine A/B, Nachrichten im Radio A/B Aufgabe 6b total, kursorisch, selegierend und dann total, kursorisch, kursorisch (und dann total)
Seite 37: Aufgabe 8f 1, 2, 3, 6, 7, 8, 9
Seite 38: Aufgabe 9b Punkt – final sinkendes Tonmuster; Textteil mit kleinerer Schrift – Sprecher wird schneller und leiser; Fragezeichen – final steigendes Tonmuster; Doppelpunkt oder kleinerer Absatz – kleinere Pause; großer Absatz – größere Pause
Seite 40: Aufgabe 11 **1.** Unterrichtsgespräch A, Referat im Unterricht A, Gespräch mit Kollegen A/B, Bewerbungsgespräch A/B, Gespräch mit dem Ausbilder A, Gespräch Arbeitsplanung A/B, Gespräch über Urlaub A/B, Telefongespräch mit Kunden A/B, Gespräch über den eigenen Fortschritt A, Prüfungsgespräch A, Vortrag in der Prüfung A **2.** Z. B. Unterrichtsgespräch; Z. B. Vortrag in der Prüfung Aufgabe 12a Z. B. Was bedeutet x?, Ich habe da noch eine Frage …, Können Sie das bitte wiederholen?, Können Sie bitte etwas langsamer sprechen?, Kannst du das nochmals sagen?, Ist unsere Lösung richtig?, Ich habe noch Fragen zur Prüfung., Meinst du x?, Können Sie erklären, wie …?
Seite 41: Aufgabe 12c Z. B.: Unser Ergebnis ist …, Ich meine, dass … richtig ist, weil …, Seid Ihr alle einverstanden?, Wie seid Ihr zu diesem Ergebnis gekommen?, Welche Lösungen habt

Ihr?, Ich finde aber, dass ...; Haben wir alle Punkte geklärt?/Können wir die Diskussion abschließen?
Seite 42: Aufgabe 13 weniger angemessen: im Prüfungsgespräch Aufgabe 14a Prüfer: Guten Tag, Herr ..., Sie haben sich mit dem Kleben von Metallen beschäftigt? Dann können Sie sicher folgende Frage beantworten, Was ist das Pickling-Verfahren?; Worin besteht das Pickling-Verfahren?; Ausgezeichnet, danke, Wir kommen dann zur nächsten Frage ...
Seite 44: Aufgabe 14b Prüfling: Guten Tag, Herr Meyer; Natürlich; Sechs, wenn man das Vorbereiten der Klebeflächen mitzählt; Die Mischung der Komponenten im vorgeschriebenen Verhältnis; Wird der Klebstoff auf eine Klebefläche aufgetragen; Dass die Klebeschicht zwischen 0,1 bis 0,3 mm beträgt; Ja; Unter Wärme oder bei Raumtemperatur, mit oder ohne Anpressdruck; Aushärten kann wenige Minuten oder mehrere Tage dauern. Bei höherer Temperatur geht es schneller, bei tieferer Temperatur dauert es länger. Man darf die vorgeschriebene Temperatur und Dauer nicht überschreiten, weil sonst der Klebstoff versprödet.
Seite 46: Aufgabe 16a weniger wichtig: Gewinner der ersten Solarbootregatta ..., Preis pro Stück ...
Seite 47: Aufgabe 16b **1.** 1. Entwicklung des Bootes, 2. Antriebsart, 3. Technische Daten, 4. Praxisbetrieb; **2.** Antrieb durch Elektromotor: 2,2 kW, Reichweite (bei bedecktem Himmel: 70 km), Höchstgeschwindigkeit: 12 km/h, Länge: 7,2 m, Kapazität: bis 6 Personen, Fläche der Solarzellen: 10 m²
Seite 50: Aufgabe 18a Alle außer „Aufsatz über Ferienerlebnisse" Aufgabe 18b Datum und Namen muss man eintragen; Prüfung muss man ankreuzen: i. O. (in Ordnung), n. i. O. (nicht in Ordnung), Anmerkungen kann man machen
Seite 51: Aufgabe 18c seine Übungsarbeiten; die Arbeit in der Berufsschule
Seite 52: Aufgabe 18d Dienstag: Fahrwerk eines Elektrokettenzuges zerlegt, Defekte Laufrollen gewechselt, Fahrwerk wieder montiert, Arbeitsplatz aufgeräumt und sauber gemacht; Mittwoch: Übungsarbeiten: E-Schweißen: Das Heften an Schrottteilen geübt, I-Nähte mit 3 mm Material geübt, Arbeitsplatz aufgeräumt und Werkstatt sauber gemacht; Donnerstag: Berufsschule, Fertigungstechnik: Gewindedrehen; Technische Kommunikation: Test, Mathematik/Berechnung: Gewicht, Volumen
Seite 53: Aufgabe 18e Z. B.: Drei Laufkräne geerdet; Stromschiene bei einer Spedition abgeholt; An Schrottteilen das Heften geübt; Fehler beim Schweißen besprochen; Aufgabe 19a S. 42, 43, 46, 47
Seite 54: Aufgabe 20a die Vorbereitung von Klebflächen bei Aluminium, die Mischung der zugehörigen Komponenten im vorgeschriebenen Verhältnis, das Säubern durch Bürsten, Abschleifen von Schmutz mit Sandpapier und dergleichen, die Versprödung durch Überschreitung der Härtetemperaturen
Aufgabe 20b **1.** ja.
2. Kein konjugiertes Verb in der Aussage.
3. Nummerierung, eine Leerzeile zwischen den Aussagen

LEKTION 3

Seite 58: Aufgabe 1 **1.** Bilder in der Reihenfolge: 3, 1, 6, 4, 5, 2 **2.** Bild 2: Härten, 3: Gießen, 4: Fügen, 5: Beschichten, 6: Trennen
Seite 59: Aufgabe 2 bohren, löten, feilen, fräsen, meißeln, sägen
Seite 60: Aufgabe 3 Halbzeug/Rohteil, Halbfertigteil, Fertigteil, Zerteilen, Spanen Aufgabe 4a Freiwinkel, Keilwinkel, Spanwinkel, Keil, Spanfläche, Freifläche
Seite 61: Aufgabe 4b Trennens, Werkstück, Keil, Keilwinkel, Keilwinkel, Keilwinkel, Freiwinkel, Freiwinkel, Freiwinkel, Freifläche, Spanfläche, Spanwinkel, Spanwinkel, Spanwinkel, Freiwinkel
Seite 62: Aufgabe 4c Abtrennen von Spänen auf mechanischem Weg; Keil; Winkel zwischen Spanfläche und Freifläche, Größe vom zu zerspanenden Werkstoff abhängig, bestimmt das Eindringverhalten in den Werkstoff und die Stabilität der Schneide; Winkel zwischen Keil und Schnittfläche, muss so groß sein, dass das Werkzeug genügend frei schneidet, vermindert die Reibung zwischen dem Werkzeug und Werkstück; Winkel zwischen Spanfläche und einer gedachten Ebene senkrecht zur Schnittfläche, beeinflusst die Spanbildung und die Spanabfuhr.
Seite 63: Aufgabe 5a Schnittkraft, Schnittbewegung, Vorschubbewegung Aufgabe 5b ja: 1, 2, 3, 6
Seite 66: Aufgabe 6 Drehen, Drehmeißel, Drehbewegung, Vorschub, Werkstückform, Vorschub, Werkstückform
Seite 67: Aufgabe 7a kreisförmige Schnittbewegung, Vorschubbewegung Aufgabe 7b Fräsen, Drehen, Bohren, Schnittbewegung, Vorschubbewegung, Drehen, einschneidigem Werkzeug/Drehmeißel, Werkzeug/Drehmeißel, Werkstück, Fräsen, kreisförmiger Schnittbewegung, Fräser, Werkstück
Seite 68: Aufgabe 8 1. Schleifen 2. kleinen Schleifkörnern 3. Schleifen 4. harte Schleifscheiben
Seite 69: Aufgabe 10 Zerteilen, einschneidig, zweischneidig, Trennen, Späne, Keilschneiden, Scherschneiden, spanloses Trennen, Scherschneiden, Zerteilen
Seite 70: Aufgabe 12 **1.** Bild 3, 4, 1, 2 **2.** ja: 3, 6
Seite 73: Aufgabe 14a **2.** Schrauben lösbar, Verstiften lösbar, Löten unlösbar, Feder einlegen lösbar, Fügen lösbar
Seite 74: Aufgabe 14b unbewegliche/feste, lösbare Aufgabe 14c Formschluss, Kraftschluss, stoffschlüssigen, Schweißen/Löten/Kleben, formschlüssigen Fügen, Stiften, Nieten, kraftschlüssigen Fügen, Schrauben
Seite 75: Aufgabe 15a Kopf, Schaft, Mutter, Gewinde
Seite 77: Aufgabe 15d **1.** Abschnitt 2: C; Abschnitt 3: A; Abschnitt 4: B **2.** Abb. A: Formschlüssige; Abb. B: Stoffschlüssige; Abb. C: Kraftschlüssige
Seite 78: Aufgabe 16a unlösbare Schnappverbindungen, Klammern Aufgabe 16b elastisches, lösbare, Schnappverbindungen, Klammern
Seite 79: Aufgabe 17a stoffschlüssiges, Lot, Lötens, Lot Aufgabe 17b Hartlöten, Weichlöten Aufgabe 18a Verbinden von Konstruktionsteilen, Sichern von Schrauben, Dichten von Fügeflächen, Abdichten von Gehäusen/Getrieben, Verwendung im Flugzeugbau
Seite 80: Aufgabe 18b Lösungsmittelkleber, Reaktionskleber; Kaltkleber, Warmkleber Aufgabe 19 **1.** Übersicht 3 zu Abschnitt 2, Bild 1: Gasschmelzschweißen zum letzten Abschnitt **2.** Schweißen, Schmelzschweißen
Seite 85: Aufgabe 24a Verbotszeichen, Warnzeichen, Warnzeichen, Rettungszeichen
Seite 86: Aufgabe 24b Verbot, Hinweis auf Gefahr, Schutzmaßnahme
Seite 87: Aufgabe 24c Das Festspannen des Werkstücks
Seite 88: Aufgabe 25a Genau: 2, 4, 6 Aufgabe 25b **1.** Definition: Löten ist ein stoffschlüssiges Fügen und Beschichten von Werkstoffen mithilfe eines geschmolzenen Zusatzmetalls, des Lots. Beschreibung: Durch das Löten lassen sich Metalle mittels Stoffschluss unlösbar miteinander verbinden. Die Grundwerkstoffe und ein leicht schmelzender Zusatzstoff, das Lot, werden auf die Arbeitstemperatur des Lotes erwärmt. Dabei bleibt der Werkstoff der zu verbindenden Teile im festen Zustand und das Lot wird flüssig. Beim Abkühlen erstarrt das Lot und verbindet die Bauteile. **2.** In der Definition wird der zu definierende Fachbegriff (*hier: Löten*) in Beziehung zu seinem Oberbegriff gesetzt (stoffschlüssiges Fügen). In der Beschreibung wird in der Regel kein Bezug zum Oberbegriff des zu beschreibenden Fachbegriffes hergestellt.
Seite 89: Aufgabe 25c D: 3, 5; B: 1, 2, 4, 6 Aufgabe 26a K: 1, 3, 4, 6, 7, 8; B: 2, 5
Seite 90: Aufgabe 26b Z. B. Beim Senken unterscheidet man Planansenken, Planeinsenken und Profilsenken; Das Scherschneiden

lässt sich in Offen-Schneiden und Geschlossen-Schneiden unterteilen usw.
Seite 91: Aufgabe 27a ein Nachteil ... ist, dass ...; ein Vorteil ... ist, dass ...; ein Vorteil der Klebeverbindung besteht darin, dass ...; ein Nachteil der Klebeverbindung besteht darin, dass ...; nachteilig ist, dass ...; ...

LEKTION 4

Seite 94: Aufgabe 1a Silicium Nichtmetall, Wasserstoff Gas, Eisen Metall, Kohlenstoff Nichtmetall, Aluminium Metall, Sauerstoff Gas, Schwefel Nichtmetall, Kupfer Metall, Mangan Metall, Chrom Metall, Nickel Metall, Blei Metall, Phosphor Nichtmetall, Stickstoff Gas, Chlor Gas, Vanadium Metall, Molybdän Metall, Kobalt Metall
Seite 95: Aufgabe 2 **1.** Dichte, Dichte, Dichte, Schmelzpunkt, Schmelzpunkt, Leitfähigkeit, Leitfähigkeit, Isolierstoffe, thermische, Magnetisierbarkeit **2.** Physikalische Eigenschaften
Seite 97: Aufgabe 3a 1. Brennbar 2. korrosionsbeständiges 3. wärmebeständigem 4. giftig 5. brennbar Aufgabe 3b Bild 1; Korrosion; Bild 2; gleichmäßige Flächenkorrosion; Mulden- und Lochfraßkorrosion; Kontaktkorrosion; kristallinen, Rost
Seite 98: Aufgabe 4a Zugfestigkeit, Härte, Elastizität, Plastizität, Sprödigkeit, Warmfestigkeit
Seite 99: Aufgabe 4b 1. Elastizität → Plastizität 2. Sprödigkeit → Zähigkeit 3. Elastizitätsgrenze → Zugfestigkeit 4. Plastizität → Elastizität 5. zäher → spröder 6. Festigkeit → Härte
Aufgabe 4c Zugfestigkeit, Druckfestigkeit, Torsionsfestigkeit, Biegefestigkeit
Seite 100: Aufgabe 4d Streckgrenze, Zugfestigkeit, Dehnung, Bruchdehnung
Seite 101: Aufgabe 4e Streckgrenze, Zugfestigkeit, Bruchdehnung Aufgabe 5 **1.** Abschnittende nach: Schweißen, Kupfer, Aluminium, Glas, Stähle, Aluminiumlegierungen **2.** Abb.1 Abschnitt 2; Abb. 2/4, 3/5, 4/7, 5/6
Seite 102: Aufgabe 6a **1.** Niedriger Energieaufwand bei der Herstellung, Umweltbelastung durch Gase und Staub bei der Herstellung, Entsorgung, Wiederverwertbarkeit/Recycelbarkeit **2.** Ökologische Gesichtspunkte bei der Bewertung von Werkstoffen
Seite 103: Aufgabe 6b **1.** Schmelzpunkt, Wärmeleitfähigkeit, elektrische Leitfähigkeit, thermische Ausdehnung, Magnetisierbarkeit; Giftigkeit, Wärmebeständigkeit, Brennbarkeit; Härte, Elastizität, Plastizität, Sprödigkeit, Zähigkeit; Warmfestigkeit, Umformbarkeit, Spanbarkeit, Schmiedbarkeit, Härtbarkeit, Schweißbarkeit; Umweltbelastung durch Gase und Staub bei der Herstellung, Entsorgung, Wiederverwertbarkeit/ Recycelbarkeit Aufgabe 6c physikalischen, mechanisch-technologischen, fertigungstechnischen Eigenschaften, chemischen Eigenschaften
Seite 104: Aufgabe 7 natürlichen, Rohstoffe, künstlich hergestellte Werkstoffe, Rohstoffen, Umwandlung, Reduktion, Synthese, chemische Umwandlung, Rohstoffe, Werkstücken, Werkstoffe, Werkstoffen, Hilfsstoffe, Hilfsstoff, Hilfsmittel, Hilfsstoffe, Hilfsmittel
Seite 105: Aufgabe 8a Abschnittende nach: Einteilung der Werkstoffe, Bild 1, einteilen, Motorblöcke, hergestellt, eingesetzt, Polsterungen, Kunststoffe, Bild 2
Seite 106: Aufgabe 8b 2. Nichtmetalle 3. Leichtmetall 4. Metalle 5. Eisengusswerkstoffe 6. Nichtmetalle 7. Schwermetall 8. Nichteisenmetalle 9. Betriebsstoffe 10. Metalle 11. Stähle 12. Verbundwerkstoffe 13. Metalle Aufgabe 8c Eisenwerkstoffe, Nichteisenmetalle, Schwermetalle, Leichtmetalle, Nichtmetalle, Verbundwerkstoffe
Seite 108: Aufgabe 9 Deutsche Norm, Europäische Norm, Internationale Norm in deutscher Fassung, Europäische Norm in deutscher Fassung, die eine internationale Norm enthält Aufgabe 10a Legierungen, Legierung
Seite 109: Aufgabe 10b Körner, Korngrenzen, Gefüge, kristalline Struktur, Gefüge
Seite 110: Aufgabe 11a Gusseisen: 2,6% – 3,6%; Stähle < 2,2% andere Elemente; unlegierter Stahl < 2,2% in unterschiedlichen Mengen; legierter Stahl < 2,2%, Chrom, Mangan, Molybdän, Nickel, Silicium, Vanadium, hochlegierte Stähle < 2,2%, Legierungselemente > 5%, nichtrostende Stähle, ≤ 1,2%, ≥ 10,5% Chrom, u. U. Nickel
Seite 111: Aufgabe 11c **1.** Bild 3, 4,1, 2 **2.** Gusseisen mit Lamellengrafit, Gusseisen mit Kugelgrafit, nicht entkohlend geglühter Temperguss, entkohlend geglühter Temperguss, Stahlguss
Seite 112: Aufgabe 11e **1.** Bild 1, 2 **2.** 1. Baustähle, 2. Werkzeugstähle, 3. Maschinenbaustähle, 4. Qualitätsstähle, Edelstähle, 5. Stahlbaustählen, 6. Stahlbaustähle, Maschinenbaustähle, Werkzeugstähle
Seite 114: Aufgabe 12a T-Stahl, Doppel-T-Stahl, Z-Stahl; Rundstahl, Vierkantstahl, Sechskantstahl; Bleche Aufgabe 12b U-Stahl, L-Stahl, Z-Stahl, Rundstahl, Vierkantstahl, Sechskantstahl, Flachstahl
Seite 115: Aufgabe 12c Informationen über die Form des Stahlerzeugnisses nach DIN-Nummern, über seine Abmessungen und die Werkstoff-Kurzbezeichnung. Die Werkstoff-Kurzbezeichnung gibt die Art des Stahls und die Mindeststreckgrenze an. Aufgabe 12d Sie enthält das Kennzeichen für die Art des Stahls, die Kohlenstoffkennzahl zur Angabe des Kohlenstoffgehalts, die chemischen Symbole für die beteiligten Legierungselemente und die Gehalte der Legierungselemente. Aufgabe 12e Der hochlegierte Stahl hat 0,1% Kohlenstoffanteil und einen Gehalt von 18% Chrom und 8% Nickel.
Seite 116: Aufgabe 14a Nichteisenmetalle, Leichtmetalle; Grundmetall, Legierungselement/Legierungszusatz, Bild 2: Kurzbezeichnung für eine Kupfer-Zinnlegierung (Messing)
Seite 117: Aufgabe 14c sehr zug- und verschleißfest, korrosionsbeständig, sehr gut polierbar, gut umformbar, gießbar und spanend bearbeitbar; Armaturen, feinmechanische Teile, korrosionsbeständige Schrauben und Federn
Seite 121: Aufgabe 17a Legierte Stähle; Verwendung
Seite 122: Aufgabe 19a Bild 1: A, C, Bild 2: B, Bild 3: B, Bild 4: C Aufgabe 19b Thermoplaste, Duroplaste, Elastomere
Seite 123: Aufgabe 19c ja: 3, 4, 5, 6, 8, 9, 10, 11, 12, 13, 15
Seite 127: Aufgabe 20a im Text: 2, 5, in der Tabelle: 2, 3, 4
Seite 128: Aufgabe 21a 1: Drehzahl, R, 2: Schneiden, R, 3: Kunststoffe, L, 4: Minisender, L, Infrarotübertragung, R, 5: Spannung, L, 6: Energieverbrauch, R
Seite 129: Aufgabe 22a belasten, härten, härtbar, brennen, brennbar, quellen, quellbar, Quellbarkeit, löten, lötbar, Lötbarkeit, gießen, gießbar, Gießbarkeit, umformen, umformbar, Umformbarkeit, entzünden, entzündbar, Entzündbarkeit
Seite 130: Aufgabe 22b unlösbar, unbekannt, unlegiert, unlöslich, unbrauchbar, Nichtmetalle, Nichteisenmetalle, nichtrostend, nichtmetallisch, nichtleitend

LEKTION 5

Seite 132: Aufgabe 1 Entwicklung der Elektrotechnik
Seite 134: Aufgabe 3a Geriebene Polystyrolstäbe stoßen sich ab. Polystyrolstab und Acrylglasstab ziehen sich an. stoßen sich ab, ziehen sich an Aufgabe 3b Ladung, Ladung
Seite 135: Aufgabe 3c **1.** Bilder 1a/1b, 2, 1b/2, 2 **2.** positiv, negativ, ziehen ... sich an; Elektronen; Elektron; Protonen; Neutronen **3.** Bild 2: Kern, Elektronenhüllen, Elektron, Proton, Neutron; Übersichten: Ladungsträger; Elementarladungen, Elementarladung; Tabelle: Elektron, Proton
Seite 136: Aufgabe 3e Freie Elektronen, Freie Elektronen Aufgabe 3f negatives Ion, Elektronen Aufgabe 3g Gesucht: Anzahl der Elektronen der Ladung $Q = -1$ C; Gegeben: - 1 C und e; Formel: $Q = n$ mal e; Umstellung nach e; Einsatz der gegebenen Zahlen; $n = 6{,}242$ mal 10 hoch 18
Seite 137: Aufgabe 3h 1. positive Elementarladung 2. Ladungsträger 3. negative 4. freier Elektronen 5. Ionen 6. Neutronen 7. stoßen

sich ab, ziehen sich an Aufgabe 4a Elektrische Spannung Aufgabe 4b Spannung, elektrische Spannung, elektrische Spannung
Seite 138: Aufgabe 4c Potenzialen Aufgabe 4d Elektrische Spannung, Ladungstrennungsarbeit/Arbeit, elektrische Ladung Aufgabe 4e **1.** Bilder 1 – 3, Bild 1, 2, 3 **2.** 1. Gleichspannung 2. Wechselspannung 3. Mischspannung
Seite 139: Aufgabe 5a Erzeuger/Spannungsquelle, Glühlampe/Lampe Aufgabe 5b Pluspol/positive Ladung, Minuspol/negative Ladung, technische Stromrichtung, Elektronenstrom
Seite 140: Aufgabe 5c **1.** Spannungsquelle, Erzeuger; Anschluss, Pole; Leiter/Leitung; Verbraucher **2.** Spannungsquelle/Batterie, Leiter, Verbraucher, positiver/negativer Pol, Spannung, Elektronenstrom, (technische) Stromrichtung Aufgabe 6a **1.** Zum Text „Stromdichte" **2.** Stromdichte **3.** Stromstärke, Ampere (A), Stromdichte, A/mm² **4.** Als Quotient aus Ladung und Zeit **5.** Als Quotient aus Stromstärke und Leiterquerschnitt
Seite 141: Aufgabe 7 Von oben nach unten: Magnetische Wirkung, Wirkung auf Lebewesen (physiologische Wirkung), Wärmewirkung, Lichtwirkung, Chemische Wirkung
Seite 142: Aufgabe 8a **1.** Reihenfolge: B Gleichstrom, A Wechselstrom, C Mischstrom **2.** Wechselstrom, Wechselstrom; Gleichstrom, Gleichstrom; Mischstrom, Mischstrom, Mischstrom Aufgabe 9a Aussage 4
Seite 143: Aufgabe 9b Widerstand, Widerstand, Ohm, Leitwert, Widerstand, Widerstand; Widerstand, Leitwert; Widerstand und Leitwert
Seite 144: Aufgabe 10a **1.** Bild 1, 1, 2, 2, 3 **2.** Bild 2: Kennlinien von linearen Widerständen/Stromstärke in Abhängigkeit von der Spannung; Bild 3: Kennlinien von nichtlinearen Widerständen/ Stromstärke in Abhängigkeit vom Widerstand **3.** Die Stromstärke steigt. **4.** Eine Gerade **5.** Z. B.: Die Stromstärke ist zur Spannung direkt, zum Widerstand umgekehrt proportional. **6.** Die Kennlinie ist keine Gerade/eine Hyperbel.
Seite 145: Aufgabe 10b Versuchsaufbau, Versuchsdurchführung, Dokumentation Versuchsergebnis, Formulierung des Gesetzes
Seite 146: Aufgabe 11 1. elektrische Arbeit 2. elektrische Leistung 3. Arbeit 4. elektrische Arbeit 5. Leistung 6. Zeit Aufgabe 12a **1.** Bild 1: Nutzleistung und Verlustleistung Bild 2: Wirkungsgrad **2.** Als Quotient von abgegebener und zugeführter Leistung **3.** Als Differenz von zugeführter Leistung und Verlustleistung
Seite 147: Aufgabe 12b 1. Die Leistungsaufnahme 4,65 kW und die Leistungsabgabe des Motors 4,0 2. Die Verlustleistung und der Wirkungsgrad des Motors 3. Verlustleistung: $P_v = P_{zu} - P_{ab}$ und Wirkungsgrad $\eta = P_{ab}/P_{zu}$ 4. Verlustleistung 0,65 kW, Wirkungsgrad 0,86%
Seite 148: Aufgabe 13a **1.** Um Stromkreise mit ihren Komponenten exakt abzubilden **2.** Spannungsquelle, Leiter, Verbraucher Aufgabe 13b Leiter, Spannungsquelle/Batterie, Lampe, Widerstand
Seite 149: Aufgabe 13d Leiter, Batterie/ Erzeuger/Spannungsquelle, Lampe/Verbraucher, geöffneter Schalter, geschlossener Schalter
Seite 150: Aufgabe 15a **1.** 2/D, 3/B, 4/H, 5/G, 6/A, 7/E, 8/F **2.** Strom- und Spannungsmessung; Bild 1, 1, 2 **3.** Amperemeter/Strommesser; Voltmeter/Spannungsmesser, Lampe/Verbraucher Aufgabe 15b **1.** $I = I_1 = I_2 = I_3 \ldots$, $U = U_1 + U_2 + U_3 + \ldots$, $R = R_1 + R_2 + R_3 + \ldots$ **2.** Reihenschaltung von Widerständen
Seite 151: Aufgabe 15c Gesamtspannung, Teilspannungen; Gesamtwiderstand, Summe, Einzelwiderstände; Widerstand, gleich groß Aufgabe 15d gleichen Strom; Gesamtspannung, Summe, Teilspannungen; Gesamtwiderstand/ Ersatzwiderstand ist gleich der Summe der Teilwiderstände.
Seite 152: Aufgabe 15e **1.** Maschenumlauf/ 2. Kirchhoffsches Gesetz **2.** Bei der Reihenschaltung ist in einer Masche die Summe der Teilspannungen gleich null. Aufgabe 15f **1.** $U_1 = U_2 = U_{3 = \ldots}$, $I = I_1 + I_2 + I_3$, $1/R = 1/R_1 + 1/R_2 + \ldots$ **2.** Parallelschaltung Aufgabe 15g **1.** Parallelschaltung/Die Knotenpunktregel/Das 1. Kirchhoffsche Gesetz, Knotenpunkt, Knotenpunkt **2.** Bei der Parallelschaltung ist in einer Masche die Summe der Teilströme gleich dem Gesamtstrom.
Seite 153: Aufgabe 15h **1.** Bild 2: Gemischte Schaltung, Bild 3: Ersatzschaltbild einer gemischten Schaltung **2.** Eine Schaltung, in der die Widerstände sowohl parallel als auch in Reihe geschaltet sind **3.** Indem man die in Reihe geschalteten Widerstände R_2 und R_3 zusammenfasst **4.** Eine Parallelschaltung **5.** Die Knotenpunktregel/Das 1. Kirchhoffsche Gesetz Aufgabe 15i **1.** Bild 4: Reihenschaltung, Bild 5: Parallelschaltung, Bild 6: Ersatzwiderstand der Reihenschaltung, Bild 7: Ersatzwiderstand der Parallelschaltung; Reihenschaltung: Bild 4, 6 Parallelschaltung: Bild: 5, 7 **2.** Reihenschaltung: Maschenregel, Ersatzschaltung, Ersatzwiderstand; Paralellschaltung: Knotenpunktregel, Ersatzschaltung, Ersatzwiderstand
Seite 155: Aufgabe 15k j/2/t, h/3/r, b/4/x, f/5/u, e/6/q, a/7/z, c/8/v, g/9/y, i/10/s
Seite 157: Aufgabe 16a a) erste Hilfe, Selbstschutz, Unterbrechen des Stroms, der über den Verunglückten fließt. b) Unterbrechung des Stromkreises, ggf. Entfernen des Verunglückten von den unter Spannung stehenden Teilen durch einen nicht leitenden Gegenstand c) sofort Notruf veranlassen und Fachpersonal verständigen d) mindestens 5 m Sicherheitsabstand halten, sofort Notruf veranlassen und Fachpersonal verständigen
Seite 158: Aufgabe 16b **1.** 1a), 1b), 1a), 2, 3/1b) **2.** direktem Berühren, Indirektes Berühren Aufgabe 16c **1.** Elektrische Betriebsmittel: z. B. Schaltgeräte usw.
Seite 159: Aufgabe 16d **1.** Bild 1, 2, 2 **2.** Von oben nach unten: Kurzschluss, Leiterschluss, Körperschluss, Kurzschluss, Erdschluss
Seite 160: Aufgabe 17a **1.** Abschnittende nach: geregelt, erhalten, am Produkt an **2.** Tabelle 1 gehört zu Abschnitt 2, Tabelle 2 zu Abschnitt 3
Seite 161: Aufgabe 19 **1.** „Aufgabe" gehört zu Abschnitt 1, „Aufbau" zu Abschnitt 2 und „Normung" zu Abschnitt 3 **2.** Aderleitungen mit Umhüllung, nationale Normen, harmonisierte Normen
Seite 162: Aufgabe 21 **1.** Bild 2, 3 **2.** Ein Verbotsschild „Nicht schalten" muss angebracht werden. **3.** Wenn die Sicherheitsregeln von 5 bis 1 der Reihe nach aufgehoben sind.
Seite 164: Aufgabe 23a $I = I_1 = I_2 = I_3$; Bei Reihenschaltung werden alle Widerstände vom gleichen Strom durch flossen. $\eta = P_{ab}/P_{zu}$; Der Wirkungsgrad ist der Quotient aus abgegebener und zugeführter Leistung. $R = U/I$; Der Widerstand ist der Quotient aus Spannung und Stromstärke. $G = 1/R$; Der Leitwert ist der Kehrwert des Widerstandes. $Q = I \cdot t$; Die Ladungsmenge ist das Produkt aus Stromstärke und Zeit. $W = U \cdot I \cdot t$ Die elektrische Arbeit ist das Produkt aus Spannung, Stromstärke und Zeit. $J = I/A$; Die Stromdichte ist der Quotient aus Stromstärke und stromdurchflossenem Leiterquerschnitt. $P = W/t$; Die elektrische Leistung ist der Quotient aus elektrischer Arbeit und Zeit. $U = W/Q$; Die elektrische Spannung ist der Quotient aus Ladungstrennungsarbeit und Ladung. $\eta = P_{ab}/P_{zu}$; Der Wirkungsgrad ist der Quotient aus abgegebener und zugeführter Leistung.
Seite 165: Aufgabe 23c 1. desto, proportional 2. Je, desto, umgekehrt proportional 3. verhalten sich 4. proportional 5. proportional
Seite 166: Aufgabe 24 z. B.: Elektronen: bewegen sich, fließen; Freie Elektronen bewegen sich ungerichtet; Bei der Verbindung der Pole einer Spannungsquelle fließen Elektronen, usw.

LEKTION 6

Seite 168: Aufgabe 1a **1.** a/b; a/b; a; b **2.** Elektroden, homogenes Feld, inhomogenes Feld **3.** Elektrische Felder und ihre Darstellung Aufgabe 1b Bild 2: homogenes Feld, Bild 3: inhomogenes Feld; Feldlinien, negativen Elektrode; parallel, gleich; Feld; nicht parallel, Abstand, nicht
Seite 169: Aufgabe 1c 1. elektrische Feldstärke 2. elektrische Feldstärke 3. Spannung,

Abstand, Platten 4. elektrische Feldstärke Aufgabe 2a Passt: 1, 2, 3, 4, 5, 6 **Seite 170:** Aufgabe 2b 1. Polarisation 2. Dielektrikum 3. Polarisation 4. Influenz Aufgabe 3a **1.** Bild 1: Dielektrikum, Metallplatte, Bild 2: Aufladung **2.** Aufbau eines Kondensators; Laden und Entladen eines Kondensators **3.** Dann sperrt der Kondensator den Gleichstrom. Der Kondensator kann elektrische Ladung speichern. **4.** Aufbau und Funktion eines Kondensators
Seite 171: Aufgabe 3b **1.** C, $C = Q/U$, F, Farad **2.** Kapazität, Ladung, Spannung **3.** Kapazität eines Kondensators Aufgabe 3c **1.** Permittivitätszahl, Permittivität, Plattenfläche, Plattenabstand **2.** Permittivitätszahl und Plattenfläche müssen möglichst groß sein, der Plattenabstand klein. Aufgabe 3d **1.** Bild 1, 2 **2.** Parallelschaltung, Reihenschaltung **3.** Übersicht 1: Teilladungen, Gesamtkapazität, Einzelkapazitäten, Übersicht 2: Gesamtkapazität, Teilkapazitäten **4.** Parallelschaltung 1. $U_1 = U_2 = U_3$ 2. $I = I_1 + I_2 + I_3$ 3. $Q = Q_1 + Q_2 + Q_3$ 4. $C = C_1 + C_2 + C_3$; Reihenschaltung 1. $U = U_1 + U_2 + U_3$ 2. $I = I_1 = I_2 = I_3$ 3. $Q/C = Q_1/C_1 = Q_2/C_2 = Q_3/C_3$ 4. $C = C_1 . C_2/C_1 + C_2$ **5.** Kapazität
Seite 173: Aufgabe 4a 1. Zu Bild 1/2 2. Zu Bild 1/2/3/4 3. Zu Bild 1, 2 4. Zu Bild 1, 2 5. Zu Bild 3 6. Zu Bild 4 7. zu Bild 4 Aufgabe 4b Feldes, angezogen; Feld, Feldlinien, magnetischen; Südpol; Nordpol, Südpol; Feldlinien, homogen; Feldlinien
Seite 174: Aufgabe 5 **1.** Alle Aussagen sind in den 3 Bildern **2.** Bild 1: stromdurchflossener Leiter, Magnetfeld; Bild 2: Feldlinien gegen Uhrzeigersinn, stromdurchflossener Leiter; Bild 3a: Strom fließt in den Leiter; Bild 3b: Strom fließt aus dem Leiter heraus. Aufgabe 6a **1.** Bildabfolge: 4/5, 4/5, 6, 5 **2.** Bild 4: Stromdurchflossene Leiterschleife; Bild 5: Magnetisches Feld einer Spule Bild 6: Spule mit 4 Windungen **3.** Bild 4: homogenes Feld, Leiterschleife; Bild 5: homogenes Feld, Windung einer Spule, in die der Strom eintritt, Windung einer Spule, aus der der Strom heraustritt; Bild 6: Windung
Seite 175: Aufgabe 6b **1.** Nordpol, Windung einer Spule, in die der Strom eintritt, Südpol, homogenes Feld, Windung einer Spule, aus der der Strom heraustritt Aufgabe 6c **1.** Abschnittende nach: der Erde sind, fertigt, ausgebildet, (Drehzahlsteuerung) **2.** Erzeugung starker Magnetfelder **3.** Aus einer Spule und magnetisierbarem Eisen, in dem sich ein geschlossenes Magnetfeld bilden kann.
Seite 176: Aufgabe 7a **1.** Bildabfolge: 1, 2 Übersicht: 1, 2 **2.** Bild 1: Magnetischer Fluss; Bild 2: Magnetische/Elektrische Durchflutung **3.** Übersicht 1: Wb, Übersicht 2: magnetische/elektrische Durchflutung, Windungszahl, Stromstärke **4.** Φ, Θ, - , $\Theta = I \cdot N$, Voltsekunde, Weber, Ampere, Vs, Wb, A Aufgabe 7b 1. magnetischer Fluss 2. magnetische Durchflutung 3. magnetischer Fluss
Seite 177: Aufgabe 7c **1.** Bildabfolge 1, 1/2 **2.** Übersicht 1: magnetische Feldstärke, mittlere Feldlinienlänge, elektrische/magnetische Durchflutung; Übersicht 2: magnetische Flussdichte, magnetischer Fluss, Fläche **3.** Φ, Θ, H, B; $\Theta = I \cdot N$, $H = \Theta/l_m = I \cdot N/ l_m$, $B = \Phi/A$; Voltsekunde, Weber, Ampere, Ampere pro Meter, Tesla; Vs, Wb, A, A/m, T **4.** Die relative Permeabilität ist die magnetische Durchlässigkeit eines Stoffes, die die Größe der magnetischen Flussdichte mitbestimmt.
Seite 178: Aufgabe 7d 1. Durchflutung 2. Feldstärke 3. Flussdichte 4. magnetischer Fluss, Weber 5. Permeabilität 6. magnetische Durchflutung 7. Feldstärke 8. magnetische Flussdichte 9. Permeabilitätszahl 10. magnetischer Fluss Aufgabe 8a **1.** Bildabfolge: 1, 2a, 2b, 2c/2d/2e, 2c/2d/2e, 2c/2d/2e, 2d, 2e **2.** Leiter, Stromrichtung, Magnetfeld, Polfeld, Leiterfeld, resultierendes Feld, Flussdichte, Bewegungsrichtung
Seite 179: Aufgabe 8b **1.** Bildabfolge: 6, 3, 4, 5, 5/6 **2.** Polfeld, Leiterfeld, Resultierendes Feld, Drehende Spule im Magnetfeld **3.** Drehende Spule im Magnetfeld/Ablenkkräfte im Magnetfeld Aufgabe 8c **1.** Ablenkraft **2.** resultierendes **3.** Ablenkkraft
Seite 180: Aufgabe 9a **1.** Z. B.: Von Induktion spricht man, wenn eine Leiterschleife in einem Magnetfeld so bewegt wird, dass sich der magnetische Fluss in der Leiterschleife ändert und in der Leiterschleife während der Bewegung eine Spannung entsteht. **2.** Bewegung des Leiters und Bewegung des Magnetfeldes Aufgabe 9b **1.** Primärspule, Sekundärspule **2.** Z. B.: Ruheinduktion ist eine Induktion, bei der durch Änderung des magnetischen Flusses in der Primärspule eine Spannung in der Sekundärspule entsteht. Aufgabe 9c **1.** Bildabfolge 1, 1, 2 **2.** Eingangswicklung, Ausgangswicklung
3. Primärwicklung, Sekundärwicklung, induziert, Windungen, induzierte **4.** Prinzip eines Transformators
Seite 181: Aufgabe 9d **2.** Selbstinduktion **3.** 1 Henry ist die Einheit der Induktivität L; 1 Voltsekunde pro Ampere _
Seite 182: Aufgabe 9e **1.** Z. B.: Ein Strom, z. B. ein Kurzschlussstrom, der keinen genauen Weg findet und Metall stark erhitzt, wird als Wirbelstrom bezeichnet. Aufgabe 9f 1. Spannung, induziert, Induktion 2. Induktivität 3. induzierten Spannung 4. Kopplung 5. Induktivität 6. Wirbelstrom 7. Selbstinduktion
Seite 183: Aufgabe 10 **4.** *c/1/x, d/2/ u, a/3/ y, e/4/ v, f/5/ z, b/6/w*
Seite 184: Aufgabe 12a **1.** a) passt zu Bild 2 und 3 b) zu Bild 2 und 3 c) zu Bild 2 und 3 g) zu Bild 1 Aufgabe 12b Periodendauer: T, $T = 1/f$, Sekunde, s; Frequenz: f, $F = 1/T$, Hertz, Hz
Seite 185: Aufgabe 13a **1.** Abschnittende nach: umformen, Elektroblech, induziert, Eingangsspannung **2.** Prinzip des Einphasentransformators **3.** Die in der Ausgangswicklung induzierte Spannung hat die gleiche Frequenz wie die Eingangsspannung Aufgabe 13b **1.** Magnetischer Fluss bei belastetem Transformator **2.** Bei Leerlauf ist die Ausgangswicklung des Transformators stromlos und durch keinen Widerstand belastet. **3.** Bei Belastung eines Transformators ist an der Ausgangswicklung eine Last angeschlossen. Aufgabe 13c Beispiel 1: Übersetzung, Sekundärspannung, Sekundärspannung; Beispiel 2: Übersetzung, Sekundärspannung, Sekundärspannung
Seite 186: Aufgabe 13d 1. Transformator 2. Sekundärspannung 3. Umspannung 4. Übersetzung 5. Herunterspannen 6. Belastung 7. Transformator
Seite 187: Aufgabe 14a **1.** Bildabfolge 1, 2, 3 **2.** Abschnittende nach: (Bild 1), (Bild 2), (Bild 3), Generatoren Aufgabe 14b **1.** Abfolge: C, A, D, B **2.** Bild 4 zu A; Bild 5 zu D
Seite 188: Aufgabe 14c **1.** Bildabfolge: 2/3, 2/3, 1/2, 3 **2.** Bild 1: Ständer/Stator, Innenpolpaar, Ständerspule; Bild 2: Spule, Periodendauer T **3.** Frequenz, Polpaarzahl; Drehzahl/ Umdrehungsfrequenz Aufgabe 14d **1.** Bildabfolge 1, 1/2, 2, 2, 3, 4 **2.** Bild 1: Phasenverschiebung, Läufer, Ständer/Stator, Wicklung; Bild 3: Außenleiter; Sternpunkt; Bild 4: Außenleiter, Verbindungspunkt; **3.** 1. Drehstromgenerator 2. Linienbild der Wechselströme 3. Sternschaltung 4. Dreieckschaltung **4.** Drei Leiter **5.** Man verbindet die Enden der drei Wicklungen in einem Sternpunkt, die Anfänge der Wicklungen mit den Außenleitern/Indem man ... **6.** Man verbindet das Ende einer Wicklung mit dem Anfang der nächsten Wicklung zu Verbindungspunkten. Diese werden mit den Außenleitern verbunden./Indem man ... **7.** Das Zusammenschalten von Leitern zur Stern- oder zur Dreieckschaltung nennt man Verkettung.
Seite 189: Aufgabe 14e **1.** Polrad/Rotor, Ständer; **2.** Polrad, Ständers/Rotors, 120 Grad, drei, Verketten, Netz, Stern- oder Dreieckschaltung
Seite 190: Aufgabe 14f **1.** Bildabfolge 1, 2, 3, 3, 4/5, 4, 5 **2.** Bild 1: Schaltzeichen/Sternschaltung Bild 3: Außenleiter L1, Neutralleiter N, Außenleiter L3 Bild 4: Neutralleiter, Strang; Bild 5: Verbindungsknoten **3.** Sternschaltung, Dreieckschaltung, Neutralleiter
Seite 191: Aufgabe 15a **1.** Bildabfolge 1, 2, 2a, 2b **2.** Abschnittenden nach: (Bild1), Elektromotoren, umweltfreundlich, Magnetfeldlinien (Bild

2), versetzen, proportional, Universalmotoren **3.** Elektromotoren; Arbeitsweise/ Funktionsprinzip **4.** Der Rotor eines Elektromotors besteht aus Leiterschleifen, die um einen Drehkörper gewickelt sind. **5.** Der Stator im Elektromotor besteht aus vier Elektromagneten, die aus Polschuh und Wicklung bestehen.
Seite 192: Aufgabe 15b **1.** 1/D, 2/F, 3/E, 4/A, 5/C, 6/B **2.** Bildabfolge Abschnitt E 1, 2
Seite 193: Aufgabe 15d 1.Drehstrommotor 2. 400 V 3. 0,3 A 4. 1460/min 5. 60 W Aufgabe 17a 1/E, 2/H, 3/A, 4/G, 5/C, 6/I, 7/J, 8/B, 9/F 10/D
Seite 195: Aufgabe 18a **1.** Generatoren in den Kraftwerken, Transformatoren für Hochspannung, Transformatoren zum Umspannen, Transformatoren zum Herunterspannen für Ortsnetz auf Mittelspannung und Niederspannung im Haushalt **2.** Zum Transport, z. B. im Europäischen Verbundnetz **3.** Niederspannungen Aufgabe 18b **1.** Bildabfolge 2/3, 2/3 **2.** Abschnittende nach: IT-System; verbunden (Bild 2/3); erfolgt; TN-C-S-System; getrennt
Seite 196: Aufgabe 18c 1. N 2. TN-System 3. PEN 4. TN-C-System 5. TN-S-System 6. TN-System Aufgabe 18d **1.** Überstrom-Schutzeinrichtungen. **2.** Zum Schutz von Leitungen vor Überlastung und Kurzschluss
Seite 197: Aufgabe 18e **2.** Fehlerstromschutzeinrichtungen (RCDs) **3.** RCDs sind Fehlerstromschutzeinrichtungen, die gefährlich hohe Fehlerströme gegen Erde verhindern und den üblichen Überstromschutzeinrichtungen vorgeschaltet werden. Aufgabe 19a Schutzklassen, elektrischen Schlages; Schutzklasse; IEC 417; Schutzklasse I, Schutzklasse, doppelte, verstärkte Isolierung, III, Kleinspannungen
Seite 198: Aufgabe 19b 1. Vor jeder Benutzung 2. Mindestens alle vier Jahre 3. Mindestens alle sechs Monate 4. Der ordnungsgemäße Zustand und die Wirksamkeit der Anlagen und Betriebsmittel 5. Nein 6. Durch Besichtigung, z. B. auf erkennbare Schäden, durch Erproben, z. B. der RCDs-Systeme, durch Messen, z. B. der Isolationswiderstände
Seite 200: Aufgabe 22b **1.** 1/e, 2/d, 3/c, 4/f, 5/d, 6/e, 7/a, 8/g, 9/b
Seite 201: Aufgabe 22c 1. durch 2. bis 3. Beim, beim 4. Zwischen 5. Beim 6. Aufgrund 7. Durch, mit 8. Für 9. Beim 10. Beim, durch
Seite 202: Aufgabe 23a wenn, wie, und, wenn, während Aufgabe 23b Vorverweisend: ... so, dass ... , Auf der einen Seite ... , Man sagt auch: ... , Wenn, und, und; Rückverweisend: ihrer, auf der anderen Seite, so wird ebenfalls, und, zweite, solchen, welches, diese

LEKTION 7

Seite 204: Aufgabe 1a ja: 2, 6
Aufgabe 1b ja: 4, 5
Seite 205: Aufgabe 2a **1.** An Schüler von Gymnasien **2.** Kfz-Mechatroniker/-in, Karosserie- und Fahrzeugbaumechaniker/-in Fachrichtung Karosserieinstandhaltungstechnik, Fahrzeuglackierer/-in. **3.** Kein Termin angegeben. **4.** Bewerbungsschreiben mit Angabe des gewünschten Termins und des gewünschten Berufes; Lebenslauf; Kopie des letzten Zeugnisses und Praktikumsbescheinigung der Schule. **5.** Kein Datum angegeben.
Seite 207: Aufgabe 2b **1.** Z. B. wie lange das Praktikum dauert, ob und wenn ja, welche Vergütung/Bezahlung es gibt, welche Deutschkenntnisse erwartet werden. **2.** ja: b), c), f), g), h), j) m)
Seite 211: Aufgabe 4 **1.** s. Lösung von Aufgabe 2a: 4 **2.** vollständige Bewerbungsunterlagen – d. h. mit tabellarischem Lebenslauf, Zeugniskopien und Angabe des gewünschten Zeitraums
Seite 212: Aufgabe 6a **1.** Anzahl der Kinder, evt. Name und Beruf der Eltern, ggf. Angabe eigener Publikationen und Auszeichnungen **2.** Angabe der Muttersprache, Selbsteinschätzung der Fremdsprachenkenntnisse, organisatorische und technische Fähigkeiten und Kompetenzen
Seite 217: Aufgabe 8a **1.** Persönliche Daten, Kontaktdaten, Schulbildung, Ausbildung, Hochschulbildung, Promotion, Qualifikation/Sprache, Berufliche Tätigkeiten, Praktika, weitere Angaben
Seite 218: Aufgabe 8b **1.** Postanschrift des Absenders, Tagesdatum, Postanschrift des Empfängers, Betreff, Anrede, Briefinhalt, Gruß, Unterschrift, Anlagenvermerk **2.** ja: Beratung des Arbeitsamtes **3.** Nur schwach
Seite 220: Aufgabe 9a Die Anschrift des Ausbildungsbetriebs ist korrekt, das Anschreiben ist leserfreundlich gestaltet, der Hinweis darauf, dass Richie gern an seinem Mofa herum bastelt, kann so interpretiert werden, dass er praktisch arbeiten kann. Aufgabe 9b alle bis auf die Unterschrift per Hand Aufgabe 9c alle bis auf die namentliche Anrede des Adressaten, der Angabe des Bezugs, der Tatkräftigkeit beim Anpacken im Alltag, der besonderen Motivation
Seite 222: Aufgabe 11a Anschreiben, Lebenslauf, Lebenslauf, letztes Schulzeugnis
Seite 223: Aufgabe 12a In Italien (Südtirol)
Seite 224: Aufgabe 12b **1.** Größe des Unternehmens und Stellung am Markt, Unternehmensphilosophie, Aufbauorganisation des Unternehmens, Namen des/der Ausbilder **2.** Z. B.: um möglichst wenig „falsche" Erwartungen zu hegen, um Interesse am Unternehmen und seinen Belangen zeigen und die richtigen Fragen stellen zu können.
Seite 227: Aufgabe 16 keine Beobachtung, alle Wertung
Seite 229: Aufgabe 18a ja, im Text: 1, im Film: 2, 4, 5, 6
Seite 231: Aufgabe 19a ja: 1, 2, 5, 6

Register

Literaturverzeichnis

Der Fundort der meisten Texte und Abbildungen ist im Buch zitiert. Dies trifft insbesondere auf die Texte und Abbildungen zu, die aus Publikationen des Verlags Europa-Lehrmittel stammen. Sie sind also jederzeit im Verlagskatalog oder unter www. europa-lehrmittel.de aufzufinden. Deshalb werden sie hier im Literaturverzeichnis nicht mehr aufgeführt. Auch die Links zu den Filmen, zu Texten und Informationen aus dem Internet werden hier aus Platzgründen nicht wiederholt.
Das folgende Literaturverzeichnis enthält also nur Verweise auf die Quellen, die im Text in Kurzform aufgeführt sind.

Bienioschek, H. (2008): Duden SMS Schnell-Merk-System, Physik. Leipzig, Wien Zürich, Berlin, Mannheim

Buhlmann, R./Fearns, A. (1984): NTF. Hinführung zur naturwissenschaftlichen-technischen Fachsprache: Teil 2: Maschinenbau. München

Buhlmann, R./Fearns, A. (1991): NTF. Hinführung zur naturwissenschaftlichen-technischen Fachsprache: Teil 4: Elektronik/Informatik. München

Buhlmann, R. et al. (2009): Rahmencurriculum für Integrationskurse Deutsch als Zweitsprache. Berlin

Handwerkskammer Freiburg (o. J.): Feldhaus Ausbildungsnachweis. Feldhaus Verlag. Hamburg

Linse, H./Fischer, R. (2005): Elektrotechnik für Maschinenbauer, 12. Aufl., Wiesbaden

Püttjer, Ch./Schnierda, U. (2007): 20 perfekte Bewerbungen für die Ausbildungsplatzsuche. Frankfurt, New York

Trim, J. et al. (2001): Gemeinsamer Europäischer Referenzrahmen für Sprachen: lernen, lehren, beurteilen. Berlin, München, Wien, Zürich, New York